ACCESO GRATIS *a la Lectura en la Nube*

Para visualizar el libro electrónico en la nube de lectura envíe junto a su nombre y apellidos una fotografía del código de barras situado en la contraportada del libro y otra del ticket de compra a la dirección:

ebooktirant@tirant.com

En un máximo de 72 horas laborables le enviaremos el código de acceso con sus instrucciones.

ENFOQUE MULTIDISCIPLINAR DEL VALOR DEL TESTIMONIO: RETOS ACTUALES EN EL ÁMBITO FORENSE

ENFOQUE MULTIDISCIPLINAR DEL VALOR DEL TESTIMONIO: RETOS ACTUALES EN EL ÁMBITO FORENSE

COORDINADORES
LOURDES MIGUEL SÁEZ
ALBERTO BAREA VERA

tirant lo blanch
Valencia, 2025

EDITA: TIRANT LO BLANCH
C/ Artes Gráficas, 14 - 46010 - Valencia
TELFS.: 96/361 00 48 - 50
FAX: 96/369 41 51
Email: tlb@tirant.com
www.tirant.com
Librería virtual: www.tirant.es
DEPÓSITO LEGAL: V-1526-2025
ISBN: 978-84-1095-522-6

Índice

Prólogo

El encargo del prólogo a la obra que han coordinado los profesores Alberto Barea y Lourdes Miguel me ofrece la oportunidad de aproximarme a uno de los temas más sugerentes de la actividad jurisdiccional. La declaración del testigo resulta indispensable tanto para respaldar las alegaciones cruzadas que dan vida al proceso civil, como para el esclarecimiento del hecho delictivo que justifica las fases de investigación y enjuiciamiento del proceso penal. Precisamente por ello, la oportunidad de esta obra no necesita ser argumentada.

Si bien la determinación del juicio de autoría en el proceso penal se apoya en elementos probatorios de distinta naturaleza, no faltan casos en los que la declaración del testigo constituye la pieza angular que define el cuadro probatorio a valorar por el Juez. En efecto, la experiencia de los últimos años está poniendo de manifiesto la proliferación de delitos en los que el testimonio de la víctima constituye la base esencial del material incriminatorio -sólo pendiente del complemento que puedan ofrecer otros elementos de corroboración- hecho valer por las acusaciones. De ahí la importancia de recordar muchas de las cuestiones a las que el día a día de los tribunales no suele prestar la atención debida. Se trata de aspectos del testimonio sobre los que un ejercicio de teorización aporta datos especialmente valiosos, sobre todo, cuando la perspectiva que anima los trabajos que integran esta obra se enriquece con una visión multidisciplinar, en la que coexisten la visión académica con la aportación de profesionales de la judicatura, la fiscalía o las fuerzas y cuerpos de seguridad del Estado.

La obra que hoy ve la luz no centra su exclusivo interés en el proceso penal. Además de algunas aportaciones vinculadas al proceso civil y al contencioso-administrativo, buena parte de las ponencias ofrecen un estudio de potencial interés para los profesionales que desarrollan su trabajo en cualquiera de los distintos órdenes jurisdiccionales. Y es que hablar, por ejemplo, de «*los procesos psicológicos del testimonio en aras a la apreciación de credibilidad*», de la «*identificación e interpretación del lenguaje no verbal en la declaración testifical*», de la «*comunicación efectiva y atención a la diversidad*» o, en fin, de «*las habilidades de comunicación y los aspectos lingüísticos del testimonio*», supone ofrecer claves de singular valor para interpretar el testimonio del testigo, cualquiera que sea el orden jurisdiccional en el que sea prestado.

II.

El esfuerzo por subrayar la importancia del testimonio para el esclarecimiento de delitos relacionados con la delincuencia sexual, la violencia de género o el crimen organizado, constituye otro de los valores añadidos de la obra. La realidad actual ofrece un escenario en el que los menores de edad y los testigos protegidos se convierten en visitantes no excepcionales de las salas de justicia.

El proceso penal no conoce un tope biológico que actúe como frontera para definir la idoneidad del testigo para declarar. Sin embargo, es perfectamente entendible que la práctica del examen del testigo menor de edad se adapte a algunas singularidades que vienen impuestas por la necesidad de preservar su formación integral. Ese mecanismo jurídico de protección adquiere, si cabe, un sentido reforzado cuando el menor es también la víctima de un delito. La necesidad de que el paso de un menor de edad por una sala de justicia no se convierta en fuente de victimización secundaria es incuestionable. Precisamente por ello, nuestro sistema arbitra unos mecanismos jurídicos de protección. De lo que se trata es de impedir que su colaboración con la justicia tenga como contrapartida un daño irreversible para su futuro.

Por otra parte, no es necesario un audaz ejercicio imaginativo para comprender que, en determinados casos, es conveniente tomar medidas de protección respecto del testigo que proporciona los principales argumentos incriminatorios contra el acusado. La posibilidad de extorsión, amenazas e incluso el peligro cierto para la vida del testigo que ayuda a esclarecer un hecho delictivo no es, desde luego, irreal. Prácticamente todos los sistemas procesales habilitan una norma de cobertura tendente a liberar al testigo que decide colaborar con la justicia de los peligros a los que su testimonio puede llegar a exponerle.

Pero también es fácilmente entendible que las restricciones derivadas de ese mecanismo de protección pueden encerrar una limitación de principios estructurales del proceso penal. No sin algunos matices, la publicidad puede quedar resentida cuando la identidad del testigo es sustraída al conocimiento de terceros. Y de un modo más directo, la ocultación de la identidad y circunstancias del testigo protegido puede dificultar sobremanera el efectivo ejercicio del derecho de defensa y la vigencia del principio de contradicción. El desconocimiento por las defensas de la identidad del declarante impide aflorar, por ejemplo, circunstancias pasadas que hagan explicable el odio o el resentimiento como motor de la declaración, con las consiguientes dudas sobre su credibilidad.

III.

El contenido de esta magnífica monografía no elude otro de los problemas que hoy se ciernen sobre el proceso penal, cuyo alcance se intensifica con ocasión de algunos procesos que tienen como protagonistas no a anónimos ciudadanos que en un momento de su vida son llamados a declarar ante el Juez, sino a personajes relevantes de la vida social. De ahí el valor de una reflexión tan atinada como la que centra su interés en «*la armonización entre la publicidad procesal y el derecho a la información de los medios de comunicación»*.

En nuestros días, la publicidad, entendida como garantía del constitucionalismo liberal frente al procedimiento inquisitivo, de carácter secreto, se está deslizando paulatinamente hacia algo bien distinto: la publicación del proceso, hasta el punto de que se alientan juicios paralelos que pueden erosionar de forma irreparable el derecho del acusado a la presunción de inocencia. Sobre el proceso penal confluyen derechos de muy distinto significado. La investigación de determinados hechos ya sea por su naturaleza, ya por la condición pública de sus protagonistas, genera una expectación social que, con mucha frecuencia, convierte las decisiones judiciales en titulares de los medios de comunicación. Frente a ese legítimo interés ciudadano por *conocer* y de los profesionales de los medios de comunicación por *informar,* se alza el derecho del imputado a que su imagen no sea asociada de forma irreversible a la de un criminal camino del cadalso.

Los trabajos que acoge esta monografía miran también al futuro. La inteligencia artificial representa el desafío al que ha de enfrentarse la actividad jurisdiccional. El futuro ya está entre nosotros y las técnicas de monitorización de quien presta declaración ante un juez empiezan a ser reivindicadas con preocupante habitualidad. Como ya he tenido ocasión de destacar en otras ocasiones, la encomiable LECrim, elaborada hace ya más de ciento treinta años y que ha servido para regular el ejercicio del ius puniendi por el Estado, viene demostrando desde hace ya algún tiempo sus carencias y limitaciones. Se trata de insuficiencias que nada tienen que ver con su perfecta hechura, con la precisión de su lenguaje y con el rupturista mensaje que abanderaba su articulado. El desbordamiento de las previsiones de la LECrim al que venimos aludiendo está relacionado, fundamentalmente, con la revolución tecnológica y con el nuevo escenario de una sociedad virtual que, sin las avanzadas formas de comunicación telemática e inteligencia artificial, no puede ser entendida.

El tiempo ha puesto de manifiesto que las soluciones parciales y fragmentarias aprobadas por el legislador para hacer frente a esos desafíos no han abarcado –no podían hacerlo a la vista del ritmo al que se suceden los descubrimientos- los numerosos problemas que se han ido evidenciando.

Sin embargo, esa actitud receptiva hacia un modelo de justicia que, como ha dicho Richard Susskind, en las próximas dos décadas cambiará mucho más de lo que ya ha cambiado en los dos últimos siglos, no debería hacernos caer en el espejismo de una sociedad utópica en la que la administración de justicia se dispensa por jueces robóticos y en la que la declaración de los testigos se somete a un test de credibilidad en el que el algoritmo asegura la veracidad del testimonio o descarta su validez. La actividad jurisdiccional no puede perder el rostro humano. La verdad estadística, que es la única verdad que pueden asegurar los sistemas computarizados no puede identificarse con la «justicia», valor constitucional proclamado por el art. 1 de la Carta Magna.

IV.

Todas y cada una de las ponencias que conforman la estructura del libro justificarían una glosa que subrayara su más que aconsejable lectura. Sin embargo, los límites que definen un prólogo de esta naturaleza hacen aconsejable renunciar anticipadamente a ese objetivo. Baste ahora destacar la excelencia técnica de todas ellas, su actualidad, su vigencia y, sobre todo, su valor académico y práctico. Porque esta es una obra que no se contenta con el frío análisis de categorías conceptuales históricas. Es una obra que mira al futuro, que ofrece al profesional un impecable examen de los problemas que suscita la prueba testifical y que regala una solución con la que hacer frente a cada uno de ellos.

Sólo me queda dejar constancia de mi agradecimiento por el inmenso honor que me ha sido concedido de redactar este prólogo y felicitar a los autores y coordinadores por su trabajo. Gracias también a la editorial Tirant lo Blanch, que con la publicación de este libro va a enriquecer la bibliografía jurídica sobre el valor del testimonio.

MANUEL MARCHENA GÓMEZ
Magistrado del Tribunal Supremo
Presidente de la Sala Penal

Aspectos introductorios del testimonio en el proceso civil y penal

MARÍA ISABEL MAROTO CUENCA
CEU Escuela Internacional de Doctorado (CEINDO)

1. LA PRUEBA TESTIMONIAL EN EL PROCESO CIVIL

1.1. Introducción

La denominación de prueba testimonial utilizada en la práctica forense no es la más habitual en el ámbito del proceso español, siendo comúnmente aceptada la de prueba testifical y/o la de interrogatorio de testigos. La regulación actual se encuentra en la Sección 7° del Capítulo VI, Título I del Libro II de la Ley de Enjuiciamiento Civil (LEC) bajo la denominación "Del interrogatorio de testigos".

No obstante, las distintas denominaciones que la práctica judicial y los autores de la disciplina han utilizado sirven para dar una definición de la prueba testimonial, como el medio de prueba consistente en la declaración de un tercero, que como persona física declarará sobre hechos pasados que el mismo presenció o del que tuvo referencia, siendo su valor probatorio su valor probatorio el proporcionado según las reglas de la sana crítica, siendo un medio de prueba eminentemente formalista.

En la actual regulación de la prueba de testigos en el proceso civil, esta se concibe como una diligencia supletoria de prueba en defecto de otras más objetivas, como la prueba pericial o la documental. Por el contrario, en el proceso penal, como se verá, el testimonio se erige como prueba clave para el esclarecimiento de los hechos.

La LEC ha introducido cambios respecto a la normativa anterior, por lo que creemos importante reseñar sus novedades que es preciso someramente invocar siguiendo (Gómez, 2000, pp. 246-278) para una mejor delimitación de su contenido y objeto.

Lo primero que podemos señalar, en cuanto a su regulación es que desaparecen las contradicciones existentes entre la LEC 1881 (arts. 637 a 666) y el CC (arts. 1244 a 1248), que eran las dos normas que regulaban dicho medio probatorio, aun cuando actualmente continúa esta doble regulación tanto en la ley procesal como en la sustantiva.

En segundo lugar, en cuanto a la testifical como medio de prueba, la nueva LEC ha reforzado la contradicción y la inmediación en su práctica, principios básicos para dotar de una mayor credibilidad al testimonio, sin establecer limitaciones en el contenido de la prueba.

En tercer lugar, en relación con la figura del testigo, se ha introducido en el art. 380.1 LEC el interrogatorio de los autores de informes sobre hechos relevantes, si los mismos no hubieran sido reconocidos como ciertos por las partes a quienes pudiesen[1].

---

1 *1. Si, conforme al número 4.o del apartado 1 del artículo 265, o en otro momento ulterior, al amparo del apartado tercero del mismo precepto, se hubiesen aportado a los autos informes sobre hechos y éstos no hubiesen sido reconocidos como ciertos por todas las partes a quienes pudieren perjudicar, se interrogará como testigos a los autores de los informes, en la forma prevenida en esta Ley, con las siguientes reglas especiales: 1.ª No procederá la tacha del testigo por razón de interés en el asunto, cuando el informe hubiese sido elaborado por encargo de una de las partes. 2.ª El autor del informe,* una vez acreditada su habilitación profesional, habrá de reconocerlo y ratificarse en su contenido, antes de que se le formulen las preguntas

Por último, tampoco contiene la ley de ritos limitaciones al objeto de la prueba testifical, semejante a la prevista en el art 51.1. Código de Comercio, que establece que la prueba de testigos no será por sí sola bastante para probar la existencia de un contrato cuya cuantía exceda de 1500 pesetas[2].

Con carácter previo al estudio del testimonio es preciso hacer unas breves consideraciones sobre la prueba en el proceso civil.

1.2. Los medios de prueba en el proceso civil

En materia de prueba el Capítulo VI de la LEC "De los medios de prueba y las presunciones" se divide en nueve secciones en las que se estudian los distintos medios de prueba y su práctica (arts. 299 y 300), el interrogatorio de las partes (arts. 301 a 316), la documental pública y privada (arts. 317 a 334), el dictamen de peritos (arts. 335 a 352), el reconocimiento judicial (arts. 353 a 359), el interrogatorio de testigos (arts. 360 a 381), los Instrumentos de filmación, grabación y semejantes (arts. 382 a 384) y las presunciones legales y judiciales (arts. 385 y 386).

No obstante, esta regulación general, existen a lo largo del articulado de la LEC y Código Civil, normas dispersas que han de ser tenidas en consideración, entre las que podemos citar el art. 137 relativo a la inmediación judicial en el procedimiento probatorio; los arts. 217 y 218, que regulan, la carga de la prue-

---

pertinentes. 3.ª El interrogatorio se limitará a los hechos consignados en los informes.

El párrafo segundo del artículo regula la intervención del perito-testigo. *Si los informes contuvieren también valoraciones fundadas en conocimientos científicos, artísticos, técnicos o prácticos de sus autores, se estará a lo dispuesto en el apartado 4 del artículo 370, sobre el testigo-perito.*

2 Aunque hay autores que consideran que esto no es una limitación al objeto, sino una regla de valoración

ba y la motivación de la sentencia respecto de la valoración de la prueba; el art. 235 sobre la prueba en la reconstrucción de los autos, etc.

1.3. La carga de la prueba

Derivado del principio de aportación de parte en el proceso civil, las partes tienen la carga de probar los hechos alegados que hayan resultado controvertidos valiéndose de los medios legalmente previstos, entre ellos la prueba de testigos. La doctrina de la carga de la prueba no tiene otro alcance que el de señalar las consecuencias de la falta de la prueba, esto es, a quién debe perjudicar su falta sobre los hechos alegados.

Así, el art. 217.1 de la LEC señala que cuando, al tiempo de dictar sentencia o resolución semejante, el tribunal considerase dudosos unos hechos relevantes para la decisión, desestimará las pretensiones del actor o del reconviniente o las del demandado o reconvenido, según corresponda a unos u otros la carga de probar los hechos que permanezcan inciertos y fundamenten las pretensiones. Así pues, incumbirá al actor la carga de la prueba de los hechos constitutivos y al demandado la de los hechos impeditivos y extintivos. Y, dándose los hechos constitutivos, no concurren los hechos extintivos o impeditivos, salvo que se aleguen y prueben.

1.4. Proposición y práctica de la prueba

Los medios de prueba deberán aportarse con la demanda o contestación. La proposición de la prueba y en concreto la de testigos en el juicio ordinario se lleva a cabo en el acto de la audiencia previa. En este momento, las partes concretarán los testigos de lo que intente valerse en defensa de sus pretensiones, identificándolos por su nombre, DNI y cualquier circunstancia, como los datos personales del mismo. Posteriormente, se acuerda la citación conforme a lo dispuesto en el art. 159 de la LEC con los apercibimientos legales.

En el ámbito del juicio verbal, el art. 440.1 de la LEC especifica que el procedimiento que debemos seguir en el caso del juicio verbal: "La citación indicará también a las partes que, en el plazo de los cinco días siguientes a la recepción de la citación, deben indicar las personas que, por no poderlas presentar ellas mismas, han de ser citadas por el letrado de la Administración de Justicia a la vista para que declaren en calidad de parte, testigos o peritos".

La prueba se practicará en el acto del plenario atendiendo a los principios de oralidad, inmediación y publicidad.

2. LA PRUEBA DE TESTIGOS: CONCEPTO

La prueba de testigos, como afirma la doctrina (Moreno & Cortés, 2023, p. 389) consiste en que un tercero preste oralmente una declaración de conocimiento sobre hechos relevantes para la causa, pretendiéndose con ello lograr la convicción del juez en relación con la materia sobre la que se declara, de acuerdo, con lo manifestado por el testigo. De la propia ley el art. 299.1.6º se pude extraer una definición, siendo la prueba testifical o el interrogatorio de los testigos o testimonio como un medio de prueba de carácter personal que implica a un tercero (Díaz, 2012. p. 23).

Se puede definir la prueba de testigo o testimonio como un acto procesal dirigido a representar un hecho o circunstancia pasada relevantes para la resolución del pleito y que como diligencia de prueba va dirigida a lograr la convicción del juzgador sobre el hecho que versa. El testigo ha de deponer sobre aquellos hechos que hubiera tenido conocimiento, excluyéndose las meras opiniones o conjeturas.

Por tanto, dado que el testigo suele ser una persona física que declara sobre unos hechos de los que tiene conocimiento, parece razonable que la Ley le exija una cierta capacidad para su validez. Como norma general, podrá ser testigo cualquier persona, excepto *"las que se hallen permanentemente privadas de razón y las que estén privadas del uso de sentidos respecto de hechos sobre los que únicamente quepa tener conocimiento por dichos sentidos". Los menores de catorce años podrán declarar como testigos si, a juicio del tribunal, poseen el discernimiento necesario para conocer y para declarar verazmente* (art. 361 de la LEC).

Sin perjuicio de lo anterior, la LEC prevé en su art. 381 la declaración testifical por escrito de personas jurídicas "*cuando, sobre hechos relevantes para el proceso, sea pertinente que informen personas jurídicas y entidades públicas en cuanto tales, por referirse esos hechos a su actividad, sin que quepa o sea necesario individualizar en personas físicas determinadas el conocimiento de lo que para el proceso interese, la parte a quien convenga esta prueba podrá proponer que la persona jurídica o entidad, a requerimiento del tribunal, responda por escrito sobre los hechos en los diez días anteriores al juicio o a la vista*"[3].

---

[3] El precepto continuo con los requisitos de la prueba testifical de persona jurídica: "2. En la proposición de prueba a que se refiere el apartado anterior se expresarán con precisión los extremos sobre los que ha de versar la declaración o informe escrito. Las demás partes podrán alegar lo que consideren conveniente y, en concreto, si desean que se adicionen otros extremos a la petición de declaración escrita o se rectifiquen o complementen los que hubiere expresado el proponente de la prueba. El tribunal, oídas las partes, en su caso, resolverá sobre la pertinencia y utilidad de la propuesta, determinando precisamente, en su caso, los términos de la cuestión o cuestiones que hayan de ser objeto de la declaración de la persona jurídica o entidad y requiriéndola para que la preste y remita al tribunal en el tiempo establecido, bajo apercibimiento de multa de 150 a 600 euros y de proceder, contra quien resultare personalmente responsable de la omisión, por desobediencia a la autoridad. La práctica de esta prueba no suspenderá el curso del procedimiento,

A las respuestas escritas de personas jurídicas serán de aplicación, en cuanto sea posible, las demás normas de la presente sección.

2.1. Capacidad e Idoneidad para ser testigo

Una cuestión trascendental en el medio de prueba que nos ocupa es la de la idoneidad o capacidad del testigo. Estas circunstancias han de ser puestas en relación con los requisitos de admisibilidad que la ley establece para los testigos y que se manifiesta en la regulación procesal a través de la idoneidad para ser testigo. Cierto es que siendo el testigo una persona física que va a deponer en el acto del juicio sobre un hecho que conoce, es lógico que la ley le exija una cierta capacidad. La regla general es que podrán ser testigos todas las personas, salvo que se encuentren en alguna de estas dos circunstancias, de acuerdo con el art. 361 LEC:

---

salvo que el Juez lo estime necesario para impedir la indefensión de una o las dos partes. Recibidas las respuestas escritas, el Letrado de la Administración de Justicia dará traslado de ellas a las partes, a los efectos previstos en el apartado siguiente.
3. A la vista de las respuestas escritas, o de la negativa u omisión de éstas, el tribunal podrá disponer, de oficio o a instancia de cualquiera de las partes, mediante providencia, que sea citada al juicio o vista, la persona o personas físicas cuyo testimonio pueda resultar pertinente y útil para aclarar o completar, si fuere oscura o incompleta, la declaración de la persona jurídica o entidad. También podrá admitir, a instancia de parte, cualquier prueba pertinente y útil para contradecir tal declaración.
4. Lo dispuesto en los apartados anteriores no será de aplicación a las entidades públicas cuando, tratándose de conocer hechos de las características establecidas en el apartado 1, pudieran obtenerse de aquellas certificaciones o testimonios, susceptibles de aportarse como prueba documental.

> Las que se hallen permanentemente privadas de razón o del uso de sentidos respecto de hechos sobre los que únicamente quepa tener conocimiento por dichos sentidos. Respecto de los menores de catorce años podrán declarar como testigos si, a juicio del tribunal, poseen el discernimiento necesario para conocer y para declarar verazmente.

No obstante, dada la corta edad del testigo, menor de edad penal, no se le exigirá juramento o promesa de decir verdad, siendo precisa la valoración de su declaración teniendo en cuenta que no le serían de aplicación las penas que el Código penal prevé para el falso testimonio, esto es que faltare a la verdad en su testimonio en causa judicial.

2.2. Derechos y deberes del testigo

2.2.1. Derechos del testigo

Como derecho de carácter económico, el testigo podrá reclamar de la parte que le propuso la indemnización que le corresponda, importe que fijará el Juez, gozando de la vía de apremio en caso de impago y ello en los términos del art. 375 LEC:

> 1. Los testigos que atendiendo a la citación realizada comparezcan ante el Tribunal tendrán derecho a obtener de la parte que les propuso una indemnización por los gastos y perjuicios que su comparecencia les haya originado, sin perjuicio de lo que pudiere acordarse en materia de costas. Si varias partes propusieran a un mismo testigo, el importe de la indemnización se prorrateará entre ellas. 2. El importe de la indemnización lo fijará el Letrado de la Administración de Justicia mediante decreto, que tendrá en cuenta los datos y circunstancias que se hubiesen aportado. Dicho decreto se dictará una vez finalizado el juicio o la vista. Si la parte o partes que hayan de indemnizar no lo hiciesen en el plazo de diez días desde la firmeza de la resolución mencionada en el párrafo anterior, el testigo podrá acudir directamente al procedimiento de apremio.

2.2.2. Deberes del testigo

Como primera obligación del testigo está, la de comparecer a presencia judicial cuando fu era llamado bajo sanción de multa en los términos que prevé el art. 292 de la LEC.[4] Además, el testimonio se presta siempre bajo juramento, o promesa de decir verdad, con apercibimiento de incurrir en el delito de falso testimonio en causa civil (art. 458 CP), de faltar a la verdad en su declaración. Como se ha adelantado cuando se trate de testigos menores de edad penal, no se les exigirá juramento ni promesa de decir verdad (art. 365.2 LEC).

El testigo tiene deber de declarar, respondiendo a las preguntas que se le formulen. El modo de prestar esa declaración se fija en el art. 366 LEC, así los testigos declararán separada y sucesivamente, por el orden en que vinieran consignados en las propuestas, salvo que el Juez encuentre motivo para alterarlo. No se comunicarán entre sí ni podrán unos asistir a las declaraciones de otros, adoptándose con esta finalidad las medidas que sean necesarias.

Como excepción al deber de declarar la LEC prevé en el art. 371 el deber de guardar secreto de los testigos por su estado o profesión, así como por la materia sobre la que verse la declaración siempre que sean clasificadas de carácter reservado o secreto, siendo que, por el tribunal, en los casos requerirá de oficio, mediante providencia, al órgano competente el documento oficial que acredite dicho carácter.

---

4 *Cuando, también sin mediar previa excusa, no compareciere un litigante que hubiese sido citado para responder a interrogatorio, se estará a lo dispuesto en el artículo 304 y se impondrá a aquél la multa prevista en el apartado 1 de este artículo.*

2.3. Requisitos de la prueba testimonial

La prueba testimonial comenzará por la contestación del testigo a las denominadas *generales de la ley* que le formulará el Magistrado/Presidente del tribunal ante el que haya de prestar declaración, siendo estas de conformidad con el art. 367.1 LEC, aquellas que tratan de identificar al testigo y que puedan afectar a su imparcialidad, en cuya virtud se valorara por el tribunal.

Así, antes de comenzar el interrogatorio, el testigo será preguntado, *1.º Por su nombre, apellidos, edad, estado, profesión y domicilio. 2.º Si ha sido o es cónyuge, pariente por consanguinidad o afinidad, y en qué grado, de alguno de los litigantes, sus abogados o procuradores o se halla ligado a éstos por vínculos de adopción, tutela o análogos. 3.º Si es o ha sido dependiente o está o ha estado al servicio de la parte que lo haya propuesto o de su procurador o abogado o ha tenido o tiene con ellos alguna relación susceptible de provocar intereses comunes o contrapuestos. 4.º Si tiene interés directo o indirecto en el asunto o en otro semejante. 5.º Si es amigo íntimo o enemigo de alguno de los litigantes o de sus procuradores o abogados. 6.º Si ha sido condenado alguna vez por falso testimonio.*

En vista de las respuestas del testigo, las partes podrán manifestar al tribunal la existencia de circunstancias que puedan afectar a su imparcialidad, que pondrán de manifiesto al tribunal que en su caso podrá interrogar al testigo sobre esas concretas circunstancias y hará que preguntas y respuestas se consignen en acta levantada al efecto por el Letrado de la Administración de Justicia para la debida valoración de las declaraciones al dictar sentencia.

Una vez respondidas por el testigo las generales de la ley, se iniciará el interrogatorio en el que se formularán oralmente las preguntas por las partes, de forma clara y precisa sin que se admita la inducción de la respuesta, en sentido afirmativo, y con la debida claridad y precisión. No habrán de incluirse valoraciones ni calificaciones, y si éstas se incorporaran, se tendrán por no realizadas.

La declaración de pertinencia o impertinencia de las preguntas formuladas corresponderá al tribunal admitiendo todas aquellas que por guardar relación con el objeto del pleito sean conducentes al esclarecimiento de los hechos. No obstante, las partes podrán impugnar las preguntas formuladas por la contraparte haciendo constar, y así se recogerá en el acta levantada al efecto, e instando su inadmisión, para lo que harán notar las valoraciones y aclaraciones que estimen necesarias. Ante la decisión judicial de inadmisión de una pregunta, la parte disconforme podrá manifestarlo así y pedir que conste en el acta su protesta a los efectos de hacerlo valer en la segunda instancia (art. 369 LEC).

2.4. *El Testigo-Perito en la LEC*

La LEC reconoce expresamente la controvertida figura del testigo-perito, concurriendo en la misma la del testigo con conocimientos científicos, técnicos, artísticos o prácticos sobre la materia objeto de controversia según prevé en el art. 370 LEC.

Puede definirse el *testigo-perito* como "un testigo, es decir, una persona física que conoce directamente o por referencia los hechos controvertidos, y que, además, posee conocimientos científicos, técnicos, artísticos o prácticos sobre la materia a que se refieran los hechos del interrogatorio" (Peiteado, 2004, p. 77).

Se trata de una prueba testifical en la que el conocimiento de los hechos que aporta el testigo/perito es trasladado al tribunal sobre la base de una percepción basada en un conjunto de conocimientos técnicos que posee dicho testigo. Es así una figura intermedia entre el testigo, mero conocedor del hecho y del perito, que lo conoce con fundamento en su preparación técnica[5].

La figura que nos ocupa delimita sus contornos si se analizan algunas diferencias respecto a la prueba pericial. Así, el perito es llamado al proceso por sus conocimientos técnicos o especializados que plasma en un informe, que se presenta por escrito con carácter previo al acto del juicio, que se incorpora a las actuaciones y que puede ser sometido a contradicción en el acto del juicio si fuera impugnado por la contraparte. El testigo-perito es traído al pleito por haber presenciado o tener conocimiento de los hechos, esto es, al margen de sus conocimientos técnicos o especializados, pero que depone acerca de los mismos de forma oral. Por lo que si bien aquel no tiene conocimiento previo de los hechos sobre los que emite informe al contrario que el testigo-perito que como testigo ha tenido conocimiento de los mismos.

Pero la diferencia fundamental en lo que a la prueba de testimonio se refiere, atiende a que los conocimientos aportados por los peritos tienen el valor de una prueba pericial. Sin embargo, los conocimientos técnicos aportados por el testigo-perito tienen el valor probatorio que se concede a la prueba testifical (art. 376 LEC).

El perito puede ser objeto de tacha o de recusación, según sea pericial de parte o pericial judicial, mientras que el testigo-perito sólo puede ser tachado, al haber sido llamado al pleito como testigo.

---

5 SAP Santa Cruz de Tenerife, Sección 4ª, nº 131/2006 de 8 de mayo de 2006, F.J. 2º [JUR 2006\17471

2.5. Valoración de la prueba de testigos: la tacha del testigo

En nuestro derecho positivo, la prueba testifical es de libre valoración por el Tribunal. Así lo dispone el art. 1248 de la CC al establecer que:

> La fuerza probatoria de las declaraciones de los testigos será apreciada por los Tribunales conforme a lo establecido en la L.E.C que al efecto el articulo 659 dispone que «los Jueces y Tribunales apreciarán la fuerza probatoria de las declaraciones de los testigos conforme a las reglas de la sana crítica, teniendo en consideración la razón de ciencia que hubieren dado y las circunstancias que en ellos concurran.

2.5.1 La tacha del testigo y su valoración

En el proceso civil serán las partes, según se ha expuesto, las que a fin de acreditar los hechos en que fundamenten sus pretensiones, soliciten la declaración como testigos de aquellos hechos que tengan noticia o conocimiento.

Es frecuente que los testigos propuestos por las partes puedan pertenecer al entorno cercano del demandante o demandado, tener amistad, relación laboral, familiar o cualquier circunstancia en cuya virtud pueda resultar comprometida su imparcialidad. Esta circunstancia se introduce en el proceso mediante el sistema de tachas.

Los arts. 377 a 379 de la LEC regulan la tacha de los testigos en los que concurran alguna de las causas siguientes:

> 1° Ser o haber sido cónyuge o pariente por consanguinidad o afinidad dentro del cuarto grado civil de la parte que lo haya presentado o de su abogado o procurador o hallarse relacionado con ellos por vínculos de adopción, tutela o análogo. 2° Ser el testigo, al prestar declaración, dependiente del que lo hubiere propuesto o de su procurador o abogado o estar a su servicio o hallarse ligado con alguno de ellos por cualquier relación de sociedad e intereses. 3° Tener interés directo o indirecto en el asunto de que se trate. 4° Ser amigo íntimo o enemigo de una

> de las partes o de su abogado o procurador. 5º Haber sido el testigo condenado por falso testimonio.

Las tachas han de ser formuladas desde el momento en que se admita la prueba testifical hasta que comience el juicio o la vista, sin perjuicio de la obligación que tienen los testigos de reconocer cualquier causa de tacha al ser interrogados conforme a lo dispuesto en el art. 367 de la ley de ritos, en cuyo caso se podrá actuar conforme a lo que señala el apartado 2 de dicho artículo de manera que, a la vista de las respuestas del testigo a las preguntas generales de la ley, "las partes podrán manifestar al tribunal la existencia de circunstancias relativas a su imparcialidad ".

Sin embargo, dichos preceptos deben ponerse en relación con el contenido del art. 376 de la misma ley procesal, ya visto, que establece que:

> Los tribunales valorarán la fuerza probatoria de las declaraciones de los testigos conforme a las reglas de la sana crítica, tomando en consideración la razón de ciencia que hubieren dado, las circunstancias que en ellos concurran y, en su caso, las tachas formuladas y los resultados de la prueba que sobre éstas se hubiere practicado.

La tacha y su resultado no conlleva la inhabilidad del testigo para declarar como apunta el párrafo tercero del art. 379 de lan LEC, al exigir que el juzgador realice una motivación del juicio fáctico, razonando declaración prestada y valorando la credibilidad, no obstante concurrir unas circunstancias que a priori podrían afectar a su credibilidad (Muñoz, 2001, p. 368), habiendo declarado la jurisprudencia que:

> El testimonio de un testigo susceptible de ser tachado, puede inducir válidamente a formar el convencimiento del juez sobre la veracidad de sus datos, objeto de prueba, tanto más cuanto

> que la Sala explicita los criterios que dentro de las reglas de la sana crítica le conducen a formar su convicción[6].

Así el TS, en numerosas sentencias[7], ha venido a matizar que la tacha no impide que el testimonio prestado sea tenido en cuenta por el juzgador siempre que entienda que el testimonio goza de la imparcialidad necesaria valorándose siempre con arreglo a las reglas de la sana crítica y resto del acervo probatorio practicado, matizando el Alto Tribunal que deberán tenerse en cuenta la razón de:

> Conocimiento del testigo, circunstancias que en ellos concurran y, en su caso, las tachas formuladas y los resultados de la prueba que sobre ésta se hubiere practicado, esto es, sin que incluso la tacha sea obstáculo para la valoración de la ciencia que hubieren dado los testigos tachados, conforme a las reglas de la sana crítica[8].

Por tanto, cuando nos encontramos frente a una tacha, la doctrina jurisprudencial tiene declarado que la misma no impide al juzgador estimar, en todo o en parte, el valor probatorio de las declaraciones de tales testigos, pues las tachas, que

---

6 SAP SO 282/1998 de 17 de noviembre de 1.998 al respecto ha manifestado que es preciso recordar la reiterada y doctrina jurisprudencial respecto a la valoración de la prueba testifical en el procedimiento civil: lo establecido en los *arts. 1248 del Código Civil* y *659 de la Ley de Enjuiciamiento Civil* implica su *discrecional apreciación, conforme a las reglas de la sana critica, por el juzgador de instancia, debiendo ser apreciada teniendo en cuenta lo razón de ciencia que hubieran dado los testigos y las circunstancias que en ellos concurran (entre muchas, STS 11-3-1985).*

7 Ya la STS de 26 de noviembre de 1943, en términos semejantes al actual art. 376 LEC, señalaba que "la eventual existencia de tacha en los testigos no es más que una de las circunstancias concurrentes a apreciar, junto a la razón de ciencia que hubiera dado, conforme a las reglas de la sana crítica"

8 STS de 11 de abril de 1998.

no incapacitan al testigo para serlo, no son más que motivos de sospecha.

Son variadas las circunstancias que pueden concurrir en un testigo para ser tachado, las relaciones familiares que pueden determinar un interés en el pleito o la vinculación profesional de un testigo con una de las partes. Así, por ejemplo, la Ilma. Audiencia Provincial de Logroño en sentencia 293/2023 de uno de junio invocando la *sentencia de la Audiencia Provincial de Guadalajara de 31 de octubre 2006*, analiza la parcialidad de los testigos por razón de *dependencia jerárquica*, que con cita de jurisprudencia afirma:

> Que ya resultaba tradicional al amparo de la normativa procesal anterior la Jurisprudencia que declaraba que la circunstancia de que los testigos propuestos fueran empleados, amigos o incluso parientes de uno de los litigantes, no comportaba su incapacidad para declarar, dado que dicha condición podría suponer, a lo sumo, un interés indirecto, subordinado o dependiente, pero no el interés directo al que se refería el párrafo primero del viejo art. 1247 Código Civil 1, por lo que representaría únicamente la posibilidad de tachar al testigo, pero no su inhabilitación para testificar, Ss. T.S. 23-11-1990 , 5-7-1991 y en semejantes términos 30-11-1991 y 28-10-1997 , que concretaron que el interés directo a los fines mencionados ha de entenderse en el sentido de efecto de cosa juzgada de la sentencia, de modo que solo si esta va a afectar al testigo en su persona, bienes o intereses quedará este afecto por la causa de inhabilitación referenciada; habiendo precisado las mencionadas sentencias que la tacha de los testigos o la posibilidad de ser tachados no impide al Juzgador estimar en todo o en parte el valor probatorio de sus declaraciones[9].

9 En análogos términos *Ss. T.S. 12-11-1985 , 16-2-1989 , 1-6-1989 , 10-11-1989 ; 20-7-1995, 12-6-1998 , 12-11- 1998 , 17-11-1998 , 21-12-1998* , posibilidad de valoración de dicha prueba que igualmente se infiere del contenido del actual *art. 376 Ley de Enjuiciamiento Civil* que establece que los tribunales valorarán la fuerza probatoria de las declaraciones de los testigos conforme a las reglas de la sana crítica , tomando en consideración la razón de ciencia que hubieren dado,

Por último, si oportunamente formulada la tacha de algún testigo por cualquiera de las partes existiera al respecto falta de pronunciamiento judicial en la sentencia que se dicte, esta ausencia de pronunciamiento debería ser atacada, en su caso, por la vía de infracción de la concreta normal procesal que prevé la valoración de la tacha (arts. 344 o 376 LEC) o de manera más genérica por la vía de error en la valoración de la prueba.

2.6. El careo

El careo es una diligencia de prueba fundamentalmente utilizada en el proceso penal, ya que es en sede penal donde se regula con detalle, tanto como diligencia de investigación, en el sumario, en el capítulo dedicado a la comprobación del delito y averiguación del delincuente, como prueba en el acto del juicio oral, y todo ello a propósito del proceso ordinario para delitos graves, sin que consten especialidades en sede del proceso penal abreviado ni mucho menos en el caso de los llamados juicios rápidos o por delitos leves que por su propia naturaleza relegan este medio probatorio.

No obstante, lo anterior, es medio de prueba utilizado en el proceso civil y a ella se refiere el art. 373 de la Ley de Enjuicia-

---

las circunstancias que en ellos concurran y, en su caso, las tachas formuladas y los resultados de la prueba que sobre éstas se hubiere practicado, precepto que ha de ser puesto en relación con el contenido de los *arts. 360* y *361 de la Ley de Enjuiciamiento Civil* primero de los cuales, al explicitar el contenido de esta prueba, apunta que las partes podrán solicitar que declaren como testigos las personas que tengan noticia de hechos controvertidos relativos a lo que sea objeto del juicio; infiriéndose del segundo, relativo a la idoneidad para ser testigos, que podrán serlo todas las personas, salvo las que se hallen permanentemente privadas de razón o del uso de sentidos respecto de hechos sobre los que únicamente quepa tener conocimiento por dichos sentidos.

miento Civil, pudiendo ser acordada de oficio y ello frente a los principios básicos de la prueba en el proceso civil dispositivo y de aportación de parte, aun cuando la ley exige que han de incurrir los testigos en graves contradicciones para su práctica (art. 373.1 LEC).

Estas contradicciones, determinantes de la práctica de careo, también son apreciables a tenor de las declaraciones de las partes y alguno o algunos testigos, siempre que se produzcan divergencias que sean consideradas de gravedad por el juzgador.

Resulta lógico que se trate de divergencias o desacuerdos de tal entidad que impidan la determinación de un hecho relevante, aun cuando se apliquen las reglas de valoración de la prueba. Si es posible lograr la certeza de ese hecho con los resultados de otras actividades probatorias, no sería aconsejable acudir al careo. Así acontece en el proceso penal, en el que sólo cabe el careo cuando no exista otra forma de "comprobar la existencia del delito o la culpabilidad de alguno de los procesados" con se verá (art. 455 LECrim.).

Discutido ha sido en la doctrina la naturaleza del careo, entre los que entienden que se trata de un auténtico medio de prueba y los que caracterizan la diligencia como un medio extraordinario de comprobación de la credibilidad de las manifestaciones testigos que hayan depuesto en el acto del juicio[10]. No obstante, las distintas posiciones doctrinales lo cierto en

---

[10] STS 469/2002, de 19 marzo, según la cual "La doctrina de esta Sala ha señalado reiteradamente que la diligencia de careo no es una prueba propiamente dicha, ya que se trata de actuación encaminada a confrontar las posibles contradicciones, observadas en las declaraciones de los testigos o de los acusados o de éstos entre sí. Su resultado, apreciable libremente por el órgano que lo acuerda, no constituye una nueva prueba, sino un elemento valorativo que sirve para formar la convicción psicológica, sobre la mayor o menor verosimilitud de una u otra de las versiones facilitadas".

que no puede negarse la naturaleza de medio de prueba del careo al encontrarse vinculado a las declaraciones de partes, testigos, y peritos, con forma de interrogatorio y posterior debate entre los contradictores.

3. LA PRUEBA TESTIMONIAL EN EL PROCESO PENAL

3.1. Regulación legal

La declaración del testigo en el proceso penal se encuentra regulada en los arts. 410 a 450 de la LECrim que prevén su intervención en la fase instructora en tanto que en los arts. 701 a 722 de la LECrim se refiere a su intervención en la fase de juicio oral siendo de aplicación supletoria los primeros respecto de esta última.

A diferencia del proceso civil en el que el testigo ha de ser un tercero que no sea parte del procedimiento, en el proceso penal la persona que haya de prestar declaración no ha de tener la condición de investigado, dado el ofendido por el delito podrá declarar en calidad de testigo y no de parte.

El testigo, por ende, no puede ser al mismo tiempo investigado como ya manifestó el Tribunal Constitucional al resolver "que la toma de declaración de un imputado en calidad de testigo cuando del estado de la instrucción pueda inferirse su participación en la infracción penal constituye una prueba de valoración prohibida"[11].

---

[11] STC135/1989, de 19 de junio; 186/1990, de 15 de noviembre y 149/1997, de 29 de septiembre, entre otras.

3.2. El testigo: Concepto y clases

Puede definirse el testigo en sede del procedimiento penal, en clara semejanza con el civil, como aquella persona ajena al proceso, que interviene en el mismo declarando sobre hechos que ha presenciado o de los que ha tenido noticia (Montero, 2012, p. 2). Ahora bien, existe un sinfín de definiciones doctrinales, muy similares a la que venimos mencionando, sobre el concepto de testigo, así concurriría en dicha condición cualquier persona que es convocada a la causa por suponer que posee unos conocimientos vinculados con el hecho que se investiga, con el propósito de que exponga lo que conozca sobre ello (López, 1999, p. 259).

Por último, para la jurisprudencia el testigo es aquella persona que, siendo ajena al proceso, es citada por el órgano jurisdiccional, a fin de que preste declaración de ciencia sobre hechos pasados y que pueden resultar relevantes para el objeto del litigio. Es un medio probatorio de carácter personal en el que la fuente de la prueba está constituida por el testigo y por el conocimiento que tenga de los hechos, siendo objeto de la declaración hechos y no opiniones. La prueba de testimonio exige la presencia y la viva voz del testigo declarante ante el juez. Por lo expuesto si testigo declara fuera del proceso y de la presencia judicial, esto es a presencia de una persona que no sea el juez (por ejemplo, ante un notario), no es prueba testifical, sino prueba documental.

3.2.1. El Testigo directo y de referencia

La presente distinción atiende a la inmediación del conocimiento del testigo con el objeto del proceso. El testigo directo es aquel sujeto que presencia la comisión de un ilícito penal. Al encontrarse en el lugar donde sucedieron los hechos, tiene un conocimiento que no tiene otra persona sobre el procedimiento, y es necesario que el Juez realice un llamamiento a dicho testigo para que acuda a la vista oral a declarar sobre aquellos hechos que presenció.

El testigo de referencia es definido perfectamente por la STS 28 de noviembre de 2007 como "la persona que no proporciona datos obtenidos por la percepción directa de los acontecimientos, sino la versión de lo sucedido, obtenida a través de manifestaciones o confidencias de terceras personas". En la misma sentencia, el Tribunal Supremo constata que esta prueba testifical "podrá ser valorada como prueba de cargo cuando sirva para otorgar credibilidad y fiabilidad a otro testigo, o para probar la existencia o no de corroboraciones periféricas". La verdadera transcendencia de esta distinción radica en que sólo la declaración del testigo directo en el acto del juicio oral constituye prueba válida para desvirtuar la presunción de inocencia. La declaración del testigo indirecto nunca puede sustituir la del directo.

3.2.2 Testigo víctima

A diferencia del proceso civil, en el que el perjudicado prestaría declaración en calidad de parte a través del interrogatorio, en el proceso penal, también los ofendidos por el delito, hayan o no comparecido como acusadores particulares, han de prestar declaración como testigos. Ahora bien, siendo la victima persona, de lógica, interesada en la condena del acusado la declaración ha de rodearse de unas circunstancias concretas que el TS ha exigido par la correcta valoración de la misma, sobretodo en delitos contra la libertad sexual los siguientes:

a) *Ausencia de incredibilidad subjetiva* derivada de las relaciones acusado/víctima que pudieran conducir a la deducción de existencia de un móvil serio de resentimiento, enemistad, venganza, enfrentamiento, u otro interés de cualquier índole que prive a la declaración de la aptitud imprescindible para generar ese estado subjetivo de certidumbre en que la convicción judicial estriba esencialmente.

b) *Verosimilitud*, es decir, constatación de la concurrencia de corroboraciones periféricas de carácter objetivo que la avalen, especialmente cuando tal corroboración es posible dadas las características del hecho concretamente denunciado. Los datos objetivos de corroboración pueden ser muy diversos: lesiones en delitos que ordinariamente las producen; manifestaciones de otras personas sobre hechos o datos que sin ser propiamente el hecho delictivo atañen a algún aspecto fáctico cuya comprobación contribuya a la verosimilitud del testimonio de la víctima; periciales sobre extremos o aspectos de igual valor corroborante; etcétera.

c) *Persistencia en la incriminación*, hasta el punto de que ha de ser prolongada en el tiempo, plural, sin ambigüedades ni contradicciones pues constituyendo la única prueba enfrentada a la negativa del acusado, que proclama su inocencia, prácticamente la única posibilidad de evitar la indefensión de éste es permitirle que cuestione eficazmente dicha declaración, poniendo de relieve aquellas contradicciones que señalen su inveracidad. Persistencia que puede ser compatible con que el relato no haya sido siempre y en todo momento idéntico milimétricamente, ya que es normal que existan modificaciones y alteraciones.

3.2.3. Especial referencia al testigo protegido

La figura del testigo protegido se encuentra regulada en la Ley Orgánica 19/1994, de 23 de diciembre, *de protección a testigos y peritos en causas criminales*, y está prevista para todos aquellos supuestos en que por la autoridad judicial en el curso de la instrucción e investigación de la infracción criminal aprecie racionalmente un peligro grave para determinadas personas que actúan como testigos o peritos en una causa criminal. En tales casos se arbitran toda una serie de medidas para que dichos testigos y peritos se vean protegidos, tanto en su persona como en la de sus familias y bienes.

La decisión del Juez de Instrucción sobre la protección de un testigo o perito ha de ser motivada y una vez se reciben las actuaciones en el Tribunal de enjuiciamiento ha de dictar nueva resolución sobre el mantenimiento de las adoptadas por el Juez de Instrucción o puede acordar otras medidas[12]. La resolución del Juez de Instrucción sobre la protección de un testigo o perito ha de ser motivada y una vez se reciben las actuaciones en el Tribunal de enjuiciamiento ha de dictar nueva resolución sobre el mantenimiento de las adoptadas por el Juez de Instrucción o puede acordar otras medidas. Y según el art. 4.3 de la Ley Orgánica 19/1994, si cualquiera de las partes "*solicitase motivadamente en su escrito de calificación provisional, acusación o defensa, el conocimiento de la identidad de los testigos o peritos propuestos, cuya declaración o informe sea estimado pertinente, el Juez o Tribunal que haya de entender la causa, en el mismo auto en el que declare la pertinencia de la prueba propuesta, deberá facilitar el nombre y los apellidos de los testigos y peritos, respetando las restantes garantías reconocidas a los mismos en esta Ley*".

Este este artículo es fundamental a la hora de delimitar los contornos de la función del testigo protegido, pues garantiza plenamente el principio de contradicción y el derecho de defensa, dado que una sentencia condenatoria fundada en la declaración del testigo protegido cuya identidad no se hubiera

---

12 STS 649/2010, de 18/06/2010, en la que distingue entre los testigos anónimos, que son aquellos cuyos datos personales no se transmiten a las partes; y los testigos ocultos, que sí son identificados, pero que declaran en el juicio de una manera fuera de la vista de las partes procesales.

revelado, podría considerar infringida las normas del procedimiento[13].

No obstante, lo anterior, y según recoge el art. 4.3 la revelación de la identidad a la defensa cabe hacerla reservadamente y previa petición motivada de la misma. Ello significa que puede hacerse la revelación sólo al letrado del acusado[14].

3.3. Estatuto del testigo

A diferencia del acusado a quien le asiste, como se ha dicho, el fundamental derecho a guardar silencio, el testigo tiene la obligación de comparecer, prestar declaración y decir verdad.

3.3.1. Obligación de comparecer y excepciones

El testigo tiene como obligación básica la de comparecer ante el órgano judicial cuando fuera llamado. No obstante, la LECrim, establece determinadas excepciones por razón del cargo u oficio que desempeñe el testigo. Estas excepciones pueden ser de carácter absoluto, como ocurre con el rey, la reina, sus consortes, el príncipe heredero y los regentes del reino. Otras tienen carácter relativo, y así están exentos del deber de declarar los agentes diplomáticos acreditados en España, y el personal administrativo, técnico o de servicio de las misiones diplomáticas, así como sus familiares, si concurren en ellos los requisitos exigidos en los tratados.

Como excepciones relativas al deber de concurrir al llamamiento judicial, pero no de declarar, pudiendo hacerlo por es-

---

13 STS 100/2012, de 23/02/2012, El derecho del acusado en causa penal a defenderse.

14 STS 1215/2006, de 04/12/2006,

crito sobre los hechos de que tengan conocimiento por razón de su cargo:

- El presidente y los demás miembros del Gobierno.
- Los presidentes del Congreso de los Diputados y del Senado.
- El presidente del Tribunal Constitucional.
- El presidente del Consejo General del Poder Judicial.
- El fiscal general del Estado.
- Los presidentes de las comunidades autónomas.

3.3.2. Obligación de declarar y excepciones

Por lo que respecta a la obligación general de declarar, nos encontramos con personas que se encuentran exentas de declarar como testigos y personas que no tienen la obligación de declarar en calidad de tales. Veamos cuáles son estas personas:

Están dispensados de la obligación de declarar:

- Los parientes del procesado en líneas directa ascendente y descendente, su cónyuge o persona unida por relación de hecho análoga a la matrimonial, sus hermanos consanguíneos o uterinos y los colaterales consanguíneos hasta el segundo grado civil. Art. 416 LECrim (modificado por la LO 8/2021)

En relación a los testigos cónyuges o que estén o hayan estado unidos por relación afectiva análoga con el imputado, el Acuerdo no jurisdiccional de la Sala 2ª del Tribunal Supremo de 24 de abril de 2013[15] estableció que "La *exención de la obli-*

---

15 El Acuerdo de Pleno no jurisdiccional de la Sala 2ª TS de 23 de enero de 2018, ha establecido en relación a la dispensa del articulo

gación de declarar prevista en el art. 416-1º LECrim. alcanza a las personas que están o han estado unidas por alguno de los vínculos a que se refiere el precepto-. Se exceptúan:

> *A) La declaración por hechos acaecidos con posterioridad a la disolución del matrimonio o cese definitivo de la situación análoga de afecto.*
>
> *B) Supuestos en que el testigo esté personado como acusación en el proceso.[16]"*

- El abogado del procesado respecto a los hechos que este le hubiese confiado en su calidad de abogado defensor.
- Los traductores e intérpretes de las conversaciones y comunicaciones entre el investigado con relación a los hechos a que estuviera referida su traducción o interpretación.

No podrán ser obligados a declarar como testigos:

- Los eclesiásticos y ministros de los cultos disidentes, sobre los hechos que les fueren revelados en el ejercicio de las funciones de su ministerio.

---

416 LECrim que "1.- *El acogimiento, en el momento del juicio oral, a la dispensa del deber de declarar establecida en el artículo 416 de la LECRIM, impide rescatar o valorar anteriores declaraciones del familiar-testigo aunque se hubieran efectuado con contradicción o se hubiesen efectuado con el carácter de prueba preconstituida. 2.- No queda excluido de la posibilidad de acogerse a tal dispensa (416 LECRIM) quien, habiendo estado constituido como acusación particular, ha cesado en esa condición".*

16 Sentencia del Tribunal Supremo, Sala Segunda, 389/2020, de 10 de julio, siendo Ponente D. Julián Sánchez Melgar, que corrige el apartado segundo del Acuerdo no Jurisdiccional de 23 de enero de 2018, estableciendo que "*no recobra el derecho a la dispensa (art. 416 LECrim.), quien ha sido víctima-denunciante y ha ostentado la posición de acusación particular, aunque después cese en la misma*"

- Los funcionarios públicos, tanto civiles como militares, de cualquier clase que sean, cuando no pudieren declarar sin violar el secreto que por razón de sus cargos estuviesen obligados a guardar, o cuando, procediendo en virtud de obediencia debida, no fueren autorizados por su superior jerárquico para prestar la declaración que se les pida.
- Los incapacitados física o moralmente.

3.4. Procedimiento

Finalmente, y en cuanto a la forma de proceder a la hora de tomar declaración al testigo que haya comparecido al llamamiento judicial, es preciso destacar:

- Los testigos mayores de edad penal prestarán juramento o promesa de decir todo lo que supieren respecto a lo que les fuere preguntado, estando el juez obligado a informarles, en un lenguaje claro y comprensible, de la obligación que tienen de ser veraces y de la posibilidad de incurrir en un delito de falso testimonio en causa criminal.
- El testigo víctima de delito cuando sea menor de edad[17] podrán hacerse acompañar por su representante legal y por una persona de su elección durante la práctica de estas diligencias, salvo que, en este último caso, motivadamente, se resuelva lo contrario por el Juez de Instrucción para garantizar el correcto desarrollo de la misma.

---

[17] Redactado conforme la disposición final once de la LO 4/2015 de 27 de abril que regula el *Estatuto de la Víctima.* Esta materia, a su vez, ha sido modificada por la LO 8/2021.

- El juramento, se prestará en nombre de Dios. Los testigos prestarán el juramento con arreglo a su religión (art. 434 LECrim). El testigo manifestará primeramente sus datos personales y respecto del procesado y resto de las partes si tiene con ellos parentesco, amistad o relaciones de cualquier otra clase; si ha estado procesado y la pena que se le impuso.
- Si el testigo fuera miembro de las Fuerzas y Cuerpos de Seguridad en el ejercicio de sus funciones, será suficiente para su identificación el número de su registro personal y la unidad administrativa a la que está adscrito.
- El juez dejará al testigo narrar sin interrupción los hechos sobre los cuales declare y solamente le exigirá las explicaciones complementarias que sean conducentes a desvanecer los conceptos oscuros o contradictorios (art. 436 LECrim). Después le dirigirá las preguntas que estime oportunas para el esclarecimiento de los hechos.
- Los testigos declararán de viva voz, sin que les sea permitido leer declaración ni respuesta alguna que lleven escrita. Podrán, sin embargo, consultar algún apunte o memoria que contenga datos difíciles de recordar. El testigo podrá dictar las contestaciones por sí mismo (art. 437 LECrim).
- No se harán al testigo preguntas capciosas ni sugestivas, ni se empleará coacción, engaño, promesa ni artificio alguno para obligarle o inducirle a declarar en determinado sentido. (art. 439 LECrim).
- Terminada la declaración, el secretario judicial (hoy LAJ), hará saber al testigo la obligación de comparecer para declarar de nuevo ante el tribunal competente cuando se le cite para ello, así como la de poner en conocimiento de la Oficina Judicial los cambios de domicilio que hiciere hasta ser citado para el juicio oral,

> bajo apercibimiento, si no lo cumple, de ser castigado con una multa de 200 a 1.000 euros, a no ser que incurriere en responsabilidad criminal por la falta (art.446 LECrim).

Estas prevenciones se harán constar al final de la misma diligencia de la declaración.

El art. 448 de la LECrim, modificado por la ley 8/2021, establece que si el testigo manifestare, al hacerle la prevención referida en el art. 446, la imposibilidad de concurrir por haber de ausentarse del territorio nacional, y también en el caso en que hubiere motivo racionalmente bastante para temer su muerte o incapacidad física o intelectual antes de la apertura del juicio oral, el Juez instructor mandará practicar inmediatamente la declaración, asegurando en todo caso la posibilidad de contradicción de las partes.

Para ello, el Secretario judicial hará saber al reo que nombre abogado en el término de veinticuatro horas, si aún no lo tuviere, o de lo contrario, que se le nombrará de oficio, para que le aconseje en el acto de recibir la declaración del testigo. Transcurrido dicho término, el Juez recibirá juramento y volverá a examinar a éste, a presencia del procesado y de su abogado defensor y a presencia, asimismo, del Fiscal y del querellante, si quisieren asistir al acto, permitiendo a éstos hacerle cuantas repreguntas tengan por conveniente, excepto las que el Juez desestime como manifiestamente impertinentes. Por el Secretario judicial se consignarán las contestaciones a estas preguntas, y esta diligencia será firmada por todos los asistentes.

3.5. La prueba testifical como prueba preconstituida

La ley 8/2021 ha introducido en la LECrim los arts. 449 bis y 449 ter. En el primero de estos artículos se establecen los requisitos por los que debe desarrollarse la declaración del testigo como prueba preconstituida, garantizándose el principio de contradicción, asegurando la documentación de la declaración en soporte apto para la grabación del sonido y la imagen, acompañada por acta sucinta y para la valoración de la prueba preconstituida se estará a lo dispuesto en el art. 730.2.

En el art. 449 ter dispone que:

> Cuando se trate de testigos menores de catorce años o de personas con discapacidad necesitada de especial protección, que deban intervenir en un procedimiento judicial seguido por un delito de homicidio, lesiones, contra la libertad, contra la integridad moral, trata de seres humanos, contra la libertad e indemnidad sexuales, contra la intimidad, contra las relaciones familiares, relativos al ejercicio de derechos fundamentales y libertades públicas, de organizaciones y grupos criminales y terroristas y de terrorismo, la autoridad judicial acordará, en todo caso, practicar la audiencia del menor o de la persona con discapacidad como prueba preconstituida, pudiendo acordar el Juez de Instrucción que se les tome declaración mediante la intervención de expertos de los equipos psicosociales. Se reconoce a las partes la facultad para trasladar a los expertos las preguntas que estimen oportunas para ser formuladas a la persona explorada, siempre a través de la autoridad judicial y previo el juicio de pertinencia de ésta; de igual forma que podrán interesar aclaraciones al testigo una vez haya finalizado su declaración.

3.6. Supuestos especiales. Incomparecencia del testigo

3.6.1. El testigo con enfermedad grave o fallecido

Como excepción al art. 410 LECrim destaca el supuesto del testigo imposibilitado por enfermedad, nos encontramos con el dilema analizado en el punto anterior, en cuanto a la incomparecencia al juicio oral de la persona que habiendo declarado en fase de instrucción se ve imposibilitada a asistir al plenario, y al que se refirió la STS de 14 de julio de 1992, declarando que "pretender a todo trance su presencia ante el Tribunal no deja de constituir una exigencia carente de razonabilidad, que olvida que las leyes deben estar al servicio del hombre y no al revés".

Respecto del testigo fallecido con anterioridad a la celebración del juicio oral, nos hallamos, lógicamente, ante un supuesto de declaración de imposible reproducción, admitiendo la jurisprudencia el recurso al art. 730 de la LECrim. para así proceder a la lectura de las declaraciones anteriores prestadas en sede sumarial siempre que se hubiera practicado con las garantías legalmente prevista.

3.6.2 Testigo en el extranjero

Respecto de los testigos que se encuentren o residan en el extranjero cuando sean llamados por el órgano judicial precisara arbitrar los medios legalmente previsto a fin de asegurar la declaración de los mismos, que no determinara su imposibilidad. La ley posibilita la citación a través de normas sobre auxilio judicial internacional sin perjuicio de la utilización de la vía prevista en el art. 730 de la LECrim, que al efecto establece que:

> 1. Podrán también leerse o reproducirse a instancia de cualquiera de las partes las diligencias practicadas en el sumario, que, por causas independientes de la voluntad de aquellas, no puedan ser reproducidas en el juicio oral. 2. A instancia de cualquiera de las partes, se podrá reproducir la grabación audiovisual de la declaración de la víctima o testigo practicada como prueba preconstituida durante la fase de instrucción conforme a lo dispuesto en el artículo 449 bis.

3.7. Especial referencia a la declaración testifical de parientes y familiares

Los parientes del acusado no están obligados a declarar en contra del mismo porque la relación de parentesco que les une, entra en clara contraposición con la búsqueda de la verdad material en el proceso penal.

La Ley Orgánica 8/2021 de 4 de junio, de protección integral a la infancia y la adolescencia frente a la violencia ha dado una nueva y definitiva redacción al art. 416 de la LECrim que tantas interpretaciones jurisprudenciales había motivado[18]. Así en la nueva redacción establece en su primer párrafo las personas amparadas por la dispensa de la obligación de declarar, concretamente:

> Los parientes del procesado en líneas directa ascendente y descendente, su cónyuge o persona unida por relación de hecho análoga a la matrimonial, sus hermanos consanguíneos o uterinos y los colaterales consanguíneos hasta el segundo grado civil. El Juez instructor advertirá al testigo que se halle comprendido en el párrafo anterior que no tiene obligación de declarar en contra del procesado; pero que puede hacer las manifestaciones que considere oportunas, y el Letrado de

---

[18] La Sentencia del Pleno del TS 389/20 estableció que "*una vez que este testigo ha resuelto tal conflicto, primero denunciando y después constituyéndose en acusación particular, ha mostrado sobradamente su renuncia a la dispensa que le ofrece la ley. Si después deja de ostentar tal posición procesal no debe recobrar un derecho al que ha renunciado, porque tal mecanismo carece de cualquier fundamento, y lo único que alimenta es su coacción, como desgraciadamente sucede en la realidad, siendo este un hecho de general conocimiento. Tampoco es posible convertir delitos de naturaleza pública en delitos estrictamente privados, no siendo este ni el fundamento ni la finalidad de la dispensa que se regula en el art. 416 de la Ley de Enjuiciamiento Criminal, que de aquel modo los desnaturaliza. Como dice el Tribunal Constitucional no debemos interpretar este precepto con formalismos "desproporcionados", como así lo declaró dicho Alto anteriormente nos hemos referido*".

> la Administración de Justicia consignará la contestación que diere a esta advertencia.

Según el Preámbulo de la LO 8/2021 la finalidad perseguida con la modificación del art. 416 no es otra que "proteger en el proceso penal a las personas menores de edad o con discapacidad necesitadas de especial protección".

La propia reforma ha introducido cinco excepciones:

> 1.º Cuando el testigo tenga atribuida la representación legal o guarda de hecho de la víctima menor de edad o con discapacidad necesitada de especial protección. 2.º Cuando se trate de un delito grave, el testigo sea mayor de edad y la víctima sea una persona menor de edad o una persona con discapacidad necesitada de especial protección. 3.º Cuando por razón de su edad o discapacidad el testigo no pueda comprender el sentido de la dispensa. A tal efecto, el Juez oirá previamente a la persona afectada, pudiendo recabar el auxilio de peritos para resolver. 4.º Cuando el testigo esté o haya estado personado en el procedimiento como acusación particular. 5.º Cuando el testigo haya aceptado declarar durante el procedimiento después de haber sido debidamente informado de su derecho a no hacerlo.

3.8. El Careo

3.8.1. En la fase de instrucción

Los arts. 451 a 454 de la LECrim. regulan "la diligencia de careo. Es un acto de investigación dirigido a confrontar a varios acusados, testigos o a ambos entre sí, cuando del resultado de sus declaraciones pueda desprenderse contradicciones sobre los hechos narrados". Configurada como una diligencia de investigación de naturaleza subsidiara de otras diligencias tales como declaraciones de los investigados, y/o testigos, de tal forma que ante versiones contradictorias sobre los hechos sea necesaria su práctica. El art. 455 LECrim excluye la práctica de careos de existir otro modo de comprobar la existencia del delito o la culpabilidad de los acusados.

Como presupuesto de hecho su práctica exigirá la existencia de una discordancia o controversia sobre algún hecho o circunstancia que interese en la instrucción, y que será puesta de manifiesto a través de las declaraciones de dos o más testigos o dos o más investigados, o incluso entre las declaraciones de dos o más testigos e investigados entre sí. La ley no establece limite en el número de personas que pueden participar en el careo. Sin embargo, la regla general es que solamente tendrá lugar entre dos personas a la vez, que pueden ser testigos entre sí, investigados entre sí, o testigos e investigados entre ellos.

3.8.2. En la fase de juicio oral

Se regula dentro de la Sección dedicada al examen de los testigos, concretamente, el art. 730 de la LECrim., que regula las obvias limitaciones relativas a los insultos y amenazas, limitándose a dirigirse los cargos y a los apercibimientos a los deponentes tendentes a la obtención de la verdad.

La inadmisión de una diligencia de careo no da lugar a la revocación de la valoración de la prueba, ya que dicha diligencia quedará sometida a la plena soberanía tanto del instructor como del juzgador (SSTS de 23 de abril de 2010 de 23 de Octubre de 1987 y 4 de Marzo de 1998, Rec. 1269/1997, entre muchas otras).

4. CONSIDERACIONES FINALES

El breve esbozo que de la prueba testimonial se ha hecho en el presente estudio, atendiendo a la normativa que la regula en el proceso civil y penal como a las referencias doctrinales que en el mismo se contienen, giran en torno a la figura testigo o sujeto que tuvo contacto o percibió algún hecho de relevancia para el proceso.

Consecuencia anterior es que la piedra angular de la prueba está en la persona que desarrolla la actividad y no en el contenido de la declaración de dicha persona, esto es, en quien declara, y si quien lo hace está incurso en alguna circunstancia personal o por algún tipo de interés en el pleito o con los intervinientes, habrá de analizarse y valorarse la procedencia de la misma.

REFERENCIAS BIBLIOGRÁFICAS

Díaz, A. (2012). *La Prueba de la Ley de Enjuiciamiento Civil* (3.ª ed.). Editorial Bosch.

Gómez, J. L. (2000). *La prueba testifical en la Ley de Enjuiciamiento Civil 2000: sus principales novedades respecto de la legislacion anterior. Cuadernos de derecho judicial, 7,* 243-280.

López, J. (1999). *Instituciones de Derecho Procesal Penal.* Ediciones Akal.

Montero, J. (2012). *La prueba en el proceso civil* (7.ª ed.). Civitas.

Moreno, V., & Cortés, V. (2023). *Derecho Procesal Penal* (11.ª ed.). Tirant lo Blanch.

Muñoz, L. (2001). *Fundamentos de la prueba judicial civil L.E.C. 1/2000.* Bosch Editor.

Peiteado, P. (2004). El interrogatorio de testigos. In S. Aragoneses, I. J. Cubillo, R. Hinojosa, P. Peiteado, & J. A. Tomé (eds.), *Cien cuestiones controvertidas sobre la prueba en el proceso civil* (pp. 76-96). Colex.

La relevancia del testimonio en sede policial

LUIS ÁNGEL HORGA RODRIGO
Capitán de la Guardia Civil
Jefe de la Ayudantía de la Comandancia de Ávila
GUSTAVO DORDA MEDINA
Teniente Coronel de la Guardia Civil
Jefe de la Comandancia de la Guardia Civil de Ávila

1. ANTECEDENTES E INTRODUCCIÓN

Para introducir el concepto, se puede comenzar afirmando que el testimonio en sede policial es una declaración que una persona proporciona a las Fuerzas de Seguridad en relación con un incidente o un delito. Puede ser verbal o por escrito, y generalmente se lleva a cabo en unas dependencias policiales, o en otro lugar designado para ese propósito.

Cuando una persona es testigo de un delito o tiene información relevante para una investigación policial, se le puede pedir que proporcione un testimonio en sede policial. En algunos casos, la persona puede ser citada como testigo, o incluso detenida o investigada si hay pruebas de la comisión de un delito, para ser interrogada formalmente. El entrevistador hará preguntas para obtener información precisa y detallada sobre lo que la persona presenció o sabe sobre el incidente en cuestión.

Normalmente se toma declaración por escrito, aunque puede realizarse acompañado de una grabación para constatación de hechos. Dependiendo de la relevancia de las actuaciones, dicho testimonio, a través de un atestado, puede ser utilizado como hecho indiciario, evidencia, o prueba en un ulterior juicio o proceso legal posterior.

Es esencial recordar que, al proporcionar un testimonio en sede policial, se debe tener en cuenta que el entrevistado puede hacer uso del derecho a permanecer en silencio y a tener asistencia legal, por lo que, dependiendo de la relevancia, es recomendable consultar a un abogado antes de proporcionar cualquier testimonio que pueda tener implicaciones legales significativas. Ante la posible confusión de definiciones, podríamos en este apartado matizar los diferentes conceptos de *Entrevista, Interrogatorio y Testimonio.*

La *Entrevista Policial* es una técnica más al servicio de la Investigación Criminal, tan relevante e importante como cualquier otra (fotografía, balística, análisis de ADN...) que requiere ser aprendida y utilizada adecuadamente, y que comparte similitudes con el "Interrogatorio policial". Con carácter general este concepto de "entrevista" se puede usar en diferentes campos, pues es un concepto "abierto", pudiéndose utilizar para adquirir inteligencia, conocimientos o información general. Pueden ser formales o informales, casi en formato de sencilla conversación reconducida u orientada a lo que el entrevistador busca.

El concepto de *Interrogatorio* está más orientado a obtener una serie de información focal y específica. Pudiera definirse como una "entrevista cerrada" más estructurada y orientada. Las preguntas que, habitualmente se realizan por un profesional (Agente Policial, Abogados, Fiscales o Jueces) tienden a ser más concretas y enfocadas, tanto a los conceptos generales o escenarios de las investigaciones, como a los detalles mínimos que puedan determinar la culpabilidad o no de algún responsable de hechos.

A pesar de que el *Testimonio* es relevante en la investigación criminal, también tiene una serie de limitaciones, por lo que hay que planificar bien la estrategia y aplicar el procedimiento básico para el Testimonio dentro de la Entrevista, requiriendo, además un "entrenamiento" permanente. Es una figura más "oficial" que requiere a una declaración verbal o escrita, y habitualmente bajo juramento que una persona entrega en un contexto legal con el fin de intentar contribuir a la resolución del caso.

En cualquier caso, son conceptos que pueden estar solapados o estar concatenados, es decir, puede comenzarse una actuación con una entrevista. Como consecuencia de ello, las actuaciones pueden derivar en un interrogatorio, y éste en un testimonio, dependiendo además si nos encontramos con los imputados, sospechosos, víctimas, testigos, menores, peritos o acusados.

Dentro de la formación de los Investigadores en la Guardia Civil, se les instruye sobre la variedad de procedimientos para poder enfocar los diversos tipos de entrevistas los diversos tipos de entrevistas, así como las estrategias policiales, sus objetivos, fases, elementos, aspectos a documentar, canalización de errores, etc.

1.1. Estructura de la "caja de herramientas de la entrevista"

A continuación, se esquematiza, dependiendo de la relevancia del caso, los distintos niveles de actuación.

PROCEDIMIENTOS EXPERTOS	Interrogatorio, negociación (secuestros, rehenes, atrincheramientos), valoración de la verosimilitud, valoración SAP, manejo de informadores, etc.
TÉCNICAS ESPECIALES PARA CASOS GRAVES	Víctimas "traumatizadas", menores de edad, minusvalías, trastornos mentales, extranjeros, mediación de intérpretes..
ESTRATEGIAS GENERALES DE LA ENTREVISTA	Entrevista estructurada, entrevista cognitiva, otras (hipnosis, polígrafo...) manejo de situaciones difíciles habituales (ira, llanto...)

HHCC FUNDAMENTALES: Estimulación cognitiva, aprendizaje	ESCUCHA: Clarificación, paráfrasis, reflejo, síntesis, ... ACCIÓN: preguntas, confrontación, interpretación, información...

Seguidamente, comenzaremos con el análisis del testimonio de personas y de los propios Agentes de la Autoridad desde dos escenarios totalmente diferentes en sus perspectivas legales: el ámbito Administrativo y el Penal. Posteriormente se analizará la controvertida legalidad y las exigencias jurisprudenciales al respecto de este tipo de testimonios.

1.2. Ámbito administrativo

Por ser más sencillo y efectivo, comenzamos con el testimonio en el ámbito Administrativo, bien en la actuación policial en vías o espacios públicas, como en la propia sede policial.

Cuando los Agentes de la Autoridad en un acto administrativo, formulan Denuncia, Acta, u otro de similar característica, suelen constar los hechos denunciados y sus circunstancias en un documento público. Este documento tiene valor probatorio y significa que el testimonio del agente de la autoridad tiene un peso inicial en términos de credibilidad y se presume como veraz, fiable y válido, es decir "da fe", salvo que exista prueba en contrario.

El principio general establece que los actos realizados por los agentes de la autoridad, como por ejemplo las actas policiales, tienen una presunción de veracidad. Esto significa que, a menos que se demuestre lo contrario, o existan elementos probatorios o pruebas que contradigan su versión o pongan en duda su exactitud, se supone que lo que consta en el documento público es cierto y fiable.

Sin embargo, esta presunción de veracidad no es absoluta. Si la parte denunciante o el denunciado aportan pruebas que contradigan o pongan en duda la veracidad de los hechos descritos en el documento, la autoridad llamada a resolver deberá valorar todas las pruebas presentadas y decidir su peso probatorio. Una vez agotados los recursos administrativos será, en última instancia, el juez o tribunal, si se llega a la fase Contencioso-Administrativa, quien determine la credibilidad y validez de las pruebas aportadas.

Es importante señalar que la presunción de veracidad de los atestados policiales no impide que las partes presenten pruebas en contra de lo que se afirma en el informe policial. Las pruebas en contrario pueden incluir testimonios de testigos, pruebas documentales y gráficas u otras evidencias que respalden una versión diferente de los hechos denunciados.

La amalgama de las diversas Normas Administrativas, por ejemplo, Ley de Montes, Ley de Seguridad Ciudadana, Reglamento de Circulación, Ley de Aguas, etc.., reflejan en sus respectivas Normas el carácter de Agente de la Autoridad, y que dichos agentes les ampara la "presunción de veracidad", y como es lógico, aunque no es habitual, los hechos pueden ser desvirtuados mediante la presentación de pruebas en contrario.

Conviene, por tanto, antes de pasar a analizar el testimonio en sede policial en el ámbito penal que también en el administrativo se puede llegar a producir la recogida del testimonio de una persona, bien al presentar alegaciones directamente al ser propuesto para una denuncia, bien después en la fase administrativa de instrucción de un posible expediente sancionador; aunque en este caso su forma va a ser eminentemente escrita.

La fase administrativa es más resolutiva y ágil, puesto que no precisa de forma imperativa de unas formalidades relativas a distinguir si estamos ante una entrevista, un interrogatorio o un testimonio. No es así en el ámbito Penal, puesto que, en estos casos se requiere de unos requisitos de validez bien diferenciados para enfocar las actuaciones en un concepto u otro. (Entrevista, Interrogatorio o Testimonio) Es decir, hay mas formalismo o requisitos específicos al respecto, dependiendo en qué fase de instrucción de diligencias estemos.

1.3. Ámbito Penal

Hecha esta aclaración, el testimonio que habitualmente se trata desde el ámbito policial, es con las figuras del imputado y/o detenido, sin menoscabo, como se ha citado anteriormente, de que existen otras clases de testimonios como víctimas, testigos, etc.., así como la especificidad de algunas clases de testimonio como pueden ser menores o incapaces.

En cualquier caso, las actuaciones policiales vienen condicionadas a que son unos testimonios, que no dejan de ser indiciarios, incluso los de los propios agentes instructores, puesto que las actuaciones realizadas por éstos, se les considera o tienen el carácter de denuncia, y no se ejecuta, o comienza el cuerpo principal del proceso, hasta que las declaraciones y gestiones policiales no sean ratificadas en el juicio oral.

1.4. El marco normativo previo

La asistencia letrada al detenido en sede policial ha venido delimitando la función del abogado a una mera posición de garante ante la lectura de derechos y salvaguarda de la integridad del imputado. La interpretación que se daba al artículo 520 de la LECrim. impedía que el letrado pudiera entrevistarse de forma reservada con su cliente previamente a tomarle declaración, ni a tener conocimiento del atestado policial en muchas ocasiones. Su labor se limitaba a "estar presente" para validar que todos los actos que se realizan en sede policial con su cliente, cumplen todos los requisitos constitucionales.

La entrada en vigor de las Directivas de la UE que se citan más abajo, ha supuesto un cambio sustancial en los derechos de los detenidos y como consecuencia de ello en la actividad que debe desplegar el letrado. El cambio sustancial es el hecho de la primera actuación a realizar con detenidos o investigados, que es la comunicación al abogado y primera entrevista entre éste y su defendido, ha llevado en que la mayoría de abogados "recomiende", ya de facto, no declarar ni hablar ni mantener conversación alguna con los Agentes, no autorizar la toma de ADN, ni autorizar prácticamente ninguna acción con el mismo. Cuando en algunos casos en sede policial el detenido realizaba comunicaciones que en la mayoría de casos podían ser de enorme relevancia para la investigación, incluso con la voluntariedad manifiesta de la persona detenida a declarar o facilitar las investigaciones, en esos casos, los abogados convencen a la persona detenida en el silencio absoluto y a no declarar.

Está claro que esa figura que se ve en las series policiacas televisivas del típico interrogatorio de los agentes a la persona detenida, en una sala fría, en la actualidad y con la referida Norma es prácticamente inexistente, en el argot policial se comenta que *"hay que tener todos los deberes hechos"* antes de proceder a detener a alguna persona, puesto que la acción policial, con esas restricciones, parece que se puede limitar a detener y poner a disposición judicial, al dificultarse cualquier otra acción o interrogatorio en sede policial que hoy en día es habitual tras la primera entrevista entre abogado y detenido.

Como conclusión, las actuaciones policiales se han visto enmarcadas en un incremento sustancial de las garantías procesales, que en la práctica han llevado a dificultar en muchos casos unas actuaciones agiles y prácticas, que a juicio de los profesionales policiales nunca habían dejado de estar amparados por la protección legal.

2. EL MARCO NORMATIVO DESPUÉS DE LAS MODIFICACIONES DE LA UNIÓN EUROPEA

Existen numerosas sentencias relativas a la problemática en el ámbito jurisprudencial de las llamadas *"declaraciones en sede policial"*. Muchas de ellas analizan un controvertido tema en cuanto a la valoración de las declaraciones de víctimas e investigados en sede policial y el posible uso que de las mismas puede llevarse a cabo al valorar estas declaraciones junto a las pruebas practicadas en el juicio oral, y entre éstas y las declaraciones sumariales. Esta Jurisprudencia se puede resumir en los siguientes aspectos:

Las propias diligencias policiales no pueden constituir ordinariamente pruebas preconstituidas

Así lo señala la sentencia del Tribunal Supremo, Sala Segunda, de lo Penal, Sentencia 2184/2001 de 23 de noviembre de 2001, Rec. 702/2000 (LA LEY 1743/2002) para no exigir a las mismas porque como señala una reiterada doctrina del Tribunal Constitucional, las pruebas preconstituidas son aquellas que reúnen cuatro requisitos:

a) El material (que se trate de pruebas de imposible reproducción en el juicio oral).

b) El objetivo (cumplimiento de todas las garantías legalmente previstas).

c) El formal (que sean reproducidas en el juicio oral

d) El subjetivo (practicadas ante el Juez de Instrucción), no cumpliendo las diligencias policiales este último requisito.

Excepcionalmente, el Tribunal Constitucional (sentencia núm. 303/1993, de 25 de octubre (LA LEY 2390-TC/1993), por ejemplo), ha admitido la posibilidad de que un acta policial pudiese tener el valor *de prueba preconstituida*, reproducible en el juicio a través del art. 730 de la LECrim. con valor probatorio sin necesidad de comparecencia de los agentes policiales. Pero "para que tales actos de investigación posean esta última naturaleza (probatoria) *se hace preciso que la policía judicial haya intervenido en ellos por estrictas razones de urgencia y necesidad,* pues, no en vano, la policía judicial actúa en tales diligencias a prevención de la autoridad Judicial", (Art 284 de la LECrim.), según señala expresamente la STC 303/1993 (LA LEY 2390-TC/1993).

En consecuencia, estos requisitos de "estricta urgencia y necesidad" no constituyen, en realidad, presupuestos de legalidad, o de constitucionalidad, de las diligencias policiales de investigación o de prevención de los hechos delictivos —que sólo requieren el cumplimiento de los requisitos materiales de legalidad, proporcionalidad e interdicción de la indefensión— sino un presupuesto indispensable para la excepcional utilización del acta policial como prueba de cargo (Ver STS 756/2000, de 5 de mayo (LA LEY 8600/2000), y STS núm. 193/2001, de 14 de febrero (LA LEY 3772/2001).

Por tanto, para la validez de esas declaraciones policiales y para garantizar plenamente que dichas actuaciones están enmarcadas dentro de la legalidad, con el fin de que los Tribunales de Justicia y Fiscalía las puedan tener en cuenta, se exige:

- Que sean realizadas en presencia de letrado y con información de derechos.
- Que sean espontáneas, sin presiones ni insistencia en el interrogatorio.
- Que esa inculpación pueda corroborarse por datos objetivos.
- Que estos datos sean llevados al proceso por auténticos medios probatorios admitidos en derecho.
- Que se utilice y explicite en la sentencia el proceso deductivo de la inferencia por la que se llega a la conclu-

sión incriminatoria que parte de la declaración policial + los datos objetivos + las pruebas.

- Que declaren en el juicio oral los agentes intervinientes.
- Es válido utilizar la declaración policial de la víctima si se siguen los mismos parámetros contenidos en el Acuerdo de 3 de junio de 2015 (LA LEY 71050/2015).

Por ello, se ha presentado en una breve exposición un verdadero resumen de la ingente jurisprudencia al respecto, en la que los agentes de la Policía Judicial tienen que perfeccionar cada vez más sus actuaciones, puesto que están, cada vez más, envueltas en las dificultades legales, expuestas, para que no se vean abocadas a sobreseimientos o defectos permanentes de forma.

Como se ha afirmado más arriba, el hito fundamental es el cambio normativo de la mano de la Directiva 2103/48/UE del Parlamento europeo y del Consejo de 22 de octubre de 2013 relativa al derecho a la asistencia de letrado en los procesos penales y en los procedimientos relativos a la orden de detención europea y sobre el derecho a que se informe a un tercero en el momento de la privación de libertad y a comunicar con terceros y con autoridades consulares durante la privación de libertad.

Esta directiva pretende garantizar de manera efectiva y no formal la asistencia letrada desde el primer momento en que se impute a una persona, esté detenida o no, un delito. Recoge muchos derechos que ya estaban incluidos en nuestra norma procesal penal, si bien existen novedades relevantes. Entre ellas, la posibilidad que el letrado se entreviste con su cliente "antes" de la declaración policial, así como que el propio detenido pueda comunicar personalmente con terceros, a salvo de las excepciones sujetas al principio de proporcionalidad. Se refuerza el derecho de confidencialidad entre letrado y su cliente, incluyendo reuniones, correspondencia, comunicaciones telefónicas u otras formas de comunicación permitidas.

La transposición de la Directiva 2013/48/UE del Parlamento Europeo y del Consejo de 22 de octubre de 2013 sobre el derecho de acceso a un abogado en los procesos penales y en los procedimientos relativos a una orden europea de detención se realizó en España a través de la Ley 4/2015, de 27 de abril, del Estatuto de la Víctima del Delito, conocida como Ley de Asistencia Jurídica Gratuita que modificó diversos artículos de la Ley de Enjuiciamiento Criminal (LECrim) y de la Ley Orgánica del Poder Judicial (LOPJ). La Ley introdujo importantes cambios en relación con el derecho de asistencia letrada en los procedimientos penales en España, garantizando el acceso a un abogado en todas las fases del proceso penal, desde el momento de la detención o de la citación como imputado, hasta la ejecución de la sentencia que, siendo un desarrollo de derechos fundamentales proveniente de la UE, como se ha afirmado ha supuesto un nuevo hándicap en la actuación policial y, en especial, en el testimonio en sede policial.

Esta garantía del derecho de asistencia letrada en todas las fases o procedimientos penales, ha conllevado otra "vuelta de tuerca" en las garantías procesales, poniendo a veces trabas a la propia investigación, cuando los agentes tienen que entregar copia de las diligencias en las que se han recogido las pruebas para imputar a su defendido. Este hecho, en muchos casos limita las actuaciones policiales de investigación ulteriores porque "ponen las cartas boca arriba", es decir las ponen en conocimiento inmediato del abogado y su parte, y dificulta la continuidad de las investigaciones.

3. EL TESTIMONIO DENTRO DE LA ENTREVISTA POLICIAL: LA NECESIDAD DE ESPECIALIZACIÓN Y DE UNIDADES ESPECIALIZADAS

Una vez se ha expuesto las dificultades o trabas legales a la operatividad policial, se explica a continuación algunas de las características de la importancia del Testimonio en la Investigación Criminal.

El objetivo común de todos los que participan en las investigaciones criminales (policías, fiscales, abogados o jueces) consiste en reconstruir del modo más exacto posible cómo han ocurrido los acontecimientos investigados, y determinar qué personas se han visto realmente implicadas. Para ello los investigadores emplean numerosas técnicas resultantes de la adaptación al mundo policial de los conocimientos de las distintas disciplinas científicas. Por eso, se puede afirmar que el buen entrevistador/interrogador/negociador, se hace: Debe adquirir las destrezas necesarias mediante el estudio teórico y su entrenamiento práctico.

El común denominador de esas técnicas es que tienen que garantizar de modo riguroso o científico la recopilación, preservación, custodia y análisis de los indicios o evidencias que puedan explicar los acontecimientos criminales.

Estos indicios se pueden clasificar en dos grandes grupos: los objetivos, esto es, todo lo que se puede *"coger con las manos"*, medir, empaquetar, someter a observación bajo la lupa o el microscopio (como por ejemplo casquillos, manchas de semen, ropas, armas, escamas de pintura, etc. En suma, los susceptibles de ser recogidos físicamente, fotografiados, envasados, etiquetados y, en fin, analizados con instrumental propio de un laboratorio); y los subjetivos, los inmateriales, que se resisten a las operaciones antes citadas, cuyo ejemplo más relevante son los recuerdos de los implicados (tanto de los testigos y víctimas que presenciaron o sufrieron los hechos que se investigan, como del resto de las personas intervinientes, como informadores, colaboradores, sospechosos y, en fin, autores), recuerdos que se hacen "visibles" en forma de testimonios (atestaciones, declaraciones o aseveraciones que se hacen sobre las cosas).

Las Técnicas de la entrevista son como mínimo tan importantes o útiles como cualquier otra técnica de investigación criminal encaminada a la preservación, recogida y custodia de indicios, como *"policía científica"* y requieren ser verdaderamente entrenadas.

En los centros de formación policiales, se forma para atender y afrontar de forma inmediata los escenarios de un crimen en una especie de buenas prácticas policiales, con el fin de proteger dichos escenarios de la forma más profesional posible. Si los conocimientos de algunas ciencias como la biología, la química o la física se aplican durante la investigación criminal para el tratamiento de los indicios objetivos, la psicología tiene mucho que decir en el procesamiento del gran indicio subjetivo, el recuerdo del implicado. En suma, conviene enfatizar que la entrevista (en su versión policial) es una técnica más dentro del conjunto de las técnicas de investigación criminal, y que como mínimo es tan importante como cualquier otra, por lo que se le debe prestar la atención suficiente.

Deben ser claramente conscientes los entrevistadores de que es muy fácil contaminar o destruir los testimonios, lo que a su vez influirá perniciosamente en el desarrollo de otras actuaciones de investigación. Naturalmente, en cuanto al entrenamiento en entrevista se refiere, durante las tareas policiales se abre un abanico tal de posibilidades de intervención que parece aconsejable establecer niveles de especialización, de ahí que se insista tanto en este desarrollo en la necesidad de entrenar esta habilidad y esta parte de la investigación.

Todos los agentes policiales de la Guardia Civil, y especialmente los investigadores de Policía Judicial deben contar con un entrenamiento básico en habilidades sociales y/o de comunicación, encaminadas al establecimiento de una adecuada relación interpersonal con el entrevistado y al manejo de escenarios policiales cotidianos con los ciudadanos.

Estas habilidades sociales básicas son las de empatizar, parafrasear, resumir, concretar, preguntar, clarificar, etc. A partir de aquí, en la Organización Policial relativa a los Investigadores de la Policía Judicial, un paso más arriba, los especialistas en investigación criminal (Policía Judicial) se instruyen para conocer también las técnicas enfocadas al manejo de escenarios menos cotidianos en materia de seguridad ciudadana, pero habituales durante la intervención con víctimas e implicados en delitos, como es el manejo de los estados emocionales alterados.

Existe otro nivel en la cualificación de los investigadores, se podría establecer para el caso de los investigadores criminales dedicados a los delitos más graves contra las personas *(homicidios, delitos contra la libertad sexual, secuestros)*, o que tengan que tratar frecuentemente con víctimas e implicados vulnerables *(menores de edad, personas especialmente traumatizadas, con minusvalías psíquicas, ancianos, etc.)*. A estos especialistas se les instruye para conocer las técnicas más indicadas para el abordaje de estos escenarios de comunicación, y lo que es más importante, los agentes policiales no expertos en la materia deberían abstenerse de intervenir, y saber derivar con inmediatez estas actuaciones a quienes posean las habilidades y competencias profesionales necesarias, debiendo el primer agente actuante tener siempre claro cuando se está ante una persona que necesite de un perfil de entrevistador concreto y especializado.

Como último nivel, existen escenarios muy complejos que requieren del empleo estratégico de técnicas de entrevista o de comunicación muy específicas, a aplicar por personal altamente especializado: situaciones de interrogatorio de delincuentes *peligrosos* (multirreincidentes en delitos contra las personas, con componentes psicopatológicos como psicopatía, sadismo sexual o algún tipo de psicosis,...); negociación en caso de toma de rehenes, secuestros o atrincheramientos; declaraciones de menores de muy corta edad, denominada habitualmente exploración forense de menores, que requieren de la valoración inmediata de la verosimilitud de sus testimonios, manejo de informadores o confidentes, etc.

En ámbito Guardia Civil, se forman los profesionales del Grupo de Personas de las (UPOPJ) Unidades Orgánicas de Policía Judicial de cada Comandancia provincial, los cuales están capacitados para hacer "exploraciones", "entrevistas" y "toma de declaraciones". En un escalón mucho más especializado, se encuentran a nivel nacional, y dentro del organigrama de la Jefatura de Policía Judicial en la UTPJ (Unidad Técnica de Policía Judicial), el Equipo de Análisis de Comportamiento Delictivo, (EACD) con alta especialización en psicología y métodos de conducta y manifestación, y concretamente en el tema de menores, que son requeridos por las diversas Unidades provinciales, cuando el caso específico lo requiere. Su principal función es el análisis y estudio de los comportamientos delictivos para proporcionar perfiles criminales que ayuden en la investigación de delitos complejos y en la identificación de posibles sospechosos. Estos especialistas apoyan, en caso de especial gravedad y/o trascendencia, a las Unidades de investigación provinciales, cuando el caso lo requiere, de ahí que más arriba se haya hecho hincapié en la necesidad de que el primer actuante tenga claro que se está ante una persona que requiere ser entrevistado por un experto concreto en función de sus características (mujeres, menores, agresores sexuales, personas con alguna discapacidad o incluso enfermedad mental, etc.). Saber cuándo activar a equipos especializados, del que el EACD es un claro ejemplo, es tan importante en la actuación policial como el mismo hecho de conocer las diversas técnicas de entrevista policial.

El EACD está compuesto por expertos en diversas disciplinas, como la psicología, la criminología y la investigación policial. Estos profesionales aplican técnicas de análisis del comportamiento humano y de investigación criminal, para comprender las motivaciones y patrones de comportamiento de los delincuentes.

Entre las principales tareas del Equipo de Análisis de Comportamiento Delictivo se encuentran:

1. *Perfilación criminal:* Elaboración de perfiles de delincuentes basados en el análisis de la escena del crimen, las características de las víctimas y otros indicios relevantes. Estos perfiles pueden ayudar a enfocar las investigaciones y a identificar posibles sospechosos.
2. *Análisis de modus operandi*: Estudio de los métodos y técnicas utilizados por los delincuentes en la comisión de sus delitos. Esto permite establecer similitudes entre diferentes casos y vincularlos a un mismo autor.
3. *Asesoramiento a investigaciones*: El EACD brinda asesoramiento y apoyo técnico a otros equipos de investigación de la Guardia Civil en casos complejos. Su experiencia y conocimientos especializados pueden ser de gran utilidad para avanzar en las investigaciones.
4. *Análisis de comportamiento delictivo*: Estudio de los factores psicológicos, sociales y criminológicos que influyen en la comisión de diferentes tipos de delitos. Esto permite comprender mejor las motivaciones y los patrones de comportamiento de los delincuentes.

El Equipo de Análisis de Comportamiento Delictivo en la Guardia Civil desempeña un papel fundamental en la lucha contra la criminalidad y en el esclarecimiento de delitos. Su labor contribuye a mejorar las técnicas de investigación y aporta una perspectiva especializada en la resolución de casos complejos, que luego es difundida al resto de Unidades actuantes a modo de doctrina de actuación.

En definitiva, en el catálogo de tareas de los agentes policiales figura la realización *de indagatorias* (concepto del campo del derecho que se refiere a las declaraciones que se toman sin recibir juramento sobre los hechos que se están averiguando), que se llevan a cabo en todos los momentos de la investigación criminal (desde que se tiene conocimiento del hecho, hasta que se detiene al autor), y que toman la forma de un proceso de entrevista (entendida como una destreza que requiere ser adquirida mediante suficiente entrenamiento) en el que se recoge información (testimonios de los distintos implicados) que se plasma en forma de notas operativas o de diligencias para adjuntar a los atestados.

4. TESTIMONIO: IMPORTANCIA Y LIMITACIONES

La relevancia de la obtención de declaraciones viene dada, por un lado, bajo un *prisma cuantitativo*, por el hecho de que prácticamente en todos los casos investigados hay personas implicadas a las que entrevistar: las que presenciaron los hechos, las que los sufrieron, personas próximas a las víctimas (familiares o vecinos), transeúntes, sospechosos, los propios autores, o colaboradores e informadores.

Desde un *prisma cualitativo*, las personas entrevistadas constituyen una fuente vital de información, que facilita pistas, datos o referencias que enfocan o dirigen las demás actuaciones policiales. Se da, además, la circunstancia de que en algunos casos criminales sólo se cuenta con esta información, por no existir otro tipo de indicios (por ejemplo, en casos de abuso sexual infantil, en los que solo se cuenta con la palabra de la víctima contra la del supuesto autor). Cuando la información es exacta (o fiable), y extensa (o completa), esa dirección es acertada y puede conducir a la resolución del caso y a la detención del culpable. Sin embargo, cuando esos parámetros fallan la dirección es desafortunada y se puede llegar, en el peor de los casos, a inculpar a un inocente.

Otro argumento de tipo cualitativo se encuentra cuando el testimonio obtenido tiene la consideración legal de prueba preconstituida, debido a que se prevé la muerte, la desaparición, el traslado a otro país o la enfermedad irrecuperable del informante.

4.1. Limitaciones del testimonio

Como las personas que atestan o aseveran cosas lo hacen siempre sobre sucesos pasados, debido a las imperfecciones de la condición humana a la hora de procesar la información, la memoria y la capacidad de expresión de lo recordado se ven sujetas a limitaciones que las hacen imperfectas, vulnerables e influenciables, con lo que inevitablemente, todos los testimonios serán incompletos y presentarán inexactitudes.

Seguidamente se detallan los principales factores determinantes de estas limitaciones.

En el momento de presenciar el hecho los procesos mentales de percepción y atención se ven influidos por factores que determinan que, inevitablemente, no se procese toda la información sobre lo que ocurre:

a) Las condiciones ambientales, como la iluminación, la proximidad al lugar de comisión, el ruido, etc., determinarán una mejor o peor percepción de unos aspectos respecto a otros.

b) Como los hechos criminales suelen ser inesperados y rápidos, sorprenden y desconciertan a las personas, que tardan un tiempo en reaccionar y en tomar verdadera conciencia de lo que está pasando. Durante ese tiempo de reacción, no se atenderá debidamente a lo que ocurre.

c) La capacidad humana para procesar información es limitada: en cada momento sólo se puede prestar atención a una cosa o realizar una tarea, por lo que si ocurren distintos hechos simultáneamente será imposible percatarse de todos. Además, los datos a los que estamos expuestos son innumerables y llegan por distintas vías sensoriales: visual, auditiva, olfativa, y táctil, principalmente.

d) En cuanto los espectadores se dan cuenta del hecho, surgen pensamientos (significados) y sentimientos (valoraciones) que ocupan recursos cognitivos, que se detraen de otras operaciones mentales, como las de percepción.

e) También en cuanto se toma conciencia de la amenaza que supone el hecho surge ansiedad o miedo, que también resta recursos a la capacidad de observación. Si el hecho presenciado es muy violento, el espectador puede experimentar un shock cognitivo, resultando un estado de atontamiento o de parálisis (nos negamos a procesar aquello que nos supera). En casos excepcionalmente violentos, se puede llegar incluso a sufrir amnesia traumática.

f) El comportamiento (conducta motora: postura, gestos, acciones, implicación del espectador,) determina a qué información se va a exponer la persona, determinando también un punto de vista único de percepción del suceso.

g) Por último, hay variables de personalidad que determinan una atención selectiva a unos aspectos y no a otros: experiencia previa, intereses, expectativas, entrenamiento, etc.

Durante el almacenamiento o retención de los datos que han entrado en la memoria de la persona, influyen otras variables que determinan la construcción del "relato", haciendo que el recuerdo no sea una réplica exacta de lo vivido, sino más bien una "sopa" en la que se pueden identificar diversos ingredientes:

a) Por un lado, los datos que se han percibido (estímulos nominales, en lenguaje psicológico) se transforman en representaciones (trazos de memoria, o estímulos funcionales), que presentan distintos niveles de precisión (como las diferentes resoluciones que puede tener una imagen informática), que van desde un nivel general hasta uno de alto detalle, pasando por niveles intermedios, siendo más accesibles (más fáciles de recordar) las representaciones menos detalladas. Esos trazos de memoria, además, no deben entenderse como una unidad indivisible, sino más bien como un vector de componentes múltiples, una composición de distintos atributos (temporales, espaciales, frecuencia, modalidad, físicos, etc.). Estas circunstancias determinan que el recuerdo no sea "todo o nada", sino que existan "estados intermedios" de recuerdo (que explican, por ejemplo, el fenómeno de la "punta de la lengua", en que sabemos que sabemos algo, pero no somos capaces de verbalizarlo).

b) Como el individuo necesita hacer comprensible, consistente o coherente lo que ha vivido, su cerebro interpreta, deduce, supone y reconstruye lo que pueda faltar, añadiendo información de modo automático e inconsciente. El sujeto seguramente ya posee un conocimiento previo sobre el acontecimiento vivido, con lo que el material nuevo se comprende gracias a esa información y se integra con los numerosos datos ya existentes en la memoria, más o menos relacionados o familiares. Los estereotipos también pueden interferir en este sentido: pensemos en la asociación que todos solemos hacer entre ser rubio y tener los ojos azules, que no siempre tiene por qué ser así.

c) A esa "sopa" se añaden datos sobre el hecho que no han sido directamente percibidos, sino que provienen de otras fuentes: comentarios de otros testigos, de familiares, de amigos, información gratuita proporcionada por los propios agentes policiales, informaciones proporcionadas por los medios de comunicación, etc., merma en la calidad del testimonio, pero seguramente otros serán erróneos y algunos incluso inventados.

A la hora de evocar lo ocurrido, se ponen en marcha mecanismos mentales para buscar la información requerida entre la "sopa" de la que se hablaba el apartado anterior. A la hora de recordar, más que "apretar el botón" de reproducir, se oprime el de reconstruir, y esta reconstrucción se ve afectada por diversos factores:

a. La variable más importante aquí es el paso del tiempo. A medida que pasa, la memoria humana tiende a cometer más errores, tanto de omisión *(olvido de detalles)* como de comisión (equivocaciones, confundiendo detalles erróneos como verdaderos).

b. En todo caso, recordar supone un esfuerzo de concentración, puesto que requiere revisar el material guardado para acceder y seleccionar los datos relevantes, esfuerzo que tendrá que ser más o menos intenso según la profundidad o el detalle al que se quiera llegar.

c. El informante tendrá sus razones para colaborar con los agentes, por lo que estará más o menos motivado para esforzarse en recordar: quizá no quiera verse implicado en la investigación, quiera olvidar el hecho cuanto antes, el informador puede estar implicado de alguna forma y trate de ocultar datos, etc.

d. En el momento de prestar declaración tendrá también unas preocupaciones personales prioritarias (necesidad de resolver problemas administrativos, laborales, familiares...), por lo que estará más o menos centrado en la tarea de recordar y tendrá más o menos prisa por terminar.

e. Número de intentos que se hagan por recordar: a más intentos, se obtendrá más información.

f. Grado de activación emocional (ansiedad): en el momento de recordar pueden experimentarse síntomas parecidos a los vividos durante el hecho, que dificultan la concentración en la tarea.

g. Grado de confianza en sí mismo de cara a la tarea: ante la inevitable fragilidad, e incluso falibilidad del recuerdo, el testigo puede percibirse a sí mismo como poco competente para recordar y comunicar lo recordado, por lo que puede pensar que no lo está haciendo bien o que la información que facilita no es adecuada, distrayéndose y deseando terminar cuanto antes sin esforzarse.

h. Condiciones del entorno: lugar donde se está recordando, personas, distracciones, etc.

El recuerdo tiene que ser comunicado por algún medio, y aquí la habilidad o competencia comunicativa del informante junto con las facilidades que se le den para ello determinarán si la transmisión de todo aquello que ha conseguido recordar es adecuada o no, existiendo las siguientes fuentes de influencia al respecto:

a) Lo habitual es que el informante relate de forma verbal lo que ha presenciado, pero como el pensamiento es más rápido que el habla, se produce un desfase que puede conducir a que no se lleguen a transmitir aspectos que sí se han llegado a recordar.

b) El informante maneja habitualmente información de tipo coloquial, cuando lo que necesita el investigador es detalle: lo habitual es escuchar "el atracador me amenazó", cuando lo preciso es (exagerando) "el varón de 1,70 de estatura, de unos 70 kilogramos de peso, cabello rubio con media melena, barba sin afeitar, una cicatriz en la mejilla derecha, con un pendiente en forma de cruz en la oreja izquierda, vestido con tejanos azules y cazadora de pana marrón, que empuñaba un revolver marca Astra de 4 pulgadas, me encañonó y me grito en castellano con acento catalán que no me moviera porque si no me dejaba seco".

c) Omisión de datos de modo unilateral: el comunicante que no conoce a fondo las rutinas policiales no cita información que recuerda por desconocer su relevancia de cara a la investigación, cuando es posible que para el investigador sean datos valiosos. Por ejemplo, si el autor del hecho fumaba y arrojó una colilla en un cenicero, puede ser vital recoger esa colilla para obtener su perfil genético a través del estudio del ADN, pero seguramente el testigo o víctima lo ignore y no cite ese detalle.

d) Riqueza y precisión del vocabulario que maneje el informante, según su nivel cultural (español, extranjero, etc.).

e) El estilo de entrevista, o la forma de llevar adelante los diversos pasos de la entrevista indagatoria, puede agravar la fragilidad del testimonio, en el sentido de que a los ya citados errores inevitables se sumen nuevos errores, provocados ahora por la interacción entre el entrevistador y el informante. Lejos de ayudar, el estilo policial tradicional suele ser disruptivo, por lo que se recomienda encarecidamente que se corrijan esos aspectos perjudiciales y que se adquiera una buena habilidad de entrevista policial.

La última etapa en la obtención de las declaraciones, el registro del testimonio, también puede verse afectada por distintos factores:

a) El entrevistador en lugar de anotar los datos, los confía a su memoria, sufriendo la información todas las influencias apuntadas anteriormente, ahora debidas a las limitaciones de procesamiento de datos inherentes al entrevistador. Esto se agrava cuando es el mismo entrevistador el que recoge las declaraciones de diferentes testigos de un mismo hecho (fenómeno de las entrevistas múltiples sucesivas).

b) No se transcribe o registra información facilitada por el informante, porque éste habla muy deprisa.

c) Errores en la anotación de datos: prisa, empleo de una estrategia de registro poco efectiva o sistemática, se "versiona" o interpreta lo manifestado utilizando el entrevistador sus propias palabras.

d) Pérdida de notas o apuntes sobre los que luego apoyarse para redactar los informes o diligencias, o empleo indebido de los medios de grabación (mucho ruido de fondo, falta alimentación eléctrica en el equipo, soporte de grabación defectuoso, etc.). En numerosas ocasiones suele aparecer la Ley de Murphy, para redondear.

En suma, las influencias citadas determinan que los testimonios siempre sean imperfectos al contener junto a los datos correctos otros erróneos y, lo que es más grave, incluso inventados. Esto es inevitable, pero también lo es el que los testimonios son una pieza imprescindible para esclarecer los hechos que se investigan, por lo que a los policías no les queda más remedio que intentar paliar, en lo posible, esas fuentes de error. Sin que sea una pretensión realista el erradicar los errores por completo, lo que sí está en la mano de los entrevistadores es hacer y decir cosas que los minimicen, para lo cual es imperativo que adquieran una adecuada destreza en entrevista policial. Recordando que no vale entrevistar de cualquier manera, seguidamente se van a exponer una estrategia y una guía de entrevista policial que recogen las más modernas sugerencias para conseguir testimonios extensos y lo más veraces posible.

5. ESTRATEGIA DE LA ENTREVISTA POLICIAL

5.1. Recomendaciones y buenas prácticas

No hay dos entrevistas policiales iguales, puesto que en cada caso criminal cambian los actores (víctimas, testigos y autores), las circunstancias y el entorno en que se produce. Además, nos encontramos con lo expuesto al principio relativo a la diferenciación o simbiosis que existe entre las diferentes figuras estudiadas, y que una sencilla entrevista, puede derivarse en un interrogatorio, y éste en un testimonio final; No obstante, existen una serie de principios que son comunes a la mayor parte de las investigaciones.

Vaya por delante que cuanto más grave sea el hecho que se investiga (en el sentido del daño que causa a los implicados), o más trascendente desde el punto de vista social (impacto mediático por razón del contexto), más hay que extremar las consideraciones que aquí se exponen. Y viceversa, en casos leves no es práctico molestar a los entrevistados con un procedimiento de entrevista largo y tedioso. La primera virtud del entrevistador será, por tanto, la flexibilidad en el empleo de la técnica, siendo éste un principio que debe guiar la lectura de las páginas que siguen. Además, las condiciones en que se realizan las tareas policiales puede que disten mucho de las ideales, por lo que también será necesario *adaptarse* a las disponibilidades de personal, medios y tiempo.

Hechas estas advertencias, a continuación, se van a recordar, sin entrar a las especificidades de cada punto, solamente las preguntas básicas del planteamiento de la estrategia a la hora de afrontar la entrevista policial o indagatoria, teniendo en cuenta que aquí se citarán con brevedad, de hecho, solamente el título, y que, por tanto, sobre cada recomendación se puede profundizar muchísimo más, pero no es este trabajo el momento de desarrollarlos.

- ¿Cuál es la finalidad de la entrevista policial?
- ¿Quién debe realizar la entrevista?
- ¿Cuántas personas deben participar en la entrevista?
- ¿Dónde debe realizarse la entrevista? ¿Elementos del entorno?
- ¿Cuándo proceder a la entrevista?
- ¿Medios técnicos?
- ¿Preparación previa? El entrevistador
- ¿Cómo se entrevista?
- Aspectos a evitar.

5.2. La entrevista policial básica

A continuación, se resumen los elementos constitutivos de una guía de entrevista policial básica, organizados en fases que siguen un orden cronológico. Naturalmente, antes de poner en práctica estos elementos habrá que hacer los preparativos necesarios comentados (lugar y momento de la entrevista, capacitación del entrevistador, etc.). Se indica brevemente lo que se sugiere hacer y *decir* (los componentes verbales de la comunicación), teniendo en cuenta que el cómo se hace o dice (los aspectos no verbales) es siempre con un estilo asertivo y empático: cuidar la expresión facial, mantener contacto ocular, dar la mano cordialmente, claves vocales (tono, volumen, expresiones adecuadas...), postura ligeramente inclinada hacia el interlocutor (expresando proximidad, no agresividad), sin obstáculos físicos de por medio, gestos tranquilos, evitando tics, etc.

5.3 Introducción: acogida, presentaciones y establecimiento de la relación interpersonal

- Fórmulas de recepción: "Buenos días, ... pase por aquí, por favor, ..." Orientativo
- Identificación del entrevistador: informar del nombre, destino, cargo, grado de responsabilidad en la investigación.
- Preguntar el nombre del interlocutor (si no se sabe todavía), y utilizarlo con frecuencia a lo largo de toda la entrevista. Acuerdo para tutear (si se cree oportuno; siempre recomendable).
- Hablar un par de minutos sobre un tema neutro o aséptico, que no tenga relación ni trascendencia alguna con el hecho a investigar: algo de actualidad, datos sociodemográficos del entrevistado (en que trabaja, su situación familiar, estudios de los hijos, *etc.*). Incluso puede ser pertinente facilitar información personal real (genuina) para iniciar la conversación. El factor importante en este elemento de la entrevista es que hable el entrevistado, mientras el entrevistador guarda silencio, sin interrumpir; así, se modela desde el principio que quien tiene que hablar es él. "Veo que eres de Palencia; yo tengo allí familia. ¿En qué barrio vives?"
- Si el interlocutor parece inquieto (nervioso, irritado) o triste (deprimido, decaído), expresar comprensión por su estado de ánimo, permitiendo y facilitando la expresión de las emociones, incluso el llanto. Lo importante es que cuanto antes se "vacíe" emocionalmente el informante, mejor se podrá trabajar con él; y que durante esa expresión emocional seguramente el informante dirá o hará cosas de las que luego es posible que se arrepienta, por lo que no hay que tenérselas en cuenta (no "entrar al trapo", no "personalizar"). Las frases que se apuntan en

esta guía son orientativas; cada entrevistador debe construir sus propias frases, según su estilo personal; pueden ser formuladas en forma de usted o tuteando, según se haya acordado, siendo preferible el tuteo. "Comprendo que esto ha sido para ti un mal trago. Me hago cargo de... Te estoy escuchando y noto que estás afectada / o... Comprendo que tienes tus razones para decir esto,... ¿Qué puedo hacer para que te sientas mejor? ".

5.4. Informar del propósito y de las condiciones de la entrevista (enfocar el recuerdo)

El entrevistado es quien vivió el hecho y quien posee la información que el entrevistador necesita, por lo que juega un papel central y es quien más tiene que hablar, a su propio ritmo, marcando la pauta de la entrevista. Hay que transmitir este protagonismo al entrevistado y explicarle que se desea que facilite la máxima información posible sobre el suceso sin que espere a que se le pregunte. Dicho de otro modo, se trata de cultivar el concepto de equipo:

> Tú eres la persona que has presenciado el crimen, mientras que yo no estaba allí, así que dependo completamente de lo que me digas sobre lo que pasó. No esperes que yo te haga muchas preguntas; más bien soy yo el que espera que seas tú quien esté hablando más tiempo. Formamos un equipo en el que tú tienes más peso que yo.

- Estimular a que diga todo cuanto pueda, aunque le parezca insignificante o irrelevante. Insistir y enfatizar que todo lo que recuerde puede ser policialmente importante.
- "Algunas personas guardan información porque no están muy seguros de que sea importante. Por favor, no elimines nada en tu relato, y dime todo cuanto recuer-

des, incluyendo cosas que creas que no son importantes / significativas / relevantes".

- Solicitar al entrevistado que no introduzca conjeturas ni invenciones. El animar a que lo diga todo no debe dar pie a que se hable sin sentido. Este elemento es especialmente importante cuando se entreviste a menores. "Por favor, intenta describir objetivamente lo que viste, sin añadir nada. Si no estás seguro de algo, dímelo también".
- Indicar cómo va a ser la entrevista: recuerdo libre extenso *(con sus propias palabras)*, preguntas aclaratorias y resumen final. Explicar la conveniencia de grabar la entrevista *(si se va a hacer)*, como un procedimiento policial habitual en beneficio del informante.

5.5. Solicitar y propiciar un relato libre

Esta fase es muy relevante y va fundida con la anterior, de modo que en cuanto hayan transcurrido unos instantes de reinstauración mental del contexto, y se tenga al implicado en ese estado mental, habrá que pedirle inmediatamente que relate con sus propias palabras lo que recuerde del suceso.

> *"Dime ahora con tus propias palabras qué fue lo que viste, ... lo que pasó, ... sin prisa, a tu ritmo".*

Durante este relato es crucial escuchar activamente, sin interrumpir y sin escribir nada todavía, aunque se pueden tomar breves notas que luego sirvan para organizar la redacción de los datos significativos. Incluso se puede pedir al testigo que mientras hable vaya dibujando un croquis sobre el lugar en que ocurrió el hecho, ya que ese esfuerzo le puede servir para recordar detalles y situarse. Parafrasear de vez en cuando, aguantando silencios y formulando expresiones que animen a continuar hablando *"uhm"*... *"si"*... *"ya veo"*... *"entiendo"*... *"prosi-*

gue"... sin caer en la tentación de empezar a preguntar cosas. Hay que esperar a que el implicado produzca un relato lo más espontáneo posible.

Lo normal es que el interlocutor empiece hablando de modo desordenado, atropellado, y aportando explicaciones poco detalladas. Incluso de vez en cuando dejará de hablar, mirando al entrevistador, como cediéndole el turno de palabra: en estos momentos es trascendental no intervenir, esperando unos instantes en silencio, manteniendo contacto ocular, permitiendo de este modo que el implicado siga elaborando su recuerdo. Tras unos momentos de silencio, si no sigue hablando, habrá que reforzarle y animarle a que recuerde algo más. *"Lo estás haciendo muy bien (Alberto). Sigue así. ¿Recuerdas alguna cosa más?".*

El entrevistador eficaz repetirá esta estrategia tantas veces como sea necesario *(disco rayado)*, hasta conseguir que el implicado aborde por sí mismo todos y cada uno de los aspectos significativos del hecho, con suficiente grado de detalle, sin preguntar nada concreto, sólo indicando ocasionalmente qué aspectos faltan por abordar.

> *"Muy bien (Alberto). Me has hablado de ... y de ..., con gran detalle. ¿Qué piensas que te falta por relatar? ¿Puedes profundizar en detalles sobre todo lo que me has contado?"*

Cuando ya se haya informado de muchos detalles, y especialmente si no se está grabando la entrevista, convendrá empezar a redactar la diligencia de manifestación, de forma conjunta con el informador: el entrevistador puede ir escribiendo *(en el ordenador o a mano)* a la vez que va diciendo en voz alta y /o a la vista del testigo lo que éste ha dicho en el relato libre, sin formular preguntas, dando ocasión al testigo para que espontáneamente vaya añadiendo datos nuevos y aclarando posibles contradicciones. Cuando falte información sobre algún aspecto relevante, se puede escribir deliberadamente de forma pausada, para que el testigo se dé cuenta de ese vacío y amplíe esos aspectos con sus propias palabras, espontáneamente.

Si se ha hecho una buena entrevista hasta este momento, seguramente se haya obtenido casi la totalidad de la información posible, y se podrá dar por finalizada la entrevista, pasando a la fase de despedida. Este debería ser el reto del entrevistador eficaz: terminar la entrevista tras un buen relato libre. Pero si se sospecha que aún así falta algo de información relevante, habrá que pasar por una fase de preguntas, explorando aspectos concretos.

5.6. Preguntas concretas sobre lo expresado en el relato

- Activar imágenes (episodios concretos del suceso especialmente informativos, de uno en uno, dejando tiempo), y sondear los datos de cada esquema mental *(preguntas compatibles)*, adaptándose al ritmo del entrevistado. Servirse del croquis dibujado previamente. Tras esa reinstauración mental de cada contexto en particular, empezar con preguntas abiertas y proseguir hasta las cerradas; no dar alternativas de respuesta en lo posible; no facilitar datos sobre el caso; formular preguntas no sugerentes, ni sesgadas; preguntas sencillas, centradas, concisas, de una en una.
- Dejar unos segundos entre cada respuesta y la siguiente pregunta; ritmo verbal pausado deliberado, permitiendo que el implicado tenga suficiente tiempo para elaborar su recuerdo y para comunicarlo; seguir animando al interlocutor a que hable, manteniendo silencios.
- Explorar impresiones y comentarios subjetivos. "*¿Qué me puedes decir de...? Has comentado que... ¿recuerdas algo más sobre...? ¿Puedes describir la ropa de...?¿Podrías concretar más ese aspecto? ¿Podrías explicarme eso?*"

- Durante las preguntas, seguir cultivando la relación interpersonal: emplear su nombre, empatizar, adaptarse a su ritmo, ...
- Tras explorar cada episodio, redactar lo expresado por el implicado, insertándolo donde corresponda en lo que ya se haya escrito para que la lectura final de la diligencia sea ordenada.

De nuevo, si se ha sido habilidoso, en este momento de la entrevista se habrá terminado de obtener toda la información relevante y se podrá dar por finalizada la intervención, pasando directamente a la última fase

Como último comentario, se insta una vez más al lector a que practique por sí mismo tanto la habilidad de entrevista como las habilidades básicas de comunicación. Recordar que este trabajo es un simple resumen de los procedimientos complejos policiales. La mera lectura de estos párrafos no capacita para realizar buenas entrevistas; es imprescindible dedicar tiempo a la práctica, tanto en escenarios cotidianos como durante la investigación de hechos reales, recomendándose incluso que, al principio, se tenga esta guía a mano durante las entrevistas, consultándola sin ningún rubor, puesto que no se trata de saberla de memoria, sino de que los diversos elementos y técnicas se vayan interiorizando poco a poco con el uso continuado.

REFERENCIAS BIBLIOGRÁFICAS

González, J. L., Ibáñez, J., Muñoz, A. M., & Igual, C. (2003). *Procedimientos técnico-operativos para aplicar en las indagatorias con implicados en hechos criminales.* Manual elaborado en la Unidad Técnica de Policía Judicial de la Guardia Civil [Material no publicado].

Guardia Civil (s.f.). *Instrucciones técnicas de la Unidad Técnica de Policía Judicial.* Manual elaborado en la Unidad Técnica de Policía Judicial de la Guardia Civil [Material no publicado].

Guardia Civil (s.f.). *Manual de Policía Judicial.* Manual elaborado en la Unidad Técnica de Policía Judicial de la Guardia Civil [Material no publicado].

Guardia Civil. (s.f.). *Estrategias de las entrevistas policiales.* Manual elaborado en la Unidad Técnica de Policía Judicial de la Guardia Civil [Material no publicado].

Inteligencia artificial aplicada en el contexto forense

MIGUEL ÁNGEL CORTÉS RUBERTE
Universidad Católica de Ávila

1. INTRODUCCIÓN

La Inteligencia Artificial (IA) es un campo de estudio interdisciplinario de la ciencia y la ingeniería enfocado en la creación de máquinas capaces de desempeñar tareas que requieren inteligencia humana. Incluye disciplinas como la informática, la psicología, la filosofía, la neurociencia, la lingüística y las matemáticas. Normalmente, se considera que una máquina dotada de inteligencia artificial es aquella que puede aprender, razonar, percibir, comprender el lenguaje natural o manipular objetos. Dentro de la IA, existen distintas áreas de estudio, incluyendo el aprendizaje automático, el procesamiento del lenguaje natural, la robótica y la visión por computadora. La historia de la inteligencia artificial, aunque se remonta a mitos y leyendas antiguas que hablan de estatuas animadas y autómatas, comienza formalmente en la mitología científica y la innovación tecnológica del siglo XX.

Desde sus inicios académicos formales en la conferencia de McCarthy de 1956, la IA ha evolucionado considerablemente. Inicialmente, los investigadores se concentraron en desarrollar sistemas basados en reglas y lógica, conocidos como sistemas expertos. En la actualidad, la inteligencia artificial es fundamental en muchas áreas y ha revolucionado la forma en que interactuamos con la tecnología y entre nosotros mismos. Su impacto se extiende a sectores como la salud, donde los sistemas de IA ayudan en el diagnóstico de enfermedades y en la personalización de tratamientos para los pacientes. En el campo automotriz, la IA desempeña un papel central en el desarrollo de vehículos autónomos, lo que podría llevar a una reducción significativa de accidentes de tránsito causados por errores humanos. En el sector financiero, los algoritmos de inteligencia artificial facilitan la detección de fraudes, llevan a cabo operaciones financieras de alta frecuencia y mejoran las estrategias de inversión. La IA también está transformando la industria del software a través de la automatización de pruebas y el desarrollo de aplicaciones más inteligentes. Otro aspecto crucial es el análisis de big data. La capacidad de la IA para procesar y analizar grandes cantidades de datos en poco tiempo ha permitido generar insights valiosos que informan la toma de decisiones en negocios y gobiernos. Además, la inteligencia artificial está ayudando a abordar retos globales como el cambio climático al optimizar sistemas de energía y predecir eventos climáticos extremos.

La presencia de la IA también en la vida cotidiana es cada vez más notoria. Desde asistentes virtuales que responden preguntas y realizan tareas por nosotros hasta sistemas de recomendación que nos sugieren qué productos comprar o qué contenidos consumir, la IA se ha convertido en un componente indispensable en la experiencia digital moderna. La inteligencia artificial no solo mejora la eficiencia y la productividad, sino que también plantea cuestiones éticas y de seguridad que la sociedad debe abordar. La privacidad de los datos, el sesgo algorítmico, la desigualdad en el empleo y la autonomía de las armas son solo algunos de los dilemas contemporáneos que acompañan al desarrollo de la IA.

El aprendizaje automático, o *machine learning*, representa una rama vital de la inteligencia artificial (IA), enfocada en el desarrollo de algoritmos y técnicas que permiten a las computadoras aprender y mejorar su rendimiento a partir de datos. Esta capacidad de aprendizaje automático implica que los programas informáticos mejoran su desempeño en una tarea específica con base en la experiencia o datos anteriores, sin estar programados de manera explícita para ello. El aprendizaje automático habilita a las máquinas para identificar patrones complejos, tomar decisiones y realizar predicciones basándose en los datos disponibles, distinguiéndose de la programación tradicional, donde todas las reglas se codifican explícitamente. En su lugar, el *machine learning* construye un modelo matemático a partir de datos de muestra (datos de entrenamiento), permitiendo a los sistemas tomar decisiones informadas o realizar predicciones sobre datos nuevos y desconocidos. Los algoritmos de aprendizaje automático se clasifican en tres categorías principales según su método de aprendizaje: supervisado, no supervisado y por refuerzo. La elección del enfoque más adecuado depende de la estructura de los datos y del problema específico a resolver.

La historia del aprendizaje automático comienza en la década de 1950 con el desarrollo de computadoras, destacando programas como el de ajedrez de Claude Shannon y el "Perceptrón" de Frank Rosenblatt. Aunque el progreso fue limitado en las primeras décadas debido a la falta de poder de procesamiento y datos, la investigación en IA y *machine learning* se revitalizó en la década de 1980 con el desarrollo de la teoría de "algoritmos de aprendizaje". Con la llegada de Internet y el aumento en la capacidad de procesamiento y almacenamiento de datos en las décadas de 1990 y 2000, se produjo una revolución en el aprendizaje automático, llevando a avances significativos en campos como el reconocimiento de voz, la visión por computadora y el procesamiento del lenguaje natural (Bishop, 2007)

El aprendizaje profundo, o *deep learning*, se ha convertido en un subconjunto fundamental de la IA, basado en un conjunto de algoritmos que modelan abstracciones de alto nivel en datos a través de múltiples transformaciones no lineales. Utilizando redes neuronales artificiales, que imitan la red neuronal del cerebro humano, el *deep learning* puede realizar "aprendizaje de características", aprendiendo automáticamente las representaciones necesarias para la detección o clasificación directamente de los datos brutos (Mueller & Massaron, 2019)

Los avances en hardware, especialmente en GPUs, y la disponibilidad de grandes conjuntos de datos han sido fundamentales para el desarrollo del *deep learning*. Este ha tenido un impacto revolucionario en diversas áreas como la visión por computadora, el reconocimiento de voz, el procesamiento de lenguaje natural y más recientemente, en la generación de contenido creativo y aplicaciones en ciencias de la salud.

La inteligencia artificial generativa, por otro lado, se centra en crear modelos que pueden generar nuevos datos realistas. Utiliza técnicas como la inferencia bayesiana, las redes neuronales y el aprendizaje profundo para aprender de grandes cantidades de datos existentes y producir algo nuevo. Un avance notable en este campo son las Redes Generativas Adversarias (GAN), introducidas en 2014, que utilizan dos redes neuronales en competencia para generar datos realistas. Los VAE (modelos variacionales autoencoder) son otro tipo de red en la IA generativa, diseñados para comprimir datos en una representación de espacio latente y luego reconstruirlos. Difieren de los autoencoders tradicionales en que generan una distribución de posibles compresiones en lugar de una compresión fija. La IA generativa ha encontrado aplicaciones en campos tan diversos como la síntesis de imágenes, la generación de música, la escritura de texto y el diseño de medicamentos. Desde generar imágenes hiperrealistas de personas que no existen hasta componer música nueva, la IA generativa está redefiniendo los límites de lo que las máquinas pueden hacer y cómo pueden "pensar" creativamente.

En resumen, el *machine learning* y sus subconjuntos, el *deep learning* y la IA generativa, representan áreas de rápido crecimiento y evolución dentro de la inteligencia artificial. Estas tecnologías no solo están transformando la manera en que interactuamos con las máquinas, sino que también están redefiniendo los campos de la ciencia de datos, la ingeniería de software y numerosas industrias, abriendo nuevas posibilidades y desafíos en el horizonte tecnológico.

Los investigadores de un reciente estudio de K. Lisa Yang Integrative Computational Neuroscience (ICoN) Center en el MIT (Massachusetts Institute of Technology, 2023) propone una conexión fascinante entre la forma en que el cerebro aprende sobre el mundo y cómo algunos modelos computacionales, específicamente los que utilizan aprendizaje automático "auto-supervisado", hacen lo mismo. Este tipo de aprendizaje, desarrollado inicialmente para modelos de visión computacional, permite que los modelos computacionales aprendan sobre escenas visuales basándose únicamente en las similitudes y diferencias entre ellas, sin etiquetas o información adicional. Descubrieron que, al entrenar redes neuronales con un tipo específico de aprendizaje auto-supervisado, los modelos resultantes generaban patrones de actividad muy similares a los observados en los cerebros de animales que realizaban las mismas tareas. Estos hallazgos sugieren que los modelos son capaces de aprender representaciones del mundo físico que pueden usar para hacer predicciones precisas sobre lo que sucederá en ese mundo. Además, sugieren que el cerebro de los mamíferos podría estar utilizando una estrategia similar.

En uno de los estudios, los investigadores entrenaron modelos auto-supervisados para predecir el estado futuro de su entorno a través de cientos de miles de videos naturalistas que representan escenarios cotidianos. Este método difiere de los enfoques anteriores que se centraban en entrenar redes neuronales en tareas cognitivas individuales. Una vez entrenados, los modelos pudieron generalizar a una tarea llamada "Mental-Pong", donde la precisión del modelo para rastrear la trayectoria de una pelota oculta era similar a la de las neuronas en el cerebro de un mamífero, demostrando un fenómeno cognitivo conocido como "simulación mental".

Sobre la regularización de la IA, la propuesta del Acta de Inteligencia Artificial (IA) de la Unión Europea, presentada por la Comisión Europea en abril de 2021, representa un paso adelante significativo en la regulación de la tecnología de IA. Esta legislación, pionera en su enfoque horizontal, busca abordar los riesgos específicos vinculados al uso de sistemas de IA. Su enfoque principal radica en establecer una definición de sistemas de IA tecnológicamente neutral en la legislación de la UE y clasificar estos sistemas según un enfoque basado en el riesgo (European Parliament, 2023). Dentro de este marco regulatorio, la propuesta del Acta de IA establece diferentes categorías de sistemas de IA, asignando a cada una requisitos y obligaciones específicos. Los sistemas clasificados como de "alto riesgo" estarían sujetos a una serie de requisitos rigurosos y deberían cumplir ciertas condiciones para su autorización y acceso al mercado de la UE. Por otro lado, aquellos sistemas de IA considerados de "riesgo limitado" solo estarían sujetos a obligaciones de transparencia básicas. Un aspecto destacado de la propuesta es la prohibición de ciertos usos de la IA que se consideran de "riesgo inaceptable" debido a las amenazas que representan para la seguridad, los medios de vida y los derechos de las personas. Esto incluye técnicas de manipulación subliminal y sistemas que explotan a grupos vulnerables, entre otros. Además, se establece una regulación específica para los sistemas de reconocimiento biométrico en tiempo real en espacios públicos, limitando su uso a ciertas condiciones excepcionales. La propuesta también aboga por la armonización de las normas para el desarrollo, comercialización y uso de productos y servicios de IA en la UE. Busca garantizar que los sistemas de IA en el mercado sean seguros y cumplan con la legislación existente, proporcionando así certeza legal para fomentar la inversión y la innovación en IA. Además, se pretende reforzar la gobernanza y la aplicación efectiva de la ley de la UE sobre derechos fundamentales y requisitos de seguridad relacionados con los sistemas de IA, así como facilitar el desarrollo de un mercado único para aplicaciones de IA legales, seguras y confiables.

2. LA INTELIGENCIA ARTIFICIAL Y EL TESTIMONIO

La futura integración de la inteligencia artificial (IA) en el ámbito de los testimonios judiciales promete ser una revolución en la administración de justicia, brindando un enfoque más sofisticado, eficiente y equitativo. Imaginemos un escenario donde la IA no solo prepara a los testigos mediante simulaciones de realidad virtual altamente realistas, adaptándose a las particularidades de cada caso, sino que también analiza y evalúa los testimonios en tiempo real, utilizando técnicas avanzadas como el procesamiento del lenguaje natural y el análisis de sentimientos. Esta tecnología podría identificar discrepancias o signos de estrés en los testigos, ofreciendo así una capa adicional de verificación de la credibilidad y consistencia de los testimonios.

Además, durante el proceso de testimonio, la IA podría asistir a los abogados y jueces proporcionando referencias instantáneas a información relevante o sugerencias de preguntas basadas en el análisis en tiempo real de las respuestas del testigo. Esta capacidad de la IA de ofrecer asistencia multilingüe y accesible también garantizaría que personas de diferentes orígenes lingüísticos y capacidades puedan participar plenamente en el proceso judicial. En resumen, la aplicación de la IA en el testimonio no solo aumentaría la eficiencia y precisión en los tribunales, sino que también abriría nuevas vías para garantizar la justicia y la imparcialidad en un entorno judicial cada vez más tecnológico.

2.1. Realidad Virtual potenciada por Inteligencia Artificial

La tecnología ha traído consigo un abanico de herramientas capaces de transformar la manera en la que se administran y se llevan a cabo los procesos judiciales. Entre estas, la Inteligencia Artificial (IA) y las simulaciones de realidad virtual (RV) son de particular interés debido a su capacidad de recrear entornos y situaciones con un alto grado de realismo y precisión. Uno de los aspectos más críticos de un juicio es el testimonio de los testigos, cuya efectividad puede verse afectada por la ansiedad, la falta de familiaridad con el ambiente de la corte o la dificultad para recordar detalles específicos bajo presión.

Las simulaciones de RV, potenciadas por la IA, ofrecen una oportunidad única para preparar a los testigos antes de su aparición en corte. Al sumergir a los individuos en un entorno virtual que replica el espacio físico de una sala de justicia y simula la experiencia de testificar, pueden acostumbrarse al ambiente y al procedimiento, lo cual puede reducir el estrés y mejorar la calidad de su testimonio. La IA puede contribuir a diseñar simulaciones de Realidad Virtual que no solo recreen fielmente las salas de un juzgado, sino que también adapten la experiencia del testigo para reflejar distintos escenarios judiciales.

La simulación puede incluir avatares de jueces, fiscales, defensores y jurados, cuyo comportamiento es generado y modulado por la IA para reflejar un comportamiento humano realista. Al enfrentarse de manera repetida a estas situaciones controladas pero variables, los testigos pueden habituarse a la dinámica de la corte, incluyendo el interrogatorio y el contrainterrogatorio. Ver y oír preguntas desafiantes en un entorno virtual sin las consecuencias de un juicio real permite a los testigos practicar sus respuestas y mejorar su comprensión del proceso legal.

Además, la IA puede analizar las respuestas de los testigos y ofrecer retroalimentación personalizada, contribuyendo así a su preparación y ayudando a incrementar su confianza antes de presentarse en una situación real. Una de las funciones más útiles de las simulaciones de RV es su capacidad de facilitar la recuperación de la memoria. La IA puede dirigir las representaciones virtuales para recrear no sólo el ambiente de la corte, sino también las circunstancias relacionadas al evento sobre el que se va a testificar. Esta inmersión en un contexto similar puede activar recuerdos contextuales y facilitar la recuperación de detalles que de otro modo podrían olvidarse. Al utilizar señales contextuales y visuales, los testigos pueden recordar información con mayor claridad y precisión. El software de IA puede adaptar la simulación para centrarse en aspectos específicos del testimonio, permitiendo a los testigos explorar y fortalecer sus recuerdos sin la presión y el estrés que conlleva estar en el estrado de verdad.

La familiaridad con el entorno y el proceso de la corte obtenida a través de la simulación de RV provoca un efecto significativo en la confianza del testigo. La seguridad adquirida mediante la práctica y la exposición a un ambiente simulado ayuda a combatir los nervios que pueden surgir durante un testimonio real. Un testigo que siente confianza es más capaz de comunicarse de manera clara y efectiva, lo cual es fundamental para el buen funcionamiento de la justicia. Además, la IA puede incorporar componentes de inteligencia emocional para equipar a los avatares con la capacidad de responder de manera sensible a las reacciones del testigo, ofreciendo así un entrenamiento más preciso y útil. La retroalimentación inmediata y adaptativa proporcionada por la IA puede reforzar técnicas de afrontamiento y habilidades de comunicación en los testigos, lo que resulta en un mayor nivel de preparación y serenidad.

De lo que venimos comentando, mostramos un ejemplo:

> Juan, un ingeniero de 35 años, se enfrenta a la perspectiva de testificar en un importante caso judicial. Nunca antes ha estado en un tribunal y siente una mezcla de ansiedad y nerviosismo ante la idea de estar en el estrado. Para ayudarlo a prepa-

> rarse, se le ofrece la oportunidad de participar en una sesión de simulación de realidad virtual (RV) diseñada específicamente para esta situación. Al llegar al centro de entrenamiento, Juan se coloca un visor de RV y se encuentra inmediatamente transportado a una réplica virtual de la sala de tribunal donde dará su testimonio. Esta sala, creada con gran detalle, replica las dimensiones, la disposición de los asientos, y hasta los menores detalles decorativos del lugar real. La inmersión es tan completa que Juan puede escuchar el leve eco de sus pasos en el espacio virtual, lo que le ayuda a aclimatarse al ambiente.

En esta simulación, Juan interactúa con avatares controlados por inteligencia artificial que representan al juez, los abogados y los miembros del jurado. Estos avatares están programados para comportarse y responder como lo harían sus contrapartes humanas en un entorno de juicio real. El avatar del juez le da la bienvenida y lo guía a través del proceso de dar testimonio, mientras que los avatares de los abogados le hacen preguntas similares a las que podría esperar en el juicio real. Durante la simulación, Juan experimenta cómo es ser interrogado y contra-interrogado. La IA ajusta las respuestas y el comportamiento de los avatares según las reacciones de Juan, proporcionando un entorno interactivo y realista. Esta experiencia le permite practicar sus respuestas, acostumbrarse al tipo de preguntas que se le pueden hacer y aprender a manejar su ansiedad en un ambiente controlado. Además, la IA analiza las respuestas de Juan y le ofrece retroalimentación personalizada. Le indica, por ejemplo, cuándo necesita hablar más claro o cómo mejorar su lenguaje corporal para parecer más confiado y creíble. También, en algunos momentos, la simulación recrea aspectos específicos del evento sobre el que Juan debe testificar, ayudándolo a recordar detalles importantes y a contextualizar mejor su testimonio. Al final de la sesión, Juan se quita el visor de RV y se siente significativamente más preparado para el juicio real.

2.2. Preparación de testigos

La revolución de la inteligencia artificial en diversos ámbitos ha alcanzado el sector legal, especialmente en la preparación de testigos para juicios y declaraciones. Esta tecnología avanzada brinda la posibilidad de personalizar la retroalimentación durante el entrenamiento de los testigos, analizando desde patrones de habla hasta la coherencia y credibilidad de las respuestas. Un aspecto crucial es el análisis de las respuestas verbales. Mediante la grabación y transcripción de las prácticas de los testigos, los algoritmos pueden identificar incongruencias, vacilaciones y otros factores que podrían debilitar la credibilidad de un testimonio. A partir de este análisis, se generan recomendaciones para mejorar la claridad y la convicción en las respuestas. Por ejemplo, si un testigo muestra tendencia a desviarse del tema central, el sistema podría sugerir formas de mantenerse enfocado en los puntos clave.

Otra aplicación significativa es la evaluación del contenido del testimonio. Los sistemas de inteligencia artificial pueden examinar exhaustivamente si las respuestas abarcan todos los aspectos necesarios del caso. En caso de detectar omisiones de información relevante, se pueden señalar estos vacíos y ofrecer prácticas enfocadas en cubrir todas las áreas esenciales de manera lógica y convincente. Estos sistemas también son capaces de identificar patrones de comunicación efectivos y persuasivos. Esto resulta esencial, especialmente para testigos que deben explicar temas técnicos o complejos de una manera que el jurado pueda entender y valorar como creíble.

En cuanto a la comunicación no verbal, crucial en la percepción de honestidad y credibilidad, la tecnología de análisis de vídeo y reconocimiento facial abre nuevas posibilidades. Estos sistemas pueden analizar expresiones faciales, contacto visual, postura y gestos para ofrecer retroalimentación detallada, ayudando a los testigos a mejorar su presentación.

El manejo del estrés, un factor determinante en el rendimiento de los testigos, también se beneficia del monitoreo de indicadores como la frecuencia cardíaca. Con esta información, los testigos pueden aprender a identificar y controlar los momentos de mayor tensión, empleando técnicas de relajación o estrategias para enfrentar la presión de un ambiente de juicio real.

Para una experiencia más inmersiva, se pueden emplear simulaciones interactivas donde los testigos interactúan con avatares digitales que simulan abogados, jueces o jurados. Estas simulaciones pueden recrear la presión de un juicio real, adaptándose al progreso del testigo para ofrecer desafíos cada vez mayores.

Una ventaja notable es la accesibilidad y flexibilidad que ofrece la inteligencia artificial para la práctica y el entrenamiento de testigos. Las personas pueden practicar sus testimonios en cualquier momento y lugar, lo cual es particularmente valioso para aquellos con recursos limitados. Esto democratiza el acceso a una preparación de alta calidad, permitiendo que los testigos se preparen extensamente y a su propio ritmo.

A continuación, exponemos otro ejemplo que puede resultar bastante representativo:

> Imaginemos una situación en la que un testigo, Juan, se está preparando para declarar en un caso importante. Juan, aunque conoce bien los hechos, tiende a desviarse del tema central al sentirse nervioso, lo que podría debilitar la efectividad de su testimonio en el tribunal. Aquí es donde la inteligencia artificial (IA) entra en juego, ofreciendo una solución única y efectiva.
>
> Juan participa en sesiones de práctica donde sus respuestas son grabadas. Estas grabaciones son luego procesadas por un software de IA, que transcribe con precisión cada palabra. El software está programado para analizar la estructura del discurso, buscando patrones específicos como desviaciones del tema, repeticiones innecesarias y titubeos.

En el caso de Juan, la IA detecta que, bajo presión, tiende a introducir anécdotas irrelevantes que diluyen el impacto de su testimonio. Esto es identificado a través del análisis de la coherencia temática de sus respuestas y la comparación con un conjunto de respuestas ideales predefinidas para similares situaciones legales.

Basándose en esta información, el sistema genera un informe detallado para Juan, resaltando los momentos específicos en los que se desvió del punto principal. Además, ofrece consejos concretos sobre cómo mantenerse enfocado. Por ejemplo, sugiere que Juan practique respuestas a preguntas comunes, manteniéndolas breves y directamente relacionadas con los hechos del caso.

Juan comienza a trabajar en ejercicios específicos basados en las recomendaciones de la IA. Esto incluye la práctica de respuestas concisas y la realización de simulaciones donde se le interrumpe si se desvía del tema. Estas simulaciones son también monitoreadas por la IA, que ajusta la dificultad y la naturaleza de las preguntas basándose en el progreso de Juan. Cada sesión de práctica es seguida por un análisis y retroalimentación. Juan recibe un informe detallado sobre su mejora en mantenerse enfocado y cómo esto impacta la percepción de su credibilidad y convicción.

Lo destacable de esta tecnología es su capacidad para adaptarse y aprender del comportamiento de Juan. Si detecta nuevas áreas donde Juan necesita mejorar, ajusta sus recomendaciones y enfoque de entrenamiento en consecuencia.

Con el tiempo, Juan nota una mejora significativa en su capacidad para proporcionar respuestas claras y enfocadas. Se siente más confiado y preparado para enfrentar el interrogatorio en el tribunal. En el día del juicio, Juan presenta un testimonio claro y conciso. La mejora en la calidad de su testimonio, gracias a la preparación asistida por IA, es evidente y contribuye significativamente a la presentación del caso.

2.3. Análisis de Testimonios con Procesamiento de Lenguaje Natural

El Procesamiento de Lenguaje Natural (PLN), una subdivisión de la inteligencia artificial, está profundamente integrado en la interpretación y análisis de los testimonios humanos. Con su aplicabilidad que se extiende a múltiples campos como el judicial, el policial y el sociológico, el PLN transforma el modo en que los datos lingüísticos se procesan y se comprenden a gran escala. Mediante complejos algoritmos y modelos de aprendizaje automático, la IA tiene hoy la capacidad de descomponer, analizar y evaluar el significado de textos escritos y declaraciones orales, proveyendo así perspectivas objetivas y ampliando nuestra capacidad de discernimiento y evaluación. Vamos a explorar cómo puede ayudar la IA en estos ámbitos.

Un testimonio coherente y consistente es fundamental para su fiabilidad y veracidad. La IA analiza la coherencia y consistencia de los testimonios al comparar segmentos de texto en busca de discrepancias o incongruencias. Esto se puede lograr utilizando modelos de PLN que son capaces de entender, en cierta medida, el significado semántico y la estructura sintáctica de la lengua en que se expresan las declaraciones. Los modelos más avanzados incluyen redes neuronales profundas que identifican patrones, aprenden contextos y pueden seguir la narrativa de un testimonio de principio a fin.

Mediante algoritmos específicos, la IA puede señalar partes de una declaración que parezcan ser contradictorias o que no sigan la lógica esperada de los eventos descritos. Esto se podría realizar comparando declaraciones del mismo individuo a lo largo del tiempo o confrontando testimonios de diferentes personas sobre el mismo evento. La IA también está programada para buscar indicadores de falsedad o engaño, que a menudo se manifiestan a través de inconsistencias en los detalles o en la estructura del relato.

La IA puede resaltar áreas problemáticas en declaraciones previas de manera sistemática. Por ejemplo, al aplicar el análisis de sentimientos, la IA puede detectar cambios sutiles en el tono emocional de un testimonio que puedan indicar estrés o deshonestidad. Técnicas de minería de texto permiten identificar patrones de evasión o alteraciones en el uso de tiempo verbal que a menudo se asocian con informaciones falsas o alteradas.

En adición, la referencia consistente a lugares, tiempos y personas en varios testimonios puede ser evaluada automáticamente para confirmar su precisión y confiabilidad. Una red de IA podría, por ejemplo, detectar si un testigo declara haber estado en un lugar específico que luego, al cruzar información geoespacial, se revela que es improbable o directamente imposible.

Otro uso crucial de la IA en este contexto es el seguimiento de la frecuencia con que se proporcionan ciertos detalles. Muchas veces, el omitir o el mencionar de manera excesiva ciertos datos puede ser indicativo de un intento por manipular la narrativa. La IA puede rastrear estos patrones y ofrecer advertencias cuando estos se desvían de lo esperado o se cambian a lo largo del tiempo.

En conjunto, con la capacidad de gestionar y analizar rápidamente grandes cantidades de información, la inteligencia artificial proporciona una herramienta poderosa para la evaluación de testimonios. Su habilidad para procesar y analizar el lenguaje a una escala y velocidad que los humanos no pueden igualar permite una revisión previa y constante del material de una manera que antes era imposible.

Mientras que las herramientas de PLN no reemplazan la necesidad de la interpretación humana y el juicio profesional, complementan significativamente los procesos existentes y proporcionan apoyo adicional para garantizar la precisión y fiabilidad de las declaraciones. Conformes continúen evolucionando, estas tecnologías permitirán una administración de justicia más rigurosa y un análisis social más profundo, reduciendo el riesgo de errores humanos en la interpretación de testimonios.

Continuemos con otro ejemplo:

Para ilustrar la aplicación práctica del Procesamiento de Lenguaje Natural (PLN) en la interpretación y análisis de testimonios, consideremos el caso de Carlos, un testigo en un importante juicio. Carlos ha proporcionado tanto declaraciones escritas como orales sobre un incidente del que fue testigo.

> Primero, la IA con capacidades de PLN analiza el testimonio de Carlos para verificar su coherencia y consistencia. Los modelos avanzados de PLN, que incluyen redes neuronales profundas, examinan el texto para comprender su significado semántico y estructura sintáctica. Estos modelos son capaces de seguir la narrativa del testimonio de Carlos desde el principio hasta el final, identificando patrones y aprendiendo el contexto en el que se desenvuelve su relato. En la siguiente fase, la IA utiliza algoritmos específicos para señalar partes del testimonio de Carlos que puedan parecer contradictorias o que no sigan una lógica esperada de los eventos descritos. Esto se logra comparando sus declaraciones a lo largo del tiempo o confrontando su testimonio con los de otras personas involucradas en el mismo evento. Además, la IA está programada para buscar indicadores de falsedad o engaño, que suelen manifestarse a través de inconsistencias en los detalles o en la estructura del relato.
>
> La IA también aplica técnicas como el análisis de sentimientos para detectar cambios en el tono emocional de Carlos que puedan indicar estrés o deshonestidad. Mediante técnicas de minería de texto, identifica patrones de evasión o alteraciones en el uso del tiempo verbal, que a menudo se asocian con información falsa o alterada. Otra función crucial de la IA en este contexto es evaluar la consistencia de las referencias a lugares, tiempos y personas en varios testimonios. Por ejemplo, si Carlos afirma haber estado en un lugar específico, la IA puede cruzar esa información con datos geoespaciales para confirmar su veracidad. Además, puede rastrear la frecuencia con que se

proporcionan ciertos detalles en su testimonio, alertando sobre posibles intentos de manipulación de la narrativa.

2.4. Preparación para el Contra-interrogatorio

La preparación para el contra-interrogatorio es un componente crucial en cualquier litigio. Los abogados deben estar preparados para enfrentar a testigos y contrarrestar sus declaraciones con eficacia. Aquí es donde la inteligencia artificial (IA) puede jugar un papel revolucionario, transformando las técnicas de preparación tradicionales en estrategias modernas y sofisticadas. A través del análisis de datos y la predicción de comportamientos, la IA puede proporcionar a los abogados herramientas invaluables para mejorar la preparación de sus casos. La IA, con sus vastas capacidades de aprendizaje automático y procesamiento de lenguaje natural (PLN), puede analizar información previa de casos similares para prever las preguntas y respuestas que podrían surgir durante un contra-interrogatorio. Examina registros de casos pasados, transcripciones de juicios, y decisiones judiciales para identificar patrones en las tácticas de contra-interrogatorio utilizadas por abogados defensores y fiscales.

Al alimentar la IA con una amplia variedad de datos, esta puede identificar qué tipo de preguntas son más frecuentemente efectivas contra ciertos tipos de testigos o en relación con temas legales específicos. Por ejemplo, podría sugerir preguntas que históricamente han puesto en duda la credibilidad de un testigo, o que han ayudado a revelar inconsistencias en su testimonio. Los abogados pueden utilizar esta información para prepararse para posibles respuestas y refutarlas, y también para instruir a sus propios testigos sobre cómo manejar tales interrogantes.

La inteligencia artificial no sólo es útil para anticiparse a las preguntas y respuestas en un contra-interrogatorio, sino también para informar la estrategia legal global del caso. Al analizar datos de múltiples fuentes y jurisdicciones, la IA puede detectar tendencias y patrones que pueden no ser evidentes a primera vista para los seres humanos. Esto incluye tendencias en las decisiones judiciales, cambios en las leyes y normativas, y evoluciones en las estrategias de litigio. Por ejemplo, la IA puede identificar que ciertos argumentos legales son más exitosos en jurisdicciones específicas, o que determinadas líneas de interrogación han caído en desuso debido a cambios legislativos recientes. Armados con esta información, los abogados pueden adaptar sus tácticas a fin de maximizar las posibilidades de éxito. A su vez, la IA puede señalar posibles puntos de debilidad en la argumentación adversaria, permitiendo que los abogados desarrollen contraargumentos más robustos y adapten su estrategia de contra-interrogatorio para explotar esas debilidades. Por ejemplo, si la IA detecta que un tipo de evidencia técnica con frecuencia no es comprendida por los jurados, un abogado puede decidir enfocarse en simplificar y hacer más accesible esa evidencia durante su presentación o buscar expertos que puedan testificar de manera más efectiva.

Sumamos otro ejemplo para comprender esta cuestión:

> Para entender cómo la inteligencia artificial (IA) puede revolucionar la preparación para el contra-interrogatorio en litigios, consideremos el caso de Carmen, una abogada que se está preparando para un juicio importante. Carmen utiliza la IA para mejorar sus estrategias de litigio y preparar a sus testigos de manera más eficaz.
>
> Carmen comienza alimentando a la IA con una vasta cantidad de datos de casos anteriores, incluyendo transcripciones de juicios y decisiones judiciales. La IA, con sus capacidades avanzadas de aprendizaje automático y procesamiento de lenguaje natural, analiza esta información para identificar patrones en las tácticas de contra-interrogatorio utilizadas en casos similares. Por ejemplo, la IA puede revelar qué tipo de preguntas han sido históricamente efectivas para desacreditar a ciertos tipos de testigos o en relación con temas legales especí-

ficos. La IA sugiere a Carmen preguntas que podrían poner en duda la credibilidad de un testigo o revelar inconsistencias en su testimonio. Esta información es crucial para Carmen, ya que le permite prepararse para las posibles respuestas y refutarlas eficazmente. Además, Carmen utiliza estos datos para instruir a sus propios testigos sobre cómo manejar tales interrogantes, mejorando así su capacidad para responder bajo presión. Más allá de la preparación para el contra-interrogatorio específico, la IA también informa la estrategia legal global de Carmen. Analiza datos de múltiples fuentes y jurisdicciones para detectar tendencias y patrones que pueden no ser evidentes a primera vista. Esto incluye cambios en las leyes, evoluciones en las estrategias de litigio y tendencias en decisiones judiciales. Con esta información, Carmen adapta sus tácticas para maximizar las posibilidades de éxito en su jurisdicción. Finalmente, la IA ayuda a Carmen a identificar posibles puntos débiles en la argumentación de la parte contraria. Por ejemplo, si detecta que cierto tipo de evidencia técnica frecuentemente confunde a los jurados, Carmen puede enfocarse en simplificar esa evidencia durante su presentación o buscar expertos que puedan explicarla de manera más efectiva.

2.5. Ayuda asistencial

La inteligencia artificial (IA) está emergiendo como una fuerza poderosa en la eliminación de barreras para las personas con discapacidades, ofreciendo acceso sin precedentes a información y comunicación. A medida que más dispositivos y servicios integran características impulsadas por IA, está claro que su implementación no sólo mejora la experiencia del usuario para la población en general, sino que puede transformar la vida de aquellos que enfrentan desafíos específicos debido a sus discapacidades. La IA está revolucionando la forma en que las personas con discapacidades pueden comunicarse y compartir sus experiencias con el mundo. Los asistentes de voz y los sistemas de reconocimiento de habla transcriben la voz a texto, permitiendo a las personas con dificultades motoras o del habla redactar testimonios o relatos sin necesidad de escribir o usar dispositivos de entrada tradicionales.

Para aquellos con discapacidades visuales, la tecnología de descripción automática de imágenes puede proporcionar un contexto sobre elementos visuales en las redes sociales o en la web, permitiendo comprender mejor las narrativas compartidas. Software de lectura de pantalla convertidos en más sofisticados y pueden leer texto de manera más natural, incluso detectando e interpretando gráficos y emojis, elementos cada vez más comunes en la comunicación digital. Los avances en inteligencia artificial también están ayudando a convertir los textos a versiones simplificadas automáticamente, lo cual es crucial para las personas con discapacidades cognitivas o dificultades de aprendizaje. Estas tecnologías aseguran que las barreras de complejidad no impidan que estas personas comprendan la información y compartan sus experiencias.

Las barreras del idioma pueden ser un desafío significativo para cualquiera, pero para las personas con discapacidades auditivas o del habla, estas barreras son aún más difíciles de superar. La IA ha iniciado una nueva era en servicios de interpretación y traducción, proporcionando soluciones en tiempo real que facilitan la comunicación. Los sistemas de IA son capaces de traducir lengua de señas a texto o habla mediante el uso de cámaras y algoritmos de reconocimiento de patrones. Del mismo modo, estas herramientas pueden tomar texto o habla y convertirla en lenguaje de señas, utilizando avatares animados que realizan las señas. Estas innovaciones brindan a las personas sordas o con problemas de audición la oportunidad de participar en diálogos que de otra manera serían inaccesibles. La traducción de idiomas es otra área donde se ofrece una valiosa asistencia. Los sistemas de traducción automática son cada vez más precisos y pueden ofrecer interpretación simultánea, rompiendo las barreras del idioma en tiempo real. Esto es especialmente útil en contextos educativos y profesionales donde las personas pueden necesitar comprender o comunicarse en un idioma que no es su lengua materna. Con la introducción de asistentes virtuales que pueden entender y hablar múltiples idiomas, los individuos tienen acceso inmediato a un traductor personal. Esto puede ser particularmente liberador para las personas que viajan o desean participar en conversaciones multilingües, ya sea en persona o en línea.

Continuemos con otro ejemplo:

> Manuel, un hombre con discapacidad visual, enfrenta el reto de testificar en un caso judicial importante. Gracias a los avances en tecnología asistida por inteligencia artificial, Manuel se prepara para esta tarea crucial con una confianza renovada y una mayor independencia. Preparándose para su testimonio, Manuel utiliza un software de lectura de pantalla avanzado, que ahora, gracias a la integración de algoritmos sofisticados, puede leer documentos y transcripciones legales de manera eficiente y natural. Este software no solo convierte el texto en palabras habladas de forma clara, sino que también interpreta gráficos y símbolos complejos, elementos cruciales en la documentación legal. Esta capacidad le permite a Manuel revisar minuciosamente los documentos relacionados con su testimonio, asegurándose de que esté bien informado y preparado para su declaración.
>
> Además, Manuel emplea un sistema de reconocimiento de voz para redactar sus propias notas y memorandos. Antes de estas tecnologías, Manuel dependía de asistencia externa para estas tareas, lo que a veces comprometía la privacidad y la inmediatez de sus preparativos. Ahora, puede dictar sus pensamientos y reflexiones de manera privada y eficiente, lo que le otorga una mayor autonomía en su preparación. En su preparación para el testimonio, Manuel también hace uso de una aplicación especializada que transcribe la voz a texto. Durante las sesiones de preparación con su abogado, esta aplicación capta las preguntas y respuestas, proporcionando a Manuel un registro textual que luego puede revisar con su software de lectura de pantalla. Esto le permite repasar y afinar sus respuestas, garantizando que su testimonio sea claro y preciso. La víspera del juicio, Manuel se siente empoderado y listo. La tecnología asistida por inteligencia artificial no solo le ha proporcionado las herramientas necesarias para preparar su testimonio de

manera efectiva, sino que también le ha brindado un sentido de independencia y confianza que antes le era difícil alcanzar. Con estas herramientas a su disposición, Manuel se dirige al tribunal, listo para compartir su testimonio de manera clara y efectiva.

2.6. Detección de estrés

La inteligencia artificial se ha convertido en una herramienta poderosa para detectar y comprender el estrés humano. En contextos legales, es crucial que los testigos puedan presentar su testimonio de manera precisa y coherente. Sin embargo, el entorno intimidante de una sala judicial y la presión de ser interrogado pueden generar niveles significativos de estrés que afectan el comportamiento y la comunicación del testigo. Los algoritmos de IA están especialmente equipados para monitorear indicadores de estrés en tiempo real. Pueden analizar una amplia variedad de señales, como patrones vocales, expresiones faciales, lenguaje corporal y otros biomarcadores fisiológicos como el ritmo cardíaco o la conductividad de la piel. Estas señales, capturadas por dispositivos como cámaras, micrófonos y sensores portátiles, proporcionan datos ricos que los algoritmos de aprendizaje automático interpretan para evaluar el nivel de estrés del individuo.

La ventaja de utilizar IA para la detección de estrés es su objetividad y consistencia. A diferencia de los humanos, quienes pueden pasar por alto señales sutiles o interpretarlas erróneamente, la IA es capaz de ofrecer una evaluación imparcial basada en datos concretos. Esto es particularmente útil en situaciones legalmente sensibles, donde la precisión y la equidad son de extrema importancia.

En la práctica, los sistemas de IA pueden estar integrados en las salas de tribunales o en entornos de preparación para el testimonio. Estos sistemas monitorean continuamente a los testigos, buscando señales de estrés. Al hacerlo, pueden alertar discretamente al personal legal o a los cuidadores del testigo para que tomen las medidas adecuadas para garantizar que la integridad del testimonio no se vea comprometida.

Por ejemplo, un algoritmo puede identificar un aumento en el tono de la voz del testigo o microexpresiones asociadas con la ansiedad. Con esta información, un abogado puede decidir hacer una pausa en el cuestionamiento o cambiar su enfoque para aliviar la tensión. Igualmente, el juez podría optar por dar un receso para permitir que el testigo recupere la compostura.

La tecnología no solo puede identificar el estrés sino también ayudar a mitigarlo. Una vez que la IA detecta un nivel elevado de estrés, puede activar automáticamente una serie de respuestas diseñadas para calmar al testigo. Estas respuestas incluyen la oferta de técnicas de relajación personalizadas basadas en la severidad y el tipo de estrés detectado. Para implementar técnicas de relajación, los sistemas de IA pueden guiar al testigo a través de ejercicios de mindfulness, técnicas de respiración controlada o visualizaciones dirigidas. Estas técnicas pueden ser comunicadas mediante una interfaz discreta, como un auricular o una pantalla pequeña, para no distraer los procedimientos legales en curso. La personalización es un aspecto crítico de estos sistemas. Basado en el perfil emocional y las respuestas del testigo, la IA puede adaptar sus recomendaciones para maximizar la eficacia. Con el tiempo, el sistema aprende qué estrategias funcionan mejor para individuos específicos y puede ajustar sus recomendaciones en consecuencia.

Aunque la aplicación de IA en la detección de estrés y ayuda al testigo promete muchos beneficios, también existen desafíos importantes y consideraciones éticas que deben atenderse. La privacidad de los testigos es de particular importancia; cualquier sistema que implique la monitorización de biomarcadores debe ser transparente y contar con el consentimiento explícito de los participantes. Además, existe la necesidad de garantizar que la IA no cause ningún prejuicio en su evaluación, lo que podría resultar de sesgos en los datos utilizados para entrenar los algoritmos. Por ello, es esencial que los conjuntos de datos sean diversos y representativos, y que los sistemas sean regularmente auditados para identificar y corregir cualquier sesgo.

En este sentido, nos servimos de otro singular ejemplo:

> Luisa, enfrentándose a la tarea de testificar en un juicio, se encuentra en una situación que podría generarle un estrés considerable. Sin embargo, en la sala de tribunal donde Luisa debe testificar, se ha implementado una tecnología avanzada que utiliza algoritmos especializados para monitorear y gestionar el estrés de los testigos en tiempo real. Esta tecnología, basada en principios de inteligencia artificial, es capaz de analizar una amplia gama de señales que indican estrés, como patrones vocales, expresiones faciales, lenguaje corporal y biomarcadores fisiológicos. Mientras Luisa presta su testimonio, cámaras y micrófonos discretos capturan sus expresiones faciales y tono de voz, mientras que sensores portátiles monitorizan su ritmo cardíaco y la conductividad de su piel. Estos dispositivos proporcionan datos en tiempo real que son analizados por los algoritmos para evaluar el nivel de estrés de Luisa.
>
> En un momento dado, el sistema detecta un aumento en el tono de voz de Luisa y microexpresiones asociadas con la ansiedad. Con esta información, el abogado de Luisa decide hacer una pausa en el interrogatorio, permitiéndole recuperar su compostura. Asimismo, el juez, informado discretamente por el sistema, opta por conceder un breve receso.
>
> Además de identificar el estrés, la tecnología también asiste en su mitigación. Al detectar un nivel elevado de estrés en Luisa, activa automáticamente una serie de respuestas personalizadas diseñadas para calmarla. A través de un auricular discreto, Luisa recibe guía para ejercicios de mindfulness y técnicas de respiración controlada, adaptadas a su situación específica. Estas técnicas, personalizadas según el perfil emocional y las respuestas de Luisa, son efectivas para reducir su ansiedad sin distraer los procedimientos legales en curso.

La implementación de esta tecnología en la sala de tribunal demuestra no solo su capacidad para identificar y reducir el estrés en situaciones de alta presión, sino también la importancia de considerar aspectos éticos como la privacidad y el consentimiento de los testigos. Además, es esencial que los conjuntos de datos utilizados para entrenar estos sistemas sean diversos y representativos, asegurando que no existan sesgos en la evaluación del estrés. Con estas consideraciones en mente, la tecnología se convierte en un aliado invaluable para testigos como Luisa, ayudándoles a presentar sus testimonios de manera más clara y efectiva.

2.7. Entrenamiento de letrados

El entrenamiento de abogados para destacar en el estrado es un aspecto crítico de su desarrollo profesional. En este ámbito, las plataformas de entrenamiento que incorporan tecnologías avanzadas como el procesamiento de lenguaje natural y el aprendizaje automático están revolucionando la manera en que los letrados se preparan para exámenes directos y contrainterrogatorios. Estas tecnologías ofrecen un enfoque interactivo y adaptativo, proporcionando una experiencia de aprendizaje inigualable.

Una de las características más destacadas de estas plataformas es la capacidad de interactuar con avatares digitales. Estos avatares, creados y controlados por sistemas avanzados, simulan una variedad de testigos, cada uno con personalidades y comportamientos únicos. Los abogados en formación pueden practicar la formulación de preguntas, adaptándose a diferentes tipos de testigos y aprendiendo a manejar respuestas inesperadas. Este tipo de entrenamiento es invaluable, ya que permite a los abogados experimentar una gama de escenarios que podrían encontrar en un tribunal real, pero en un entorno seguro y controlado.

La retroalimentación en tiempo real es otro componente esencial de estas plataformas. Mientras los abogados interactúan con los avatares, la tecnología evalúa su desempeño, proporcionando análisis instantáneos sobre la efectividad de sus preguntas, la claridad de su comunicación y su habilidad para dirigir el testimonio de manera eficaz. Esta retroalimentación permite a los letrados ajustar y mejorar sus técnicas de interrogatorio de manera continua. Además, la tecnología puede analizar tanto respuestas verbales como no verbales, ofreciendo a los abogados una comprensión más profunda de cómo sus preguntas y su comportamiento son percibidos. Esto es crucial para desarrollar estrategias que sean efectivas no solo en el manejo de los testigos, sino también en la forma en que estas interacciones son interpretadas por un jurado.

La adaptabilidad es otro aspecto revolucionario de estas plataformas. A diferencia del entrenamiento con actores humanos, que puede ser limitado y predecible, la tecnología de aprendizaje automático permite que el sistema evolucione y se adapte con cada sesión. Esto significa que los abogados pueden ser expuestos a un espectro cada vez más amplio de situaciones y comportamientos de testigos, preparándolos para manejar cualquier eventualidad que puedan enfrentar en un tribunal real. Estas plataformas de entrenamiento representan un salto cualitativo en la preparación de los abogados, ofreciendo una experiencia de aprendizaje que combina la interactividad, el análisis detallado y una adaptabilidad sin precedentes. Al sumergirse en este entorno de entrenamiento tecnológicamente avanzado, los abogados pueden desarrollar y perfeccionar habilidades cruciales para el éxito en el estrado, preparándose para enfrentar con confianza y competencia los desafíos del ambiente judicial actual.

Basta otro ejemplo para entender el desarrollo de este entrenamiento:

Lucía, una abogada recién graduada, se encuentra en la fase de preparación para un caso judicial complejo. Consciente de que su éxito en el estrado dependerá en gran medida de su capacidad para realizar exámenes directos y contra-interrogatorios eficaces, decide utilizar una innovadora plataforma de entrenamiento basada en tecnologías avanzadas como el procesamiento de lenguaje natural y el aprendizaje automático.

La plataforma de entrenamiento de Lucía está equipada con avatares digitales programados para simular una variedad de testigos, cada uno con personalidades y comportamientos distintos. Estos avatares, diseñados para replicar las complejidades y variabilidades del comportamiento humano, ofrecen a Lucía un entorno realista para practicar sus habilidades de interrogatorio. A medida que interactúa con estos avatares, Lucía se enfrenta a diferentes desafíos: testigos hostiles, evasivos, o aquellos con recuerdos confusos. Esta variedad le permite a Lucía desarrollar y refinar sus técnicas de pregunta y respuesta, adaptándose a distintos tipos de testimonios y aprendiendo a manejar respuestas inesperadas. Un aspecto clave de esta plataforma es la retroalimentación en tiempo real que recibe Lucía. Mientras practica con los avatares, la plataforma analiza su desempeño, evaluando la efectividad de sus preguntas, la claridad de su comunicación, y su habilidad para mantener el control del testimonio. Esta retroalimentación inmediata es invaluable para Lucía, ya que le permite identificar y corregir rápidamente cualquier debilidad en su técnica de interrogatorio.

Además, la plataforma proporciona a Lucía una comprensión profunda de cómo sus preguntas y su comportamiento general son percibidos. Mediante el análisis de respuestas verbales y no verbales de los avatares, Lucía aprende a leer sutilezas en el lenguaje corporal y en las expresiones faciales, habilidades esenciales para evaluar la credibilidad y la confiabilidad de un testimonio en un entorno real de juicio. Esto es especialmente crucial para ajustar su enfoque durante el curso real de un juicio, donde la percepción del jurado puede ser determinante. Lo más impresionante de la plataforma es su capacidad para adaptarse y evolucionar con cada sesión de entrenamiento. A diferencia del entrenamiento con actores humanos, la plataforma ofrece a Lucía un espectro cada vez más amplio de situaciones y comportamientos de testigos, preparándola para manejar cualquier tipo de situación en el tribunal. Con cada

> interacción, la plataforma aprende y ajusta los escenarios, asegurando que Lucía se enfrente a desafíos nuevos y cada vez más complejos, perfeccionando así sus habilidades y preparándola para el impredecible mundo del litigio.

En definitiva, esta experiencia de entrenamiento se convierte para Lucía en una herramienta indispensable en su preparación como abogada. Al sumergirse en este entorno tecnológicamente avanzado, Lucía no solo mejora sus habilidades técnicas de interrogatorio, sino que también gana confianza y agudeza en la lectura de testigos, dos cualidades esenciales para cualquier abogado exitoso en el estrado. Con cada sesión en la plataforma, Lucía se acerca más a convertirse en la abogada competente y eficaz que aspira ser.

2.8. Ayuda en las estrategias judiciales en la gestión de los testimonios

En el dinámico mundo del Derecho, las estrategias judiciales requieren una adaptación constante y un análisis profundo de múltiples variables. Aquí es donde las simulaciones avanzadas se han convertido en una herramienta esencial para los abogados, ofreciéndoles la oportunidad de prepararse de manera más eficiente y efectiva para los desafíos que enfrentarán en el tribunal.

Una de las aplicaciones más significativas de estas simulaciones es la creación de escenarios judiciales variados. Los abogados pueden usar estas herramientas para explorar una amplia gama de situaciones posibles en el tribunal, desde el comportamiento de los testigos hasta las reacciones del juez y de la oposición. Al simular estos escenarios, los equipos legales pueden probar diferentes líneas de argumentación y tácticas de defensa o acusación. Esto les permite no solo anticipar las respuestas de la oposición, sino también evaluar las consecuencias potenciales de cada estrategia que consideren. Además, estas simulaciones brindan análisis predictivos basados en una amplia gama de datos, incluyendo casos previos, tendencias legales actuales, y hasta perfiles de jueces y abogados opositores. Esta capacidad de análisis predictivo es invaluable para los abogados, ya que les permite ajustar y adaptar su estrategia a las probabilidades de éxito en diferentes escenarios judiciales. Al comprender mejor el panorama legal y las inclinaciones de los actores clave, los abogados pueden desarrollar enfoques más dirigidos y efectivos.

Otro aspecto crucial de estas simulaciones es la generación automática de alternativas estratégicas. Mediante algoritmos avanzados, los abogados tienen a su disposición una serie de planes de acción potenciales. Estas opciones estratégicas pueden ser evaluadas y refinadas, proporcionando a los abogados una ventaja sustancial al tener contempladas diversas rutas antes de entrar al juicio. Esto no solo mejora la preparación, sino que también aumenta la flexibilidad y agilidad del abogado en el entorno impredecible del tribunal. La retroalimentación detallada es otro beneficio clave de estas simulaciones. Al participar en escenarios simulados, los abogados reciben comentarios inmediatos sobre su desempeño, lo que les permite identificar tanto sus fortalezas como las áreas que necesitan mejorar. Este proceso de retroalimentación facilita un aprendizaje constante y enfocado, permitiendo a los abogados pulir sus habilidades y estrategias de manera continua.

Finalmente, la personalización del aprendizaje es una característica distintiva de estas herramientas. Las simulaciones se pueden adaptar a las necesidades específicas y al nivel de habilidad de cada abogado, lo que resulta en un desarrollo profesional más efectivo y personalizado. Ya sea un abogado experimentado buscando perfeccionar una técnica particular o un recién graduado que necesita familiarizarse con el entorno del tribunal, estas herramientas ofrecen un entorno de aprendizaje adaptado a sus necesidades individuales.

Aquí tenemos un claro ejemplo de ese entorno de aprendizaje:

> Carlos, abogado, tiene que de preparar un caso judicial complejo donde la clave del éxito reside en recoger testimonios efectivos de varios testigos. Para abordar esta tarea con la mayor precisión y eficacia posible, Carlos decide emplear una avanzada plataforma de simulación, diseñada para replicar situaciones judiciales realistas. Esta plataforma permite a Carlos crear una variedad de escenarios judiciales, cada uno reflejando diferentes aspectos y complejidades del caso. En estos escenarios, Carlos se sumerge en entornos virtuales que imitan fielmente las circunstancias del juicio, incluyendo la diversidad de testimonios y las posibles reacciones durante los interrogatorios. Este entorno interactivo le ofrece la oportunidad de practicar su habilidad para formular preguntas, adaptar su enfoque según la naturaleza de la respuesta y desarrollar estrategias para manejar testimonios complejos o emocionales.
>
> A medida que Carlos se involucra en estos simulacros, la plataforma analiza su desempeño, proporcionando un análisis detallado y predictivo basado en datos de casos previos y tendencias legales. Este análisis le brinda a Carlos una perspectiva invaluable sobre cómo diferentes enfoques podrían ser percibidos por un jurado o un juez, y cómo las tácticas de la oposición podrían influir en el curso del juicio. Esta información permite a Carlos ajustar su estrategia de manera proactiva, preparándose para una variedad de eventualidades. El proceso de simulación también facilita a Carlos la tarea de anticiparse a diferentes situaciones y preparar múltiples estrategias para cada testimonio. Al explorar estos diferentes enfoques en un entorno controlado, puede evaluar la eficacia de cada uno y seleccionar el más adecuado para el caso real. Esto no solo mejora su preparación, sino que también le brinda una mayor flexibilidad y adaptabilidad en el tribunal.

Otra ventaja significativa que Carlos obtiene de estas simulaciones es la retroalimentación detallada sobre su técnica de interrogatorio. Al recibir comentarios específicos sobre sus fortalezas y áreas de mejora, puede centrarse en refinar aspectos clave de su técnica, como la claridad en la formulación de preguntas o la gestión eficaz de testimonios emotivos. Este enfoque de aprendizaje enfocado le permite a Carlos perfeccionar sus habilidades y asegurar que esté completamente preparado para el juicio.

3. CONCLUSIONES

La inteligencia artificial ofrece un conjunto de herramientas revolucionarias para el entrenamiento de abogados, impactando positivamente la preparación para el examen directo y el contra-interrogatorio, así como la formulación de estrategias judiciales. A medida que estas herramientas de IA se vuelven más sofisticadas y accesibles, es previsible que se conviertan en un componente integral de la formación y capacitación continua en la práctica legal.

El campo del testimonio judicial está a punto de experimentar una revolución significativa gracias a los avances en la inteligencia artificial (IA). En el futuro, se espera que la IA transforme profundamente la manera en que se llevan a cabo los testimonios y las declaraciones en los procedimientos judiciales. La capacidad de analizar grandes volúmenes de datos de juicios anteriores permitirá a la IA identificar patrones en el comportamiento de los testigos, así como variaciones en la credibilidad y consistencia de los testimonios. Esto abre la puerta a algoritmos de aprendizaje automático avanzados que podrían evaluar objetivamente la veracidad de las declaraciones de un testigo.

Otro aspecto importante es el análisis de sesgos, tanto de testigos como de jurados o jueces, mediante el análisis de lenguaje, tono de voz y expresiones faciales. Esto contribuirá a un proceso más justo e imparcial. Además, la IA podría cambiar la forma en que los testigos presentan su testimonio, entrenándolos para mejorar la claridad y precisión de sus declaraciones y acostumbrándolos al ambiente de la corte para reducir la ansiedad.

El futuro podría incluso traer avatares virtuales de testigos, proporcionando seguridad y anonimato en casos de alto riesgo. Sin embargo, la integración de la IA en el ámbito judicial no está exenta de desafíos legales y éticos. Las herramientas de IA deberán adherirse a los principios de justicia, imparcialidad y transparencia, y habrá que tener en cuenta la recopilación y uso de datos personales. La comprensión de estas herramientas por parte de jueces y jurados será crucial para su aceptación en los procesos legales.

Los debates sobre la aceptabilidad de la IA en los juicios se centran en su influencia en las decisiones judiciales y en el potencial conflicto con el derecho a un juicio justo. En el contexto del testimonio experto, la IA puede ayudar en la evaluación de grandes conjuntos de datos, proporcionando análisis y visualizaciones que mejoran la eficiencia y precisión del trabajo de los expertos.

La colaboración entre IA y expertos es especialmente valiosa en testimonios basados en evidencias, donde los modelos predictivos y algoritmos pueden ayudar a formular y validar hipótesis. Además, la IA puede facilitar la explicación de conceptos complejos a un jurado no especializado. La IA ya está cambiando la naturaleza del testimonio en el proceso legal y se espera que su influencia aumente a medida que la tecnología avanza.

La IA introduce nuevas capacidades de análisis y simulación de comportamiento humano que transforman la preparación y presentación del testimonio, generando importantes consideraciones legales y éticas. A medida que la tecnología de IA evoluciona, el sistema legal deberá adaptarse, adoptando nuevas regulaciones y formando a jueces y abogados sobre sus aplicaciones y limitaciones. En esta era de transformación digital, encontrar un equilibrio entre los beneficios de la tecnología y los imperativos de la justicia, la confidencialidad y la imparcialidad será fundamental.

REFERENCIAS BIBLIOGRÁFICAS

Bishop, C. M. (2007). Pattern recognition and machine learning. *Journal of Electronic Imaging, 16*(4), 049901. https://doi.org/10.1117/1.2819119

European Parliament (2023). *EU Legislation in Progress. Artificial intelligence act. https://www.europarl.europa.eu/RegData/etudes/BRIE/2021/698792/EPRS_BRI(2021)698792_EN.pdf*

Massachusetts Institute of Technology. (2023, octubre 30). *The brain may learn about the world the same way some computational models do.* https://news.mit.edu/2023/brain-self-supervised-computational-models-1030

Mueller, J. P., & Massaron, L. (2019). *Deep learning for dummies.* John Wiley & Sons.

Valor probatorio de las declaraciones de las víctimas en los procedimientos tramitados ante los juzgados de violencia sobre la mujer

FRANCISCA VERDEJO TORRALBA
Magistrada
Universidad Católica de Ávila

1. LA PRUEBA TESTIFICAL: CONCEPTOS GENERALES

Podemos definir la prueba como toda aquella actividad que está dirigida a procurar la convicción del Juez o Tribunal sobre los hechos afirmados por las partes en sus respectivos escritos de conclusiones provisionales (acusación y defensa). En sentido estricto, la prueba es todo acto que se practica en el juicio oral bajo la vigencia de los principios de contradicción, oralidad, publicidad, y, desde la posición privilegiada que da la inmediación. El eje central de todo proceso penal es la estrecha relación existente entre prueba y la presunción de inocencia.

La Exposición de Motivos de la Ley de Enjuiciamiento Criminal publicada en el núm. 260 de la Gaceta de Madrid el 17 de febrero de 1882, ponía de relieve las dificultades procesales existentes en ese momento, afirmando que "nuestros Jueces y Magistrados han adquirido el hábito de dar escasa importancia a las pruebas del plenario, formando su juicio por el resultado de las diligencias sumariales y no parando mientes en la ratificación de testigos, convertida en vana formalidad...". Algunas de estas dificultades y otras no advertidas por el legislador decimonónico siguen teniendo vigencia, por lo que a pesar de que se ha ido depurando de constitucionalidad la ley rituaria penal, la cuestión que surge tras la lectura del Preámbulo es sí se ha producido un cambio de paradigma.

No es objeto de este trabajo hacer el recorrido histórico que culminó con la promulgación de la Ley de Enjuiciamiento Criminal (a partir de ahora LECrim); y, en consecuencia, tampoco, de las normas que regulan la obtención de la prueba, su introducción en el proceso y su valoración en el juicio oral. Pero, necesariamente, para hablar de la valoración de la declaración de la víctima, es necesario conocer, al menos de forma somera, el régimen jurídico de la prueba en general, y, en particular, de la prueba testifical.

El Libro III LECrim con la rúbrica "Del Juicio Oral" (artículo 649 y siguientes), regula la llamada tercera fase del procedimiento penal, precedida de la fase intermedia de creación doctrinal, y, ésta a su vez antecedida por la de instrucción (sumario) que, en los términos del art. 299 LECrim está constituida por todas las actuaciones "...encaminadas a preparar el juicio y practicadas para averiguar y hacer constar la perpetración de los delitos con todas sus circunstancias que puedan influir en su calificación, y la culpabilidad de los delincuentes, asegurando sus personas y las responsabilidades pecuniarias de los mismos". En la fase de instrucción (o sumarial) no se practica prueba (a excepción de la prueba preconstituida siempre que concurran los requisitos del art. 448 y siguientes LECrim). Convenimos así que en la fase preliminar se realizan diligencias de investigación tendentes a la preparación del juicio oral.

Y es el Título III el que recoge el régimen jurídico "de la celebración del Juicio Oral". Distribuido en diferentes capítulos, reglamenta la publicidad de los debates, el modo de practicar las pruebas, de la acusación la defensa y la sentencia, y de la suspensión del juicio oral, culminando con el art. 741 LECrim según el cual:

> El Tribunal, apreciando según su conciencia las pruebas practicadas en el juicio, las razones expuestas por la acusación y la defensa, y lo manifestado por los mismos procesados, dictará sentencia dentro del término fijado en esta Ley"; y, continúa el párrafo segundo diciendo "Siempre que el Tribunal haga uso del libre arbitrio que para la calificación del delito o para la imposición de la pena le otorga el Código Penal, deberá consignar si ha tomado en consideración los elementos de juicio que el precepto aplicable de aquél obligue a tener en cuenta.

Ningún otro artículo de la LECrim ofrece criterios de valoración de la prueba en general, ni de la testifical en particular, al contrario de lo que ocurre en el proceso civil, donde el art. 376 de la Ley de Enjuiciamiento civil, somete sin reservas, la prueba testifical al principio de la prueba libre, debiendo el Juez o Tribunal, en el momento de su valoración, apreciar las testificales conforme a las reglas de la sana crítica en función de la razón de ciencia que hubiera dado, las circunstancias que en ellos concurran y de las tachas formuladas contra los testigos, así como de la prueba practicada para su acreditación. La cuestión deviene más compleja cuando el testigo que ha declarado en la fase sumarial y posteriormente lo hace en el juicio oral es el sujeto pasivo del delito. Lo que lleva directamente al art. 416 LECrim que exime de declarar (en cualquier fase del procedimiento penal) a los parientes del procesado en líneas directa ascendente y descendente, su cónyuge o persona unida por relación de hecho análoga a la matrimonial, sus hermanos consanguíneos o uterinos y los colaterales consanguíneos hasta el segundo grado civil. Dispensa de la que se ha de informar al testigo.

No ofrece la LECrim la definición de la diligencia (o de la prueba) testifical. La única referencia al concepto está en el art. 410 LECrim que, después de establecer el deber a declarar de todos los que residen en territorio español, con independencia de la nacionalidad, siempre que no estuvieran impedidos, de acudir a la citación judicial para declarar (responder) sobre todo lo que supieran (o conocieran) sobre lo que les fuera preguntado "si para ello se les cita con las formalidades prescritas en la ley", formalidades que se encuentran en el Título VII del Libro I LECrim (remisión del art. 426 LECrim), artículos 166 y siguientes de la ley rituaria penal.

1.1. Criterios jurisprudenciales de valoración de la prueba testifical

La doctrina jurisprudencial de la Sala Segunda del Tribunal Supremo tiene consolidados los criterios para que la declaración de la víctima pueda provocar el decaimiento de la presunción de inocencia. Estos criterios sobradamente conocidos son:

1. *La ausencia de incredibilidad subjetiva*, lo que excluye todo móvil de resentimiento, enfrentamiento o venganza.

2. *La persistencia y firmeza del testimonio* (el comportamiento procesal que tenga el testigo), elemento de valoración que no se ve mermado a pesar de la opinión de algunos autores[1]. Es posible contrastar en el plenario las diferentes declaraciones prestadas a lo largo de la causa, siendo aconsejable que además de la grabación que se realiza en la fase de investigación del delito se tome un resumen de lo declarado por el testigo.

La jurisprudencia nunca ha identificado las explicables contradicciones de la víctima con la falta de persistencia. Antes, al contrario, la doctrina del Tribunal Supremo advierte reiteradamente de la importancia de que la declaración de la víctima no sea una repetición mimética de una realizada anteriormente durante la tramitación del procedimiento. La comparecencia

---

[1] El art. 730 LECrim se refiere a la lectura (en sentido amplio) de las diligencias sumariales, condicionando esta posibilidad a la petición de parte cuando por causas independientes a su voluntad no puedan ser reproducidas en el plenario, o bien, de las testificales preconstituida.

(declaración) en sede policial, o en sede judicial en la fase sumarial, solamente alcanzan el nivel de prueba, cuando ratifica lo que se ha dicho en un momento anterior.

3. *La verosimilitud*, que se da cuando las corroboraciones periféricas abonan por la realidad del hecho.

Estas son las tres reglas básicas fijadas por el Tribunal Supremo para valorar el testimonio de las víctimas de los delitos, singularmente en los tipos delictivos en los que es más difícil contar con otras fuentes de prueba, reglas que el Tribunal Supremo ha "reinterpretado" al establecer que la versión de la víctima ha de ser valorada desde el prisma de un testigo que se encuentra obligado a decir la verdad, pero sin olvidar las cautelas propias del status de quien asume la doble condición de testigo y denunciante. Se está ante un testigo implicado en la cuestión, al ser su testimonio la noticia misma del delito. Ahora bien, tal y como apuntaba el TC en la Sentencia 126/2010, de 29 de noviembre y en la 258/2007, de 18 de diciembre, "… lo expuesto no es óbice para que la declaración de la víctima, practicada con plenas garantías, pueda erigirse en prueba de cargo que habilite un pronunciamiento de condena, incluso cuando actúe como acusador particular".

La Sentencia de la Audiencia Provincial de Navarra 38/2018, de 20 de marzo (vulgarmente conocida por la sentencia de la manada), produjo una encendida polémica en la opinión pública, y en cierta medida, una fractura entre la Sociedad y los Tribunales, acerca de la forma en la que se tiene que valorar el testimonio de las víctimas de los delitos, singularmente en delitos contra la libertad sexual y en los delitos de violencia de género. El slogan "yo si te creo", fue el resultado de ese rechazo social al pronunciamiento judicial y con él se encabezaron un ingente número de protestas y manifestaciones surgidas de forma sincrónica a la publicación del fallo, en consecuencia, con un desconocimiento absoluto del contenido de la sentencia y de cómo ésta valoraba la prueba realizada en el plenario. A pesar de ello, el lema tuvo calado en la jurisprudencia del Tribunal Supremo que, en sentencias posteriores estableció que, en determinados casos, fundamentalmente en los delitos de violencia contra la mujer y los delitos contra la libertad sexual, la declaración de la víctima goza de una credibilidad reforzada, dado que, a su condición de testigo, se suma la de sujeto pasivo del delito. Las aportaciones de algunas de las sentencias del TS se indican a continuación.

1.1.1. STS 247/2018, de 24 de mayo

Dictada en un caso de violencia de género (homicidio doloso) en el que el Tribunal Supremo recuerda que:

> (...) este tipo de casos deben enfocarse con la debida perspectiva de género con la que deben tratarse los supuestos de agresión en el seno de la pareja...El ejercicio de la violencia es rechazable en cualquier contexto...en ninguna de estas situaciones puede justificarse la violencia como método o línea argumental para justificar decisiones o reacciones de las personas...Porque justificar el ejercicio de la violencia es la desnaturalización del ser humano que vive en sociedad...

Recuerda el TS su doctrina jurisprudencial en la que se mantiene la posibilidad de declarar enervada la presunción de inocencia con la declaración de la víctima, y esas reglas (ausencia de incredibilidad subjetiva, persistencia en la incriminación y verosimilitud) que son el fundamento para considerarla como prueba de cargo suficiente, al poder reunir el Tribunal la opción de:

1.- Parámetros de valoración de la declaración de la víctima por el Tribunal. El Tribunal puede realizar ese proceso valorativo, tras:

a) Escuchar la declaración de la víctima y no solo escucharla, sino valorar sus expresiones.

b) La forma en la que contesta a las preguntas,

c) Las reacciones de la víctima a las preguntas de los abogados y el Ministerio Público.

d) La inexistencia de contradicciones ante determinadas preguntas que ya fueron hechas en sus anteriores declaraciones.

e) La expresión gestual de la víctima al declarar ante el Tribunal.

2.- La inmediación le permite al Tribunal llegar a considerar enervada la presunción de inocencia con la sola declaración de la víctima, sobre todo en delitos contra la libertad sexual, o de violencia de género en los que la intimidad en la comisión del delito impide que existan pruebas que permitan corroborar esa declaración. No siempre puede exigirse a la acusación que aporte pruebas de corroboración en delitos de carácter sexual o de violencia de género (también doméstica), ya que se trata de hechos que ocurren sin más testigos y, sus declaraciones, pueden venir corroboradas por informes médicos si ha habido lesiones. La situación es compleja en los casos de maltrato habitual (o puntual) sin causar lesión (maltrato psicológico). La declaración del sujeto pasivo del delito ha de ser valorada desde la perspectiva de su credibilidad.

Recuerda el TS la sentencia su propia doctrina jurisprudencial, entre otras la Sentencia 172/2017 de 21 de marzo en la que se afirma que:

> (...) la aptitud de la sola declaración de la víctima para provocar el decaimiento de la presunción de inocencia, pero es necesario observar especiales cautelas por hallarnos ante un testimonio de singulares connotaciones...La jurisprudencia ha venido exigiendo un control sobre el testimonio de la víctima que permita aquilatar la veracidad o inveracidad de lo declarado.

1.1.2. STS 284/2018, de 13 de junio

Constituye un hito relevante en la doctrina jurisprudencial al ser la primera vez que en un caso de abuso sexual infantil se contrapone el interés superior del menor con el derecho a la presunción de inocencia, como si se tratase de dos valores en conflicto. La sentencia condenaba al acusado como autor responsable de un delito continuado de abuso sexual con prevalimiento respecto de su hija menor de edad. Uno de los motivos del recurso de casación era error en la valoración de la prueba (entre otras la testifical) por la Sala de lo Civil y Penal del Tribunal Superior de Justicia de Navarra.

El TS desestima el recurso y confirma la acertada valoración que se lleva a cabo por el Tribunal de Instancia y la valoración que en sede de apelación hizo el TSJ de Navarra y añade:

> (...) en cuanto a la valoración de las declaraciones de menores en casos de abusos sexuales esta Sala del Tribunal Supremo ha señalado en jurisprudencia reiterada (entre otras la Sentencia 1773/2002, de 28 de octubre) que el testimonio de la víctima, aunque no hubiese otro más que el suyo, cuando no existan razones objetivas que invaliden sus afirmaciones o provoquen dudas en el Juzgador impidiéndole formar su convicción, en consecuencia, es considerado apto para destruir la presunción de inocencia. Declaración cuya valoración corresponde al Tribunal juzgador que la presenció dentro de ciertas cautelas garantizadoras de su veracidad...

Lo innovador de esta sentencia es que, manteniendo las reglas hermenéuticas ya señaladas, las acompaña de datos y criterios objetivos para su determinación. Recordando la Sentencia de 19 de febrero de 2000 sostiene que la valoración de la testifical corresponde al Tribunal juzgador que la presenció (inmediación) dentro de ciertas cautelas garantizadoras de su veracidad:

a) *Ausencia de incredibilidad subjetiva* considerando el TS dos como los aspectos subjetivos relevantes:

- Sus *propias características físicas o psicoorgánicas,* en las que se ha de valorar su grado de desarrollo y madurez.
- La *inexistencia de móviles espurios* que pudieran resultar bien de las tendencias fantasiosas o fabuladoras de la víctima, como un posible motivo impulsor de sus declaraciones, o bien de las previas relaciones acusado-víctima, denotativas de móviles de odio o de resentimiento, venganza o enemistad, que enturbien la sinceridad de la declaración haciendo dudosa su credibilidad, y creando un estado de incertidumbre y fundada sospecha incompatible con la formación de una convicción inculpatoria sobre bases firmes; pero sin olvidar también que aunque todo denunciante puede tener interés en la condena del denunciado, no por ello se elimina de manera categórica el valor de sus afirmaciones (Sentencia de 11 de mayo de 1994).

b) *Verosimilitud del testimonio,* basada en la lógica de su declaración y el suplementario apoyo de datos objetivos. Esto supone:

- La declaración de la víctima ha de ser *lógica en sí misma,* o sea no contraria a las reglas de la lógica vulgar o de la común experiencia, lo que exige valorar si su versión es o no insólita, u objetivamente inverosímil por su propio contenido.
- La declaración de la víctima ha de estar *rodeada de corroboraciones periféricas de carácter objetivo obrantes en el proceso,* lo que significa que el propio hecho de la existencia del delito esté apoyado en algún dato añadido a la pura manifestación subjetiva de la víctima. Exigencia que, sin embargo, habrá de ponderarse adecuadamente en delitos que no dejan huellas o vestigios materiales de su perpetración (art. 330 LECrim),

puesto que, como señala la STS de 12 de julio de 1996: El hecho de que en ocasiones el dato corroborante no pueda ser contrastado no desvirtúa el testimonio si la imposibilidad de la comprobación se justifica en virtud de las circunstancias concurrentes en el hecho. Los datos objetivos de corroboración pueden ser muy diversos: lesiones en delitos que ordinariamente las producen; manifestaciones de otras personas sobre hechos o datos que sin ser propiamente el hecho delictivo atañen a algún aspecto fáctico cuya comprobación contribuya a la verosimilitud del testimonio de la víctima; periciales sobre extremos o aspectos de igual valor corroborante; etc.

c) *Persistencia en la incriminación,* que debe ser mantenida en el tiempo, y expuesta sin ambigüedades ni contradicciones. Este factor de ponderación supone:

- *Persistencia o ausencia de modificaciones en las sucesivas declaraciones* prestadas por la víctima sin contradecirse ni desdecirse. Se trata de una persistencia material en la incriminación, valorable «no en un aspecto meramente formal de repetición de un disco o lección aprendida, sino en su constancia sustancial de las diversas declaraciones» (STS de 18 de junio de 1998).

- *Concreción en la declaración,* que ha de hacerse sin ambigüedades, generalidades o vaguedades. Es valorable que especifique y concrete con precisión los hechos narrándolos con las particularidades y detalles que cualquier persona en sus mismas circunstancias sería capaz de relatar.

- *Coherencia o ausencia de contradicciones,* manteniendo el relato la necesaria conexión lógica entre sus diversas partes.

No sc trata dc condiciones objetivas de validez de la prueba, sino de criterios o parámetros a que ha de someterse la valoración del testimonio de la víctima, delimitando el cauce por el que ha de discurrir una valoración verdaderamente razonable, y controlable así casacionalmente a la luz de las exigencias que esos factores de razonabilidad valorativos representan.

1.1.3. STS 109/2019, de 25 de abril

El TS vuelve a recordar que el testimonio de la víctima, prestado con las debidas garantías entre las que destaca la contradicción, puede constituir prueba de cargo suficiente en la que basar la convicción del juez para la determinación de los hechos del caso (STS 568/2002, de 26 de junio), planteándose aquí la credibilidad del testigo – víctima. La Sala proporciona los criterios de valoración, recordando que no tienen un carácter exhaustivo, ni son reglas de valoración sino razonamientos que pueden ser útiles en la expresión de una valoración. Añade el TS:

> (...) En algún pronunciamiento jurisprudencial nos hemos referido a estos supuestos como situación límite de crisis del derecho fundamental a la presunción de inocencia en los que sobre los hechos nucleares de la acusación solo existen dos versiones, la de quien acusa y la del acusado, y estas son tan diametralmente distintas que es imposible fundar una convicción razonable sobre puntos de encuentro de sus respectivas versiones, lo que imposibilita una valoración asentada en puntos de acuerdo...

En esta sentencia el TS reitera su doctrina anterior, y añade algunos parámetros a tener en cuenta en la valoración de la testifical de la víctima, a saber: coherencia interna en el relato, concreción de los hechos relatados, claridad expositiva ante el Tribunal, lenguaje gestual de convicción, seriedad expositiva, expresividad descriptiva que aleja la creencia del Tribunal de un relato figurado con fabulaciones o poco creíbles, ausencia de lagunas en el relato, y que la declaración no sea fragmentaria.

2. LA VÍCTIMA DE VIOLENCIA DE GÉNERO

El art. 1.1 de la Ley Orgánica 1/2004, de 28 de diciembre de Medidas de Protección Integral contra la Violencia de género de 28 de diciembre, (a partir de ahora LI) definió el objeto de la ley limitando éste a aquella violencia que:

> ...como manifestación de la discriminación, la situación de desigualdad y las relaciones de poder de los hombres sobre las mujeres, se ejerce sobre éstas por parte de quienes sean o hayan sido sus cónyuges o de quienes estén o hayan estado ligados a ellas por relaciones similares de afectividad, aun sin convivencia", delimitando en el ordinal 3 el tipo de violencia a la que se refiere la norma, limitándola "a todo acto de violencia física y psicológica, incluidas las agresiones a la libertad sexual, las amenazas, las coacciones o la privación arbitraria de la libertad.

La aplicación de la Ley se sujeta a que la violencia se dé en el ámbito de la pareja o expareja, haya existido o no matrimonio, haya habido o no convivencia.

La Disposición Final 10ª de la Ley Orgánica 8/2021, de 4 de junio de Protección integral a la infancia y la adolescencia frente a la violencia de género, introdujo el apartado 4 en este precepto con la redacción siguiente:

> La violencia de género a que se refiere esta Ley también comprende la violencia que con el objeto de causar perjuicio o daño a las mujeres se ejerza sobre sus familiares o allegados menores de edad por parte de las personas indicadas en el apartado primero.

Una breve y pobre referencia hace la Exposición de Motivos, considerando que la violencia de género a la que se refiere la LI, también comprende la violencia que se ejerce con el objetivo de causar perjuicio o daño a las mujeres y se despliega sobre sus familiares o allegados menores de edad[2].

La LI da una respuesta punitiva diferente a determinadas acciones con relevancia penal que se dan en el ámbito de la pareja o ex pareja, explicándose por el Tribunal Constitucional diciendo que:

> (...) lo que subyace en la decisión normativa cuestionada (al establecer una discriminación por razón de sexo que dimanaría de la definición de los sujetos activos (varón) y pasivo (mujer) en el art. 153.1 del Código Penal y de la diferencia de trato punitivo que ello supone en relación con la misma conducta cuando el sujeto activo es una mujer y el pasivo un hombre con la misma relación entre ellos que la descrita en el tipo penal cuestionado (conyugal o análoga, sea en ambos casos presente o pretérita) en apreciación del legislador no podemos calificarla de irrazonable; que las agresiones del varón hacia la mujer que es o que fue su pareja afectiva tienen una gravedad mayor que cualesquiera otras en el mismo ámbito relacional porque corresponden a un arraigado tipo de violencia que es "manifestación de la discriminación, la situación de desigualdad y las relaciones de poder de los hombres sobre las mujeres". (...) Como el término "género" que titula la Ley y que se utiliza en su articulado pretende comunicar, no se trata una discriminación por razón de sexo. No es el sexo en sí de los sujetos activo y pasivo lo que el legislador toma en consideración con efectos agravatorios, sino – una vez más importa resaltarlo – el carácter especialmente lesivo de ciertos hechos a partir del ámbito relacional en el que se producen y del significado objetivo que adquieren como manifestación de una grave y arraigada desigualdad. La sanción no se impone por razón del sexo del sujeto activo ni de la víctima ni por razones vinculadas a su propia biología. Se trata de la sanción mayor de hechos más graves, que el legislador considera razonablemen-

2 En esta y otras normas (tanto anteriores a la misma como posteriores a la LI), se ha pretendido ver la "ampliación de competencias" de los Juzgados de Violencia sobre la Mujer, no pudiéndose compartir esta interpretación porque ninguna ha llevado aparejada la reforma del art. 87 ter LOPJ.

> te que lo son por constituir una manifestación específicamente lesiva de violencia y de desigualdad (STC 59/2008).

Fuera del ámbito objetivo del art. 1.1 LI, las víctimas de violencia de género no gozarán de los beneficios de la norma[3], y, "en algunos casos", la investigación de los delitos se seguirá ante los Juzgados de Instrucción no especializados[4]. Las fases del procedimiento penal, la intervención de la víctima[5], y, la

---

3 La opción legislativa de la LI al limitar el concepto de violencia de género, en paralelo a las finitas competencias atribuidas a los Juzgados de Violencia sobre la Mujer, no debe traducirse en lagunas de impunidad ni tampoco en la inexistencia de otras víctimas de violencia de género. El Convenio de Estambul introducido en el ordenamiento jurídico español por el Instrumento de Ratificación (BOE 6 de junio de 2014), la Ley 4/2015 de 27 de abril del Estatuto de la Víctima, y la legislación autonómica recogen definiciones más amplias de la violencia de género, añadiendo sistemas de protección adicionales y compatibles con los de la LI. Por su parte, todas las conductas tipificadas en el Código Penal son aplicables a supuestos que puedan ser calificados como "violencia de género" (ya sea en el ámbito de la pareja o ex pareja, y, en general cuando la acción típica se realice por razones de género), incluyendo instrumentos específicos para agravar la antijuridicidad de la conducta.

4 Recuérdese que el artículo 87 ter.1 LOPJ limita el ámbito objetivo de los Juzgados de Violencia sobre la Mujer a los tipos penales que enumera y que se individualiza por la remisión a las rúbricas del Libro II del Código Penal. Es posible ampliar la competencia objetiva, extendiéndola a otros sujetos en los supuestos en que junto a la acción penalmente relevante que recae sobre la víctima de violencia de género se produzca en unidad de acto con otra (también con relevancia penal) sobre alguno de los sujetos que se enumeran en el inciso final de la letra a).

5 El Real Decreto – Ley 9/2018, de 3 de agosto, de Medidas urgentes para el desarrollo del Pacto de Estado contra la Violencia de género, introdujo una importante modificación en el art. 20 LI. En la Exposición de Motivos de la norma se decía (...) "*Por otro lado, se añade un nuevo apartado 6 para implementar una medida del Pacto de Estado*

posición procesal del investigado, es idéntica con independencia del órgano judicial que tenga atribuida la competencia. Las reformas operadas en la LECrim por la LI y aquellas otras posteriores a la entrada en vigor de ésta, no han afectado al régimen jurídico de los procedimientos penales. Así se infiere del art. 87 ter,1 a) y art. 87 ter.3 LOPJ.

2.1. Declaración de la víctima en la fase de instrucción

El art. 410 y siguientes LECrim regula la declaración de los testigos en la fase preliminar del procedimiento penal. El referido precepto establece la regla general de que "Todos los que residan en territorio español, nacionales o extranjeros, que no estén impedidos, tendrán obligación de concurrir al llamamiento judicial para declarar cuanto supieren sobre lo que les fuere preguntado si para ello se les cita con las formalidades prescritas en la Ley". A las excepciones a la obligación general se refieren los artículos 411 a 415, ambos inclusive. Se diferencia entre personas que no están obligadas ni a declarar ni a acudir al llamamiento judicial, y, entre aquellas otras que pueden dejar de atender el llamamiento, pero no pueden dejar de prestar declaración.

La principal diligencia de investigación de la que se va a disponer es la manifestación de la perjudicada, a veces única fuente de "prueba" con la que se va a contar. La doctrina

---

referente a la habilitación legal del Letrado de la víctima a fin de que pueda ostentar su representación procesal hasta la personación de la víctima en el procedimiento, si bien esto debe armonizarse con la tercera medida consistente en la adición de un nuevo apartado 7 con el objeto de permitir a la víctima personarse como acusación particular en cualquier fase del procedimiento", habilitación legal de representación que estaba reservada solo y exclusivamente al Abogado del investigado en el procedimiento abreviado (art. 768 LECrim.).

jurisprudencial ya ha expuesto que considera que la declaración incriminatoria de la víctima puede ser prueba de cargo suficiente para fundar una sentencia condenatoria. Posición que también ha sido seguida por el Tribunal Constitucional (Sentencias 788/2012 de 24 de octubre; 469/2013, de 5 de junio, y, 554/2014 de 30 de junio, por todas). Los principales problemas que pueden surgir cuando es la única fuente de prueba son directos e indirectos. Los primeros, cuando la testigo – víctima se acoge a la dispensa del art. 416 LECrim; los segundos (a los que ya me he referido ampliamente en apartados anteriores), en el modo en que han de ser valoradas estas declaraciones.

2.2. La dispensa del artículo 416 LECrim

En los delitos relacionados con la violencia doméstica en general, y, en particular, con la violencia de género, cobra especial importancia el art. 416 LECrim donde ser regula la dispensa a no declarar. Obsérvese que en ningún momento la ley rituaria utiliza el término "derecho a no declarar".

Tras una larga y complicada discusión doctrinal y jurisprudencial del alcance de la dispensa, la actual redacción del art. 416 de la LECrim, tras la reforma operada por la Ley Orgánica 8/2021, de 4 de junio, dispone que están dispensados de la obligación de declarar:

a) Los parientes del procesado en líneas directa ascendente y descendente, su cónyuge o persona unida por relación de hecho análoga a la matrimonial, sus hermanos consanguíneos o uterinos y los colaterales consanguíneos hasta el segundo grado civil. El Juez instructor advertirá al testigo que se halle comprendido en el párrafo anterior que no tiene obligación de declarar en contra del procesado; pero que puede hacer las manifestaciones que considere oportunas, y el Letrado de la Administración de Justicia consignará la contestación que dicre a esta advertencia.

Lo dispuesto en el apartado anterior no será de aplicación en los siguientes casos:

1.º Cuando el testigo tenga atribuida la representación legal o guarda de hecho de la víctima menor de edad o con discapacidad necesitada de especial protección.

2.º Cuando se trate de un delito grave, el testigo sea mayor de edad y la víctima sea una persona menor de edad o una persona con discapacidad necesitada de especial protección.

3.º Cuando por razón de su edad o discapacidad el testigo no pueda comprender el sentido de la dispensa. A tal efecto, el Juez oirá previamente a la persona afectada, pudiendo recabar el auxilio de peritos para resolver.

4.º Cuando el testigo esté o haya estado personado en el procedimiento como acusación particular.

5.º Cuando el testigo haya aceptado declarar durante el procedimiento después de haber sido debidamente informado de su derecho a no hacerlo.

b) El Abogado del procesado respecto a los hechos que éste le hubiese confiado en su calidad de defensor.

Si alguno de los testigos se encontrase en las relaciones indicadas en los párrafos precedentes con uno o varios de los procesados, estará obligado a declarar respecto a los demás, a no ser que su declaración pudiera comprometer a su pariente o defendido.

c) Los traductores e intérpretes de las conversaciones y comunicaciones entre el imputado, procesado o acusado y las personas a que se refiere el apartado anterior, con relación a los hechos a que estuviera referida su traducción o interpretación".

Este artículo ha de ponerse en relación con el art. 418 LECrim según el cual "ningún testigo podrá ser obligado a declarar acerca de una pregunta cuya contestación pueda perjudicar material o moralmente y de una manera directa e importante, ya a la persona, ya a la fortuna de alguno de los parientes a que se refiere el artículo 416".

El texto vigente, acogió la posición que el Tribunal Supremo mantuvo en la Sentencia de Pleno de la Sala Segunda 389/2020, de 10 de julio[6], excluyendo el derecho de dispensa para aquellos testigos – parientes – que hayan estado personados en el procedimiento como acusación particular en cualquier momento, aun cuando ya no ejerciten la acción penal.

La no observancia de la previsión del art. 416 LECrim produce la nulidad de la declaración de la víctima por chocar frontalmente con el art. 11 de la Ley Orgánica del Poder Judicial (LOPJ). Así quedó definitivamente fijado por la jurisprudencia desde la Sentencia del TS 13/2009, de 20 de enero donde se estableció que:

---

6 La sentencia produjo un giro de la doctrina jurisprudencial del TS recogida en el Acuerdo No Jurisdiccional del TS de 23 de enero de 2018, según el cual:
"*1. – El acogimiento, en el momento del juicio oral, a la dispensa del deber de declarar establecida en el artículo 416 LECrim, impide rescatar o valorar anteriores declaraciones del familiar – testigo, aunque se hubiera efectuado con contradicción o se hubiesen efectuado con el carácter de prueba preconstituida.*
2. – *No queda excluido de la posibilidad de acogerse a tal dispensa quien, habiendo estado constituido como acusación particular, ha cesado en esa condición*".
La STS 389/2020, de 10 de julio no se adoptó de forma unánime por la Sala Segunda, incluyendo tres votos particulares emitidos por los Magistrados: Antonio del Moral García al que se adhirió Pablo Larrena Conde; Andrés Palomo Del Arco, y el de Eduardo de Porres Ortiz Urbine.

> (...) Consecuentemente, las declaraciones prestadas contra el procesado por los parientes que señala la ley, sin la previa advertencia prevista en el art. 416 LECrim, en cuanto que no han sido prestadas con todas las garantías, deben reputarse nulas y no pueden utilizarse válidamente como prueba de cargo.

El Alto Tribunal había fijado con anterioridad que tanto la policía, como el Juez de Instrucción, antes de recibir declaración sobre los hechos, debían hacer la información sobre el contenido de la dispensa a no declarar, porque para conocer el derecho debe de haberse advertido de ello.

El art. 416 LECrim no introduce a favor del testigo, ni siquiera cuando es parte perjudicada personada como acusación particular, ningún poder de disposición sobre el objeto del proceso. Tampoco le otorga una extravagante capacidad de selección de los elementos de investigación o de prueba que hayan de ser valorados por el Tribunal y que se hayan generado válidamente en el proceso. El testigo pariente del investigado solo tiene a su alcance, con fundamento en dicho precepto, la posibilidad de eludir válidamente el cumplimiento de un deber abstracto a declarar. "(...) Lo que en modo alguno otorga aquel precepto es el derecho a declarar alterando conscientemente la verdad o a prestar un testimonio de complacencia invocando lazos familiares" (STS de 23 de marzo de 2009). Pese a la ausencia de desarrollo específico en la Constitución no es cuestionable la conciliación de la Carta Magna con los compromisos derivados de la Convención Europea de Derechos Humanos, estando consagrada en diferentes sentencias del Tribunal Europeo de Derechos Humanos (Caso Kostovkis - Sentencia de 20 de noviembre de 1989 por todas).

Una cuestión que surge se refiere al tiempo en que debe estar vigente el vínculo para poder hacer uso de la dispensa. Inicialmente el TS exigía que el vínculo debía persistir al tiempo del juicio (STS 164/2008, de 8 de abril, y STS 13/2009, de 20 de enero), precisando estas resoluciones que "(...) solo es aplicable si la relación existe en el momento de prestar declaración, pues solo en esas condiciones se produce la colisión entre el deber de declarar y las consecuencias de los vínculos familiares y de solidaridad que unen al testigo con el acusado". Regla que fue matizada posteriormente, estableciendo que no pueden establecerse criterios apriorísticos y que habrá que estar a las circunstancias concretas de cada caso a la hora de decidir si el testigo, que en el momento de declarar ya no guarda la relación del art. 416 LECrim con el investigado o procesado puede acogerse o no a la dispensa, considerando que la ruptura de la afectividad subsiguiente al cese de la convivencia no puede impedir que el llamado como testigo se acoja a la exención si la declaración compromete la intimidad familiar bajo la cual ocurrieron los hechos objeto de enjuiciamiento.

2.3. *Víctima menor de edad*

No es infrecuente que en los procedimientos tramitados por los Juzgados de Violencia sobre la Mujer la víctima sea menor de edad. Es aplicable a la testifical de la víctima menor de edad todo lo expuesto hasta el momento, si bien, estos casos reclaman una consideración especial.

La Disposición Final Primera de la ley orgánica 8/2021, de 4 de junio, de Protección Integral a la Infancia y la Adolescencia frente a la Violencia, modifica algunos preceptos de la LECrim. En lo que ahora interesa, introduce el artículo 449 ter LECrim. Tanto la inclusión del precepto en particular, como la reforma en general, se justifica por el Legislador diciendo que:

> En relación con la prueba preconstituida es un instrumento adecuado para evitar la victimización secundaria, particularmente cuando las víctimas son menores de edad o personas con discapacidad necesitadas de especial protección, precisamente para evitarla impone como obligatoria la prueba preconstituida cuando el testigo sea menor de catorce años o una persona con discapacidad necesitada de especial protección,

> de manera que, solo motivadamente podrá acordarse la declaración en el acto del juicio, siempre y cuando sea interesada por una de las Partes y sea considerada como necesaria. La prueba preconstituida que es excepcional en el procedimiento penal, torna a ser la regla general para menores de 14 años (...) evitando que el lapso temporal entre la primera declaración y la fecha de juicio oral afecten a la calidad del relato, así como la victimización secundaria de víctimas especialmente vulnerables.

El art. 449 LECrim es aplicable cuando el objeto de la instrucción sea un delito de homicidio, lesiones, contra la libertad, contra la integridad moral, trata de seres humanos, contra la libertad e indemnidad sexuales, contra la intimidad, contra las relaciones familiares, relativos al ejercicio de derechos fundamentales y libertades públicas, de organizaciones y grupos criminales y terroristas y de terrorismo.

La cuestión que surge inmediatamente es si, fuera de los delitos enunciados, la preconstitución de la prueba para menores de catorce años no es obligatoria, y, en consecuencia, la autoridad judicial, no podría acordarla, aunque se ajustara su contenido al precepto procesal. Desde mi punto de vista, no se puede ver una prohibición donde no la hay, y, a mayor abundamiento, si la finalidad es que no afecte a la calidad del relato y evitar la victimización secundaria, parece lógico pensar que puede extenderse a todo tipo de delitos. La reforma no viene acompañada de la dotación de los medios técnicos, materiales, y, personales a los Juzgados de Violencia sobre la Mujer. Tampoco a los Juzgados de Instrucción ante los que no es descartable ni infrecuente que se tengan que realizar estas actuaciones. Sabido es que no en todos los Partidos Judiciales hay equipos psicosociales de apoyo a los órganos judiciales, ni se dispone de las instalaciones adecuadas (cámaras Gesell)[7]

---

7 La cámara Gesell fue concebida como domo (*Gesell dome* en inglés) por el psicólogo y pediatra estadounidense Arnold Gessell para ob-

esenciales para dar un adecuado cumplimiento al contenido del art. 449 ter LECrim.

La STS 342/2021, de 23 de abril, resuelve un supuesto en el que, por vía del recurso de casación se denuncia la nulidad de la sentencia, alegando que el menor de edad que había depuesto como testigo no había sido informado de la dispensa del art. 416 LECrim. Aunque respecto a la naturaleza y finalidad de la dispensa del art. 416 LECrim la sentencia no innova la doctrina jurisprudencial anterior, su importancia viene dada por la aplicación a los supuestos en los que el testigo es menor de edad. Se insiste por el tribunal en la naturaleza de derecho público subjetivo de la dispensa, cuya titularidad corresponde exclusivamente al menor (art. 24 de la Constitución, y art. 3 de la Ley Orgánica 1/1996, de 15 de enero, de Protección Jurídica del Menor), sin que la Carta Magna establezca excepciones o límites a esa titularidad y ejercicio del derecho fundamental. Añade el Tribunal Supremo:

> (...) Para el ejercicio de los derechos fundamentales se precisa de la correspondiente capacidad de obrar y, a fin de determinar si el menor tiene o no esa capacidad, han de tenerse en consideración los criterios valorativos descritos en el artículo 2° de la Ley antes citada, entre los que se encuentran de modo muy destacado la edad y madurez del menor. Ese parámetro también está presente en la Convención sobre los Derechos del Niño, adoptada por la Asamblea General de las Naciones Unidas el 20 de noviembre de 1989 y ratificada por España el 30 de noviembre de 1990) cuyo artículo 12.1 se puede leer: Los Estados Partes garantizarán al niño, que esté en condiciones de formarse un juicio propio, el derecho de expresar su opinión libremente en todos los asuntos que afectan al niño, teniéndose debidamente en cuenta las opiniones del niño, en función de la edad y madurez del niño.

---

servar la conducta en niños sin ser perturbado o que la presencia de una persona extraña cause alteraciones.

En esa misma dirección el Tribunal Constitucional en su sentencia 141/2000, de 29 de mayo, afirmó que:

> (...) los menores de edad son titulares plenos de sus derechos fundamentales, (en este caso, de sus derechos a la libertad de creencias y a su integridad moral,) sin que el ejercicio de los mismos y la facultad de disponer sobre ellos se abandonen por entero a lo que al respecto puedan decidir aquellos que tengan atribuida su guarda y custodia o, como en este caso, su patria potestad, cuya incidencia sobre el disfrute del menor de sus derechos fundamentales se modulará en función de la madurez del niño y los distintos estadios en que la legislación gradúa su capacidad de obrar (arts. 162.1, 322 y 323 Código Civil). Conviene recordar, por último, que, aunque el art. 162.1 CC atribuye a los padres la representación legal de sus hijos menores de edad, excluye de esa representación a "los actos relativos a derechos de la personalidad u otros que el hijo, de acuerdo con las leyes o sus condiciones de madurez pueda realizar por sí mismo (...).

Por tanto, la edad y la madurez del menor son los elementos fundamentales que han de tenerse en cuenta para determinar si un menor puede o no ejercer cada uno de los derechos fundamentales y esos parámetros han de ponerse en relación con las necesidades de tutela y protección del menor, así como con el contenido y la complejidad del derecho que se pretende ejercitar. Para evaluar si el menor está capacitado para ejercer un derecho fundamental es necesario determinar si comprende y si es capaz de evaluar las consecuencias que pueden derivarse del acto que se pretende realizar. Se trata de un juicio de ponderación ciertamente complejo. En la STS 225/2020, de 25 de mayo, nos hicimos eco de la multiplicidad de factores a tener en cuenta en los siguientes términos:

> Esa ponderación judicial del nivel de desarrollo emocional e intelectual del menor, así como de su capacidad por contrapesar los intereses en juego, cuando se trata de edades en las que estas cualidades del testigo pueden resultar controvertidas, impone al tribunal, no introspeccionar su conformidad o adhesión con la opción del menor, sino valorar la calidad de su opción, esto es, que la facultad se ejerce en las condiciones

de libertad, de información, y de conocimiento con las que esencialmente se regiría el posicionamiento de una persona con plena capacidad de obrar. El Tribunal debe explorar que el menor alcanza a comprender, de una manera suficientemente sentada y reflexiva, cuál es la repercusión de su decisión respecto de todos los intereses que van a resultar concernidos y a los que hemos hecho anterior referencia. El órgano judicial debe tasar que el testigo guía su conclusión por los ordinarios parámetros de pensamiento libre, fundado e independiente con los que puede regir su esquema decisional en el caso concreto una persona formada. Si la edad es un elemento fundamental para evaluar el grado de madurez de un menor a estos efectos, existen otros parámetros que facilitan ponderar si está en condiciones de ejercer el derecho por sí mismo cuando la edad se ubica en unos márgenes que no sean lo suficientemente elocuentes. Que el testigo sea la víctima de los hechos que se enjuician o que, por el contrario, sea un mero observador de lo que aconteció, es un elemento que condiciona el reconocimiento de su facultad de optar; como lo es también la naturaleza pública o privada de la acción penal establecida para la persecución de los hechos; la gravedad del delito investigado; su repercusión punitiva; la gravedad del daño irrogado a la víctima; la naturaleza del vínculo del testigo con el procesado; la repercusión que su declaración pueda tener en su relaciones familiares futuras; o la repercusión psíquica con la que los hechos pueden sacudir el futuro del menor. Tampoco es irrelevante que el testigo pueda conocer la repercusión procesal de su posicionamiento en función de la existencia o ausencia de otros elementos probatorios; o que se ejerza la facultad de no declarar en la fase procesal de investigación y con ocasión de delitos cuyo plazo de prescripción empezará a computarse cuando el testigo-víctima alcance la mayoría de edad (art. 132.1 prf. 2), o por el contrario su decisión vaya a materializarse en el acto del plenario, lo que trascenderá inevitablemente a una decisión definitiva sobre los hechos sometidos a proceso.

Es cierto que esta Sala ha considerado en supuestos de menores de corta edad que su falta de madurez hace innecesaria la información sobre el derecho a la dispensa y así, en la STS 1061/2009, de 26 de octubre, citada en la resolución impugnada, se consideró improcedente tal información, pero se trataba de un niño de 6 años. Sin embargo, cuando el menor tiene más edad o está próximo a la mayoría de edad, el examen de su madurez exige un análisis complejo, tal y como se puede colegir de la sentencia antes mencionada.

En este caso la testigo 15 años y resulta muy dudoso que careciera de madurez para conocer las implicaciones del derecho a la dispensa. Tan es así que la menor fue informada de ese derecho en una de las dos declaraciones sumariales que prestó. En todo caso, la limitación de derechos constitucionales debe ser objeto de una interpretación restrictiva (STS 205/2018, de 25 de abril) y motivada y en este proceso no hubo resolución alguna, verbal o escrita, dirigida a justificar la limitación del derecho constitucional. La decisión de no informar del derecho a la dispensa en la declaración prestada el día 21/09/18 no parece que fuera una decisión intencionada y basada en la falta de madurez, parece más bien que fue un olvido, ya que en la declaración sumarial anterior se informó a la menor del contenido del art. 416 LECrim y manifestó querer declarar

En cuanto a la segunda cuestión, la argumentación de la resolución impugnada parece sugerir que como la madre ejerció la acusación particular en representación de la menor no era necesaria la información del art. 416 LECrim, porque quien ejerce la acusación particular ha resuelto el conflicto que justifica la dispensa y ha renunciado implícitamente a ese derecho. Según esta tesis sería posible la renuncia del derecho a la dispensa por el representante legal del menor.

Esta Sala ha admitido que el derecho a la dispensa pueda ser ejercido a través de su representante legal (padres o defensor judicial) pero sólo en caso de que el menor carezca de madurez (STS 225/2020, de 25 de mayo). No debe confundirse el derecho a ser parte procesal con el derecho a la dispensa. El progenitor que ejercita la acusación particular interviene procesalmente como representante legal del menor en su interés, pero sin que se precise su consentimiento, de ahí que pueda llevar a cabo esa intervención aún en contra de la voluntad del representado. Por otro lado, el ejercicio de acciones se limita a la realización de los actos procesales de parte encaminados al ejercicio de la acción ejercitada y no comprende el derecho a la dispensa, que es un derecho constitucional autónomo, por más que se ejerza dentro del proceso:

> A partir de estas precisiones bien comprenderse que el ejercicio de la acusación particular por los padres no conlleva una renuncia expresa o tácita del menor a su derecho constitucional de ahí que el menor pueda ejercer la dispensa siempre que sus condiciones de madurez lo permitan"[8].

3. LA DECLARACIÓN DE LA VÍCTIMA DE VIOLENCIA EN EL ACTO DEL JUICIO ORAL

La redacción vigente del art. 416 LECrim impone la obligación de declarar en el plenario a la víctima que esté o haya estado personada en el procedimiento como acusación particular. El precepto da un paso más al establecer que no estará cubierto por la dispensa el testigo que haya aceptado declarar durante el procedimiento después de haber sido debidamente informado de su derecho a no hacerlo, esto es, sin necesidad de haberse constituido como acusación particular, y, sin perjuicio de poder hacerlo posteriormente (el momento preclusivo

---

8 Otras sentencias cuya consulta debe hacerse (algunas ya citadas) son:
STS 342/2021, de 23 de abril: la constitución como acusación particular de los representantes legales del menor no impide a éste acogerse a la dispensa.
STS 225/2020, de 25 de mayo: dispensa y menores. Madurez
STS 329/2021, de 22 de abril: el menor no pierde la dispensa por la constitución a través de sus representantes legales como acusación particular. El acogimiento a la dispensa en el plenario inutiliza declaraciones anteriores
STS 372/2022, de 18 de abril: menor y 416. El acogimiento a la dispensa en el plenario veda la valoración de las declaraciones sumariales. Cabe usar testimonios de referencia o el documento aportado (carta) por el menor que luego se acoge a la dispensa.

para comparecer en el procedimiento es la apertura del juicio oral, y, todo ello, sin perjuicio de los derechos de la víctima conforme a lo establecido en la Ley 4/2015, de 27 de abril).

Es así incontestable que solo y exclusivamente entrará en juego la dispensa en los casos en que la víctima no haya declarado en un momento anterior en el procedimiento, y, además, no esté constituida o haya estado como acusación particular. La cuestión que surge inmediatamente es si las declaraciones prestadas en un momento anterior pueden introducirse en el plenario por la vía de la lectura de las declaraciones sumariales, supuesto previsto en el art. 730 LECrim.

El art. 730 LECrim regula la posibilidad de que en el plenario se dé lectura a las declaraciones sumariales, esto es, a las diligencias realizadas durante la fase preliminar del procedimiento penal. Esta posibilidad no es automática.

Mediante el recurso a la vía del 730 LECrim. se permite la lectura de declaraciones sumariales (tanto las prestadas por testigos como por coimputados) que podrían ser a priori aptas para desvirtuar la presunción de inocencia, siempre que se respeten determinados requisitos: *a) materiales* - que exista una causa legítima que impida reproducir la declaración en juicio oral; *b) subjetivos* - la necesaria intervención del Juez de Instrucción; *c) objetivos* - que se garantice la posibilidad de contradicción; y *d) formales* - la introducción del contenidos de la declaración sumarial a través de la lectura del acta en que se documenta (SSTC 303/1993, de 25 de octubre).

Hasta el momento no se conocen (por esta autora) sentencias en las que la víctima después de haber declarado en algún momento a lo largo del procedimiento, o, haber estado constituida (o estar) no haya querido contestar a las preguntas que se le realicen en el plenario. No parece ser este un supuesto previsto en art. 730 LECrim, cuando la testigo – víctima, no está imposibilitada para declarar en el plenario. Simplemente se niega a hacerlo, persistiendo en su negativa a declarar.

Al margen de los apercibimientos que puede hacer el órgano encargado del enjuiciamiento, no se alcanzan a determinar las consecuencias (negativas) que para pueda acarrear para esa testigo – víctima.

Habría sido deseable una armonización de los preceptos de la Ley de Enjuiciamiento Criminal, incluyendo en el art. 730 LECrim un supuesto específico para situaciones como la descrita (si se opta por un sistema penal más punitivo), o bien, fijando unas consecuencias para la persona que persiste en su negativa de declarar, consecuencias que, teniendo en cuenta la tipología del delito, no deberían ser de naturaleza penal. En todo caso, esos efectos no deseados de la dispensa y de la imposibilidad de dar lectura a las declaraciones sumariales, podrían superarse con la regulación más detallada y amplia (tanto desde el punto de vista objetivo como subjetivo) de la prueba preconstituida.

REFERENCIAS BIBLIOGRÁFICAS

Aguilera, E. (1924). *Comentarios a la Ley de Enjuiciamiento Criminal* (vol. III, pp. 603-ss.). Editorial Reus.

Bernal, J. (1987). Deber de declarar y derecho al silencio en la prueba testifical del proceso penal. Sumarias consideraciones sobre su problemática actual. *Poder Judicial, 5*, 9-40.

Consejo General del Poder Judicial. (2017, octubre). *Jornadas de Unificación de Criterios en Materia de Violencia de Género.* https://www.poderjudicial.es/cgpj/es/Temas/Violencia-domestica-y-de-genero/Actividad-del-Observatorio/Formacion/Jornadas-Unificacion-de-criterios-enmateria-de-Violencia-de-Genero–4-al-6-de-octubre-de-2017-.

Consejo General del Poder Judicial. (2018, noviembre). *Guía de buenas prácticas para la toma de declaración de víctimas de violencia de género.* Consejo General del Poder Judicial. https://www.poderjudicial.es/cgpj/es/Temas/Violencia-domestica-y-de-genero/ Guias-y-Protocolos-de-actuacion/Guias/Guia-de-buenas-practicas-para-la-tomade-declaracion-de-victimas-de-violencia-de-genero

Consejo General del Poder Judicial. (2022, marzo). *Guía de buenas prácticas para a toma de declaración de víctimas de violencia de género.* Consejo General del Poder Judicial.

Córdoba, J. (2004). *Comentarios al Código Penal* (vol. III). Marcial Pons.

del Moral, A, & Sánchez, J. (coord.). (2017). *Encuesta jurídica: ¿Debe el legislador derogar el art. 416 de la Ley de Enjuiciamiento Criminal en materia de violencia de género?* Editorial jurídica Sepín.

Delegación del Gobierno para la Violencia de Género. (2019, mayo 13). *Documento refundido de medidas del Pacto de Estado en Materia de Violencia de Género. Congreso + Senado.* https://violenciagenero.igualdad.gob.es/wp-content/uploads/Documento_Refundido_PEVG_2.pdf

Fiscalía General del Estado. (2016, noviembre). *Conclusiones del XII Seminario de Fiscales Delegados en Violencia sobre la Mujer.*

Grupo de Trabajo sobre el Nuevo Sistema de Provisión Judicial de Apoyos a Personas con Discapacidad y su Aplicación Transitoria. Consejo General del Poder Judicial. https://www.poderjudicial.es/cgpj/ca/Temes/Forum-Justicia-i-Discapacitat/ Activitats/Cursos/Grupo-de-trabajo-sobre-el-nuevo-sistema-de-provision-judicial-

Lorente, M. (2018, septiembre 26). Asesino, pero "buen padre de familia". *El País.* https://elpais.com/sociedad/2018/09/25/actualidad/1537902003_565293.html.

Observatorio contra la Violencia Doméstica y de Género. (2017, octubre). *Conclusiones de las Jornadas de Unificación de Criterios en Materia de Violencia de Género.* Consejo General del Poder Judicial. https://www.poderjudicial.es/cgpj/es/Temas/Violencia-domestica-y-de-genero/Actividad-del-Observatorio/Formacion/Jornadas-Unificacion-de-criterios-en-materia-de-Violencia-de-Genero–4-al-6-de-octubre-de-2017-

Observatorio contra la Violencia Doméstica y de Género. (2021, octubre). *Conclusiones del Encuentro de Jueces/zas de Violencia sobre la Mujer con Jueces/ zas de Familia.* Consejo General del Poder Judicial. https://www.poderjudicial.es/cgpj/es/Temas/Violencia-domestica-y-de-genero/Actividad-del-Observatorio/Formacion/Conclusiones-del-Encuentro-de-Jueces-zas-de-Violencia-sobre-la-Mujer-con-Jueces-zas-de-Familia–6-al-8-de-octubre-de-2021-

El testimonio del menor de 14 años con discapacidad necesitado de especial protección

JULIÁN SÁNCHEZ MELGAR
Magistrado de la Sala de lo Penal del Tribunal Supremo

1. INTRODUCCIÓN

La nueva LO 8/2021, de 4 de junio, de protección integral a la infancia y la adolescencia frente a la violencia[1] ha dictado interesantes disposiciones en materia de prueba constituida para la declaración de menores y discapacitados, los cuales pueden ser objeto de violencia vicaria[2].

Es consecuencia de la Constitución Española, en tanto establece en su artículo 39 y en su art. 49 la obligación de los poderes públicos de asegurar la *protección integral* y el ejercicio de los derechos de las personas menores de edad y de las personas con discapacidad, respectivamente, en condiciones de libertad e igualdad.

Constituye un sentimiento acogido por la comunidad científica que deben evitarse victimizaciones secundarias en caso

---

1 BOE 5 de junio de 2021. Disposición final vigésima quinta.

2 En tanto que la disposición final décima, modifica el artículo 1º de la Ley Orgánica 1/2004, de 28 de diciembre, de Medidas de Protección Integral contra la Violencia de Género, haciendo constar que la violencia de género a que se refiere dicha ley también comprende la violencia que con el objetivo de causar perjuicio o daño a las mujeres se ejerza sobre sus familiares o allegados menores de edad.

de menores o discapacitados, sin perjuicio de mantener la virtualidad de su testimonio en orden a enervar la presunción de inocencia del investigado. Este punto de vista, ya ha sido proclamado, desde el plano del Derecho europeo, por la Directiva 2012/29/UE del Parlamento Europeo y del Consejo, de 25 de octubre de 2012, a cuyo tenor "*en las investigaciones penales, todas las tomas de declaración de las víctimas menores de edad puedan ser grabadas por medios audiovisuales y estas declaraciones grabadas puedan utilizarse como elementos de prueba en procesos penales*" (art. 24).

Lo propio ocurre en el marco del Consejo de Europa, siendo digna de reseñar la Convención sobre la protección de la infancia contra la explotación y el abuso sexual, hecha en Lanzarote el 25 de octubre de 2007[3], que autoriza la declaración de la víctima ante el Tribunal sentenciador sin presencia física de la víctima y mediante el uso de las nuevas tecnologías.

El artículo 35.2 del Instrumento de ratificación del Convenio del Consejo de Europa para la Protección de los niños contra la explotación y el abuso sexual, de 25 de octubre de 2007, dispone:

> Cada parte adoptará las medidas legislativas y de otro tipo que sean necesarias para que las entrevistas a la víctima o, en su caso, a un niño testigo de los hechos, puedan ser grabadas en vídeo y para que dicha grabación sea admisible como medio de prueba en el procedimiento penal, de acuerdo con las normas previstas en el derecho interno.

3 Se inspira en principios semejantes, propugnando la adopción de medidas que autoricen la declaración de la víctima ante el Tribunal sin presencia física, mediante el uso de las nuevas tecnologías; así como previsiones específicas sobre la forma de entrevistar a menores: lugares adecuados, intervención de expertos, limitación de las declaraciones a lo estrictamente necesario y grabación de las entrevistas para usarse como prueba en el juicio oral (artículos 35 y 36).

Tales prácticas no vulneran el CEDH, como tuvo oportunidad de declarar la Sentencia del Tribunal Europeo de Derechos Humanos de 19 de febrero de 2013 (caso *Gani* contra España)[4].

La Circular 3/2009, 10 de noviembre, de la Fiscalía General del Estado, indica que "...debe admitirse, especialmente para niños de corta edad, que el interrogatorio lo lleve a cabo un psicólogo infantil previa entrevista con Juez, Fiscal y demás partes a fin de determinar su objeto. De hecho, en supuestos de niños muy pequeños con los que es difícil el diálogo directo, las técnicas de abordaje sólo pueden practicarse por persona experta en la materia y pasar al careo".

2. FUNDAMENTO

El fundamento de la prueba preconstituida es doble: evitar múltiples declaraciones y facilitar la pronta recuperación del menor o de la persona necesitada de apoyo.

El interrogatorio puede llevarse a efecto a través de un experto (ajeno o no a los órganos del Estado encargados de la investigación), que deberá encauzar su exploración conforme a las pautas que se le hayan indicado; debe llevarse a cabo evitando la confrontación visual con el acusado (mediante dispositivos físicos de separación o la utilización de videoconferencia o cualquier otro medio técnico de comunicación a distancia). Si

---

4 " [...].38. Todas las pruebas se deben normalmente practicar en presencia del acusado, en la vista pública, con el fin de que puedan ser confrontadas. Sin embargo, la utilización como prueba de las declaraciones obtenidas en la fase de la investigación policial y de las diligencias judiciales, no entra, por sí misma, en contradicción con el articulo 6 §§ 1 y 3 (d), siempre y cuando, los derechos de la defensa hayan sido respetados.

la presencia en juicio del menor quiere ser evitada, la exploración previa habrá de ser grabada, a fin de que el Tribunal del juicio pueda observar su desarrollo, y en todo caso, habrá de darse a la defensa la posibilidad de presenciar dicha exploración y dirigir directa o indirectamente, a través del experto, las preguntas o aclaraciones que entienda precisas para su defensa, bien en el momento de realizarse la exploración, bien en un momento posterior[5].

3. DOCTRINA TRADICIONAL DEL TRIBUNAL SUPREMO

El Tribunal Supremo se ha ocupado muy reiteradamente de este problema. Así, en la STS 663/2018, de 17 de diciembre, la defensa propuso como prueba para el juicio oral la exploración de dos menores de 16 años y 11 años en el momento del plenario. Era un caso de abusos sexuales, y la Audiencia lo había denegado por existir ya exploración judicial de los menores. En ella reitera su doctrina tradicional, conforme a la cual, como regla general, la prueba consistente en la declaración testifical de los menores víctimas de los hechos, debe ser practicada mediante su exploración o declaración en el plenario, bajo los principios de inmediación y contradicción, y solo cuando esta forma de proceder esté desaconsejada en atención a la preservación de la salud psíquica del menor, acudiendo a un informe pericial médico, es lícito acudir a la prueba preconstituida.

Ahora bien, como tal riesgo de victimización secundaria no se había tomado en consideración, ordena que el Tribunal «a

---

5 Véase también el Tema 4 del temario sobre especialización de violencia de género (CGPJ, Servicio de Formación), del que es autor quien suscribe estas líneas.

quo» evalúe de forma pormenorizada los riesgos que pueda sufrir el menor al comparecer ante el Tribunal en el juicio oral. Esta misma línea se puso de manifiesto en la STS 222/2019, de 29 de abril, en un caso por presunto abuso sexual a dos menores de edad, en una celebración rural a la que acudieron varios niños y sus padres[6].

Ya la STS 579/2019, recogía los siguientes principios o reglas metodológicas: 1.- Es regla general en nuestro derecho procesal la necesidad de que los Tribunales deben velar por la observancia del principio de contradicción relacionado con el derecho de defensa, en virtud del cual el letrado de la defensa tiene derecho a interrogar en el plenario a quien alega ser víctima de un hecho delictivo. 2.- El derecho del acusado a interrogar a los testigos de cargo proclamado por el Convenio Europeo de Derechos Humanos (art. 6) e implícitamente comprendido en el derecho a un proceso con todas las garantías que proclama el art. 24 CE, es ingrediente esencial del principio de contradicción, exigencia del derecho de defensa. 3.- La regla general debe ser la declaración de los menores en el juicio, con el fin de que su declaración sea directamente contemplada y valorada por el Tribunal sentenciador y sometida a contradicción por la representación del acusado, salvaguardando el derecho de defensa. 4.- Que se garantice el principio de contradicción en la fase de instrucción no quiere decir que la defensa renuncie a este principio en la fase de plenario. 5.- En principio el menor debe declarar como cualquier testigo tanto en fase de instrucción como en el juicio oral, sin perjuicio de que se adopten las medidas de protección que prevé el Estatuto de la

---

6 Insiste esta resolución judicial que la regla general para los testigos es que declaren en el juicio para que puedan ser interrogados por las partes, sometiéndose a la contradicción del plenario. Es una garantía básica de todo proceso adversarial y, desde luego, una exigencia elemental para la salvaguardia del derecho de defensa.

Víctima (arts. 25 y 26), la LOPJ (art. 229) y la LECrim., (arts. 325 y 707). La presencia de un menor, víctima del delito, no supone una derogación de las garantías procesales. 6.- Si opta por recurrirse a la prueba preconstituida es relevante que en la práctica de la diligencia se respete escrupulosamente el principio de contradicción y el derecho de defensa, hasta el punto que esta cuestión es la que ha suscitado el mayor número de nulidades procesales. 7.- La relevancia de las declaraciones de los menores, víctimas del delito –especialmente en el caso de delitos contra la libertad sexual– es indudable, máxime si se tiene en cuenta el singular contexto de clandestinidad en el que se producen este tipo de conductas, por lo que de ordinario suele tratarse de la única prueba directa de cargo. 8.- Por más que en la prueba preconstituida se garantizase la contradicción, se trata de una contradicción limitada y no equivalente a la propia del juicio oral. Que se haya practicado una prueba preconstituida no quiere decir que se cercena el derecho de una de las partes de pedir que esa declaración se lleve al plenario, en base al principio de concentración de la prueba en el plenario y derecho de contradicción aplicable al juicio oral. 9.- La plena contradicción sólo es posible en el juicio oral, pues sólo en ese momento se dispone de la hipótesis acusatoria formalizada y se conoce el contenido de los elementos investigativos empleados para construirla, así como el listado de los medios de prueba propuestos para verificarla. 10.- Existe una regulación protectora en la metodología de la declaración de los menores en los arts. 433, 448, 707, 730 Lecrim, así como una regulación normativa que propugna evitar la victimización secundaria de la víctima en el proceso penal a la hora de prestar declaración, como la Decisión Marco del Consejo de la Unión Europea de 15 de marzo de 2001, relativa al estatuto de la víctima en el proceso penal; Convención del Consejo de Europa sobre protección de la infancia contra la explotación y el abuso sexual, hecha en Lanzarote el 25 de octubre de 2007, firmada por España el 12 de marzo de 2009; La Ley Orgánica 1/1996, de 15 de Enero, de Protección Jurídica del Menor, artículos 11. 2, 13 y 17; y la Ley 204/2015, de 27 de abril del Estatuto de la Víctima del Delito, artículos 19 y 26. 11.- No se avala el desplazamiento caprichoso del principio de contradicción ni del derecho de defensa por el simple hecho de que la víctima sea un menor de edad. Este no es un principio o una máxima que por sí misma y considerada objetivamente cercene y altere el derecho de defensa. 12.- Cuando existan razones fundadas y explícitas puede prescindirse de dicha presencia en aras de la protección de los menores. Ello podrá obtenerse bien por un informe que avale que la presencia en el plenario de la menor puede afectarle seriamente, o bien por cualquier otra circunstancia que permite objetivar y avala por el Tribunal la existencia del perjuicio del menor de declarar en el juicio oral, por lo que no existe una especie de «presunción de victimización secundaria», sino que ésta debe reconocerse cuando el Tribunal pueda «ponderar» y valorar las circunstancias concurrentes en cada caso y estar en condiciones de que, objetivamente, quede constancia de que prima esta vía por encima del principio de contradicción mediante el interrogatorio en el plenario, y no solo con la prueba preconstituida. 13.- Es cierto que se justifica la práctica anticipada de la prueba durante la instrucción en los supuestos de menores víctimas de determinados delitos, con el fin de evitar los riesgos de victimización secundaria, especialmente importantes en menores de muy corta edad, pero ello debe entenderse cuando sea previsible en cada caso que dicha comparecencia pueda ocasionarles daños o afectación de su presencia en el plenario cuando ya declaró en sede de instrucción. Además, obvio es decirlo, tal previsión ha de ser seriamente constatada…".

Hemos transpuesto esta larga resolución judicial para demostrar la renuencia inicial de la jurisprudencia a la anticipación de la prueba preconstituida con el valor de única ocasión de oír al menor, víctima o testigo de los hechos.

Al punto de que otra resolución judicial, como lo fue la STS 369/2021, de 4 de mayo, llegó a asegurarse lo siguiente:

> "... La jurisprudencia de esta Sala ha dicho de forma reiterada que nuestro sistema procesal no admite el desplazamiento caprichoso del principio de contradicción ni del derecho de defensa por el simple hecho de que la víctima sea un menor de edad. La presencia de un niño en el proceso penal no permite un debilitamiento de las garantías que informan la valoración probatoria. Pero esa afirmación no es incompatible con la irrenunciable necesidad de preservar otros bienes que también convergen en el acto de enjuiciamiento y que cuentan con una tutela reforzada de nuestro sistema jurídico...".

Incluso se ha insistido recientemente en esta idea (STS 558/2023, de 6 de julio), expresándose que está fuera de dudas, sin embargo, que el afán protector del menor no puede ser interpretado como un obstáculo para la vigencia y el ejercicio de los derechos que convergen en el proceso penal. El principio de contradicción y el derecho de defensa son principios estructurales sin cuya concurrencia se quebrantan las bases que legitiman el ejercicio de la función jurisdiccional. Así lo hemos proclamado en numerosos precedentes: "... nuestro sistema procesal no admite el desplazamiento caprichoso del principio de contradicción ni del derecho de defensa por el simple hecho de que la víctima sea un menor de edad. La presencia de un niño en el proceso penal no permite un debilitamiento de las garantías que informan la valoración probatoria" (cfr. SSTS 940/2013, 13 de diciembre; 96/2009, 10 de marzo; 593/2012, 17 de julio; 743/2010, 17 de junio y ATS 1594/2011, 13 de octubre).

Y añade: Es nuestra tarea encontrar un delicado punto de equilibrio entre los distintos intereses que convergen en el proceso penal, en la idea de que la reforzada protección de uno de ellos no debe conllevar el innecesario sacrificio del otro. Es entendible que la fragilidad de un menor de edad, cuando es obligado a evocar una experiencia lacerante, introduzca importantes modulaciones en el desarrollo de la prueba testifical durante la instrucción. Exigir que las preguntas del Fiscal y de la defensa se formulen por escrito o desde una habitación contigua para que el Juez o un experto las haga inteligibles por el menor es una aceptable fórmula de protección. Lo que resulta inadmisible, sin embargo, es que el Letrado que asume la defensa no sea citado a la exploración. O si lo ha sido, no se le permita anticipar por escrito las principales cuestiones sobre las que quiera interrogar al menor.

4. RAZONES PARA EL CAMBIO DE DOCTRINA

En efecto, la necesidad de protección del menor y de evitar su victimización secundaria en un proceso judicial y también el hecho de que el menor, cuando es de corta edad, pueda olvidar los hechos, modificar su recuerdo a medida que progresa su desarrollo madurativo o incluso alterar su relato por influencias externas, han obligado a una adaptación de las normas procesales generales para adecuarlas a la singular situación en que se pueden encontrar los menores de edad como testigos en un proceso penal.

Añade la citada STS 558/2023, que no se trata sólo de consideraciones victimológicas, que por sí mismas serían suficientes. Concurren poderosas razones epistémicas que aconsejan esa práctica: se elude el riesgo de empobrecimiento de los testimonios ocasionado por el transcurso del tiempo o de contaminación a los que se muestran especialmente permeables los testimonios de niños de corta edad. La concurrencia de un profesional experto en la realización de esas entrevistas tiene un valor especial, aunque desde luego resulta irrenunciable la dirección y supervisión judicial y la contradicción asegurada por la presencia de todas las partes (STEDH caso S.N. contra Suecia, de 2 de julio de 2002; sentencia del Tribunal de Luxemburgo en el conocido caso Pupino, de 16 de junio de 2005; así como STC 174/2011, de 7 de noviembre, y STS 96/2009, de 10 de marzo).

Estos mismos elementos son tomados en consideración, en la nueva LO 8/2021, incluso proclamando que una sola exploración se practique si ello fuera posible. La razón ha de buscarse en que una sola declaración del menor, como prueba preconstituida, con participación del juez y de las partes, en una cámara apropiada y con la intervención directa de un especialista, es lo más conveniente, en tanto que no revictimiza al menor, al tiempo de que preserva que el tiempo juegue un papel de manipulación o alteración de su inicial percepción.

5. EXCEPCIONES AL CRITERIO GENERAL

Hemos de convenir que, con carácter general, las pruebas deben practicarse ante el juez o tribunal que vaya a dictar sentencia. Las únicas pruebas son las realizadas en el juicio oral[7].

Las declaraciones testificales realizadas en la fase sumarial ante el juez de instrucción no son pruebas en sentido estricto, sino diligencias de investigación que permiten conocer el hecho que se investiga a los solos efectos de determinar si existen indicios suficientes para la celebración del juicio oral.

Sin embargo, esta regla tiene dos excepciones:

a) la prueba preconstituida.

b) las lecturas sumariales.

---

7 La razón de esta regla o principio es que se garantiza que el juez o tribunal valore con inmediación y de forma directa las pruebas personales en las que tal inmediación juega un papel relevante.

6. PRUEBA PRECONSTITUIDA

El tratamiento procesal de este problema, admite, con carácter general, cuando se prevea que un testigo no podrá comparecer a juicio (por ejemplo, por riesgo de muerte o por temer su ausencia, en el caso de extranjeros) y con carácter más específico, cuando el testigo sea un menor o una persona con la capacidad judicialmente modificada (en estos dos últimos casos para evitar entre otros riesgos la victimización secundaria), la ley procesal permite que la declaración sumarial se realice ante el juez, con la intervención de las partes y, en tal caso, tenga pleno valor probatorio en el plenario, siempre que el testigo finalmente no comparezca en el juicio. La doctrina procesal denomina a esta eventualidad, prueba preconstituida (concepto distinto de la prueba anticipada, pues esta se practica ante el propio juez del fallo con antelación a la celebración del juicio oral. Véase, por ejemplo, el contenido del art. 785 de la Ley de Enjuiciamiento Criminal).

Los conceptos de prueba anticipada y prueba preconstituida han sido tradicionalmente confundidos, tanto por la doctrina como por la jurisprudencia, incurriendo en múltiples y reiterados errores: se han utilizado en ocasiones ambos como sinónimos, se ha entendido que una institución engloba la otra e incluso se han utilizado los términos indistintamente con varios significados sin gran acierto. Así se expresa Martín (2021), y lo compartimos plenamente.

7. LECTURA SUMARIAL

La ley prevé dos situaciones en que se puede introducir la declaración sumarial mediante su lectura: cuando el testigo no comparezca en el juicio (artículo 730.1 de la LECrim), y, con una finalidad diferente, cuando se aprecie que el testigo en el juicio incurre en contradicciones respecto de lo declarado en fase sumarial (artículo 714 de la LECrim). Pero para que estas declaraciones puedan acceder al juicio es necesario que se hayan prestado ante el juez de instrucción y con la intervención de las partes (SSTC 155/2002, 187/2003), es decir, con posibilidad de contradicción, pues en caso contrario, no es posible tal lectura. Se trataría así de una especie de prueba preconstituida sobrevenida (pues no tuvo esa naturaleza cuando se generó tal declaración sumarial)[8].

No tratamos aquí de los supuestos de declaración testifical mediante videoconferencia, pues en dicho caso la declaración será en directo –lo mismo que otras declaraciones–, pero mediante la utilización de un sistema de videoconferencia, conforme resulta del art. 731 bis LECrim[9].

8. CLASES DE PRUEBA PRECONSTITUIDA

Hay dos clases de prueba preconstituida, la propia y la asimilada. Suele decirse de la primera (la propia) que se practica porque el acto procesal es irrepetible en el plenario (por ejem-

---

8 STS 726/2011, de 6 de julio: es necesario que el testigo se encuentre ilocalizable en el momento de la celebración del juicio oral, lo que significa que su declaración sumarial, que no había sido programada como preconstituida, adquiere tal carácter sobrevenido, pero debe haber sido tomada en contradicción procesal (y convenientemente, grabada audiovisualmente).

9 "El Tribunal, de oficio o a instancia de parte, por razones de utilidad, seguridad o de orden público, así como en aquellos supuestos en que la comparecencia de quien haya de intervenir en cualquier tipo de procedimiento penal como imputado, testigo, perito, o en otra condición resulte gravosa o perjudicial, podrá acordar que su actuación se realice a través de videoconferencia u otro sistema similar que permita la comunicación bidireccional y simultánea de la imagen y sonido, de acuerdo con lo dispuesto en el apartado 3 del art. 229 LOPJ".

plo, el hecho de exhalar aire espirado en la investigación de un delito contra la seguridad vial, o la propia mecánica de un registro domiciliario, puesto que no pueden repetirse, aunque sí introducirlo en el plenario mediante los funcionarios que lo practicaron, documentado en acta, o el caso también de inspecciones oculares, reconstrucción de hechos, etc.).

La prueba preconstituida asimilada, que es la que aquí tratamos, es la prueba practicada en la instrucción, con plenas garantías de contradicción, y generalmente videograbada, que accederá al juicio oral, en las condiciones legales que veremos, dispuesta para casos de testigos menores, discapacitados o en aquellos supuestos en que la presencia del testigo en el juicio oral sea dudosa (para los casos de ausencia del territorio nacional de un testigo, o cuando hubiere motivo para temer su muerte, o su incapacidad física o intelectual antes de la celebración del juicio oral).

Todo ello se distingue de la prueba anticipada, que, como dijimos, supone la práctica de la prueba ante el propio juez o tribunal que enjuiciará el asunto, por existir razones que impidan que el testigo no pueda comparecer ante el referido Tribunal sentenciador el día señalado para el plenario (arts. 784.2 y 785 de la Ley de Enjuiciamiento Criminal). Al practicarse ante el órgano competente para el enjuiciamiento, pero antes del comienzo de las sesiones del juicio oral, este mecanismo cumple con los requisitos de publicidad (salvo restricción motivada), contradicción e inmediación. Sobre las diferencias entre ambas pruebas, véase la interesante STS 96/2009, de 10 de marzo de 2009.

Dentro de la prueba preconstituida asimilada, distinguimos la de mayores y la de menores, y tanto es posible su concurrencia en el procedimiento abreviado como en el proceso ordinario, puesto que, aunque ambos procedimientos tienen normas distintas, el espíritu es el mismo.

En el caso del procedimiento abreviado (art. 777.2 Ley de Enjuiciamiento Criminal), la ley procesal prevé la prueba preconstituida por razones de incomparecencia al juicio oral, de manera que, bien por la residencia del testigo (generalmente en el extranjero), pero también por cualquiera otra razón, como puede ser su avanzada edad, o deterioro físico o psíquico, fuere de temer razonablemente que no pueda acudir al juicio oral, o pudiera motivar su suspensión, el Juez de Instrucción practicará inmediatamente la misma, asegurando en todo caso la posibilidad de contradicción de las partes.

Respecto al procedimiento ordinario, hay que acudir al art. 448 de la Ley de Enjuiciamiento Criminal, que, con el mismo fundamento, prevé igualmente la práctica de prueba preconstituida para los casos de ausencia del territorio nacional de un testigo, o cuando hubiere motivo para temer su muerte, o su incapacidad física o intelectual antes de la apertura del juicio oral.

La referencia a estos preceptos se ve reforzada mediante la Ley Orgánica 8/2021, de 4 de junio, de protección integral a la infancia y la adolescencia frente a la violencia, que ha adicionado un apartado 3 al artículo 777, con el siguiente contenido:

> 3. Cuando una persona menor de catorce años o una persona con discapacidad necesitada de especial protección deba intervenir en condición de testigo, será de aplicación lo dispuesto en el artículo 449 ter, debiendo la autoridad judicial practicar prueba preconstituida, siempre que el objeto del procedimiento sea la instrucción de alguno de los delitos relacionados en tal artículo.
>
> A efectos de su valoración como prueba en sentencia, la parte a quien interese deberá instar en el juicio oral la reproducción de la grabación audiovisual, en los términos del artículo 730.2.

Es decir, a partir de ahora la práctica de prueba preconstituida será la regla general en los dos casos citados: menores de 14 años y discapacitados necesitados de especial protección, pero siempre que el objeto del procedimiento sea la instrucción de alguno de los delitos relacionados en el artículo 449 ter de la Ley de Enjuiciamiento Criminal.

La razón del por qué se ha establecido concretamente tal edad de 14 años, no la explica el legislador en su Preámbulo, pues no hace más que una referencia general al grado de vulnerabilidad de tales personas[10], que, sin duda, es su fundamento[11].

Dice la magistrada Esteve (2022) que no se entiende por qué poner el límite en los 14 años, cuando la protección de los derechos de los menores no debe decaer porque alcancen la edad de 14 años. Siendo menores de edad, la aplicación de los convenios internacionales y las normas estatales sobre su protección no hace referencia a este límite.

El legislador nos dice que la prueba preconstituida es un instrumento adecuado para evitar la victimización secundaria, particularmente eficaz cuando las víctimas son personas menores de edad o personas con discapacidad necesitadas de especial protección. Atendiendo a su especial vulnerabilidad se establece su obligatoriedad cuando el testigo sea una persona menor de catorce años o una persona con discapacidad necesitada de especial protección. En estos supuestos, la autoridad judicial, practicada la prueba preconstituida, solo podrá acordar motivadamente su declaración en el acto del juicio oral, cuando, interesada por una de las partes, se considere necesario.

Como vemos, el legislador proclama como principio general la práctica de la prueba preconstituida y la valoración de

10 Sí sabemos que esta cifra precisamente es la que marca la ley de responsabilidad penal del menor para exigir este tipo de responsabilidad a partir de los 14 años.

11 Así lo hemos sostenido en nuestro trabajo publicado en Sánchez, J. (2021). Prueba preconstituida en las declaraciones de los menores y discapacitados, tras la LO 8/2021. *LA LEY Derecho de familia: Revista Jurídica sobre familia y menores, 32,* 2-15.

ésta en el plenario, y como excepción, su asistencia al juicio oral, cuando el Tribunal sentenciador lo considere necesario. Es decir, cambia lo que hasta ese momento era doctrina reiterada del Tribunal Supremo. Supone así una especialidad, de obligado cumplimiento, para víctimas menores de 14 años, respecto del contenido general del art. 26 de la Ley 4/2015 (Estatuto de la Víctima del Delito), en tanto que cuando se trate de víctimas menores de edad las declaraciones recibidas durante la fase de investigación serán grabadas por medios audiovisuales y podrán ser reproducidas en el juicio en los casos y condiciones determinadas por la Ley de Enjuiciamiento Criminal, así como que la declaración podrá recibirse por medio de expertos[12].

Esta nueva ley se apoya evidentemente en tal precedente, en vigor, por cierto, que constituye el citado art. 26 del Estatuto de la Víctima del Delito, pero con las particularidades que explicaremos en este trabajo. Es plenamente de aplicación lo dispuesto en el Estatuto, en cuanto ordena que las comunicaciones a los menores se lleven a cabo en lenguaje, claro, sencillo y accesible, y esta disposición es aplicable al desarrollo de la prueba preconstituida.

Especialmente importante el art. 20 del Estatuto, que establece que las dependencias en las que se desarrollen los actos del procedimiento penal, incluida la fase de investigación, estarán dispuestas de modo que se evite el contacto directo entre las víctimas y sus familiares, de una parte, y el sospechoso de la infracción o acusado, de otra. Es decir, que se adopten medidas que eviten el contacto visual entre la víctima y el supuesto autor

---

12 De igual forma, dicta reglas para la protección de su intimidad impidiendo la difusión de cualquier información que pueda permitir su identificación (artículo 22 Ley 4/2015, Estatuto de la Víctima del Delito).

de los hechos, incluso durante la práctica de la prueba, para lo cual podrá hacerse uso de tecnologías de la comunicación.

Otras normas son igualmente de aplicación a la materia que tratamos, en el enjuiciamiento de los hechos, como: a) medidas para garantizar que la víctima pueda ser oída sin estar presente en la sala de vistas, mediante la utilización de tecnologías de la comunicación adecuadas; y b) medidas para evitar que se formulen preguntas relativas a la vida privada de la víctima que no tengan relevancia con el hecho delictivo enjuiciado, salvo que el Juez o Tribunal considere excepcionalmente que deben ser contestadas para valorar adecuadamente los hechos o la credibilidad de la declaración de la víctima (art. 25.2 del Estatuto).

9. REQUISITOS GENERALES DE LA PRUEBA PRECONSTITUIDA

Siguiendo a la magistrada Esteve (2022) citamos los siguientes:

1. La prueba preconstituida deberá desarrollarse de conformidad con los requisitos legales que establece el artículo 449 bis de la Ley de Enjuiciamiento Criminal.

2. Es la autoridad judicial quien garantiza el principio de contradicción en la práctica de la declaración.

3. Sobre la ausencia de la persona investigada y su defensa:

La ausencia de la persona investigada, si ha sido citada debidamente, no impedirá la práctica de la prueba preconstituida.

La defensa de la persona investigada deberá estar presente.

En caso de incomparecencia injustificada del defensor de la persona investigada o cuando haya razones de urgencia para proceder inmediatamente, el acto se sustanciará con el abogado de oficio expresamente designado al efecto.

4. La autoridad judicial debe asegurarse de que la documentación de la declaración esté en soporte apto para la grabación del sonido y la imagen.

5. El letrado de la Administración de Justicia debe comprobar la calidad de la grabación audiovisual y confeccionar acta sucinta autorizada con la identificación y firma de todas las personas intervinientes en la prueba preconstituida.

6. En la fase del juicio oral, cualquiera de las partes puede solicitar la reproducción de la grabación audiovisual de la declaración de la víctima o testigo, practicada como prueba preconstituida durante la fase de instrucción.

10. ¿QUÉ ES UNA PERSONA CON DISCAPACIDAD NECESITADA DE ESPECIAL PROTECCIÓN?

La determinación de la concurrencia de un menor de 14 años no ofrecerá problema, pero sí la referencia a persona con discapacidad necesitada de especial protección, debiendo acudirse al precepto contenido en el segundo párrafo del art. 25 del Código Penal, para su comprensión. Dice así:

> A los efectos de este Código, se entenderá por persona con discapacidad necesitada de especial protección a aquella persona con discapacidad que, tenga o no judicialmente modificada su capacidad de obrar, requiera de asistencia o apoyo para el ejercicio de su capacidad jurídica y para la toma de decisiones respecto de su persona, de sus derechos o intereses a causa de sus deficiencias intelectuales o mentales de carácter permanente.

Es, por consiguiente, un concepto más específico que el propio de la discapacidad, que también se describe en el Código Penal, art. 25 párrafo primero, como aquella situación en que se encuentra una persona con deficiencias físicas, mentales, intelectuales o sensoriales de carácter permanente que, al interactuar con diversas barreras, puedan limitar o impedir su participación plena y efectiva en la sociedad, en igualdad de condiciones con las demás.

En el supuesto de persona con discapacidad necesitada de especial protección, lo más habitual será que el médico forense, a instancia del juez, lleve a cabo una exploración y emita un informe en el cual concluya el grado de capacidad que observa a dicha persona, desde el plano médico, lo que le servirá después al juez para tomar la pertinente decisión jurídica al respecto, concediéndole, o no, tal estatuto a efectos de tomarle declaración preconstituida.

11. EN FASE DE INVESTIGACIÓN POLICIAL

El capítulo X de la LO 8/2021 se centra en el ámbito de las Fuerzas y Cuerpos de Seguridad, dedicándole la ley dos artículos. El primero de ellos asegura que todas las Fuerzas y Cuerpos de Seguridad, en todos sus niveles (estatal, autonómico, local), dispongan de unidades especializadas en la investigación y prevención, detección y actuación de situaciones de violencia sobre personas menores de edad y preparadas para una correcta y adecuada actuación ante tales casos, así como que todos los integrantes de los cuerpos policiales reciban formación específica para el tratamiento de este tipo de situaciones.

El segundo artículo establece cuáles han de ser los criterios de actuación policial en casos de violencia sobre la infancia y la adolescencia, la cual debe estar presidida por el respeto a los derechos de los niños, niñas y adolescentes y por la consideración de su interés superior. Sin perjuicio de los protocolos de actuación a que están sujetos los miembros de las Fuerzas y Cuerpos de Seguridad, la ley recoge una relación de criterios de actuación obligatorios, cuya principal finalidad es lograr el buen trato al niño, niña o adolescente víctima de violencia y evitar la victimización secundaria.

Entre esos criterios de actuación obligatorios, resulta especialmente relevante la obligación de evitar en fase de investigación policial, con carácter general, la toma de declaración a la persona menor de edad, salvo en aquellos supuestos que sea absolutamente necesario. Ello es coherente con la reforma de la Ley de Enjuiciamiento Criminal, por la que se pauta como obligatoria la práctica de prueba preconstituida por el órgano instructor. El objetivo de dicha ley es que la persona menor de edad realice una única narración de los hechos, ante el Juzgado de Instrucción, sin que sea estrictamente necesario que lo haga ni con anterioridad ni con posterioridad a ese momento. Por ello, lo conveniente es esperar a dicho estadio procesal, salvo razones de urgencia, que deberán estar plenamente justificadas.

12. ¿CÓMO SE HA DE PRACTICAR LA PRUEBA PRECONSTITUIDA?

La prueba preconstituida tiene lugar únicamente en fase judicial, procurándose, como hemos visto, que no se tome antes declaración al menor por la fuerza policial que practique las primeras diligencias, salvo que sea absolutamente necesario.

Ello es consecuencia de evitar la repetición de pruebas de esta naturaleza que dejarían sin efecto la intención del legislador de evitar una revictimización secundaria, de modo que si se toman continuamente declaraciones al menor la finalidad perseguida por la ley queda como algo ilusorio.

Veremos más adelante la polémica existente sobre las posibles repeticiones, pero ello será consecuencia de la aparición de nuevos elementos de prueba, que aconsejen que el menor exprese de nuevo su posición, por si tal declaración pudiera ser más esclarecedora para el descubrimiento de la verdad material.

La prueba preconstituida se regula en dos preceptos, los arts. 449, bis y ter, adicionados por la LO 8/2021. Señala el art. 449 ter, que cuando una persona menor de catorce años o una persona con discapacidad necesitada de especial protección deba intervenir en condición de testigo en un procedimiento judicial que tenga por objeto la instrucción de un delito de homicidio, lesiones, contra la libertad, contra la integridad moral, trata de seres humanos, contra la libertad e indemnidad sexuales, contra la intimidad, contra las relaciones familiares, relativos al ejercicio de derechos fundamentales y libertades públicas, de organizaciones y grupos criminales y terroristas y de terrorismo, la autoridad judicial acordará, en todo caso, practicar la audiencia del menor como prueba preconstituida, con todas las garantías de la práctica de prueba en el juicio oral y de conformidad con lo establecido en el artículo anterior.

Este proceso se realizará con todas las garantías de accesibilidad y apoyos necesarios. Los elementos a tomar en consideración, son los siguientes:

a) Persona menor de 14 años o con discapacidad necesitada de especial protección.

b) Que deba intervenir en condición de testigo en un procedimiento judicial que tenga por objeto la instrucción de un delito de los citados en el precepto, a los que nos referimos a continuación. Esa condición se dará tanto si el menor o discapacitado es víctima como si es un testigo de la agresión a un tercero.

c) Que se trate de un delito de homicidio, lesiones, contra la libertad, contra la integridad moral, trata de seres humanos, contra la libertad e indemnidad sexuales, contra la intimidad, contra las relaciones familiares, relativos al ejercicio de derechos fundamentales y libertades públicas, de organizaciones y grupos criminales y terroristas y de terrorismo. Ya hemos dicho que la referencia a tales delitos nos parece mejorable, pues pueden concurrir otros comportamientos delictivos de igual o más entidad punitiva, como un robo violento (un atraco), que no estaría incluido ahí, salvo supuestos de organización delictiva. En suma, no se entiende bien esta clasificación, puesto que acudir a la índole del delito para dar la protección que quiere la ley del menor, dejando importantes preceptos penales sustantivos fuera de tal acotación, nos parece muy caprichoso (quedan fuera, como decimos, robos, estafas, incendios, seguridad vial, etc.). Por el contrario, el art. 449 ter de la Ley de Enjuiciamiento Criminal puntualiza que las medidas previstas en este artículo podrán ser aplicables aun cuando el delito tenga la consideración de leve.

d) Decisión judicial: la autoridad judicial acordará, en todo caso, practicar la audiencia del menor como prueba preconstituida, con todas las garantías de la práctica de prueba en el juicio oral y de conformidad con lo establecido en el artículo anterior (449 bis). Es decir, no hay margen para una decisión personalizada, en tanto que el precepto refiere un "en todo caso" a los efectos de practicar la declaración mediante el sistema de preconstitución.

e) Este proceso se realizará igualmente con todas las garantías de accesibilidad y apoyos necesarios. El concepto de accesibilidad, no es solamente que tenga una buena audición y visión, lo que la ley encarga al Letrado de la Administración de Justicia, sino la utilización de fórmulas previstas en la Ley 8/2021, de 2 de junio, por la que se reforma la legislación civil y procesal para el apoyo a las personas con discapacidad en el ejercicio de su capacidad jurídica, de modo que para garantizar la accesibilidad de las personas con discapacidad que comparezcan ante Notario, estas podrán utilizar los apoyos, instrumentos y ajustes razonables que resulten precisos, incluyendo sistemas aumentativos y alternativos, braille, lectura fácil, pictogramas, dispositivos multimedia de fácil acceso, intérpretes, sistemas de apoyos a la comunicación oral, lengua de signos, lenguaje dactilológico, sistemas de comunicación táctil y otros dispositivos que permitan la comunicación, así como cualquier otro que resulte preciso, incluso la utilización de todas las comunicaciones con las personas con discapacidad, orales o escritas, se harán en un lenguaje claro, sencillo y accesible, de un modo que tenga en cuenta sus características personales y sus necesidades, haciendo uso de medios como la lectura fácil. Por apoyos de todo tipo, hemos de entender tanto los personales como materiales.

Para practicar tales declaraciones se han inventado algunos elementos instrumentales, como el que se conoce como Cámara Gesell.

13. LA CÁMARA GESELL

Señala Luaces (2022), que la Cámara Gesell es uno de los recursos utilizados para evitar la victimización de los menores de edad es la denominada Cámara Gesell (también se denomina Sala Gesell), que debe su nombre al Dr. Arnold Gesell, psicólogo, filósofo y pediatra estadounidense que estudió el desarrollo infantil entre los años 1920 y 1950 en EEUU.

Añade dicha profesora que el Dr. Gesell en un principio la diseñó para observar el desarrollo y la conducta de los niños sin que estos se sintieran cohibidos, y así pudieran actuar de una manera más natural y espontánea, ya que la cámara de observación consistía en dos salas separadas por un espejo bidireccional, en la que las personas que se sitúan en un lado se reflejaban en el espejo y por tanto no podían ver a las personas que les observaban por el otro lado.

En el ámbito judicial, la Cámara Gessell se utiliza como medio instrumental en las audiencias de los menores de edad a través de la intervención de un experto que en la mayor parte de los casos es un profesional de la psicología, que realiza la declaración e interactúa con el menor en un ambiente amigable y en el que se pueda sentir cómodo, y que se viene utilizando principalmente en los procesos judiciales por delitos de carácter sexual cometidos contra los menores, en aquellos Juzgados que cuentan con estos medios y así evitan un perjuicio al menor en su desarrollo emocional.

Se compone generalmente de dos salas, divididas por una pared en la que se coloca un espejo que permite únicamente la visibilidad desde una de las partes, es decir, desde la habitación en la que se encuentran presentes el Juez, Letrados, Ministerio Fiscal, pero no desde la sala en la que se encuentra el menor con el experto, impidiendo que desde dicho habitáculo en el que se lleva a cabo la declaración, el menor vea a los operadores jurídicos que le están observando. Por lo tanto, el menor estará acompañado, en todo momento, del profesional que se encuentra con él para generar un ambiente de privacidad en un entorno amigable.

Dicha técnica permite, a través de la utilización de diversos medios técnicos (como puede ser la videoconferencia), observar cómo se desarrolla la entrevista que lleva a cabo un especialista con un menor, sin que éste sea consciente de que está siendo observado. Además, por medios técnicos, se le pueden hacer llegar al especialista las cuestiones/preguntas/precisiones que soliciten los intervinientes (juez, fiscal, abogado de la acusación particular, defensa y peritos respectivamente), siendo aquellas canalizadas por el psicólogo para realizarlas de la forma más adecuada a las necesidades físicas y psíquicas del menor-víctima.

En efecto, la presencia y participación activa de personas expertas en la declaración permite, además de prestar apoyo técnico a la exploración judicial, llevar a cabo una actuación pericial cuando así es requerido.

La STS 389/2017, de 29 de mayo, la define como una habitación acondicionada para permitir la observación no invasiva de las personas que se ubican en su interior, mediante un vidrio de visión unilateral o sistemas de retransmisión. Por su parte, la STS 519/2022, de 26 de mayo, indica: "[...] la llamada Cámara Gesell, que posibilita a través de la utilización de diversos medios técnicos (como puede ser la videoconferencia), el disponer de la posibilidad de observar cómo se desarrolla la entrevista que realiza un especialista con un menor, sin que aquel sea consciente de que está siendo observado. Además, en el curso de la declaración se le puede hacer llegar al experto que realice el interrogatorio las preguntas o aclaraciones que soliciten los sujetos procesales, para que declare en un ambiente no hostil, como podría ser el propio del juicio. Se facilita con ello una mayor espontaneidad, que el menor se exprese en su lenguaje y que su intervención procesal no sea traumática. La presencia de las partes en lugar en que no pueden ser vistas por el menor y su comunicación a través del experto posibilita una comunicación indirecta con éste que garantiza el respeto del principio de contradicción procesal, en condiciones suficientes y óptimas para salvaguardar el derecho de defensa".

La psicología forense (Ministerio de Justicia, 2022) ha venido desempeñando una labor fundamental en el trabajo de auxilio técnico a la autoridad judicial y fiscal, para colaborar en la toma de la declaración, pero también para asesorar sobre el riesgo de contaminación del testimonio, la posible pérdida de información debida al paso del tiempo, la huella de memoria, la madurez, las lesiones y huellas psicológicas, la competencia para prestar declaración, así como para preservar la estabilidad cognitiva y emocional de la persona que presta la declaración.

El conocimiento especializado, la aplicación de técnicas científicas de entrevista y la experiencia en el manejo de habilidades interpersonales permiten garantizar la obtención de un testimonio de calidad válido para el contexto jurídico. Contribuye también a dar cumplimiento a los principios de igualdad, contradicción e inmediación, asegurar la prueba, e incluso permite llevar a cabo otras actuaciones periciales, cuando así es requerido, que pueden facilitar la toma de decisiones judiciales.

Como criterios de actuación, se suelen citar los siguientes (Ministerio de Justicia, 2022):

- Primeramente, dispensar del deber de declarar, si la víctima no está obligada y comprende el sentido de la dispensa.
- En caso de que haya de declarar:
  - Informarle, atendiendo a sus capacidades cognitivas, sobre el desarrollo y sentido de la prueba.
  - Utilizar un espacio adecuado que garantice su intimidad, con soporte audiovisual apropiado.
  - Disminuir el número de espectadores.
  - Evitar la confrontación visual con la persona acusada.
  - Realizar la prueba por persona experta en el momento emocional óptimo y adaptada a las necesidades de la víctima.
  - Grabar la prueba en soporte apto para poder reproducirla en el juicio oral.
  - Evitar la asistencia al juicio oral.
  - Disminuir el número de declaraciones.

Respecto al protocolo, suele señalarse al respecto[13]:

---

13 Cursos de formación del CGPJ.

1. Comunicación del objetivo de la exploración por parte del juez al técnico.

2. Decisión de la técnica que va a emplear el psicólogo, en función de la edad del menor, conforme a las posibilidades científicas que puedan emplearse al efecto.

3. Primera fase de la exploración, se da un marco comprensivo al testigo menor sobre el objeto de la exploración, de forma adecuada a su capacidad y edad. Se trata de obtener un relato libre de los hechos.

4. Comunicación juez, partes y experto, donde el juez autoriza las preguntas.

5. Segunda fase de la exploración, con repreguntas de ampliación de la declaración.

6. Cierre y clausura con el menor, donde se atiende al estado mental del menor y de su recuperación en caso de que se requiera un informe de secuelas psicológicas.

Tales técnicas de actuación son posibles mediante la nomenclatura novedosa que se establece en el art. 449 ter, conforme al cual, la autoridad judicial *podrá* acordar que la audiencia del menor de catorce años (aquí desaparece toda referencia al discapacitado necesitado de especial protección, sin razón que explique esta ausencia), se practique a través de equipos psicosociales que apoyarán al Tribunal de manera interdisciplinar e interinstitucional, recogiendo el trabajo de los profesionales que hayan intervenido anteriormente y estudiando las circunstancias personales, familiares y sociales de la persona menor o con discapacidad, para mejorar el tratamiento de los mismos y el rendimiento de la prueba. En este caso, las partes trasladarán a la autoridad judicial[14] las preguntas que estimen oportunas quien, previo control de su pertinencia y utilidad, se las facilitará a las personas expertas. Una vez realizada la audiencia del menor, las partes podrán interesar, en los mismos términos, aclaraciones al testigo. La declaración siempre será grabada y el Juez, previa audiencia de las partes, podrá recabar del perito un informe dando cuenta del desarrollo y resultado de la audiencia del menor.

Y finaliza señalando que para el supuesto de que la persona investigada estuviere presente en la audiencia del menor se evitará su confrontación visual con el testigo, utilizando para ello, si fuese necesario, cualquier medio técnico. También se puntualiza que las medidas previstas anteriormente, podrán ser aplicables cuando el delito tenga la consideración de leve.

Sostiene Martínez (2022) que el Instituto de Medicina Legal y Ciencias Forenses proporcionará técnicos (psicólogos) para asistir al menor o persona con capacidad modificada y llevar a cabo la exploración. Y que la Oficina de Atención a las Víctimas del Delito acompañará a los menores y les asistirá en todo momento. Así mismo se mantendrá informados a sus representantes legales y adoptará las cautelas necesarias para que la diligencia sea lo menos traumática posible para el menor.

---

14 Debemos tomar en consideración que, en la prueba preconstituida, el Juez de Instrucción formula preguntas, y por tanto su comportamiento no es el mismo que el de un órgano de enjuiciamiento, que no formula preguntas, para que no quede afectado el derecho a un Juez imparcial. Ello nos lleva a reflexionar sobre la postura del juez en materia de prueba preconstituida.

14. DESARROLLO DE LA ENTREVISTA TÉCNICA

La entrevista técnica se desarrolla en diferentes fases, conforme a la Guía elaborada por el Ministerio de Justicia (2022):

1. *Fase preparatoria*: si no se le ha explicado ya durante la evaluación psicológica previa, se le explicará, de manera acorde a su capacidad, en qué va a consistir la prueba, que va a ser grabada, qué personas intervienen y cuál es el objeto de la evaluación. Se le dará la oportunidad de que pueda resolver todas las dudas que le surjan antes del inicio de la prueba. Se le informará sobre los límites de la confidencialidad.

2. *Fase de transición o puente:*

a) Presentación de las reglas de la entrevista: se le debe explicar la tarea a realizar, con sus reglas y/o condiciones especiales, para que en todo momento la persona entrevistada esté informada y comprenda el alcance de la tarea exigida.

En estas reglas básicas se tiene que trasladar el protagonismo a la persona entrevistada. Hay que explicar la diferencia entre verdad y mentira, centrándose en el recuerdo actual, ya que no debe responder de manera obligada a todas las preguntas como si fuera un examen, sino responder aquello que recuerde; puede modificar y ampliar declaraciones previas; puede aportar la información en el orden en que la recuerde; ante una pregunta puede señalar que no lo recuerda, indicar que no la entiende, o corregir al entrevistador si señala algo incorrecto a la hora de realizar las síntesis de lo expuesto por la persona entrevistada.

b) Creación y mantenimiento del *rapport*:

Hay que crear un clima de confianza y sintonía entre ambos, y mantenerlo, ya que podemos encontrarnos que sufre altibajos a lo largo de la entrevista. Hay que atender y reconducir las posibles reacciones emocionales de la persona entrevistada durante todo el proceso.

c) Fase narrativa neutra, de entrenamiento o enfoque:

Establecer una conversación/diálogo con temas rutinarios, no comprometidos con los incidentes investigados, para facilitar y promover la acomodación y adaptación. Esta etapa, además de ejemplificar una producción narrativa episódica propia (tarea que se le pedirá en la fase sustantiva), sirve de base para avanzar en la exploración de las habilidades cognitivas:

- Uso del lenguaje y la estructura narrativa de sus respuestas.
- Capacidad de recuperar eventos pasados y así contrastar su memoria.
- Fijación en las diferentes actividades que se solicitan en la entrevista, observando así su atención y concentración.
- Correcta percepción del contexto y de las características del espacio físico.
- Nivel de razonamiento y la comprobación de su estadio en la teoría de la mente, etc.

El entrenamiento narrativo nos facilitará la evaluación de las capacidades cognitivas como la memoria, el lenguaje o la atención, así como la posible sugestionabilidad y afectación emocional.

3. Fase sustantiva o de obtención del relato.

Esta fase va precedida del enfoque, puente o transición, en el cual se pasa de la fase neutra a centrar y dirigir la atención de la persona entrevistada hacia la situación objeto de la entrevista, de forma que a partir de este enfoque se puedan desarrollar los principios básicos del interrogatorio forense: invitación o relato libre, preguntas abiertas, preguntas encadenadas, preguntas aclaratorias y, en casos excepcionales, preguntas más dirigidas y/o centradas.

Diseccionar el recuerdo episódico del hecho que la persona entrevistada posea, con el máximo detalle y la mínima contaminación por parte de la persona que entrevista. En esta fase, algunos protocolos (p. ej., la entrevista cognitiva) permiten introducir diferentes técnicas de recuperación del recuerdo, para así obtener la máxima precisión y exactitud en el recuerdo de los hechos investigados. Es en esta fase donde se han de incorporar las preguntas formuladas por las partes que hayan sido declaradas «útiles y pertinentes» por la autoridad judicial.

4. Fase de cierre o etapa final.

Esta etapa se focaliza en rebajar la intensidad emocional por medio de actividades de índole lúdica y/o creativa; incluso, en función del grado de madurez, se puede dialogar de temas informales, como deportes, gastronomía... El objetivo de esta etapa es evitar que la persona entrevistada finalice la entrevista con la imagen mental y la emoción conectada con los incidentes relatados, posibilitando un clima más distendido y con un tiempo de atención que vaya más allá del propósito judicial de obtener información.

Si revisamos la literatura científica sobre protocolos, métodos y técnicas de entrevista forense para NNA (niños, niñas y adolescentes), éstos parten de una misma premisa: eliminar al máximo las preguntas cerradas, sugestivas o directivas para evitar la introducción de elementos de contaminación que dificulten la obtención del relato de lo que realmente recuerda el NNA. La utilización de preguntas lo más abiertas posible y un clima de tranquilidad y cordialidad son el común denominador. Este clima de confianza, básico para el éxito de la entrevista, requiere además un conocimiento técnico de la escucha activa y las reformulaciones que favorezca el relato del NNA (Juárez et al., 2021).

Entre los elementos de la escucha activa encontramos la necesidad de demostrar interés real por lo que la persona nos explica; interrumpir lo menos posible y evitar la emisión de juicios de valor; evitar cualquier tipo de crítica; no dar ninguna información que previamente no haya sido ofrecida por la persona entrevistada; utilizar las reformulaciones; respetando siempre el ritmo de la persona entrevistada.

15. ¿ES ESTRICTAMENTE NECESARIA LA PRÁCTICA DE LA PRUEBA MEDIANTE ESPECIALISTAS?

Aunque de lo que llevamos estudiado hasta ahora pudiera parecer que así es, es lo cierto que la ley establece cierta discrecionalidad judicial, cuando señala que la autoridad judicial podrá acordar que la audiencia se practique a través de equipos psicosociales, los cuales podrán servirse del trabajo de los profesionales que hayan intervenido anteriormente para estudiar las circunstancias personales, familiares y sociales de la persona menor o con discapacidad, para mejorar el tratamiento de los mismos y el rendimiento de la prueba.

Ello nos lleva a plantearnos cuándo se podrá prescindir de especialistas, y la cuestión no es fácil de resolver. Únicamente en supuestos de madurez comprobada de la persona próxima, pero menor, a los 14 años, entendemos que podría prescindirse de tales especialistas. Por el contrario, ante una persona mayor de esa edad, aunque la ley no exija la prueba preconstituida, el juez podría acordarla por medio de especialistas psicólogos.

16. DECÁLOGO DE RECOMENDACIONES DESDE LA PSICOLOGÍA FORENSE (MINISTERIO JUSTICIA, 2022)

- Inmediatez: al objeto de preservar la huella de memoria episódica, se recomienda realizar la entrevista en el menor tiempo posible respecto a los hechos denunciados.

- Prueba única: incidir en la necesidad de que no se tome declaración a la víctima antes de llevarse a cabo la prueba preconstituida, y que esta se realice en una única entrevista.
- Persona experta: realizar la prueba por persona experta (psicóloga/o forense de la Administración de Justicia) en el momento emocional óptimo y adaptada a las necesidades de la víctima.
- Coordinación: con la víctima, operadores jurídicos, partes y OAVD.
    - Agenda programada: se recomienda reservar un día a la semana sin citaciones, en previsión de poder realizar casos de elevada vulnerabilidad y urgencia, en especial en delitos contra la libertad sexual, violencia de género, o trata de seres humanos.
    - Concretar el objeto de la pericia: se recomienda que el oficio de remisión incluya el objeto de la pericia: realizar la entrevista como prueba preconstituida, determinar el nivel de desarrollo y capacidad para testificar, analizar el testimonio o evaluar el daño psicológico.
- Sala de exploración: utilizar un espacio adecuado que garantice la intimidad y evite la confrontación visual con la persona acusada.
- Acompañamiento: disminuir el número de espectadores. En casos excepcionales, permitir que esté presente una persona de confianza, facilitadora o traductora en su caso, que no intervendrá en la toma de la declaración.
- Soporte audiovisual: adecuado, con dispositivo de grabación para poder reproducirla en el juicio oral.
- Comunicación: permanente con la autoridad judicial para la realización de preguntas o aclaraciones ante-

riores al cierre de la exploración, mediante dispositivos técnicos para no distorsionar el clima de entrevista o en recesos que permitan, además, el descanso de la persona entrevistada.

La citada Guía recomienda llevar a cabo la entrevista forense en una sala especial que garantice un ambiente seguro y neutral, que aporte privacidad, informalidad y esté libre de distracciones innecesarias, equipada con sistemas de cámara y de sonido, obteniendo a ser posible una grabación de alta calidad, así como una vista en vivo.

Estas grabaciones han de ser custodiadas de manera segura, garantizando su disponibilidad para el juicio oral y evitando, de este modo, repeticiones por parte de los diferentes profesionales que requieren del acceso a la declaración de la persona entrevistada.

17. EL SISTEMA BARNAHUS

Conforme nos ilustra Luaces (2022), el creador del modelo *Barnahus* fue el islandés Bragi Gudbrandsson, tratándose de un espacio, «una casa de niños», que evita que el menor que ha sufrido abuso sexual, tenga que realizar múltiples declaraciones, y, a su vez, ofrece un entorno amigable respetuoso con sus necesidades.

Las *Barnahus* surgen originariamente en 1998 en Reikiavik (Islandia). Allí se creó el primer centro dirigido por el sistema de protección que llevaba a cabo una evaluación de los niños, niñas y adolescentes víctimas de abuso sexual. Este modelo novedoso incluía una nueva herramienta, consistente en la realización de la entrevista forense con el niño o niña víctima a través de un circuito cerrado de televisión ante un representante del ámbito judicial, lo que garantizaba que la prueba resultase válida para el juicio y se configuraba como prueba preconstituida.

Se trata de un espacio que protege a la infancia más vulnerable, de tal modo, que permite atender desde una unidad centralizada, a niños, niñas y adolescentes víctimas de abuso sexual y maltrato. Por lo tanto, el objetivo principal es contar con profesionales especializados y coordinados, a la vez, que se agrupa en un mismo espacio todos los recursos que intervienen en un caso de abuso sexual infantil, para disminuir así la victimización de las víctimas.

Señala Doménech (2022) que, para el abordaje de NNA, víctimas de abuso sexual y maltrato, se crean en los años 80 en Estados Unidos los primeros espacios que tenían entre sus objetivos agrupar bajo el mismo techo todos los recursos intervinientes en estos casos, proporcionando entornos amigables y estableciendo la coordinación de los equipos multidisciplinares a fin de reducir el número de entrevistas.

En 1998 se funda la primera Barnahus en Islandia con los mismos elementos fundamentales del sistema anterior, pero añadiendo la posibilidad de grabar la entrevista forense para constituirla como prueba. De esta forma se permitía que el NNA explicara su experiencia una sola vez, mientras la entrevista era seguida por los operadores jurídicos, las partes y los profesionales de los diferentes departamentos implicados, evitando de esta forma que el NNA tuviera que ir a juicio. Esta actuación eficiente y coordinada entre las diferentes administraciones participantes se conseguía a través de la formalización de protocolos como elementos claves en la definición de los roles profesionales para evitar la victimización y a la misma vez, como elemento de garantía del proceso judicial.

Islandia comenzó atendiendo inicialmente a víctimas de abuso sexual, pero desde 2015 ha incluido a víctimas y testigos de todo tipo de violencia comprendidas entre los 3,5 y los 18 años. La calidad de este modelo está garantizada por el cumplimiento de criterios como que entrevista forense se realiza siguiendo protocolos basados en la evidencia, que la evaluación médico forense del NNA se realiza en la misma casa, que tanto el NNA como sus familiares y/o cuidadores pueden recibir apoyo terapéutico para afrontar posibles situaciones traumáticas y que se realiza una evaluación de necesidades de protección activando los mecanismos necesarios para ello.

La Barnahus es una casa normal, sin ningún tipo de indicador que permita identificarla y ubicada en una dirección secreta. Al inicio del caso se organiza en la casa una reunión interdepartamental para compartir información y coordinar y se realizan entrevistas previas a la investigativa o forense con personas que conocen al NNA. La entrevista forense es obligatoria en Islandia para NNA entre 3,5 y 15 años. A partir de los 15 años los adolescentes declaran primero a la policía y posteriormente durante el juicio.

En 2013 en Dinamarca se implementa este modelo atendiendo a víctimas de abuso sexual y violencia física comprendidas entre los 3 y los 18 años. En este país, el examen médico se realiza en el hospital y no se ofrece tratamiento psicológico, sino solo un diagnóstico del estado de salud del NNA que posteriormente se derivará a un centro sanitario si lo necesita. Es la policía quien asume el planteamiento general del caso y quien realiza la entrevista forense, siendo los servicios sociales quienes asumen la protección del NNA y se organizan reuniones interdepartamentales para hacer el seguimiento del caso. Se practica una única entrevista por un policía formado en entrevista forense, mientras en la sala adyacente, es asistido por otro policía que toma nota de la declaración, por el fiscal, por el representante del NNA y por los Servicios Sociales.

Señala Luaces (2022) que, tanto Naciones Unidas como el Consejo de Europa, promueven la creación de *Barnahus* y, se han establecido en los últimos diez años, más de 50 casas en los países nórdicos, entre ellos, Suecia, Noruega y Dinamarca, a los que se unen Chipre, Polonia, Croacia, Eslovenia e Inglaterra, entre otros. Además, pueden asistir exclusivamente a niños y niñas víctimas de abuso sexual o, también, a víctimas de maltratos de violencia de género o de otros tipos de abuso físico y emocional, como ocurre en Suecia.

Suecia es el país europeo que más casas de niños tiene, ya que reúne más de 30 en todo el país, siendo la de Estocolmo la más grande de todas. En su interior se puede encontrar con habitaciones similares a las que los niños y niñas tienen en su casa, con mobiliario infantil, dibujos colgados en las paredes para que cuando vayan otros niños y niñas se den cuenta que no están solos, libros y juguetes para que el ambiente sea amigable.

Con respecto a nuestro país, y seguimos aquí también a Doménech (2022), en 2016 se crea en Cataluña una Comisión Interdepartamental para el impulso de la protección efectiva frente al maltrato a NNA que marca el inicio del cambio de modelo, implementándose en 2018 una Barnahus para el abordaje de casos de abuso sexual infantil que ubica en Tarragona. Este proyecto piloto inicia su andadura en 2020. Se plantea que la entrevista forense la puedan realizar profesionales de la psicología forenses que actúan como peritos o la administración puede intervenir por medio de los profesionales del Equipo de Asesoramiento Técnico Penal. No hay ninguna recomendación oficial sobre el tipo de entrevista forense que se ha de utilizar, aunque actualmente, en el departamento de justicia de Cataluña se utiliza la entrevista cognitiva, un modelo de entrevista forense que sigue los mismos cuatro pasos que los protocolos utilizados en las Barnahus.

En el IMLCF de Las Palmas de Gran Canaria, se crea en 2021 una Unidad de Valoración de Forense Integral especializada en atención a infancia y adolescencia víctimas de violencia en un intento por adaptar la justicia a la infancia, lo que va a requerir de un cambio en el abordaje de los casos planteando un modelo con similitudes a una Barnahus.

Existen ya proyectos pilotos en otras comunidades autónomas.

18. ¿SE PUEDE REPETIR LA PRUEBA PRECONSTITUIDA?

La doctrina (Nieto, 2021) se ha planteado que si para este tipo de víctimas, con la práctica de la prueba preconstituida, pretendemos evitar su victimización secundaria, no debería celebrarse una nueva comparecencia en un momento posterior, por lo que es conveniente comprobar qué ocurrirá si es necesaria una segunda comparecencia del menor, y todo ello porque no se regula el supuesto de que la defensa solicite en un momento posterior, a la vista del resultado de otras diligencias, una nueva declaración durante la instrucción, entrando en colisión el derecho de defensa con la protección que se pretende dispensar al menor.

A tal efecto, la STEDH de 28 de septiembre de 2010, caso A. S. v. Finlandia, § 56, señaló lo siguiente: "... quien sea sospechoso de haber cometido el delito debe ser informado de que se va a oír al menor, y debe tener una oportunidad de observar dicha exploración, bien en el momento en que se produce o después, a través de su grabación audiovisual; asimismo debe tener la posibilidad de dirigir preguntas al menor, de forma directa o indirecta, bien durante el desarrollo de la primera exploración o en una ocasión posterior. Son estas las garantías mínimas que, conforme a la jurisprudencia del TEDH, han de observarse".

La doctrina, como, por ejemplo, Nieto (2021), ha destacado que no se regula el supuesto de que la defensa solicite en un momento posterior, a la vista del resultado de otras diligencias, una nueva declaración durante la instrucción, entrando en colisión el derecho de defensa con la protección que se pretende dispensar.

Nosotros creemos que si, como consecuencia de informaciones sustanciales obtenidas en la investigación, hubiera de ser de nuevo preguntado el menor por algún detalle importante para valorar su credibilidad, o redirigir la investigación por otros derroteros, puede interesarse del juez la repetición de la comparecencia, porque el derecho a la presunción de inocencia del investigado se encuentra concernido y no puede ser vulnerado de modo alguno.

19. PRUEBA PRECONSTITUIDA Y DISPENSA

Sabido es que en el nuevo art. 416 de la Ley de Enjuiciamiento Criminal, la tercera excepción se refiere a que no tendrá lugar el derecho de dispensa cuando por razón de su edad o discapacidad, el testigo no pueda comprender el sentido de la misma. A tal efecto, el Juez oirá previamente a la persona afectada, pudiendo recabar el auxilio de peritos para resolver.

Precisamente el art. 449 bis prevé el auxilio también de peritos, ya que el menor, incluso de menos de 14 años, puede tener suficiente madurez para acogerse a la dispensa, y este tema tiene que ser tratado antes de procederse a practicar la prueba preconstituida, incluso al comienzo de tal mecanismo procesal.

Ya lo había declarado así el Tribunal Supremo, en STS 342/2021, de 23 de abril, en tanto que el derecho a la dispensa puede ejercitarlo el menor de edad si sus condiciones de madurez lo permiten. Es la propia línea que ahora la LO 8/2021 postula con toda claridad. Ciertamente, dicha resolución judicial había resuelto también otro problema, como es si el ejercicio de la acusación particular por sus padres priva, o no, al menor de su derecho a la dispensa, y lo resuelve en sentido negativo[15], indicando que tal derecho es del menor y no lo pueden ejercitar sus representantes legales.

---

[15] Entiendo que la ley lo considera un derecho personalísimo.

Con respecto a la edad, la STS 329/2021, de 22 de abril, tras señalar que los menores, una vez alcancen un cierto nivel de madurez, sean directamente advertidos de la posibilidad de guardar silencio derivada de su relación de parentesco ex artículo 416 de la Ley de Enjuiciamiento Crimianl, sugiere la franja de edad de entre 12 y 14 años para residenciar la presunción madurez, a salvo de que concurran especiales circunstancias que revelen esa edad biológica como prematura.

Pero lo más importante es que el legislador no resuelve la cuestión acerca de si debe ser un defensor judicial, en caso de conflicto de intereses con el menor, quien deba ejercitar el derecho de dispensa en nombre del menor. Sin esa determinación legal, nosotros entendemos que no. La dispensa es un derecho personalísimo, de tal manera que el menor ha de ser explorado si lo piden las acusaciones, naturalmente a través del mecanismo de la Cámara Gesell, de tal manera que se preconstituirá su prueba, siendo menor de 14 años de edad, conforme se dispone en la LO 8/2021. En consonancia con esta posición, los preceptos de la prueba preconstituida que ahora se disciplinan con detalle, nada oponen a que tal menor no pueda ser explorado mediante la determinación de un tercero en contra (representantes del menor), sino que, por el contrario, debe serlo si tiene suficiente madurez y ha renunciado a la dispensa.

Señala la magistrada Nieto López-Arias (2022) que nos encontramos con casos en los que el niño puede tener madurez suficiente para comprender el alcance de la dispensa (sin perjuicio de que se recurra a la cámara Gesell para evitar su victimización secundaria), por lo que el perito deberá sustituir a la autoridad judicial en la explicación y en el ofrecimiento de la dispensa desde el momento en el que se trata de una prueba que debe mantener al menor ajeno al proceso judicial y por lo tanto a sus participantes en el mismo, por lo que es imprescindible la adecuada formación de los psicólogos forenses que practican este tipo de pruebas y que la misma comprenda también este aspecto, por su trascendencia procesal.

Citamos finalmente la STS 159/2023, de 8 de marzo, en un caso de dispensa, donde el Tribunal Supremo señala que la edad de siete años es suficientemente indicativa, aún sin peritaje, de la inmadurez del menor para entender el sentido de la dispensa.

20. SISTEMA OBJETIVO

De todo ello se colige que la LO 8/2021 ha modificado sustancialmente los elementos para valorar la necesidad de practicar la prueba preconstituida, que, de ser principalmente subjetivos, pasan a ser objetivos. En efecto, con anterioridad a la LO 8/2021, el párrafo cuarto del artículo 433 LECrim. disponía cuando se tratara de testigos menores de edad o personas con la capacidad judicialmente modificada, el Juez de Instrucción *podría acordar*, cuando a la vista de la *falta de madurez de la víctima* resultara necesario para evitar causarles graves perjuicios, que se les tomara declaración mediante la intervención de expertos y con intervención del Ministerio Fiscal.

Es decir, se tomaba en consideración un elemento subjetivo, como era la falta de madurez de la víctima, y, además, la necesidad de evitar causarles graves perjuicios, siendo su consecuencia que se les tomara declaración mediante la intervención de expertos y con intervención del Ministerio Fiscal. Y se dejaba en manos de la autoridad judicial tal determinación.

Pero esta disposición se deroga con la LO 8/2021, de 4 de junio, de manera que se suprime el párrafo cuarto del artículo 433 de la Ley de Enjuiciamiento Criminal, y se sustituye por un sistema objetivo que tiene en consideración exclusivamente la edad del menor o su discapacidad necesitada de especial protección, conforme a lo dispuesto en el art. 449 ter de la Ley de Enjuiciamiento Criminal, adjetivándose "en todo caso" tal determinación.

La derogación también del artículo 448, apartado 3, de la Ley de Enjuiciamiento Criminal, que permitía que la declaración de los testigos menores de edad y de las personas con capacidad judicialmente modificada, pudiera llevarse a cabo evitando la confrontación visual de los mismos con el inculpado, utilizando para ello cualquier medio técnico que haga posible la práctica de esta prueba, es consecuencia de que resultaba redundante, pues ya se dispone así tanto en el art. 449 ter para la instrucción, como en el 707, apartado 2º, para el juicio oral.

21. CRITERIO TRADICIONAL

Resumiendo, la jurisprudencia se ha conducido, hasta este momento, bajo dos principios básicos: 1. Búsqueda del equilibrio entre los derechos del menor y los del acusado a interrogar al testigo de cargo en el juicio oral. 2. La regla de la prioridad de la comparecencia del menor en el juicio oral.

Es por ello que había declarado con reiteración:

a) Regla general: comparecencia del menor en el juicio oral.

b) Regla excepcional: reproducción de la prueba preconstituida en el plenario.

Del primer criterio eran exponentes las SSTS 151/2007, de 28 de febrero, y 96/2009, de 10 de marzo; en esta última se hace, además, un estudio de las circunstancias, requisitos y exigencias que determinan la procedencia y la forma en que habrán de practicarse la prueba anticipada y la prueba preconstituida, y la justificación de que en interés del menor, accedan al procedimiento, por esta última vía, las declaraciones de los menores de edad víctimas de los delitos de contenido sexual (lo que puede ser aplicado al enjuiciamiento de los delitos relacionados con la violencia de género, cuando se produzcan en su presencia).

Todo ello con el objetivo de evitar la victimización secundaria, es decir, con la finalidad de evitar que el menor testigo sufra las consecuencias de la victimización secundaria que acompañan al proceso penal, y que la reiteración de declaraciones por él prestadas, al relatar los hechos, pueda comprometer el adecuado desarrollo y su equilibrio psíquico y emocional, a lo que se añade que el transcurso del tiempo que habría de pasar entre el momento del acaecimiento del delito y el del juicio oral, el menor iría adquiriendo, con su natural evolución, una conciencia y percepción del significado negativo de los hechos que presenció, lo que redundaría en una lógica merma en la espontaneidad y sinceridad de su testimonio, transcurrido ese tiempo.

Pero siempre es necesario que la defensa haya tenido la oportunidad de interrogar al menor en la fase sumarial. Y así, la STC 174/2011, anuló el juicio, al entender que el acusado no dispuso en el proceso penal previo de las mínimas oportunidades exigibles para contradecir el testimonio de la menor que ha dado lugar a su condena[16]. Y en un caso parecido, la STS 222/2019, de 29 de abril, estimando el recurso de la defensa, absolvió al acusado[17].

---

16 Hubo una primera exploración de la menor por un Teniente de la Guardia Civil, doctor en psicología, claramente incriminatoria, que fue grabada en soporte audiovisual, incluso una segunda exploración a la menor por parte de la Juez de Instrucción, sin que tampoco fuesen convocados el Ministerio Fiscal ni el denunciado; añadiendo que en el acto del juicio oral el Juez de lo Penal accedió a la solicitud del Fiscal de sustituir el interrogatorio de la menor por la reproducción de la grabación de la exploración policial, la cual fue considerada suficiente por la juzgadora para formar convicción junto con el resto de pruebas que, sobre las manifestaciones incriminatorias, se practicaron en el juicio oral.

17 Su razonamiento es el siguiente: Por tanto, el acusado, que había solicitado reiteradamente el interrogatorio de la menor ofreciendo que éste se practicara adoptando las medidas procesales de protec-

22. RESOLVER CON PRUDENCIA EL CONFLICTO DE INTERESES QUE CONFLUYEN EN ESTE TIPO DE DECISIONES

La STS 940/2013, de 13 de diciembre, señala que la jurisprudencia de la Sala Segunda del Tribunal Supremo ha sido especialmente sensible a la necesidad de actuar con la mayor prudencia en estos casos, de un lado, como vía para alcanzar la justicia ante hechos que afectan de modo tan evidente y profundo al desarrollo personal del ser humano como es la sexualidad, valorando al mismo tiempo la necesidad de la mayor protección a los menores; y de otro lado, ante la exigencia irrenunciable de garantizar que la condena, dentro de los límites humanos, se produzca con todas las garantías, entre ellas, la que se refiere al respeto material al derecho a la presunción de inocencia que se reconoce a toda persona en un Estado de Derecho.

23. ¿DEBE CONCURRIR EL MENOR, AL QUE SE LE HA TOMADO DECLARACIÓN MEDIANTE PRUEBA PRECONSTITUIDA, AL JUICIO ORAL?

Hasta ahora, la jurisprudencia exigía que existieran razones fundadas y explícitas (informe psicológico sobre un posible

---

ción de la misma previstas en la ley, no pudo en ningún momento, ni directa ni indirectamente, dirigirle pregunta alguna durante el proceso penal previo, sino sólo formular alegaciones sobre el desarrollo y contenido de su exploración policial. Pese a la limitada intervención que tuvo en fase de investigación, pues no se le convocó a la exploración policial ni a la judicial, no se utilizó ninguno de los mecanismos de interrogatorio en el juicio oral previstos en la ley que, evitando la confrontación visual, e incluso la presencia personal de la menor en el juicio, hubieran podido reequilibrar los déficits de defensa que se han descrito.

riesgo para los menores en caso de comparecer al plenario), para prescindir de la presencia del menor en el juicio oral, en aras de su protección.

Ahora bien, el Tribunal Supremo exigía salvaguardar, en todo caso, el derecho de defensa del acusado, por lo que, en la exploración realizada durante la instrucción judicial de la causa, ha debido ser preservado el derecho de las partes, particularmente de la defensa, a introducir a los menores cuantas preguntas y aclaraciones estimasen necesarias.

Pero con la modificación operada por LO 8/2021, las cosas han cambiado diametralmente. Veamos los nuevos preceptos legales que afectan al juicio oral.

Como prevención general, para los supuestos de menores (sin referencia a edad concreta), o discapacitados, el párrafo 2º del 707 (LO 8/2021), una vez que se disponga que han de acudir al juicio oral, debe evitarse, en todo caso, la confrontación visual con la persona inculpada. Se trata de proteger su testimonio en condiciones de total libertad, naturalmente evitándose de ese modo los perjuicios que puedan derivar del desarrollo del proceso o de la práctica de la diligencia.

Sobre el modo de conseguir tal efecto, la ley dispone la utilización de cualquier medio técnico que haga posible la práctica de esta prueba, incluyéndose la posibilidad de que los testigos puedan ser oídos sin estar presentes en la sala mediante la utilización de tecnologías de la comunicación accesible.

En resumen, serán los casos de un menor de 18 años, pero mayor de 14 años, y que, por tesis general, no ha sido necesaria la práctica de prueba preconstituida, y, por tanto, la única prevención será que el menor no podrá comunicarse visualmente con el acusado, tomándose las medidas oportunas (art. 703 bis).

24. PRUEBA PRECONSTITUIDA CON CARÁCTER GENERAL

Se procederá, a instancia de la parte interesada, a la reproducción en la vista de la grabación audiovisual, de conformidad con el artículo 730.2, sin que sea necesaria la presencia del testigo en la vista.

Al ser casos, generalmente, de testigos en peligro de muerte, en paradero desconocido, o en el extranjero, el Tribunal no acordará la práctica presencial del testigo, salvo que concurran razones que aconsejen, si fuera posible, su presencialidad, debidamente motivadas. En esto no hay modificaciones sustanciales.

25. DECLARACIÓN TESTIFICAL DE LOS MENORES ENTRE 14 Y 18 AÑOS

En el caso de aquellos testigos y víctimas que habiendo cumplido los 14 años no superen la mayoría de edad, no es preceptivo realizar prueba preconstituida en sede de instrucción.

Seguimos a Nieto López-Arias (2022), quien nos dice que, en la medida en que siguen siendo menores y, por lo tanto, en caso de ser además víctimas, tienen la consideración de personas necesitadas de una especial protección (tal y como establece la Ley 4/2015, de 27 de octubre), deberán adoptarse medidas de protección a fin de evitarles perjuicios relevantes que, de otro modo, pudieran derivarse del proceso, para lo cual deberán analizarse sus circunstancias personales, la naturaleza del delito y la gravedad de los perjuicios y las circunstancias del delito, en especial, si se trata de delitos violentos y, en concreto, las siguientes:

- Practicar la exploración en dependencia dispuesta de forma que se evite el contacto directo con el presunto autor del delito (art. 20 LEJVD).

- Evitar las dilaciones en la toma de declaración (art. 21.1.a LEJVD).
- El menor número de veces posibles y solo cuando resulte estrictamente necesario para los fines de la investigación penal (art. 21.1.b LEJVD).
- En dependencias especialmente concebidas o adaptadas a tal fin (art. 25.1.a LEJVD).
- En la toma de declaración al menor se puede requerir la ayuda de profesionales con formación especial (art. 25.1.b LEJVD).
- Es preferible que la toma de declaración se realice directamente por un juez o un fiscal (evitando la exploración de menores en sede policial) (art. 25.1.c LEJVD).
- Las declaraciones de los menores serán siempre grabadas por medios audiovisuales (así se desprende del art. 26.1.a LEJVD y del art. 433 *in fine* LECrim).

26. PRUEBA PRECONSTITUIDA DE MENORES O PERSONAS CON DISCAPACIDAD NECESITADAS DE ESPECIAL PROTECCIÓN Y CITACIÓN A JUICIO ORAL

En estos supuestos, la autoridad judicial, practicada la prueba preconstituida, solo podrá acordar motivadamente su declaración en el acto del juicio oral, cuando, interesada por una de las partes, se considere necesario. Lógicamente, la excepción, es la citación al juicio. Por tanto, se convierte en excepcional la declaración en el juicio oral de los menores de catorce años o de las personas con discapacidad necesitadas de especial protección, estableciéndose como norma general la práctica de la prueba preconstituida en fase de instrucción y su reproducción en el acto del juicio. Y ello, porque el lapso temporal entre la primera declaración y la fecha del juicio oral, afectarán a la calidad del relato, y además de que pueden sufrir una victimización secundaria.

A tal efecto, la STS 541/2021, de 21 de junio, nos dice que, como parámetro de ponderación, la persistencia tiende a una cierta depreciación cuando de menores se trata, y especialmente de aquellos que contaban muy corta edad cuando ocurrieron los hechos. En garantía de su indemnidad, en estos casos lo recomendable es que su intervención en el proceso sea única, a través de una exploración desarrollada siempre a presencia judicial, con contradicción de las partes, y, de ser preciso, con el apoyo técnico que facilite un interrogatorio adaptado a su nivel de maduración.

Y continúa: la contradicción capaz de quebrar la persistencia, es aquella que incide en un aspecto esencial excluyente y sin conexión lógica con el en su día configurado. Y lo mismo que no cabe integrar el contenido incriminatorio del testimonio de los niños con retazos de las manifestaciones que en distintos momentos y en el curso de las diferentes intervenciones a las que puedan ser sometidos en el proceso, terapéuticas o netamente periciales, hagan a los profesionales que los evalúan o tratan, tampoco puede sustentarse una contradicción esencial en lo que no es más que la traslación que los profesionales realizan al lenguaje de adultos, de lo que un menor expresa desde las limitaciones de exposición y descripción propias de su edad.

27. APRECIACIÓN DE LA NECESIDAD PARA LA CITACIÓN A JUICIO ORAL DE MENORES DE 14 AÑOS Y DISCAPACITADOS

La citación a juicio oral de tales personas, solamente se podrá acordar con carácter excepcional. Ese carácter excepcional, significa un elemento sustancial para la atención por parte del Tribunal sentenciador respecto a la citación a juicio de tal menor o discapacitado, y siempre que concurran los siguientes requisitos:

1. Cuando sea interesado su testimonio por alguna de las partes.

2. Cuando sea considerada necesaria en resolución motivada. El concepto de necesidad es contingente a las circunstancias del caso; de ahí que puede ser necesaria su comparecencia cuando la prueba preconstituida no esté en condiciones adecuadas de audición o de visión, cuando se aleguen vicios en su celebración, que no hubieran podido ser puestos de manifiesto en tal momento, o se hayan desestimado improcedentemente, declarándolo así el Tribunal sentenciador, o cuando las condiciones del menor, en el momento de la celebración del juicio oral, por ejemplo, dada su edad, no puedan hacer presumible una victimización secundaria. Igualmente, la nueva ley da otra pista para la no citación del menor al juicio oral, que será evitar que el lapso temporal entre la primera declaración y la fecha de juicio oral afecten a la calidad del relato, pero este elemento ha de ser analizado con mucha prudencia, pues podrá tener diferentes derivadas.

   La magistrada Esteve (2022) se expresa así: Como regla especial, podrá ordenarse su repetición en el juicio oral, de manera excepcional y siempre que sea solicitada por alguna de las partes, que lo considere necesario la autoridad judicial, que conste en resolución motivada, y que la autoridad judicial asegure que la grabación audiovisual cuenta con los apoyos de accesibilidad cuando el testigo sea una persona con discapacidad. También podrá repetirse la prueba (a instancia de parte), si la prueba preconstituida no reúne todos los requisitos previstos en el artículo 449 bis LECrim y causa indefensión a alguna de las partes.

3. Cuando cuente con los apoyos de accesibilidad, especialmente cuando el testigo sea una persona con discapacidad[18].

28. LECTURAS DOCUMENTALES

El nuevo art. 730 de la Ley de Enjuiciamiento Criminal, reformado por la LO 8/2021, ha añadido un segundo párrafo, a lo que fue su contenido tradicional, en el sentido de que las lecturas sumariales son aquellas de pruebas personales, que, por causas independientes de la voluntad de las partes proponentes, e incluso de los propios afectados, no puedan ser reproducidas en el juicio oral, en el sentido de que no puedan asistir al juicio oral, lo que debe ser solicitado por aquella parte a quien interese. En este supuesto, tradicional, se trata de lecturas, y en el siguiente, de proyección de la grabación audiovisual, ya practicada con el carácter de prueba preconstituida.

Por eso, el sentido de la nueva disposición, que se aloja en el apartado 2 de expresado precepto, supone la petición de reproducción de la grabación audiovisual en donde conste la prueba preconstituida, lo que se verificará, a *instancia de cualquiera de las partes, tanto de la grabación audiovisual de la declaración de la víctima o testigo practicada como prueba preconstituida durante la fase de instrucción conforme a lo dispuesto en el artículo 449 bis*[19].

---

18 No se comprende bien en este caso la razón de tal "aseguramiento", cuando es lo cierto que el discapacitado va a comparecer al juicio oral, salvo que sea necesaria una confrontación, informada pericialmente para el caso de tratarse de discapacitados, pues siendo menores no se prevé algo similar.

19 ¿Quiere decirse que la ley no prevé la reproducción de la prueba preconstituida correspondiente al art. 449 ter? Suponemos que es un error de técnica legislativa, pues conforme al Preámbulo, la res-

Recapitulando, a través de los artículos citados, es posible, ya desde la fase de instrucción, dar protección a los intereses de la víctima sin desatender el derecho de defensa, acordando que la exploración de los menores se realice ante expertos, en presencia del Ministerio Fiscal, acordando su grabación para una posterior utilización y asegurando en todo caso la posibilidad de contradicción de las partes.

En cualquier caso, se condiciona la comparecencia en el juicio oral, asegurando que la grabación audiovisual cuenta con los apoyos de accesibilidad cuando el testigo sea una persona con discapacidad. Para los juicios orales tramitados mediante el procedimiento abreviado, el art. 788 de la Ley de Enjuiciamiento Criminal, dispone una regla especial, que no supone nada más que la transposición de lo dispuesto en el artículo 703 bis, en cuanto a la no intervención en el acto del juicio del testigo, cuando se haya practicado prueba preconstituida de conformidad con lo dispuesto en los artículos 449 bis y siguientes.

29. PRINCIPIO DE INMEDIACIÓN Y PRUEBA PRECONSTITUIDA

Es indudable que el principio de inmediación sufre un retroceso mediante el sistema de la incorporación de la grabación audiovisual de la prueba preconstituida, pasando a lo que se ha denominado como de inmediación de segundo grado.

A luz de lo que exponemos, también es cierto que en el desarrollo de la prueba preconstituida, practicada en el modo anteriormente dispuesto, pero bajo las directrices del juez de instrucción, éste no está sujeto al principio de mínima intervención como ocurre a la presidencia del Tribunal en el juicio

---

puesta es claramente positiva. En cualquier caso, resulta de lo dispuesto en el art. 703 bis.

oral, sino que su intervención puede ser mucho más inquisitiva, ya que los principios por los que se rigen ambos actos, son diversos, razón por la cual se va a introducir una prueba en el plenario que ha sido practicada de forma diferente a cómo se hubiera desarrollado en aquél en condiciones de presencialidad. Ello quiere decir que, de ser muy intensa la intervención judicial, eso podría ser un motivo para solicitar del Tribunal sentenciador la necesidad de que el testigo comparezca en el juicio oral.

En el caso tratado por la STS 389/2017, de 29 de mayo, la defensa plantea que el testimonio del menor no fue libre, sino dirigido por le órgano judicial de instrucción. En este caso, el Tribunal Supremo indica:

> "Sí comprometería que el testimonio pudiera operar como verdadera prueba de cargo, el que la expresión fáctica que realice la declarante, no sea espontánea y propia, sino que resulte condicionada por elementos externos. Cuando la prueba que se presenta para destruir la presunción de inocencia, es la versión que sobre lo acontecido ofrece el denunciante, la introducción en las preguntas –de manera directa o sugerida– de elementos que impulsen o faciliten un determinado sentido en la respuesta, permitiendo salvar las carencias de que adolezca la versión del testigo, o facilitando conciliar las discrepancias que puedan surgir entre sus declaraciones sucesivamente prestadas o entre los diferentes pasajes de la narración, pueden dificultar la aplicación de los mecanismos de valoración probatoria anteriormente referidos. Complementar la exposición del testigo, facilitar información que pueda desvelar extremos que pudieran ser desconocidos por él o sugerir respuestas que sólo exijan ser confirmadas por el declarante, constituyen disfunciones en el interrogatorio que desbaratan la posibilidad de conocer el que hubiera sido el relato espontáneo del testigo, lo que dificulta la aplicación de unas reglas de valoración del testimonio que se apoyan en la homogeneidad y estabilidad del relato, así como en su concordancia objetiva con los extremos aportados por el resto del material probatorio. En todo caso, la transgresión no afecta a la legitimidad o validez de la prueba de cargo, sino a su solidez, debiendo ser el Tribunal el que determine en cada caso concreto, la incidencia que los defec-

tos de ejecución pueden haber tenido en la consistencia de la versión del testigo, todo ello contemplado desde la analítica lógica y suspicaz a la que debe someterse la prueba de cargo".

30. ALGUNOS PUNTOS PROBLEMÁTICOS

a) ¿Es imprescindible la presencia de los progenitores o representantes legales de los menores en la Cámara Gesell?

Nos dice Nieto López-Arias (2022) que suele ser frecuente en violencia de género que el derecho el testigo-víctima del delito al acompañamiento por su representante legal o persona de su elección durante su declaración, establecido en el art. 21.1.c LEJVD y en el art. 433 LECrim, pueda entrar en colisión con el correcto desarrollo de la diligencia probatoria por lo que el juzgado deberá valorar si es conveniente acordar, mediante resolución motivada (tal y como permite el art. 433.2 LECrim), que la exploración de la menor se efectúe sin la presencia de sus progenitores o representantes legales cuando los hechos sobre los que va a versar su testimonio son de carácter íntimo (como los relativos a su libertad sexual) y en los que la presencia de aquellos puede impedir el correcto desarrollo de la diligencia y también, dice la autora citada, cuando el menor es explorado como testigo de la violencia ejercida sobre su progenitora, dada la evidente contraposición de intereses entre los padres y en aras de permitir que la decisión que adopte el testigo con relación a la dispensa del art. 416 de la Ley de Enjuiciamiento Criminal, sea libre.

b) Casos en los que en las dependencias judiciales no exista cámara Gesell

La misma autora Nieto López-Arias (2022) también plantea que, en muchos partidos judiciales no existen espacios que cumplan con los requisitos de la llamada cámara Gesell, pudiendo ser una forma de salvar esta problemática utilizar dos espacios del edificio judicial que puedan interconectarse por videoconferencia (que sustituiría al cristal unidireccional) siempre y cuando uno de ellos cumpla con los requisitos de ser un "espacio amigable" alejado de la formalidad de los espacios judiciales y, además, que la imagen y el sonido que se perciban por la videoconferencia sean adecuados. Deberá existir asimismo algún medio técnico que permita la comunicación del órgano judicial con el perito (para el traslado de preguntas y aclaraciones).

c) Caso de que el abogado del investigado no acuda a la diligencia

Lo resuelve expresamente el art. 449 bis de la Ley de Enjuiciamiento Criminal, señalando que en caso de incomparecencia injustificada del defensor de la persona investigada o cuando haya razones de urgencia para proceder inmediatamente, el acto se sustanciará con el abogado de oficio expresamente designado al efecto. De lo que se colige que siempre es necesaria la comparecencia del abogado de la defensa, sea éste de designación particular o de oficio.

d) Caso de incomparecencia del investigado

Conforme al citado precepto, la ausencia de la persona investigada debidamente citada no impedirá la práctica de la prueba preconstituida, si bien su defensa letrada, en todo caso, deberá estar presente.

e) Prisión provisional del investigado

La propia autora anteriormente citada (Nieto, 2022) considera, de forma totalmente correcta a nuestro juicio, que, si así sucediera, debería procederse a acordar el traslado del investigado desde el centro penitenciario a dependencias judiciales para la práctica de la preconstitución de la prueba, puesto que ello garantiza que el mismo pueda hacer las observaciones que estime oportunas a su defensa letrada durante su práctica, en aras de asegurar al máximo su derecho de defensa.

Cabría plantearse si sería válida la práctica de la preconstitución de la prueba permitiendo al investigado estar presente a través del sistema de videoconferencia con el centro penitenciario en el que esté ingresado, partiendo de que se le permita en todo momento estar en contacto con su defensa letrada, presente en sede judicial, y qué mecanismos habría que articular para que quedara garantizado su derecho de defensa. Sistema recomendable exclusivamente en casos excepcionales.

f) Intervención de peritos

Aparte del perito o peritos oficiales que el juez designe para llevar a cabo las preguntas en la Cámara Gesell, entendemos que, tanto la defensa como la acusación, puede auxiliarse de otros peritos psicólogos que les puedan asesorar sobre las preguntas y cómo practicarse la diligencia.

El Tribunal Supremo contempla este supuesto en la STS 389/2017, de 29 de mayo, destacando que la declaración de la niña fue seguida de manera directa, tanto por el Juez instructor y el Letrado de la Administración de Justicia, como por las partes, incluyendo en este caso al propio acusado, a su letrado y *una perito psicólogo propuesta por la defensa*[20].

Con respecto al número, la STS 389/2017, de 29 de mayo, en la que la defensa mantiene que hay defectos en la preconstitución de la prueba porque la declaración del menor no se tomó por dos psicólogos, concluye dicha resolución judicial que el hecho de que la declaración de la menor se realizara por un solo perito no resulta contraria a la mecánica de ejecución procesal que recoge el art. 433 de la Ley de Enjuiciamiento Criminal, con esta argumentación:

> "Por más que la presencia de dos psicólogos pueda resultar preferible en términos facultativos, ni su ausencia deteriora la credibilidad de un testimonio prestado a presencia de las partes y sometido a contradicción, ni compromete la valoración judicial que pueda hacerse del contenido del relato testifical".

---

[20] "Todos estos requisitos fueron observados en el caso enjuiciado. El día 30 de mayo de 2014, se preconstituyó la declaración de la menor, utilizando para ello la técnica llamada *Cámara de Gesell*, esto es, sirviéndose de una habitación acondicionada para permitir la observación no invasiva de las personas que se ubican en su interior, mediante un vidrio de visión unilateral o sistemas de retransmisión. En su práctica, destaca que la declaración de la niña fuera seguida de manera directa, tanto por el Juez instructor y el Letrado de la Administración de Justicia, como por las partes, incluyendo en este caso al propio acusado, a su letrado y *una perito psicólogo propuesta por la defensa* (Dña. Almudena), que asistió a la diligencia, sin entrar tampoco en contacto con la declarante. En la declaración se facilitó a las partes la posibilidad de que las preguntas que quisieran formular a la menor, se cursaran a través de la psicóloga del EATP que dirigía el dialogo con ella; documentándose en soporte digital, mediante grabación en vídeo, el contenido de la declaración, que se reprodujo en el acto del plenario".

31. ENERVACIÓN DE LA PRESUNCIÓN DE INOCENCIA

Señala el Tribunal Supremo en su Sentencia 335/2023, de 10 de mayo, que la improsperabilidad de la queja basada en una supuesta vulneración del derecho a la presunción de inocencia, tampoco requiere demasiada argumentación: las manifestaciones de ambas menores (expuestas en dos ocasiones, ambas grabadas: una de ellas como prueba preconstituida y con plena contradicción), avaladas por el informe pericial, constituye actividad probatoria de cargo idónea para desactivar la presunción de inocencia. Las dos previas sentencias justifican con argumentación, que no podemos más que hacer nuestra, el potencial probatorio de ese material y su aptitud para provocar una certeza más allá de toda duda razonable. Solo la realidad de los hechos puede explicar que las dos hermanas realicen y reiteren sus manifestaciones en la forma que lo hacen.

REFERENCIAS BIBLIOGRÁFICAS

Doménech, M. C. (2022). *La prueba preconstituida en la evaluación pericial en violencia de género: metodología y utilidad.* Repertorio Jurídico Científico CEJ.

Esteve, L. (2022). Clases de violencia contra la infancia. Escucha, atención a la infancia y prueba preconstituida según la Ley Orgánica 8/2021. Nuevos contenidos a raíz de la Ley Orgánica 8/2021, de 4 de junio, de protección integral a la infancia y la adolescencia frente a la violencia. *Cuadernos Digitales de Formación, 17,* 33.

Juárez, J.R., Álvarez, R., & Catalán, M.J. (2021). *La prueba Preconstituida. Modelos de Entrevista Psicológica Forense.* FOCAD Consejo General de la Psicología.

Luaces, A. I. (2022). Los derechos de los niños, niñas y adolescentes en la Ley 8/2021, de 4 de junio, de protección integral a la infancia y la adolescencia frente a la violencia. *Revista General de Derecho Procesal, 58,* 5.

Martín, R. (2021). *La prueba anticipada en el proceso penal.* Editorial Astigi.

Martínez, S. (2022). Análisis de las modificaciones en la Ley de Enjuiciamiento Criminal tras la reforma de la Ley Orgánica 8/2021, de 4 de junio, de Protección Integral a la Infancia y la Adolescencia frente a la Violencia. Especial referencia a la prueba preconstituida en personas menores de edad y/o con discapacidad necesitada de especial protección. *Editorial jurídica Sepín, Revistas digitales SP/DOCT/119633.*

Ministerio de Justicia, Secretaría General Técnica. (2002). *Guía de buenas prácticas para la declaración en el proceso penal de menores y personas con discapacidad necesitadas de especial protección: intervención desde la psicología forense, en particular en la prueba preconstituida.* https://www.mjusticia.gob.es/es/AreaTematica/DocumentacionPublicaciones/InstListDownload/Gu%C3%ADa_buenas_pr%C3%A1cticas_web.pdf

Nieto, M. M. (2021). La prueba preconstituida en la Ley Orgánica 8/2021, de 4 de junio, de protección integral a la infancia y la adolescencia frente a la violencia. Los principios de inmediación y contradicción. *Editorial jurídica Sepín, Revistas digitales SP/DOCT/114462.*

Nieto, M. M. (2022). Tutela de menores y de víctimas especialmente vulnerables: especial referencia a la prueba preconstituida. Encuentro entre jueces de violencia sobre la mujer para la unificación de criterios. *Cuadernos Digitales de Formación, 39*, 42.

Sánchez, J. (2021). Prueba preconstituida en las declaraciones de los menores y discapacitados, tras la LO 8/2021. *LA LEY Derecho de familia: Revista Jurídica sobre familia y menores, 32*, 2-15.

Comunicación efectiva y atención a la diversidad: fundamentos y perspectivas en el ámbito judicial y policial

MARÍA NIETO SOBRINO
Universidad Católica de Ávila

1. IMPORTANCIA DE LA COMUNICACIÓN Y ATENCIÓN ADECUADA

La diversidad se trata de una condición inherente que identifica al ser humano, constituye un conjunto de variaciones individuales que abarcan desde aptitudes y preferencias hasta necesidades y dificultades (Hammer & Lewis, 2023). Estas características individuales se definen porque se manifiestan en todos los ámbitos de la vida, incluido el jurídico policial, que se analizará en el presente capítulo. Por ello, la apreciación y atención adecuada hacia la diversidad se ha convertido en un aspecto de especial relevancia en la actualidad, todo ello con el fin de promover una sociedad justa e inclusiva, reflejo de un compromiso de los principios abordados en los Objetivos de Desarrollo Sostenible (ODS) de las Naciones Unidas (2018).

Centrando el foco de interés en la atención a la diversidad, en un enfoque especializado y orientado hacia el ámbito de la discapacidad, se entiende como un conjunto de acciones encaminadas a la correcta detección y respuesta a las necesidades que puedan presentar las personas con diversidad funcional en cualquier contexto (Hammer & Lewis, 2023; Mahadew & Hlalele, 2022). En este sentido, cabe destacar el ámbito jurídico y policial, en el cual se busca explorar y analizar la aplicación de la atención a la diversidad en la relación entre los intervinientes en un proceso judicial, los cuerpos de seguridad y las personas con discapacidad. Partiendo, tal y como se ha mencionado anteriormente, de la implicación y relevancia en los ODS, especialmente en el número 10 y 16, que influyen en esta dinámica, en tanto en cuanto el primero busca "reducir la desigualdad en y entre los países" y el segundo persigue la "paz, justicia e instituciones sólidas" lo que supone un pilar fundamental en la interacción entre las fuerzas de seguridad y las personas con discapacidad.

Por lo anteriormente mencionado, el presente capítulo pretende abordar la necesidad de manera específica de las "dimensiones" de la diversidad, entendidas como posibles dificultades de comunicación asociadas a la discapacidad. Todo ello con el fin de garantizar una interacción adecuada y respetuosas entre los operadores jurídicos, las fuerzas y cuerpos de seguridad y las personas con diversidad funcional, atendiendo a la necesidad de capacitación en comunicación efectiva, adaptación de procedimientos y protocolos y la sensibilización sobre las necesidades de las personas con discapacidad, destacando la importancia de la equidad, la justicia y la inclusión de las personas con diversidad funcional en estas interacciones.

2. RELEVANCIA EN EL CONTEXTO JUDICIAL Y POLICIAL

La comunicación desempeña un papel importante en el contexto judicial y policial, ya que ejerce un impacto determinante en la efectividad de los procesos y de las operaciones policiales, la interacción con la comunidad y el respeto de los derechos individuales.

Esta importancia se fundamenta en la comunicación eficaz, que desempeña un papel clave en la prevención y resolución de delitos, ya que permite la obtención de información de testigos, víctimas y sospechosos, lo que conduce a la adopción de medidas preventivas. Pero también en la armonización de un proceso justo, con todas las garantías, con una respuesta satisfactoria por parte del orden jurisdiccional a la hora de juzgar conductas en las que pudieran verse involucradas personas con algún tipo de discapacidad.

Del mismo modo, la relación de la policía con la comunidad se ve profundamente influida por la calidad de la comunicación, resultando este aspecto fundamental para la solución de problemas y la obtención de información relevante para el mantenimiento de la seguridad pública. En este sentido, cabe destacar que, en España, existe una legislación que aborda el acceso de las personas con discapacidad, incluyendo aquellas que presentan dificultades de comunicación, en la participación de actos jurídico-policiales.

Una de las leyes más relevantes en este contexto el Real Decreto 1414/2006, de 1 de diciembre, por el que se determina la consideración de persona con discapacidad a los efectos de la ley 51/2003, de 2 de diciembre, de Igualdad de oportunidades, no discriminación y accesibilidad universal de las personas con discapacidad. Donde se establecen los principios de igualdad y no discriminación en todos los ámbitos de la vida. En esta normativa, se establece la obligación de adopción de medidas específicas para garantizar la igualdad de oportunidades y evitar o compensar las desventajas que puedan sufrir las personas con discapacidad en el acceso a la vida política, económica, cultural y social, entendida también la justicia y la protección policial.

Además, en España, las personas con discapacidad tienen derechos protegidos por la Convención Internacional sobre los Derechos de las Personas con Discapacidad de las Naciones Unidas, ratificada por España el 3 de diciembre de 2007. Esta Convención reconoce el derecho de las personas con diversidad funcional a acceder a la justicia en igualdad de condiciones que los demás, y establece medidas para garantizar que así puedan ejercerlos.

En el ámbito más específico de la comunicación, resulta relevante la Ley 27/2007, de 23 de octubre, por la que se reconocen las lenguas de signos españolas y se regulan los medios de apoyo a la comunicación oral de las personas sordas, con discapacidad auditiva y sordociegas. Esta ley reconoce el derecho de las personas con discapacidad auditiva a utilizar la lengua de signos española (LSE), y establece la obligación de los poderes públicos de proporcionar medios de apoyo a la comunicación oral en los procesos judiciales y policiales.

En definitiva, la comunicación efectiva en el ámbito judicial y policial se erige como un instrumento fundamental que genera una gran repercusión. En este sentido, se suscita la necesidad de ampliar la normativa que abarca este dominio, así como la creación de programas de sensibilización y capacitación judicial y policial. La optimización de las habilidades comunicativas dentro del marco de la aplicación de la ley no solo aporta a la eficiencia operacional y la cooperación ciudadana, sino que actúa como un medio para salvaguardar los derechos individuales y promover una cultura de interacción respetuosas y equitativa en el ámbito judicial y policial.

3. BARRERAS EN LA COMUNICACIÓN CON PERSONAS CON DISCAPACIDAD

Tal y como se ha indicado con anterioridad, pueden ser muchas las personas que presentan o pueden llegar a presentar algún problema de comunicación. Sin embargo, antes de avanzar, conviene entender la diferencia existente entre los conceptos de comunicación y lenguaje.

Se entiende por *comunicación* al acto de transmitir información a partir de cualquier método que no tiene por qué ser necesariamente el habla. Es una capacidad innata del ser humano y de los animales, que puede manifestarse de múltiples formas (mirada, gestos, palabras...). Autores como Bellugi (1991) y Kovshar et al. (2020), establecen que la comunicación conlleva una intención comunicativa, la concordancia de ideas y la existencia de un lenguaje para lograr una correcta comprensión entre los interlocutores.

En este sentido, el *lenguaje* es un sistema exclusivamente humano que permite la transmisión de la información mediante signos codificados que denotan deseos, ideas y emociones (Acosta, 1997). Un aspecto característico de su aprendizaje es que se adquiere gracias a la interacción social, lo que le convierte en una herramienta esencial para la comunicación, cuya efectividad se respalda en la intencionalidad, el simbolismo y las reglas estructurales. En base a esto se establece la teoría de Bulhër, el cual establece las tres funciones del lenguaje:

- Conativa: capacidad para captar la atención.
- Expresiva: medio para expresar deseos y emociones.
- Representativa: forma de transmitir la información de manera más detallada.

En esta línea, se debe entender que, a lo largo de la vida cotidiana, van a aparecer diversas formas de comunicación, cuya relevancia se acentúa cuando las barreras se interponen en este proceso.

Estas barreras, pueden presentar distintos orígenes y naturaleza que abarcan desde factores *ambientales*, diferencias *verbales* entre los interlocutores y barreras de *interpretación interpersonal*. Estos obstáculos pueden comprometer la comprensión y la fluidez en cualquier acto comunicativo, de cualquier ámbito.

En respuesta a los desafíos que puedan aparecer y considerando la perspectiva de la discapacidad, cabe considerar los Sistemas Alternativos y/o Aumentativos de Comunicación

(SAAC), que se presentan como una herramienta valiosa que ofrece un apoyo para abordar cualquier dificultad que pueda surgir en la interacción comunicativa con personas con discapacidad (Basil et al., 1998; Bellugi, 1991).

En el contexto específico del ámbito judicial y policial, donde la precisión y la claridad en la comunicación resulta primordial, la necesidad de uso de los SAAC se acentúa aún más. La interacción entre los operadores jurídicos, las fuerzas de seguridad y las personas con discapacidad, puede presentar desafíos particulares en términos de comprensión y garantía de derechos. La interacción entre estos intervinientes y las personas con discapacidad puede presentar desafíos en términos de comprensión y garantía de derechos. De ahí que los SAAC se establecen como un recurso fundamental para asegurar que todas las partes involucradas puedan comunicarse forma efectiva y sin obstáculos.

En esta línea, es importante esclarecer que existen distintos modos de comunicación humana (Peña-Casanova, 2001): *verbal* (caracterizada por una comunicación lingüísticamente estructurada como es el caso de la lengua oral o de signos), *no verbal* (presente en personas que, por su condición, presentan un lenguaje que no cumple con los requisitos formales, como en diagnósticos graves de esquizofrenia), *vocal* (con emisión de voz) y *no vocal* (sin emisión de voz).

Por eso, la implementación de los SAAC en el ámbito judicial y policial contribuye no solo a la eliminación de barreras comunicativas, sino que promueve la equidad y justicia, así como garantiza que las personas con diversidad funcional tengan igualdad de acceso a los procesos legales y a los servicios de seguridad.

4. PRINCIPIOS DE COMUNICACIÓN EFECTIVA

El lenguaje se configura como un sistema de comunicación y socialización inherente a la naturaleza humana. Se caracteriza por constituir un conjunto de signos lingüísticos que posibilitan la expresión de ideas, emociones, deseos y experiencias, desempeñando una función primordial en la construcción de la comunicación y la interacción social (Kovshar et al., 2020). Su finalidad radica en el establecimiento de conexiones comunicativas que permitan a los individuos relacionarse y desenvolverse en el entorno social (Yesnazar et al., 2021). Sin embargo, es importante reconocer que no todas las personas presentan una habilidad comunicativa efectiva. Esta realidad impulsa la necesidad de recurrir a formas alternativas de comunicación, conocidas como Sistemas Alternativos y/o Aumentativos de Comunicación (SAAC), los cuales se describirán posteriormente.

Los SAAC persiguen un objetivo central: posibilitar una comunicación más inclusiva y precisa. Su implementación desempeña una función fundamental en la construcción de un entorno jurídico y policial que garantice la integridad y los derechos de todas las personas, independientemente de su capacidad comunicativa. Estos sistemas se presentan como herramientas esenciales para fomentar la equidad en la comunicación y permitir que todas las personas sean escuchadas y comprendidas (Sotillo, 2003).

Dentro del marco de las interacciones entre lenguaje y pensamiento, surge un análisis similar con relación al uso de los SAAC. Diversos enfoques teóricos emergen en los ámbitos social y jurídico para examinar esa interacción. Sin embargo, la conclusión es que el lenguaje asume un papel esencial en la edificación de la comunicación y la generación de pensamiento. Las formas de expresión y comunicación ejercen una influencia en la percepción pública, la cooperación y el adecuado funcionamiento de la sociedad, los mecanismos jurídicos y las fuerzas de seguridad.

En conclusión, la comunicación efectiva se erige como un pilar fundamental en todos los ámbitos de la vida, incluyendo el judicial y policial. Para lograrla, se debe atender a principios esenciales como: claridad en la expresión, empatía en la escucha, adecuación al contexto y a las necesidades de los interlocutores, y la adaptación de los medios comunicativos según las capacidades de cada individuo. Además, la consideración de las diferencias individuales y el respeto por la diversidad lingüística y comunicativa son fundamentales para construir puentes de comprensión y cooperación.

En el caso de los SAAC, la comunicación efectiva se vincula a la selección adecuada de las herramientas según las necesidades y capacidades de cada persona. La implementación de estos sistemas exige una comprensión profunda de las particularidades individuales y una disposición a crear un entorno inclusivo que proporcione oportunidades de expresión y participación equitativas (Torres, 2011). Por eso, la comunicación efectiva, tanto en el lenguaje convencional como en el uso de los SAAC, trasciende las barreras y mejora el entendimiento y la colaboración de toda la sociedad en el ámbito jurídico y policial.

4.1. Adaptación a diferentes capacidades

En un mundo diverso y en constante evolución, donde la inclusión adquiere gran importancia, la adaptación de la comunicación se vuelve esencial para asegurar que todas las personas, independientemente de sus capacidades, puedan participar plenamente en la interacción social. Esto demuestra que la comunicación efectiva es un pilar elemental para la inclusión y el entendimiento entre las personas. En este contexto, los SAAC anteriormente mencionados, se presentan como una posible solución innovadora para facilitar la expresión y comprensión de aquellas personas que presentan dificultades en el habla o el lenguaje, y se enfrentan al gran desafío del correcto uso del lenguaje oral convencional (Sotillo, 2003; Torres, 2011).

En esta línea, es necesario destacar que, dentro del espectro de las discapacidades que afectan a la comunicación, existen distintos niveles y formas de afectación. Esto conlleva que algunas personas puedan comprender el lenguaje hablado, pero carezcan de la capacidad de comunicarse de manera verbal. En estos casos, el uso de los SAAC proporciona una vía para expresar sus pensamientos, emociones y necesidades de manera efectiva, utilizando medios adaptados a sus habilidades cognitivas y motoras.

Destacan algunos autores como von Tetzchner y Martisen (1993), que proponen una clasificación de tres categorías de individuos que, por el cuadro patológico del diagnóstico, podrían beneficiarse del uso estos métodos alternativos de comunicación:

- *Personas con una comprensión sólida del lenguaje:* aquellas que entienden al interlocutor, pero carecen de la capacidad para comunicarse correctamente de manera oral debido a la presencia de trastornos del lenguaje como disartrias, como comorbilidad asociada a la discapacidad de tipo motora.
- *Personas que necesitan la comunicación alternativa para la expresión y comprensión del lenguaje:* este grupo abarca individuos para quienes el uso del lenguaje oral es extremadamente difícil o imposible, debido a diagnósticos como TEA, discapacidad intelectual o sensorial de tipo auditiva.
- *Personas que necesitan un lenguaje de apoyo:* donde se incluyen aquellos que pueden hablar de manera limitada, pero los mensajes no son comprendidos con certeza, como es el caso de los trastornos del habla y del lenguaje.

La versatilidad de los SAAC hace que no solo las personas con discapacidad se puedan beneficiar de su uso y manejo, sino que, a nivel social, puede producirse un uso generalizado de ellos, especialmente en algunos ámbitos como el judicial y policial. Algunos ejemplos de personas sin discapacidad que pueden beneficiarse de las ventajas de los métodos de comunicación alternativos en este contexto pueden ser:

- *Testigos o víctimas con barreras idiomáticas:* el uso de imágenes, símbolos o aplicaciones de traducción podrían ayudar a superar las barreras lingüísticas y permitir una comprensión más efectiva en situaciones de atención al ciudadano o en declaraciones.
- *Comunicación en entornos ruidosos:* en aquellos escenarios donde el ruido ambiental es alto, como manifestaciones o eventos deportivos, las comunicaciones verbales poder ser difíciles, por lo que los SAAC podrían ofrecer una alternativa para transmitir mensajes de manera efectiva sin depender del habla.
- *Formación y concienciación:* de manera independiente a los casos anteriormente descritos, los SAAC también podrían utilizarse en programas de formación judicial, policial y concienciación pública. Mediante representaciones visuales claras, los mensajes podrían ser transmitidos de forma más efectiva y comprensible en formaciones, charlas, talleres y materiales educativos.

En resumen, los SAAC tiene como objetivo proporcionar términos alternativos de expresión y comprensión adaptados a las capacidades individuales de los posibles usuarios, con o sin discapacidad en el uso del lenguaje oral. Su capacidad de uso en el ámbito judicial y policial ofrecería algunos beneficios clave, más allá de la mejora de la comunicación, mayor accesibilidad o la superación de barreras lingüísticas.

Ayudaría a la agilización de procedimientos de interacción y toma de decisiones, como por ejemplo dar instrucciones rápidas en situaciones de emergencia. Además, mejoraría la concienciación pública, a partir del uso en campañas, lo que puede contribuir a una comprensión más amplia de las normas y la cooperación con las autoridades. En este último caso, cabe destacar el ámbito de la toma de declaraciones y registros, donde los SAAC pueden permitir a las personas proporcionar información de manera detallada, y precisa.

En el ámbito de los procedimientos legales, los Sistemas Aumentativos y Alternativos de Comunicación (SAAC) pueden tener un papel crucial. Por ejemplo, pueden habilitar a una persona con problemas de comunicación para expresar sus ideas y emociones de forma más eficaz durante un juicio. Además, los SAAC pueden mejorar la interacción entre los distintos actores en un procedimiento legal, lo que puede resultar en un proceso más equitativo y justo.

Es vital subrayar que la incorporación de los SAAC en los procedimientos legales exige una formación apropiada de los profesionales jurídicos, así como un entendimiento y respeto por las necesidades de comunicación de cada individuo.

En definitiva, los SAAC tienen el potencial de enriquecer la comunicación y la interacción en el ámbito judicial y policial, contribuyendo a un entorno más seguro, eficiente y respetuoso para todas las personas involucradas.

4.2. Métodos de comunicación alternativos y/o aumentativos

Tal y como se he referenciado con anterioridad, se hace necesario un conocimiento sobre el uso y manejo de los SAAC entre la sociedad. Sin embargo, este hecho es aún más importante en aquellos contextos donde la comunicación tiene que ser más precisa y efectiva, como es el ámbito judicial y policial, donde el uso de estos métodos adquiere un valor significativo al asegurar que todas las personas, independientemente de que presenten o no dificultades de comunicación, puedan participar de manera plena en los procesos legales.

Sin embargo, antes de conocer los distintos métodos de comunicación alternativa, es necesario conocer la definición que autores como Tamarit (1989) han dado sobre los SAAC, entendidos como herramientas de intervención diseñadas para individuos que presentan diversas alteraciones en la comunicación y/o el lenguaje, y cuyo objetivo principal radica en enseñar a sus posibles usuarios un conjunto estructurado de códigos no vocales, que pueden requerir o no de soporte físico.

Estos códigos no vocales, enseñados mediante procedimientos de instrucción adecuados, no solo posibilitan funciones de representación, sino que también actúan como medios para llevar a cabo actos comunicativos funcionales, espontáneos y generalizables. Estos códigos no vocales pueden operar de manera independiente o en colaboración con códigos vocales, así como brindar apoyo parcial a estos últimos. Además, pueden complementarse con otros códigos no vocales, enriqueciendo la diversidad y eficacia de la comunicación (de ahí la versatilidad de uso de manera alternativa y/o aumentativa; Tamarit, 1989).

Todas estas características resaltan la flexibilidad y adaptabilidad de los SAAC a las necesidades específicas de cada individuo, independientemente del contexto de aplicación. Estos atributos son los que fundamentan la distinción y clasificación de los Sistemas Alternativos y/o Aumentativos de Comunicación en dos categorías: aquellas que involucran el uso de recursos externos y aquellas que no lo requieren. Y también, esta diferenciación se basa en la capacidad de los SAAC para proporcionar apoyo adicional mediante dispositivos o herramientas externas, o para facilitar la comunicación directa a través de medios no vocales, reflejando la diversidad de enfoques que se adaptan a las distintas necesidades comunicativas y situaciones.

- *SAAC sin ayuda:* o sistemas de comunicación no asistida. Estos métodos de comunicación emplean señales, símbolos o gestos que permiten una comunicación directa y fluida, sin necesidad de utilizar dispositivos externos al propio cuerpo. Esta categoría de sistemas de comunicación se subdivide en distintas formas, cada una representando un enfoque específico de la interacción no asistida. A través de esta clasificación se logra comprender la variedad y eficacia de los métodos comunicativos que operan independientemente de recursos externos, contribuyendo así a la diversidad de alternativas que enriquecen la interacción comunicativa en diversas situaciones y contextos.
  - *Lengua de Signos o Lengua de Señas (LSE):* es un destacado ejemplo de SAAC sin ayuda, conocido ampliamente por la sociedad debido a su adopción dentro de la comunicad sorda. Esta forma de comunicación se caracteriza por su naturaleza no vocal y el uso de gestos manuales para la elaboración y transmisión del mensaje, prescindiendo de la emisión de voz y de elementos externos al cuerpo. La lengua de signos se erige por un lenguaje autónomo y natural, empleado por la comunidad sorda (pero no exclusivo de esta), y posee expresiones idiomáticas particulares propios de la lengua de signos (Cecilia, 2007).

Consta de una serie de signos gestuales articulados con las manos, acompañados por expresiones faciales y movimientos labiales sin emisión de voz, miradas intencionales y movimientos corporales, que dotan de sentido al mensaje (Cecilia, 2000).

La lengua de señas se compone de signos que pueden dividirse en: *transparentes,* comprensibles por individuos que no estén familiarizados previamente con su significado, y *traslúcidos,* los cuales requieren de una explicación previa de su significado. En esta línea, es necesario resaltar que la lengua de signos no debe confundirse con la mímica, ni tampoco puede considerarse una forma de comunicación universal. Por lo tanto, hay que resaltar que, para garantizar una adecuada aplicación de la lengua de signos en el contexto jurídico policial, es necesario que los profesionales adquieran formación específica en su uso y comprensión.

- *Dactilología:* también conocido como "deletreo manual", es un sistema que utiliza configuraciones manuales para representar las letras del alfabeto. Es considerado como una forma de "escritura en el aire" y se utiliza para deletrear palabras nuevas, en presentaciones para indicar el nombre o para términos difíciles de expresar con señas. Al igual que sucedía con la lengua de signos, los principales usuarios de este sistema son las personas con discapacidad auditiva y cada idioma tiene su propio alfabeto dactilológico, generalmente realizado con una mano. Cabe destacar que este sistema puede ayudar en el aprendizaje del lenguaje escrito y en situaciones en las que no existen signos específicos para ciertas palabras. Se compone de 29 posiciones manuales y si utiliza junto con la lengua de signos para suplir la falta de signos. Además, puede complementarse con articulación oral y lectura labial (Cecilia, 2007).

Es importante que la sociedad tenga en cuenta que además de la dactilología, existe una variante llamada dactilológico en palma, cuyos usuarios mayoritarios son las personas sordociegas (Espejo, 1995).

- *Dactilológico en palma:* se trata de un sistema que implica realizar configuraciones manuales en la palma de la mano para representar letras o palabras específicas (Álvarez, 1990). Debe considerarse que las configuraciones se adaptan en la palma de la mano, para que el interlocutor las sienta, ya que no pueden realizarse en el aire (Arroyo, 1990). Se trata de una técnica muy compleja, pero a la vez muy útil especialmente situaciones de comunicación discreta o en espacios reducidos.

- *Palabra Complementada o Cued Speech:* se utiliza para facilitar la comunicación entre oyentes y personas con discapacidad auditiva, sin reemplazar el lenguaje oral. Se caracteriza por el uso de ocho configuraciones manuales para la representar las consonantes y tres posiciones de las manos en la cabeza para indicar vocales (Kipila, 1985; Torres, 1988). Al igual que la lengua de signos requiere de una lectura labial para reforzar el lenguaje, pero a pesar de las similitudes que presentan ambos SAAC son totalmente diferentes.

  Este modelo de comunicación complementa el lenguaje oral con signos manuales sincronizados con el habla (Clarke & Ling, 1976). Esta técnica permite mejorar la percepción de fonemas y contribuye a una comprensión más completa del mensaje gracias a la sincronización entre los movimientos de las manos y la producción de sonidos verbales o la lectura labial (Alegría et al., 1995).

  Se trata de un recurso efectivo para la comunicación en cualquier entorno, especialmente en los educativos, terapéuticos y sociales, por lo que se puede considerar su uso en el ámbito jurídico y policial, para promover la interacción y comprensión entre individuos con diversidad funcional y sus interlocutores.

- *SAAC con ayuda:* o sistemas de comunicación asistida. Al contrario que los SAAC anteriormente descritos, implican el uso de elementos como dispositivos electrónicos, tableros de comunicación u otros medios físicos para facilitar la comunicación de personas con dificultades en el habla o el lenguaje. Estos sistemas proporcionan un apoyo adicional que permite la expresión de ideas, deseos y necesidades de forma más efectiva. En este sentido, es necesario destacar que estas características ayudan a la clasificación de los sistemas pertenecientes a esta categoría, los cuales según Basil y colaboradores (1988) se diferencian por la representatividad de los elementos utilizados y la complejidad lingüística del sistema de comunicación.

- *Sistemas de comunicación por intercambio de imágenes (PECS):* más comúnmente conocido bajo el término de "pictogramas". Su objetivo es facilitar la comunicación de personas con diversidad funcional, principalmente con el diagnóstico de Trastorno de Espectro Autista (TEA), discapacidad intelectual, motora u otras dificultades de comunicación (VV.AA., 1993).

  A pesar de la aparente facilidad de uso, debido al intercambio de símbolos, el aprendizaje se encuentra pautado y estructurado en seis fases:

  - Introducción del intercambio comunicativo
  - Reforzamiento de la persistencia en la comunicación
  - Discriminación, selección y orden de imágenes para construir frases
  - Estructuraciones de oraciones y uso de modificadores
  - Respuesta a las preguntas
  - Comentarios sobre el entorno y comprensión de preguntas complejas

Posiblemente este sistema es una de las herramientas más útiles en el contexto jurídico policial, debido a su capacidad para facilitar la comunicación con personas con diversidad funcional o que presenten dificultades de comunicación. Se trata de un SAAC que podría ayudar a obtener información precisa en situaciones donde la comunicación convencional puede ser limitada o confusa. Además, su uso puede contribuir a reducir la ansiedad que estas personas podrían experimentar al interactuar con la policía, al brindarles una forma más accesible y cómoda de comunicación. Sin embargo, y tal y como se ha redactado anteriormente, es importante considerar que la efectividad del PECS (o de cualquier SAAC), dependerá de la formación adecuada de los interlocutores, en este caso los agentes de policía.

- *Símbolos Pictográficos para la Comunicación (SPC):* se encuentra formado por un conjunto de símbolos caracterizados por su sencillez en el trazo y capacidad para representar conceptos en la comunicación humana. Uno de los aspectos definitorios del sistema SPC es el diseño cerrado, lo que significa que no se pueden crear nuevos símbolos. Sin embargo, son fáciles de aprender y diferenciar y se seleccionan en función de las necesidades del usuario (VV. AA., 1994). Cabe destacar la necesidad de formación sobre el manejo e interpretación de este sistema. Sin embargo, para aquellas personas tengan que comunicarse de forma esporádica con los usuarios de este sistema, deben tener en cuenta los siguientes aspectos característicos de este sistema:
  - La organización en categorías gramaticales mediante colores: amarillo (personas), verde (verbos), azul (descriptivos), naranja (nombres), rosa (social) blanco (social).

    - Los símbolos se pueden presentar en dos tamaños combinables entre sí: 5cm x 5cm para palabras de uso habitual y 2,5cm x 2,5cm para el resto de las palabras.
    - Carece de sintaxis propia, pero ello no impide la creación de oraciones simples y breves.
    - La comunicación es un poco más lenta y está limitada por la memoria y atención del usuario, además no es adecuada para conversaciones con varios interlocutores.

- *Sistema PICSYMS:* al igual que el anterior SAAC, se presenta como un conjunto de símbolos organizados alfabéticamente en un diccionario, junto con instrucciones para su reproducción y la creación de nuevos símbolos según las normas de este sistema. Se trata de un sistema cuyo conjunto de símbolos representan palabras y conceptos comunes que resultan útiles para aquellas personas que presentan dificultades del lenguaje o que no han sido iniciadas en la lectura. Este sistema puede ser empleado en diversos contextos, sin embargo, al igual que los sistemas anteriores presenta como limitación principal, la necesidad de formación de las personas cercanas a los usuarios para que puedan conocer y comprender el sistema y garantizar así una comunicación efectiva, a pesar de la lentitud en el proceso comunicativo, debido a la selección de símbolos y la atención requerida para su uso.
- *Pictogramas, Ideogramas y Comunicación (PIC):* al igual que los anteriores sistemas, consta de símbolos basados en representaciones visuales blancas sobre fondo negro que representan objetos y significados de fácil interpretación. Este sistema está diseñado para ser utilizado por personas con dificultades o ausen-

cia de lenguaje oral, trastornos del lenguaje, TEA o discapacidad intelectual. Sin embargo, a pesar de la existencia de este sistema, su uso podría ser limitado en el ámbito policial, debido a la necesidad de formación específica y la disponibilidad de tiempo para la comunicación.

- *Sistema BLISS:* es un sistema que consta de un conjunto de símbolos básicos y tiene como objetivo mejorar la comunicación. Estos símbolos se encuentran recogidos en un diccionario, agrupados por categorías pictográficas, ideográficas y arbitrarias. Se trata de un sistema que permite la creación de nuevas palabras gracias a la combinación de símbolos y utiliza una sintaxis propia para formar frases (Bailey, 1987). Para la creación del mensaje existe una distribución ordenada de los símbolos en el tablero, siguiendo las categorías semánticas y sintáctica para lograr un uso eficiente en la comunicación. Cabe destacar que este sistema se enfoca en facilitar y promover la comunicación más que en el aprendizaje de los símbolos. En general, el sistema Bliss puede ser útil en contextos de comunicación general, pero en el contexto jurídico y policial los símbolos de este sistema podrían no ser lo suficientemente detallados o precisos para abordar conceptos legales o situaciones policiales complejas.
- *Sistema Braille:* se trata de un sistema de lectura y escritura y escritura diseñado especialmente para las personas con discapacidad visual. Se puede considerar un alfabeto en relieve que se percibe con las yemas de los dedos (Rosa & Ochaita, 1993). Consiste en pequeños puntos elevados, colocados en dos filas verticales de tres puntos cada una, y cuya combinación de puntos representa una letra del alfabeto, número o signos especiales (puntuación, interrogación,

admiración...). Se trata de un SAAC específico para personas ciegas o sordociegas, ya que les permite leer y escribir de una forma alternativa a la convencional (Arroyo, 1990). Esta característica hace que la escritura sea de dos formas: *manual* mediante el uso de un punzón y una regleta especializada con cajetines, o mediante la *máquina Perkins,* caracterizada por tener solo seis teclas (una para cada uno de los puntos del cajetín generador de braille), que permite una escritura más rápida y precisa que la manual (Bueno & Toro, 1994). Se trata, en definitiva, de uno de los SAAC con ayuda más conocidos en todo el mundo. Se trata de una ayuda a las personas con discapacidad visual a comunicarse y expresarse de manera única, ofreciéndoles autonomía en muchos ámbitos de la vida cotidiana.

5. APLICACIÓN PRÁCTICA EN EL INTERROGATORIO JUDICIAL Y POLICIAL

Ciertamente, el manejo de los sistemas que acabamos de enumerar, no se puede exigir ni se puede esperar que lo dominen los miembros de la judicatura, la fiscalía, los letrados o los cuerpos policiales. Pero ciertamente, se pueden procurar las herramientas y la ayuda que pueden proporcionar profesionales que auxilien a los operadores jurídicos o policiales en esta tarea. Se trata de servicios a los que se recurre para poder dar cumplimiento al derecho al acceso a la justicia de las personas con algún tipo de discapacidad.

Por ejemplo, durante un juicio, se garantiza a las personas con discapacidad auditiva el derecho a la asistencia de un intérprete de lengua de signos. Este servicio se proporciona para superar las barreras de comunicación entre las personas sordas y las que no conocen la lengua de signos.

El objetivo del servicio de interpretación en el contexto jurídico es satisfacer todas las necesidades de interpretación en lengua de signos durante los procedimientos judiciales. Para solicitar este servicio, se debe hacer a través del juzgado correspondiente, ya sea personalmente o por medio de un abogado. Además, dentro de los cambios que se introdujeron en la Ley 1/2000, de 7 de enero, de Enjuiciamiento Civil, se contempla la presencia de intérpretes de lengua de signos y otros medios de apoyo a la comunicación que pueda necesitar una persona sorda durante un juicio.

En un interrogatorio judicial o policial, el trato hacia una persona con discapacidad requiere consideración y respeto. En primer lugar, el reconocimiento de la dignidad humana. Es crucial interactuar con la persona con discapacidad de manera respetuosa y natural, dirigiéndose directamente a ella y no a su acompañante, y utilizar para ello un tono de voz normal.

La entrevista debe ser adaptada. Es decir, durante la comparecencia, se llevará a cabo una entrevista entre la autoridad judicial o policial y la persona con discapacidad. Dependiendo de su situación, esta última podrá informar sobre las diferentes opciones disponibles para recibir el apoyo que necesita.

No hay que olvidar escoger el soporte adecuado, de modo que, para determinar el apoyo más adecuado y respetuoso con la autonomía individual, el juez o el policía debe hacerse una idea de la vida pasada, presente y futura de la persona con discapacidad. Para ello, será esencial que el juez, por ejemplo, conceda audiencia a los familiares más cercanos.

También, el lenguaje empleado debe ser directo y sencillo, evitando con ello utilizar frases largas, incomprensibles, metáforas, dobles negaciones o preguntas muy elaboradas.

Cabe señalar aquí, apelando a las últimas modificaciones legales y el impacto que puede tener sobre esta cuestión, que la Ley 8/2021, de 2 de junio, que reforma la legislación civil y procesal para apoyar a las personas con discapacidad en el ejercicio de su capacidad jurídica, elimina las incapacitaciones judiciales tal como las conocemos. Esto significa que la persona con discapacidad puede tomar sus propias decisiones sin necesidad de estar completamente sometida a la figura de un tutor, lo que avanza hacia el reconocimiento del derecho de la persona con discapacidad para poder pronunciarse ante cuestiones de afectación directa, en los términos en los que pueda considerarse como decisión libre.

La legislación civil y procesal, por tanto, ha experimentado un progreso notable con la introducción de la Ley 8/2021 del 2 de junio, pero esta Ley no sólo incorpora medidas de apoyo para las personas con discapacidad, permitiéndoles ejercer su capacidad jurídica, sino como parte de esta reforma, se ha introducido el papel del facilitador judicial, una figura clave que garantiza que las personas con discapacidad reciban el apoyo necesario durante los procedimientos judiciales.

El facilitador judicial tiene como objetivo asegurar que las personas con discapacidad puedan participar en los procedimientos judiciales en igualdad de condiciones con las demás partes, garantizando así el derecho fundamental a la tutela judicial efectiva. Con ello, el facilitador judicial acompañará y apoyará a la persona con discapacidad durante todo el proceso judicial, informándole, p.e., de los plazos existentes, los derechos de la persona y las acciones que puede emprender, además de asistir y hacer el proceso más accesible, garantizando la igualdad durante todo el procedimiento judicial.

Cabe añadir, en este apartado, algunas consideraciones en relación a cómo realizar el interrogatorio en sede judicial o policial con personas que presentan discapacidad, en cuanto a la forma, empezando por destacar que es importante familiarizarse con la discapacidad y con ello, conocer los principales tipos de discapacidad y su denominación. No es necesario devenir en un experto, pero ciertamente, este conocimiento ayudará, sin duda, a llevar a cabo las diligencias con mayor profesionalización y especialización.

También, se debe generar un clima de confianza y aquí, la actitud del que entrevista o toma declaración es vital, pues puede afectar al comportamiento de la persona con discapacidad que pueda ser autor, víctima o testigo de un hecho delictivo y eso, puede determinar el curso de la declaración.

Aunque parece algo obvio, hay que recordar que se deben evitar términos que en sí mismos se encuentren desactualizados o resulten ofensivos, apostando por un lenguaje inclusivo con el que la persona que declara no se sienta incómoda. Aquí también va unido la prohibición implícita de preguntar directamente por la discapacidad que sufre, salvo que sea un aspecto relevante y su introducción en las preguntas sea oportuna y así sea visto por la persona. En todo caso, la actuación con naturalidad es algo esencial, pues la declaración debe fluir como se haría con cualquier otra persona que no presentara discapacidad.

Por último, desde una concienciación plena de la importancia de que las personas con discapacidad puedan participar plenamente en los procesos en igualdad de condiciones, se ha de buscar adaptar los espacios y asegurar la accesibilidad, tanto en sede física como en cualquier plataforma virtual.

6. CAPACITACIÓN Y SENSIBILIZACIÓN EN CONTEXTOS JUDICIALES Y POLICIALES

Tal y como se ha podido evidenciar, el uso e interpretación de la comunicación alternativa no es una tarea sencilla. En el caso de las personas usuarias de los SAAC, el primer contacto para su aprendizaje supone la creación de contextos controlados que permitan prever los acontecimientos futuros, para luego ejercer el control sobre las acciones en cualquier ámbito. Por eso, resulta importante emplear actividades que involucren estrategias fundamentales de comunicación como la anticipación, la elección y la representación (Rosa & Ochaita, 1993).

En base a lo anterior, es necesario tener en cuenta estos aspectos para sensibilizar y capacitar a los operadores jurídicos y a los policías sobre el uso y manejo de los SAAC, en el ámbito judicial y policial. Este hecho no es tarea fácil, por lo que para lograrlo se pueden implementar estrategias como:

- Programas de formación específica que aborden la comprensión de los diferentes tipos de discapacidades y cómo estas pueden afectar a la comunicación. Esto permitía a los operadores jurídicos y policías reconocer situaciones en las que los SAAC podrían ser necesarios.
- Organizar actividades de sensibilización social, judicial y policial, sobre las necesidades y desafíos, que las personas con diversidad funcional pueden presentar en el ámbito de la comunicación.
- Simulaciones, que les permitan a los operadores jurídicos y policías enfrentarse a situaciones donde tengan que hacer uso de los SAAC. Esto les brindará una perspectiva más profunda sobre los desafíos y beneficios de estos sistemas.
- Desarrollar protocolos claros sobre cómo interactuar con personas que utilizan SAAC en diferentes situaciones legales y policiales, como en interrogatorios en sede policial o judicial, detención o asistencia en emergencias.
- Facilitarles la oportunidad de realizar prácticas supervisadas para que puedan practicar la comunicación con personas usuarias de los distintos SAAC.

- Proporcionarles recursos y materiales de referencia, para que puedan consultarlos y mejorar su conocimiento y habilidades de uso.

La combinación de estos enfoques permitirá a los operadores jurídicos y a las fuerzas y cuerpos de seguridad, adquirir las competencias necesarias para interactuar de manera efectiva y respetuosa con todas las personas.

CONCLUSIONES

En el marco de la labor judicial y policial, la comunicación efectiva resulta un pilar fundamental para superar fronteras y desafíos. A lo largo de este capítulo se ha destacado la importancia de la comunicación y la atención adecuada de todas las personas, especialmente enmarcada en el contexto judicial y policial.

Además, se han explorado las barreras que pueden surgir al comunicarse con personas con diversidad funcional, quedando patente que, en situaciones de crisis, la comunicación, desempeña un rol crucial en la gestión efectiva de la misma. Por lo que la información oportuna y clara proporcionada por los operadores jurídicos y las autoridades policiales contribuye a mantener la calma, minimizar la confusión y guiar las actuaciones de manera adecuada. Este hecho refleja la necesidad de capacitar y sensibilizar a los diversos intervinientes para superar las posibles barreras que puedan surgir en las interacciones.

Por eso, la capacitación y sensibilización de los operadores jurídicos y de las Fuerzas y Cuerpos de Seguridad se alcanza como un factor determinante para un cambio positivo en el proceso de comunicación. Por lo que dotarlos con conocimientos sobre discapacidad y estrategias de comunicación inclusiva no solo mejora su competencia profesional, sino que construye alianzas entre estos agentes jurídicos y policiales y la sociedad.

En última instancia, hay que destacar que el uso de SAAC en el proceso de comunicación efectiva en el contexto policial, promueve una sociedad más justa y equitativa. Por lo que la búsqueda constante de mejorar las habilidades de comunicación y la disposición para aprender y evolucionar resulta esencial para crear una sociedad más inclusiva.

REFERENCIAS BIBLIOGRÁFICAS

Acosta, V. M. (1997). *Evaluación del lenguaje.* Aljibe

Alegría, J., Charlier, B. L., & Mattys, S. (1995). The role of lip-reading and Cued Speech in the processing of phonological information in deaf children. *European Journal of Cognitive Psychology, 11*(1), 123-146.

Álvarez, D. (1990, julio). *La sordoceguera. Sistemas de comunicación.* [Ponencia]. Curso de Formación para Profesores de alumnos sordociegos, ONCE, Madrid.

Arroyo, J. (1990, julio). *Ayudas técnicas para la discapacidad visual y la sordoceguera.* [Ponencia]. Curso de Formación para Profesores de alumnos sordociegos, ONCE, Madrid.

Bailey, P. (1987). *"Bliss" Ideas Book. Blissymbolics Communication Resource Centre.* Cardiff.

Basil, C.; Soro, E., & Rosell, C. (1998). *Sistemas de signos y ayudas técnicas para la comunicación aumentativa y la escritura: principios teóricos y aplicaciones.* Masson.

Bellugi, U. (1991). Language and cognition: what hands reveal about the brain: presidential special address. *Society of Neuroscience Abstracts, 17,* 581.

Bueno, M., & Toro, S. (1994). *Deficiencia Visual. Aspectos Psicoevolutivos y Educativos.* Aljibe.

Cecilia, A. (2000). *Manual práctico para el entendimiento de la comprensión labiolectora* (2.ª edición). CEPE.

Cecilia, A. (2007). *Mil palaras con las manos ... del léxico signado español. Introducción al estudio de su aplicación directa en la educación de los sordos* (5.ª ed.). CEPE.

Clarke, B. R., & Ling, D. (1976). The effects of using Cued Speech: a follow up story. *Volta Review, 78*(1), 23-34.

Espejo, B. (1995). *La sordoceguera: una forma de interpretar la realidad.* CECJA.

Hammer, T., & Lewis, A. L. (2023). Which competencies should be fostered in education for sustainable development at higher education institutions? Findings from the evaluation of the study programs at the University of Switzerland. *Discover Sustainability, 4*(19). https://doi.org/10.1007/s43621-023-00134-w

Kipila, B. (1985). Analysis of an oral language sample from a prelingually deaf child's Cued Speech: A case study. *Cued Speech Annual, 1*, 46-59.

Kovshar, O., Inshakova, I., & Inshakov, A. (2020). Basic Aspects of Children's Speech Training for School by Using Activity and Personality Approach. *Propósitos y Representaciones, 8* (SPE2), e688. http://dx.doi.org/10.20511/pyr2020.v8nSPE2.688

Ley 27/2007, de 23 de octubre, por la que se reconocen las lenguas de signos españolas y se regulan los medios de apoyo a la comunicación oral de las personas sordas, con discapacidad auditiva y sordociegas. *Boletín Oficial del Estado, núm. 255*, de 24 de octubre de 2007. https://www.boe.es/buscar/act.php?id=BOE-A-2007-18476

Mahadew, A., & Hlalele, D.J. (2022) Understanding inclusion in early childhood care and education: A participatory action learning and action research study. *South African Journal of Childhood Education, 12*(1), 1073. https://doi.org/10.4102/sajce.v12i1.1073

Naciones Unidas (2018). *La Agenda 2030 y los Objetivos de Desarrollo Sostenible: una oportunidad para América Latina y el Caribe* (LC/G.2681-P/Rev.3), Santiago. https://repositorio.cepal.org/bitstream/handle/11362/40155/24/S1801141_es.pdf

Peña-Casanova, J. (2001). *Manual de logopedia* (3.ª ed.). Masson.

Real Decreto 1414/2006, de 1 de diciembre, por el que se determina la consideración de persona con discapacidad a los efectos de la ley 51/2003, de 2 de diciembre, de Igualdad de oportunidades, no discriminación y accesibilidad universal de las personas con discapacidad. *Boletín Oficial del Estado, núm. 300*, de 16 de diciembre de 2006. https://www.boe.es/buscar/act.php?id=BOE-A-2006-22080

Rosa, A., & Ochaita, E. (1993). *Psicología de la ceguera.* Alianza.

Servicio de Información sobre Discapacidad. (2021, marzo). *La Convención de la ONU sobre los derechos.* https://sid-inico.usal.es/la-convencion-de-la-onu-sobre-los-derechos-de-las-personas-con-discapacidad/

Sotillo, C. (2003). *Sistemas Alternativos de Comunicación.* Trotta.

Tamarit, J. (1989) Uso y abuso de los sistemas alternativos de comunicación. *Comunicación, Lenguaje y Educación, 1*(1), 81-94. http://dx.doi.org/10.1080/02147033.1989.10820868

Torres, S. (1988). *La Palabra Complementada.* CEPE.

Torres, M. (2011). Sistemas alternativos y aumentativos de comunicación, sistemas con ayuda. *Innovación y Experiencias, 40,* 1-9.

von Tetzchner, S., & Martinsen, H. (1993). *Introducción a la enseñanza de signos y al uso de ayudas técnicas para la comunicación.* Aprendizaje-Visor.

VV. AA. (1993). *Técnicas alternativas y aumentativas de comunicación para alumnos con discapacidad motora. Monográfico nº 64 de Infancia y Aprendizaje.* Aprendizaje-Visor.

VV. AA. (1994). *Programa de aprendizaje y comunicación para SPC por medio del ordenador.* ASPRONA.

Yesnazar, A., Japbarov, A., Zhorabekova, A., Kabylbekova, Z., Nuralieva, A., & Elmira, U. (2021). Elementary School children's Speech Skills in Interdisciplinary ICT Communication. *World Journal on Educational Technology: Current Issues. 13*(1), 147-159.

La prueba pericial e implicaciones del testimonio del perito

LOURDES MIGUEL SÁEZ
Universidad Católica de Ávila

1. INTRODUCCIÓN

El devenir de los tiempos y las nuevas formas de comprender la realidad del mundo que nos rodea, nos lleva a abordar la prueba pericial más allá del estadio tradicional de su regulación normativa en las leyes procesales. Si bien es necesario partir de un sustrato básico para comprender su naturaleza y razón de ser, la dinámica que va a imperar en el tratamiento de este medio probatorio a lo largo de este capítulo, será poner de manifiesto la reformulación de la pericia a la luz de las nuevas temáticas para las que es requerida, así como el empleo de nuevas técnicas que van a afectar en la forma de concebirla y en las posibilidades para responder por los dictámenes en sede judicial. Cabe destacar que aquí se plasmarán reflexiones en clave actual, que proceden de una observación cuidadosa y una práctica constante, todos ello desde un conocimiento adquirido en el ejercicio de la profesión.

La prueba pericial constituye, por tanto, un medio de prueba utilizado en los procedimientos judiciales cuando se necesitan analizar aspectos técnicos que sobrepasan o escapan a los conocimientos del juez. Y el perito destaca, fundamentalmente, por ser un profesional con un conocimiento especializado sobre un tema, así como un profesional reconocido, que puede aportar información o una opinión fundada ante un tribunal sobre los puntos que son objeto de litigio y sobre lo que él debe pronunciarse como materia de su dictamen.

Como se verá más adelante, la prueba pericial es de tal importancia en el ámbito legal por varias razones. Ahora bien, también hay que aclarar que no es una prueba que se imponga sobre el resto ni que adquiera una importancia singular hasta el punto de que el resto de pruebas sean desechadas. Si bien es una prueba con un aporte relevante, la misma se valorará junto con el resto que se presenten.

La especialización del perito será, además, un elemento clave para entender la esencia de la prueba pericial, pues se consideran expertos en un campo específico y, su conocimiento focalizado en una materia concreta, les convierte en voces autorizadas para ayudar a entender aspectos técnicos que se encuentran más allá del conocimiento que pueda tener un juez o un jurado. El trabajo de los peritos, sobre todo, está justificado por la claridad que aportan para esclarecer o simplificar la complejidad que en ocasiones se encuentra en los aspectos más técnicos del caso, y que permiten entender de manera más asequible, los presupuestos de algunos datos que refieren hechos o situaciones involucrados en el proceso judicial.

También, la imparcialidad es un aspecto que caracteriza a este tipo de prueba, pues, aunque las partes pueden contratar a los peritos, en caso de que no sean por designación judicial, están obligados a actuar con imparcialidad y a decir la verdad, pues su deber es con el tribunal y no con la parte que los ha contratado.

Igualmente, esta prueba es importante por la capacidad que ofrece para determinar los hechos, pues identifica las causas o la procedencia de un determinado comportamiento, acción o devenir de un objeto, un material o un sujeto. Por ejemplo, en caso de acontecer una negligencia médica, un perito médico puede determinar si quien se encuentra acusado actuó o no con la debida diligencia.

Por último, en esta presentación de la prueba pericial por aquello que destaca, debemos anotar que, al tratarse de una información objetiva aquella que proporcionan los peritos, desde su experiencia y conocimientos, ese testimonio tiene un impacto muy significativo en el resultado de un proceso y, por tanto, en la resolución de un caso.

2. CONCEPTO Y REGULACIÓN LEGAL DE LA PRUEBA PERICIAL

Antes de considerar la normativa específica que regula la prueba pericial, es necesario señalar que la figura del perito responde a la exigencia que deriva de los artículos 9.3, 24 y 103 de la Constitución Española, pues con ello se otorga a la ciudadanía una garantía sobre la calidad del servicio prestado en la tutela judicial efectiva.

La regulación de la prueba pericial se encuentra en los artículos 335 a 352 de la Ley de Enjuiciamiento Civil (LEC), donde se recogen disposiciones relativas a la designación de peritos, a la elaboración de informes periciales y a la intervención de las partes en el proceso. Pero junto a estos artículos de regulación específica de esta figura, existen otros artículos en la LEC en relación a la aportación de documentos (art. 265 y ss.), la abstención y recusación de los peritos (art. 99, 100.2, 105 y 124-128) además de la comunicación con los peritos (art. 159), la concurrencia del reconocimiento judicial y pericial (art. 356), y la figura del testigo perito (art. 370). Para el ámbito civil, la LEC establece también lo correspondiente al nombramiento y actuación del perito tasador para la valoración de los bienes embargados (arts. 638 y 639) y también pare el evalúo de os bienes del caudal hereditario (art. 783 y 784). Aunque estos preceptos se aplican de manera subsidiaria en el orden penal, dentro del Capítulo VII, del título V del Libro II, encontramos la regulación de la prueba pericial en el ámbito de lo procesos penales, en los arts. 456 a 485 de la Ley de Enjuiciamiento Criminal (LECrim).

También, se va a establecer una diferenciación entre los peritos, según de quien dependa el nombramiento, siendo los peritos judiciales aquellos que son nombrados por el juez o el tribunal, mientras que los peritos de parte son los que las partes proponen y el juez acepta.

La actividad procesal que generan los peritos, a través de una persona o una institución, se considera muy cualificada, en base a la información que, apoyada en argumentos y razones técnicas, forman el convencimiento del juez sobre los datos controvertidos y que su compresión o percepción excede las aptitudes comunes judiciales. Este particular auxilio para el juez, ha sido siempre objeto de debate y ha generado una división doctrinal, donde algunos sostenían que era un auténtico medio de prueba, pero otros lo entendían como un medio ecléctico con una posición intermedia por esa proximidad al juez. En todo caso, la regulación de la prueba pericial por sí misma y su encaje en el proceso no deja lugar a dudas sobre su naturaleza probatoria.

Además, pese a que es un instrumento valioso y de apoyo para el juez, éste no se encuentra sometido a las conclusiones y a las valoraciones que hayan realizado los técnicos, pues los dictámenes se tendrán que apreciar acorde a las reglas de la sana crítica. Incluso, aunque existieran dudas por parte del juez en torno a la verdad o a la falsedad del hecho jurídico controvertido y en torno a la valoración que han hecho los peritos, el juez debería acudir a las normas de la carga material de la prueba contempladas en el art. 217.1 LEC ("el tribunal (...) desestimará las pretensiones del actor o del reconviniente, o las del demandado o reconvenido, según corresponda a uno u otros la carga de probar los hechos que permanezcan inciertos y fundamenten sus pretensiones"), sin que proceda ordenar una práctica de pericial judicial dirimente como diligencia final. Si hiciera esto, se estaría entendiendo que el valor probatorio que tiene la prueba pericial es superior al obtenido por otros medios probatorios y los que proceden directamente de las partes. Por eso, las periciales privadas que pueden ser introducidas en el proceso por el actor o por el demandado a la hora de contestar a la demanda, no es un documento privado que después ratifica un perito en calidad de testigo, sino que se trata de un dictamen en toda regla sometido al principio recogido en el art. 348 LEC, de libre valoración de la prueba.

3. TIPOS DE DICTÁMENES PERICIALES Y NUEVOS ENFOQUES MULTIDISCIPLINARES

Es evidente que los dictámenes periciales constituyen una herramienta esencial en el proceso judicial, pues aportan conocimientos especializados para que el juez pueda adoptar decisiones que sean justas y motivadas. Por eso, es necesario explorar sobre la tipología de dictámenes, su encaje en el procedimiento y las ventajas que ofrecen acorde a su naturaleza.

En primer lugar, los *dictámenes periciales privados* son aquellos elaborados por peritos contratados directamente por las partes involucradas en el proceso judicial. Estos dictámenes se presentan por las partes junto con los escritos de demanda o contestación a la demanda, debiendo para ello cumplir con los requisitos que marca la ley y ser presentados en los plazos establecidos. Este tipo de informes permiten a las partes poder contar con un análisis técnico que respalde y apoye sus argumentos y estrategias legales.

Los *dictámenes periciales por designación judicial* son los que elaboran peritos que son designados por el juez porque lo solicitan una de las partes o de oficio. Aquí, el juez selecciona al perito de una lista oficial o de un registro de peritos a través del procedimiento de insaculación, cuya praxis se basa en la elección por sorteo o al azar, con el fin de seleccionar nombres que posteriormente sean designados para dicho cometido. Estos peritos aseguran la imparcialidad, así como la objetividad del informe, pues no guardan relación directa con ninguna de las partes.

Por último, *los dictámenes periciales de oficio,* son los que solicita directamente el juez sin necesidad de que sean las partes las que lo pidan. En este caso, el juez puede ordenar la práctica de la prueba pericial cuando considere necesario esclarecer los hechos que resulten controvertidos, y con ello, su decisión se torne más fundamentada con el complemento de la información técnica (Rodríguez, 2024).

Debemos tener presente en todo momento que un informe pericial no resuelve un caso, sino que actúa como elemento clarificador de aquello que no se entiende bien o que difiere de lo que en apariencia se aleja de la realidad. No se trata de conformar una versión distinta, ni de configurar un relato novedoso, sino que se busca dar sentido a lo que se encuentra en un entramado confuso sobre el que hay que dictaminar una solución.

Es posible, y conviene traerlo a colación, que exista más de un dictamen pericial y que resulten contradictorios entre sí. Esto ocurre cuando los informes han sido elaborados por peritos de ambas partes en un proceso judicial, sirviendo para contrastar y comparar sus conclusiones. La presentación del proceso es individual, pues cada informe procede de una parte, pero el juez tiene ante sí ambos informes que debe evaluar para determinar cuál es el más convincente y fundamentado y con ello, cuál le aporta, con garantía suficiente, una visión más armónica, equilibrada y completa de los aspectos técnicos en los que se basa la disputa.

Varios son los tipos de dictámenes que se pueden originar en torno a temáticas que requieran esa perspectiva técnica y profesional sobre el asunto en cuestión. Hay algunas materias que son muy recurrentes o que permiten identificar con claridad la necesidad de un perito capacitado en el marco de una profesión reglada con una titulación que le habilita para poder pronunciarse al respecto:

- Así, el dictamen pericial médico es un informe que, tanto en el ámbito judicial como en el privado, debe ser realizado por profesionales de la salud con el fin de evaluar el estado físico o mental de una persona, algo que es fundamental, por ejemplo, en caso de lesiones, incapacidades, o cualquier afectación relacionada con la salud. También intervienen en casos de mala praxis médica, donde los médicos evalúan si un tratamiento proporcionado fue el adecuado o si hubo errores que pudieron causar determinados daños al paciente.
- El dictamen pericial psicológico, más específico, se realiza por psicólogos para evaluar el estado emocional y mental de una persona y se utilizan con frecuencia en casos en los que se discute la custodia sobre menores, en caso de violencia doméstica o de evaluación de daños psicológicos sobre cualquier persona. En el caso de los menores, hay quienes destacan los inconvenientes que presentan y, por tanto, desaconsejan su práctica (Nieva, 2023). Pero también su uso se encuentra muy extendido en la investigación de accidentes laborales (Bustamante, 2023).
- Importante para empresas y también para particulares, resultan las pericias informáticas, cuyos informes son elaborados por expertos en tecnología, utilizando software y hardware para evaluar sistemas informáticos.
- También, las pericias contables se utilizan para analizar y clarificar situaciones contables y financieras, en casos de fraudes, malversaciones, quiebras o litigios de carácter eminentemente económico.
- Sobre el dictamen pericial caligráfico, hay que decir que destaca por el análisis que realiza sobre la autenticidad

de escrituras y firmas, a la hora de autenticar documentos o identificar autores. Un ejemplo lo encontramos en los testamentos ológrafos que, curiosamente, se incrementaron tras el confinamiento de la pandemia del Covid y que, teniendo plena validez, requiere comprobar que el documento no ha sido manipulado y verificar la autenticidad de la letra y firma del testador (Ruiz, 2023).

- Las pericias audiovisuales suponen un medio interesante para analizar vídeos, grabaciones y fotografías a fin de determinar su relevancia y autenticidad, advirtiendo sobre posibles manipulaciones, identificando fecha y hora de la grabación, así como la calidad del material objeto de examen. Sobre este punto, aparecen en el horizonte los retos que presenta la Inteligencia Artificial y los documentos creados por IA, para los que habrá que diseñar pericias articuladas para identificar este origen y que posteriormente, sean admitidas por los tribunales (Cano, 2024).
- En el ámbito de la ingeniería, es importante la aportación que realizan los informes periciales sobre la factibilidad de un proyecto o para diagnosticar el origen o las causas de un problema.
- Los casos de criminalística requieren también peritos expertos que procederán, en el marco de las investigaciones oportunas, de las unidades de policía científica de las Fuerzas y Cuerpos de Seguridad, y que se encargarán de las investigaciones de delitos tales como los homicidios, robos, agresiones. Estos peritos forenses analizarán pruebas en la inspección ocular, a partir de la recogida de huellas dactilares, el ADN, pruebas balísticas, evidencias de sangre o en el área de la documentoscopia, acústica forense (García, 2023), que ayudarán a formular un veredicto en aras a la culpabilidad o inocencia del acusado.

- En relación con el punto anterior, también destacan las pruebas periciales de inteligencia, y que amén de ser utilizada en diversos contextos de investigación policía (Cerrada, 2024), ha adquirido relevancia en el ámbito de la persecución de los delitos de odio (Bueno, 2024).
- Muy vinculado a este sector de la seguridad, se encuentra también el de los accidentes de tráfico, donde los peritos –generalmente agentes de las Fuerzas y Cuerpos de Seguridad con competencias en materia de seguridad vial– analizan las circunstancias en torno al accidente, la velocidad de los vehículos y otros factores técnicos para determinar causas y responsabilidades.

Cabe señalar, por último, qué ocurre en concreto con las periciales psicológicas de credibilidad sobre adultos, dado que la Sentencia del Tribunal Supremo (STS) nº 979/2021, de 15 de diciembre de 2021, estableció que estas pruebas son impertinentes e innecesarias para adultos, ya que la valoración de la credibilidad del testimonio corresponde exclusivamente al Tribunal de instancia. Por eso, este tipo de periciales están prohibidas porque se considera que pueden invadir la autonomía del juez o del jurado en la valoración de la prueba. Tengamos en cuenta que estas pruebas pretenden evaluar la veracidad de los testimonios mediante el análisis psicológico, pero la credibilidad es un concepto inherentemente subjetivo y complejo. Además, el hecho de fundamentar la credibilidad en evaluaciones psicológicas puede abrir la puerta a errores y sesgos que afecten la justicia del proceso. Por eso, la credibilidad debe ser evaluada en el contexto del juicio completo, considerando todos los elementos presentados y no solo mediante pruebas psicológicas específicas (Domingo, 2023). Estas pruebas pueden también no ser completamente fiables ni estar exentas de manipulación, lo que añade un nivel de incertidumbre no deseado en el proceso judicial.

Sin embargo, existen excepciones donde las periciales psicológicas sí pueden ser permitidas, especialmente en casos que involucren a menores o a personas con ciertas discapacidades intelectuales, así como adultos que presenten una personalidad patológica (STS nº 705/2016, de 14 de septiembre). En estos casos, la evaluación puede ayudar a entender mejor el testimonio y proporcionar el contexto sobre la capacidad del testigo para recordar y relatar eventos. Aún así, estas pericias deben ser realizadas con extrema cautela y siempre en complemento a otras pruebas y testimonios presentados en el juicio (Magro, 2023). En definitiva, aunque las periciales psicológicas pueden ofrecer información valiosa en casos específicos, su uso en adultos está limitado para proteger la integridad y la imparcialidad del proceso judicial, reservándose para situaciones excepcionales donde su necesidad esté plenamente justificada.

4. DESAFÍOS SOBRE LA FORMA Y ESTRUCTURA DEL INFORME PERICIAL

No existe un único modelo de informe pericial, precisamente porque hemos comprobado la variada tipología de materias sobre las que puede pronunciarse un experto. Pero es cierto que, de manera genérica, se pueden describir algunos elementos básicos que debe contener dicho informe y que al menos en lo mínimo, debe contemplarse en cualquier modelo.

La legislación procesal civil requiere que, además de entregar los dictámenes por escrito (en el caso de los dictámenes realizados por peritos designados por las partes), estos se acompañen "de los demás documentos, instrumentos o materiales adecuados para exponer el parecer del perito sobre lo que haya sido objeto de la pericia" (art. 336.2 LEC). Además, cuando el perito comparezca en el juicio, tanto las partes como el juez pueden interrogarle "sobre método, premisas, conclusiones y otros aspectos del dictamen". Esta normativa civil pide dicha información para garantizar que la pericia se llevó a cabo con las garantías mínimas necesarias y para mejorar la valoración de la prueba.

El informe pericial debe ser único, en el sentido de concentrar el contenido en un solo documento, e incluir la fecha de elaboración, la evaluación realizada, los documentos consultados, el método empleado, las premisas y las conclusiones lógicas y fundamentadas.

Pese a que un informe pericial se define por el cumplimiento de una serie de ítems que se presumen en él contenidos, es cierto que se está dando una evolución en las nuevas formas de peritaje gracias a los avances tecnológicos y a los cambios en la legislación (a pesar de que aún queda mucho camino por recorrer), en parte porque se han eliminado las barreras de la desconfianza en los entornos digitales y se ha procurado introducirlos en la praxis forense, admitiendo también nuevos formatos y soportes que facilitan su introducción en el proceso (Miguel, 2024). La entrega digital de informes periciales permite a los expertos enviar sus dictámenes de manera telemática a través de plataformas electrónicas. Este método ofrece varias ventajas, como la rapidez, la eficiencia y la reducción de errores en la entrega de documentos.

Para llevar a cabo la presentación digital de informes periciales, los expertos deben cumplir con ciertos requisitos técnicos y seguir procedimientos específicos. Por ejemplo, en la Sede Judicial Electrónica del Ministerio de Justicia, los peritos pueden acceder al servicio de presentación de dictámenes periciales y enviar sus informes de manera telemática. Por eso, resulta fundamental que los peritos se aseguren de que sus informes cumplan con los estándares de calidad y formalidad requeridos, ya que estos documentos son esenciales en los procesos judiciales y deben ser precisos y detallados.

Pero hablar de digitalización no sólo se refiere a la forma de enviar el informe para que disponga de él el juez o tribunal y el resto de operadores jurídicos, sino también, de lo que supone un informe pericial en formato multimedia, utilizando elementos audiovisuales, tales como vídeos, audios y fotografías de manera que con ello se complemente y refuerce las conclusiones alcanzadas por el perito. A través de este estudio detallado a partir del uso de vídeos, audios y fotografías, el perito puede conseguir explicar de manera más clara y comprensible los hallazgos a los que ha llegado, máxime si, además, utiliza gráficos, animaciones y otros recursos visuales. Asimismo, como decíamos en el caso de las infografías, cualquier elemento interactivo que se incorpore, permite a los distintos intervinientes en el proceso examinar las pruebas de una manera mucho más dinámica (Pérez & Lorente, 2012).

Cabe pensar que un informe pericial en formato multimedia no es algo sencillo y que presenta ciertos desafíos a tener en cuenta. De escogerlo hay que cerciorarse de que se cumplen una serie de cuestiones técnicas, necesarias de por si para que el propio informe sea admisible y arroje el resultado esperado. En primer lugar, la calidad del material, pues deben proyectar alta calidad en las imágenes. Igualmente, se debe garantizar que los archivos sean compatibles con los sistemas y el software que utilice el tribunal. Y por supuesto, dado el carácter sensible y el contenido apto únicamente para su visualización por parte de quienes guardan relación con el proceso judicial, se ha de procurar que la información se encuentre segura y protegida contra el acceso de terceros no autorizados, así como que pueda sufrir manipulaciones. De algún modo, también aquí opera la necesaria cadena de custodia que evite que los archivos sean utilizados en entornos ajenos al tribunal.

Existen también, lo que podríamos denominar desafíos metodológicos, que para quien escoge este formato, le colocan en la tesitura de realizar un análisis detallado de cada elemento multimedia, con herramientas especializadas y con capacidad de seleccionar lo que realmente sea de interés, tarea que puede resultar extremadamente laboriosa y ver incrementado el tiempo invertido en ello (Ramírez, 2021). Incluso, ya se ha empezado a escuchar la posibilidad de que la inteligencia artificial tenga un papel importante relacionado con la prueba pericial, arrojando con ello resultados más fiables y exactos que los que quizá puede ofrecer un humano, ya que puede considerar un mayor volumen de datos, a partir de la combinación y utilización de sistemas algorítmicos (Cantos, 2024).

Igualmente, si en todo informe pericial se exige una presentación clara, aquí no será menos, y en este caso, conllevará la dificultad de traducir los hallazgos técnicos en una presentación que sea comprensible para personas que no posean conocimientos técnicos, ya no sólo en la interpretación de los materiales como tal, sino también en el uso de los archivos en los reproductores correspondientes. De hecho, el diseño de los elementos interactivos que permitan una exploración dinámica de las evidencias no puede, en modo alguno, hacer perder la integridad del informe ni quedar desprovisto de la seriedad y el rigor oportunos.

Toda cuestión relacionada con el rigor también hace que el informe pericial se sitúe en el límite de los desafíos éticos y legales, en el sentido de que dicho informe en formato multimedia cumpla con los requisitos legales para ser admitido por el Tribunal, acorde a las reglas de admisibilidad de las pruebas. Además, debe responder con objetividad y transparencia en el análisis y presentación de las conclusiones sin hacer ninguna recreación, montaje o simulación por el hecho de que pueda parecer más llamativo a los sentidos. Ciertamente, una de las características del informe multimedia es la accesibilidad, en el sentido de que facilita la comprensión de la información por medio de diferentes canales sensoriales, así como utiliza aspectos visuales y auditivos para respaldar y clarificar los puntos presentados. Y muy importante, en la línea de mantener la oportuna reserva sobre la información contenida, que con ello se proteja la confidencialidad de la misma.

Para lograr cumplir con estos requerimientos, se necesita una combinación de habilidades técnicas, metodológicas y legales por parte del perito. La transformación digital en el ámbito de la Administración de justicia bien puede acoger estos nuevos instrumentos al servicio de la verdad en el proceso judicial, dedicando a su vez recursos para la formación de los operadores jurídicos que deben conocer cómo funcionan las tecnologías al servicio de los dictámenes periciales.

En el caso de los peritos que quieran hacer uso de este formato, se presupone que poseen experiencia en el ámbito de la redacción de informes, lo que les permitirá desenvolverse en los procedimientos judiciales sumando las habilidades para componer con sus conocimientos técnicos, así como se entenderán que conocen, para dar fiabilidad al material utilizado, la manera de analizar, identificar y refutar pruebas audiovisuales.

4.1. Elaboración del Informe o dictamen pericial

Antes de comenzar a escribir, el perito debe hacer una investigación exhaustiva sobre el tema, recopilando toda la información que considere necesaria, ampliándola cuando proceda y considerando en todo momento los aspectos técnicos y científicos relevantes. Con ello, debe establecer los objetivos del dictamen, los datos que quiere recopilar y las conclusiones que se esperan obtener (Subijana & Echeburúa, 2022). Ese análisis primario debe hacerse de manera minuciosa con los datos que haya obtenido durante la investigación previa, asegurándose que sean fiables y pertinentes. Aquí, la cuestión de la pertinencia viene respaldada por la necesidad de que el dictamen no se detenga en aspectos que no interesan para informar sobre la cuestión de fondo, lo que conllevaría apartarse de la motivación que guía su elaboración, pues dificultaría en parte la comprensión frente a terceros.

La redacción del informe debe ser muy cuidada, organizando los datos recopilados y presentando los resultados de manera clara y concisa, con un lenguaje adecuado y respaldando las conclusiones con evidencias sólidas. Igualmente, si se utilizaron referencias bibliográficas, deben incluirse, pues las fuentes utilizadas ponen de manifiesto y garantizan la fiabilidad del informe, además de evitar incurrir en plagio.

La forma de presentarlo también es necesario que obedezca a un formato que sea visualmente atractivo, evitando abusar de las negritas y subrayado y utilizando un tipo de letra legible, márgenes adecuados y un espaciado que no aglutine las líneas

La estructura del informe debe ser clara y constar de una serie de partes o epígrafes bien diferenciados entre sí:

- Introducción: Presenta el objetivo del informe y el contexto del caso.
- Metodología: Describe los métodos y técnicas utilizados para realizar el análisis.
- Resultados: Presenta los hallazgos de manera detallada.
- Conclusiones: Resume los resultados y ofrece una interpretación de los mismos.
- Anexos: Incluye cualquier información adicional que respalde el informe.

Huelga decir que se va a requerir cohesión y coherencia entre las diversas partes del informe, pero también coherencia interna entre párrafos y secciones, descendiendo ya en el desarrollo de las distintas afirmaciones y constataciones. Incluso, el lenguaje utilizado ha de ser impersonal, pues de algún modo sostiene un tono objetivo y libre de opiniones personales, presentando los hechos de modo que sean los datos los que hablen por sí mismos.

Por último, como se espera de cualquier trabajo, una revisión para detectar y corregir errores es elemental antes de entregar el informe. Cualquier error, por mínimo que sea, puede alterar la percepción de una idea y, además, puede dejar entrever la poca profesionalidad con la que ha sido trabajado.

4.2. Intervención del perito en la ratificación y explicación del dictamen

El artículo 346 de la LEC establece cómo debe presentarse y ratificarse el dictamen del perito, observando el plazo señalado y posteriormente trasladándolo a las partes. Si se considera necesario que el perito esté presente en la vista para comprender y valorar mejor el dictamen, el juez puede acordarlo de oficio o a solicitud de las partes o del Ministerio Fiscal, según lo dispuesto en el artículo 347 de la LEC.

Este momento es significativo porque permite a las partes pedir explicaciones, favoreciendo el contradictorio, y observar si el juez asume los términos del informe en su totalidad o busca las aclaraciones necesarias para fundamentar su sentencia. La presencia de las partes se convierte en una especie de "testimonio" de lo que el perito está diciendo, que luego puede reflejarse en la resolución judicial.

Durante la formulación de preguntas al perito, no solo las partes, sino también el juez de oficio, pueden solicitar la repetición o ampliación del dictamen pericial conforme a la excepción del artículo 339.5 de la LEC y según el artículo 347.2 de la LEC, "El tribunal podrá también formular preguntas a los peritos y requerir de ellos explicaciones sobre lo que sea objeto del dictamen aportado, pero sin poder acordar, de oficio, que se amplíe, salvo que se trate de peritos designados de oficio conforme a lo dispuesto en el apartado 5 del art. 339". La normativa civil detalla en qué puntos puede intervenir y solicitar las partes o sus defensores en el examen del perito realizado en el juicio o en la vista.

Así, siempre que el tribunal lo admita, "los peritos tendrán en el juicio o en la vista la intervención solicitada por las partes" (artículo 347.1 de la LEC). También depende del juez la posibilidad de denegar "las solicitudes de intervención que, por su finalidad y contenido, hayan de estimarse impertinentes o inútiles" (Ibídem). Por tanto, su admisión es facultativa por parte del juez

Una vez aceptada la comparecencia del perito, la ley especifica cómo debe desarrollarse, determinando las opciones y acciones permitidas a las partes o a sus abogados. La expresión "en especial" en el artículo 347.1 de la LEC precede a la lista de estas cuestiones:

- "Exposición completa del dictamen, cuando esa exposición requiera la realización de otras operaciones, complementarias del escrito aportado, mediante el empleo de los documentos, materiales y otros elementos a que se refiere el apartado 2 del artículo 336". Esto permite exigir a los peritos que presenten los resultados exactos de las pruebas diagnósticas utilizadas, como cuestionarios, test, escalas.
- "Explicación del dictamen o de alguno o algunos de sus puntos, cuyo significado no se considerase suficientemente expresivo a los efectos de la prueba". Este requerimiento debe provenir de las partes o del juez, ya que el perito puede no saber qué apartados son más incomprensibles para ellos por el contenido técnico.
- "Respuestas a preguntas y objeciones, sobre método, premisas, conclusiones y otros aspectos del dictamen". Es esencial que el perito se manifieste sobre la credibilidad de las partes examinadas y se contraste el informe con otros que arrojen conclusiones contradictorias.

- "Respuestas a solicitudes de ampliación del dictamen a otros puntos conexos, por si pudiera llevarse a cabo en el mismo acto y a efectos, en cualquier caso, de conocer la opinión del perito sobre la posibilidad y utilidad de la ampliación, así como del plazo necesario para llevarla a cabo". La oportunidad de una ampliación está sujeta al criterio del juez.
- "Crítica del dictamen de que se trate por el perito de la parte contraria". Este momento permite una confrontación entre dos especialistas, clarificando los aspectos más controvertidos de los dictámenes.
- "Formulación de las tachas que pudieren afectar al perito". Si no se alegaron antes, este es el momento para advertir al juez sobre cualquier causa que pueda desmerecer las conclusiones del perito.

Esta descripción ayuda a identificar la intención de quienes solicitaron la comparecencia del perito y las razones para su citación e interrogatorio. La legislación actual ha cambiado sustancialmente la forma de ratificar el dictamen, permitiendo tanto a las partes como a sus abogados criticar el dictamen del perito de la parte contraria y formular tachas, además de presentar una exposición completa del dictamen.

4.3. Exposición del informe en sede judicial

La preparación de un perito para testificar ante el tribunal es esencial para garantizar que su testimonio sea claro, preciso y persuasivo. A continuación, apoyándonos en la práctica forense, e identificando los rasgos que conducen a un desempeño óptimo de la función pericial, se presentan algunos pasos clave para una preparación efectiva. Se pretende, con ello, apelar a los aspectos básicos del funcionamiento práctico de la prueba pericial e identificar elementos claves para dar cumplimiento, de manera exitosa, de la labor pericial en sede judicial.

En primer lugar, el perito debe familiarizarse con el caso y debe revisar exhaustivamente todos los documentos y pruebas relacionados con el caso para comprender todos los detalles. Esto es algo común a cualquier profesión en la que se pretende intervenir con voz autorizada. No se puede acudir con una lectura somera sin haber profundizado en los detalles más concretos.

La estructuración y organización de la información es esencial, exigiéndose que se haga de manera lógica y clara, utilizando diferentes niveles de epígrafes y apartados para dividir el testimonio en secciones. Esto no obedece a un capricho o a costumbres adquiridas al amparo de una determinada praxis judicial, sino que son principios básicos para una ordenación clara de la información.

Muy importante resulta la práctica de la presentación, es decir, ensayar la presentación varias veces, preferiblemente con la ayuda de un abogado, para asegurar que el testimonio sea fluido y coherente. Se presume que los letrados son expertos en la persuasión y en el uso de una dialéctica acorde al contexto en el que se desenvuelven, razón por la cual pueden constituir un referente importante para dignificar la exposición del perito y conferirle el valor que se espera.

No menos importante –sin entrar en temores y prevenciones desproporcionadas–, es estar preparado para las posibles preguntas difíciles a las que puedan llegar a someter al perito. Es fundamental identificar dónde están los puntos más controvertidos y las posibles cuestiones que se puedan formular en torno a ellos, preparando con ello las respuestas de manera clara y concisa tanto para la fiscalía como para la defensa.

Cabe recordar, también, que cuando el perito intervenga en su exposición, conviene que utilice recursos visuales, como gráficos, diagramas y otros recursos que ilustren los puntos considerados clave para que su testimonio, también, se torne más comprensible y lo sigan todos los intervinientes y presentes en la sala. No nos referimos a la presentación del informe en formato multimedia, que también podría contener algunos de estos recursos, sino que en este caso nos referimos al momento en el que el perito debe realizar su exposición, ayudado de herramientas o programas que creen prsentaciones visuales interactivas.

Igualmente, se ha de tener en cuenta los aspectos de índole psicológica, emocional y mental, tendentes a buscar que el perito mantenga la calma y la compostura en todo momento, sobre todo durante el testimonio, aunque se encuentre frente a preguntas difíciles o comentarios que puedan generarle algún tipo de estrés. Este aspecto debe entrenarse convenientemente por parte del perito, porque su exposición no sólo es sobre la defensa oral de su informe sino sobre su propia imagen ante el tribunal.

La forma en la que el perito se exprese es una cuestión que ofrece cierta infalibilidad, al menos inicialmente, pues se valorará positivamente que sea capaz de explicar términos técnicos de manera comprensible para el tribunal y vitando jergas innecesarias que podrían complicar la percepción acertada sobre sus conclusiones. Unido a esto, cabe considerar la necesidad de ser objetivo y veraz, no sólo fundando el testimonio en hechos y datos plenamente objetivos, sino evitando también pronunciar y verter opiniones personales o meras especulaciones sin fundamento alguno.

Claro está que la normativa que regula la prueba pericial no recoge estos aspectos protocolarios que entendemos son esenciales para que la actividad pericial transcurra con garantías.

4.3.1. Exposición oral del informe

En la exposición oral, se va a requerir que haya una coherencia entre el lenguaje escrito y la forma de expresarlo verbalmente, así como proveer al discurso de un lenguaje claro y directo, evitando jergas técnicas que no sean necesarias o que, de utilizarlas, vayan seguidas de un inciso aclaratorio, pues la audiencia no siempre estará compuesta por operadores jurídicos sino incluso por personas legas en Derecho, con un nivel cultural más bajo, para lo que se necesite adaptar el discurso.

Lo mismo que se requería para la preparación del informe y su redacción, en términos similares se va a exigir para la exposición oral, en cuanto al noto (neutral y objetivo, evitando sesgos personales); hablar con confianza y seguridad; preparar bien los documentos y los datos relevantes ante cualquier pregunta que hagan; postura abierta y profesional, manteniendo el contacto visual con jueces y abogados; respuestas concisas y si algo no se entiende, pedir que se repita; respaldar las afirmaciones con datos y evidencias para fortalecer los argumentos y desmontar aspectos dudosos; mantener un tono de respeto aún encontrándose cuestionado o bajo presión; evitar especulaciones y suposiciones; y garantizar que toda la documentación a la que se remita se encuentre organizada y fácilmente accesible.

Como la finalidad de la pericia es aclaratoria para arrojar luz sobre hechos concretos, la forma de responder ante las preguntas que le hagan a un perito dista mucho de como se espera que lo haga, por ejemplo, un testigo. Es decir, al perito se le van a permitir ciertas acciones y respuestas que se van a entender legítimas y apropiadas, y eso no va a comprometer ni su integridad ni su credibilidad. Otro aspecto será cuando un testigo incurre en falso testimonio, un comportamiento delictivo, sobre lo que se dedicará un capítulo en esta obra, y que de algún modo también es reprobable en el caso de que el perito mienta deliberadamente, faltando así al juramento de decir verdad.

Con esto, se recomienda que el perito admita la falta de información con honestidad en vez de intentar adivinar o especular, incluso ofreciéndose para buscar la información y proporcionarla en otro momento. También, puede que se le pregunte por una documentación específica que requiera un tiempo su consulta y revisión, para lo que puede pedir un determinado plazo. En todo caso, ante cualquiera de estas situaciones, la calma ha de ser el mejor aliado del perito, pues una actitud defensiva ante algo por lo que se siente atacado, puede disminuir su imagen y poner en evidencia que no sabe manejarse ante la crítica con profesionalidad.

4.3.1. Técnicas e instrumentos para la exposición oral en un juicio

Este epígrafe representa, sin duda, hacia dónde evolucionan las nuevas tendencias para la presentación de los dictámenes. Junto con el informe escrito en la versión tradicional con los apartados anteriormente señalados y una presentación oral donde el perito es llamado para explicar su informe y responder a las preguntas de los abogados y del juez, cada vez hay una inclinación mayor a complementarlo con materiales visuales (gráficos, diagramas, fotografías) que puedan ayudar a ilustrar los puntos clave del dictamen y tornar la información más comprensible para todos los presentes. En la documentación de apoyo que se puede adjuntar también va implícita una expresión de dotar al informe de peso, por cuanto recoja de estudios previos, normativas aplicables o cualquier otra evidencia que se considere relevante.

La Tecnología puede ser además útil para servirse de presentaciones digitales, para organizar y presentar la información de manera clara y profesional. Ahora bien, el propio cariz digital no asegura el éxito en la presentación si no se observan una serie de reglas que evitan abusar de las herramientas y arruinar la exposición. Por ejemplo, debe existir un justo equilibrio entre el volumen del texto proyectado y también el número de diapositivas o transparencias, pues el intento de innovación puede conllevar una exposición bochornosa y caótica.

Por último, se puede recurrir también a simulaciones o modelos físicos que puedan demostrar aspectos técnicos o científicos del dictamen, siempre que la puesta en escena no suponga un espectáculo por el que la prueba pericial quede desprovista del rigor y la seriedad deseadas.

Una de las cuestiones que puede plantearse, es la discrepancia existente entre informes periciales, y aunque el tribunal debe analizar minuciosamente las pruebas presentadas y valorarlas en su conjunto, tomando una decisión basada en la evidencia y los argumentos de ambas partes, en estos casos hay que proceder de manera que se confirme la preeminencia de un informe sobre otro, por la claridad e irrefutabilidad de sus conclusiones.

El paso más sencillo es solicitar la ratificación de los informes en sede judicial, donde los peritos son convocados, permitiendo a las partes hacer preguntas y solicitar aclaraciones. Pero también se puede solicitar un contraperitaje o informe adicional para confrontar el informe inicial. Queda también la opción de que el juez o tribunal evalúe la metodología, si hubo errores o si estos sucedieron en la interpretación o conclusiones del informe (Tenorio, 2023). Y, por último, generar un debate para contrastar las opiniones de los expertos, permiten comparar sus estrategias orales para presentar los resultados alcanzados.

4.4. Aspectos formales sobre el interrogatorio al Perito

Para comprender mejor la importancia de la prueba pericial, es interesante abordar el impacto de la intervención de los abogados en el resultado de la misma, de modo que suponga una combinación perfecta de dos fuerzas que interactúan y convergen entre sí para poner de manifiesto, ante el juez, una coordinación de intenciones y voluntades técnicas y profesionales al servicio de la verdad en el proceso.

Nos interesa traer a colación cómo debe dirigir su interrogatorio un abogado, porque conocerlo, sirve a quien ocupa la posición de perito para orientar mejor su testimonio o exposición ante el tribunal. De hecho, se constata que la preparación de un abogado para interrogar a un perito es un proceso detallado que combina estrategia, conocimiento del caso y habilidades de comunicación. A continuación, desgranaremos lo que creemos que complementa la función del perito, pues, así como se le exija, él mismo deberá autoexigirse para lograr que su contribución mejore las posibilidades de llegar a un acuerdo o de ganar un juicio.

El informe del Perito será estudiado de manera minuciosa por el abogado, que debe identificar cuáles son las fortalezas, debilidades, las posibles incoherencias y aquellas áreas que puedan resultar ambiguas. Unido a esto, se preocupará por conocer la experiencia, las credenciales y los antecedentes del perito, en lo que respecte a publicaciones, a otros casos anteriores o posibles sesgos que puedan caracterizar su actividad.

Siempre se dice que el abogado debe desarrollar, en base al análisis del informe, una estrategia clara, señalando qué puntos quiere cuestionar y cómo hacerlo de manera efectiva. Esto debe ir acompañado de un pliego de preguntas que aborden esos puntos clave, y que de por sí estén redactadas de manera que se obtengan respuestas específicas y concretas. Y en este íter, también el abogado debe anticiparse a las respuestas y contrapreguntas, previendo las posibles respuestas del perito y preparando una nueva pregunta que aborde cualquier respuesta evasiva o poco clara. Junto a esto, se debe estar preparado para presentar evidencias o documentos que respalden las preguntas que formula, así como refuten el testimonio del perito de ser necesario. Al igual que se espera del perito, durante el interrogatorio, los letrados también han de mantener la calma y el control, incluso encontrándose con intentos, por parte del perito, de desviar o evadir las preguntas.

En este punto, hay que incidir en que parte del éxito que pueda tener un dictamen pericial, así como la obtención de información relevante, la aclaración de puntos importantes o la evaluación sobre la credibilidad y consistencia del testimonio del perito, proviene también de las habilidades del abogado para dirigir el interrogatorio a un propósito específico (Palomares, et al., 2024). Y para ello, las preguntas que realice deberán enfocarse al objetivo perseguido, por lo que el perito podrá someterse a un interrogatorio similar al que pudiera establecerse para un testigo, pero con aplicación a los presupuestos de su labor como perito y a las conclusiones a las que ha llegado en su informe.

- *Preguntas Abiertas*: Estas preguntas permiten al perito dar respuestas detalladas y explicativas. Se utilizan para obtener información amplia y para que el perito explique conceptos complejos. Ejemplo: "¿Puede describir el proceso que utilizó para llegar a su conclusión?".
- *Preguntas Cerradas*: Estas preguntas buscan respuestas específicas y breves, generalmente "sí" o "no". Se utilizan para confirmar detalles o limitar las respuestas del perito. Ejemplo: "¿Es cierto que usted no revisó todos los documentos del caso?".
- *Preguntas de Clarificación*: Estas preguntas se hacen para aclarar o profundizar en una respuesta previa del perito. Ejemplo: "¿Podría explicar qué quiso decir con 'análisis preliminar'?".
- *Preguntas de Confirmación*: Se utilizan para confirmar hechos o detalles específicos mencionados por el perito. Ejemplo: "¿Es correcto decir que su análisis se basó en los datos proporcionados por la parte demandante?".
- *Preguntas Hipotéticas*: Estas preguntas plantean escenarios hipotéticos para explorar cómo el perito aplicaría su conocimiento en diferentes situaciones. Ejemplo: "Si los datos hubieran mostrado un resultado diferente, ¿cómo habría afectado eso a su conclusión?".

- *Preguntas de Contradicción*: Se utilizan para señalar inconsistencias o contradicciones en el testimonio del perito. Ejemplo: "Anteriormente mencionó que el análisis demoró dos semanas, pero en su informe dice que demoró un mes. ¿Puede explicar esta discrepancia?".
- *Preguntas de Credibilidad*: Estas preguntas buscan cuestionar la credibilidad del perito, explorando posibles sesgos o conflictos de interés. Ejemplo: "¿Ha trabajado anteriormente con la parte demandante en otros casos?".
- *Preguntas de Opinión*: Aunque los peritos suelen dar opiniones basadas en su experiencia, estas preguntas buscan explorar la base de esas opiniones. Ejemplo: "¿En qué se basa para afirmar que este método es el más adecuado?".

Por último, poco se habla de la actitud que debe mostrar un perito y que indirectamente, supone un complemento primordial para reforzar la credibilidad y efectividad de su testimonio. Al igual que ocurre con los testigos, la forma en la que el perito se muestre va a conseguir trasladar en el interlocutor una determinada imagen y, por ende, la impresión que cause puede transmitir seguridad o generar desconfianza.

La postura y el lenguaje corporal no es tema baladí, evitando movimientos nerviosos y asegurando en todo momento el contacto visual con el juez y los abogados. Algo que generalmente cuesta mucho a los testigos, aquí se entiende que puede entrenarse dado que, desde su cometido, serán muchas las veces que acuda al tribunal. Además, el tono utilizado, la respiración profunda y la forma de expresarse de manera pausada contribuye a transmitir seguridad, lo que no sólo le beneficia a nivel personal sino por lo que el juez puede captar para la clarificación de los conceptos difíciles de comprender.

En definitiva, la claridad y precisión para responder, la imparcialidad y el profesionalismo mostrado sin que se perciba una inclinación en particular hacia alguna de las partes, y la preparación de su defensa ante preguntas difíciles, son las características que deben acompañar a un buen perito. Incluso, aunque la actitud del perito sea intachable y su preparación exquisita, puede encontrarse con que su versión es cuestionada por los abogados, para lo que se espera que mantenga la compostura y se desenvuelva en la situación manteniendo la serenidad ante cualquier pregunta difícil o agresiva, con una respuesta clara y precisa, sin divagar. En este punto, lo conciso y lo directo en las respuestas es fundamental.

Un perito tiene que defender su informe habiéndose preparado muy bien para ello y para presentar las conclusiones, demostrando además que conoce muy bien el caso y todos los aspectos de interés en torno a él, de manera que su experiencia y sus conocimientos se interconecten con lo que expone de manera incuestionable. Por eso, se suele decir que, en cada informe pericial, cada palabra importa y se debe cuidar y escoger muy bien cada expresión utilizada, pues si se comete un error, se utilizan términos ambiguos o se deja una idea abierta sin haber finalizado cualquier atisbo de discusión en torno a ella, eso puede ser utilizado en el juicio para desacreditar al perito.

5. VALORACIÓN DE LA PRUEBA PERICIAL

Comenzábamos este capítulo recordando que la prueba pericial es una más dentro del conjunto de pruebas para la valoración, por eso es crucial entender algunos detalles sobre cómo los tribunales evalúan los informes periciales. Relacionado con esto, aunque lo trataremos más adelante al hablar de la valoración de la prueba pericial, es importante recordar que la prueba pericial no tiene valor de prueba tasada, sino que está sujeta al principio de libre apreciación. Por ello, aunque la prueba pueda verse debilitada por la falta de la necesaria prueba pericial, no implica que la sentencia deba ser nula. El juez puede haber alcanzado una certeza moral a partir de otras pruebas y dejar constancia de ello tanto para declarar la nulidad del matrimonio como para defender su validez.

La valoración de la pericia se rige, según el artículo 348 de la LEC, por el principio de libre apreciación conforme a las reglas de la sana crítica. Esto supera la determinación de prueba tasada que limitaba la decisión del juez, permitiéndole otorgar valor a la pericia desde la imparcialidad y la racionalidad. Se pide al juez, por tanto, que valore la prueba pericial en conjunto con el resto de las pruebas, algo en lo que coinciden ambas legislaciones estudiadas: "el juez ha de ponderar atentamente no sólo las conclusiones de los peritos, aunque éstas sean concordes, sino también las demás circunstancias de la causa" (cf. c. 1579 §1 CIC y art. 212 §1 DC) y "El tribunal valorará los dictámenes periciales según las reglas de la sana crítica" (cf. art. 348 LEC). Esto define claramente los parámetros de actuación del juez, quien no está obligado a seguir las conclusiones de los peritos, evitando así un sometimiento incondicional a su parecer y reforzando su autonomía y discrecionalidad decisoria.

Ahora bien, cuando el precepto alude a las "reglas de la sana crítica" está destacando la necesidad de evitar la arbitrariedad y de no negar valor a un elemento que justifique plenamente su relevancia en la demostración de los hechos controvertidos (Armesto, 2024).. El juez debe hacer una valoración crítica de la pericia, de manera que, tanto si acepta las conclusiones de los peritos como si no, deberá expresar con fundamento las razones que le han llevado a ello, basándose en la metodología utilizada para interpretar, contrastar y juzgar los dictámenes periciales (Guerra, 2021). No procede aceptar automáticamente la pericia sin haberla valorado críticamente, todo ello contrastado con datos, hechos, actitudes o comportamientos graves. Incluso, aunque se haya presentado un solo dictamen pericial, el juez puede hacer suyas las conclusiones si los resultados le convencen, o prescindir de ellas para fundamentar su resolución, siempre justificando su decisión de manera motivada. La motivación del juez salvaguarda el derecho de las partes a obtener una decisión judicial fundada.

La valoración de la prueba pericial no solo procede al final del proceso, sino que cuando se emite el dictamen y el perito es sometido a las preguntas de las partes para pedir aclaraciones, se presenta una oportunidad única para que el juez asiente todos los detalles necesarios para comprender e interpretar el dictamen.

Entre los elementos que el juez puede considerar al ponderar y valorar la prueba pericial en los procesos en general (Manzanero & Muñoz, 2011), destacan los siguientes:

- La titulación del perito o la cualificación en la materia en la que interviene, atendiendo a la procedencia del perito y al ámbito concreto (público o privado) en el que ejerce su profesión, así como su especialidad, experiencia y trayectoria profesional.
- Los datos recabados por el experto. Aunque se deban analizar los dictámenes de peritos privados y judiciales en igualdad de condiciones, si los datos de la pericia privada están incompletos, esto puede afectar su fiabilidad. La imparcialidad del perito es crucial, pues si ha sido designado por una de las partes y siempre llega a las mismas conclusiones, esto puede afectar su credibilidad.
- Las operaciones y métodos utilizados para recabar la información, algo que el juez no puede ignorar. Aunque las ciencias utilizadas en los procesos de familia no son fáciles de asimilar, un conocimiento superficial puede ayudar al juez a reconocer la metodología apropiada.
- La estructura y esquema del dictamen pericial, incluyendo puntos que integra, el uso de un lenguaje comprensible y la explicación de términos técnicos. El dictamen debe ser detallado y coherente.

- La concordancia entre el objeto del dictamen y su contenido, para comprobar si el perito se ha extralimitado y ha formulado conclusiones jurídicas.
- Que, ante varios dictámenes, exista una mayoría coincidente o que varios respalden resultados similares. Esto puede indicar la objetividad del resultado, pero no siempre impide al juez pronunciarse en sentido contrario, siempre que lo justifique adecuadamente.
- El interrogatorio de los peritos en la vista, solicitado tanto por las partes (cf. art. 338.2 LEC) como de oficio (art. 346 LEC), facilita la exposición de razonamientos y permite la crítica de otros dictámenes.

Ante la posibilidad de que el juez pueda apartarse de las conclusiones del perito, algún autor ha considerado paradójico que se pida su parecer y luego no se apoye en él. Esta afirmación resulta desacertada, ya que el juez valora la prueba libremente y no tiene por qué asumirla solo porque la haya solicitado. Es lógico que, si en el caso concreto pesan otras circunstancias, el juez pueda prescindir del dictamen.

Por tanto, es evidente que el rol del juez en la evaluación de informes periciales y contrapericiales es esencial para asegurar una decisión justa y fundamentada en la evidencia. A continuación, se detallan algunos de los aspectos más relevantes:

1. *Evaluación de la Prueba Pericial.* El juez debe analizar los informes periciales presentados por ambas partes, aplicando las reglas de la sana crítica. Esto implica considerar la solidez, claridad y justificación de los informes, así como la experiencia y credibilidad de los peritos.
2. *Solicitar Aclaraciones.* Durante el juicio, el juez puede pedir a los peritos que aclaren cualquier aspecto de sus informes que no esté suficientemente claro. Esto permite al juez obtener una comprensión más completa y precisa de la evidencia presentada.

3. *Designación de Peritos de Oficio.* En ciertos casos, el juez puede nombrar peritos de oficio si considera que se necesita información técnica o especializada para tomar una decisión informada. Estos peritos actúan como expertos neutrales y su objetivo es proporcionar una evaluación imparcial de la evidencia.
4. *Evaluación de la Metodología.* El juez también debe revisar la metodología utilizada en los informes periciales para asegurarse de que no haya errores o inconsistencias. Esto incluye analizar si los métodos y técnicas utilizados son apropiados y si las conclusiones están bien fundamentadas.
5. *Decisión Final.* Finalmente, el juez debe tomar una decisión basada en la evaluación de todos los informes periciales y contrapericiales, así como en el resto de las evidencias presentadas en el caso. Aunque el juez no está obligado a seguir las conclusiones de los peritos, debe justificar su decisión de manera razonada y fundamentada.

6. RESPONSABILIDAD DEL PERITO

Interesa dedicar unas líneas a explicar qué repercusiones tiene para el perito el incumplimiento de sus deberes, porque su papel puede influir de manera decisiva en la administración de justicia. Cabe recordar cómo una evaluación errónea o maliciosa por parte de un perito puede llevar a conclusiones injustas, afectando gravemente a las partes involucradas. Además, el hecho de poder garantizar la responsabilidad de los peritos fomenta la integridad y la confianza en el sistema judicial, asegurando que los peritos actúen con profesionalismo y ética.

6.1. Responsabilidad Penal

Haciendo un recorrido por el Código Penal, encontramos conductas claramente identificadas y tipificadas que pueden ser atribuidas a un perito en el ejercicio de sus funciones. Uno de los primeros delitos es el de cohecho, el cual implica solicitar o recibir un obsequio a cambio de realizar o no realizar una tarea inherente a su oficio. Este delito está tipificado en el artículo 422 del Código Penal y está estrechamente relacionado con los artículos 419, 420 y 421 del mismo cuerpo legal. Este delito solo afecta a los peritos designados judicialmente, ya que su actividad se asimila a la de un funcionario público. De hecho, el artículo 423 del Código Penal establece que "Lo dispuesto en los artículos precedentes será igualmente aplicable a los jurados, árbitros, mediadores, peritos, administradores o interventores designados judicialmente, administradores concursales o a cualesquiera personas que participen en el ejercicio de la función pública".

Además, el perito podría incurrir en el delito de falso testimonio. El artículo 459 del Código Penal indica que este delito se caracteriza por la malicia al faltar a la verdad "en su dictamen o traducción". La jurisprudencia ha aclarado que este delito no se comete contra las partes, sino contra la Administración de Justicia, siendo un desprecio hacia la actividad judicial de quienes aplican y ejecutan las leyes en nombre de la justicia. Por lo tanto, el dolo implica que la acción del perito es plenamente consciente e intencionada, buscando engañar al órgano jurisdiccional. Para valorar la gravedad del delito cometido por el perito en comparación con una conducta similar cometida por un testigo, de acuerdo con los artículos 458 y 459 del Código Penal, el texto legal otorga mayor importancia al delito cometido por el perito y propone imponerle una pena más severa, reforzando así la idea de la trascendencia que puede tener el dictamen del perito como juicio técnico y especializado, influyendo de manera decisiva en el juez al momento de dictar sentencia: “Las penas de los artículos precedentes se impondrán en su mitad superior a los peritos o intérpretes que faltaren a la verdad maliciosamente en su dictamen o traducción, los cuales serán, además, castigados con la pena de inhabilitación especial para profesión u oficio, empleo o cargo público, por tiempo de seis a doce años”.

Es posible que un perito no falte sustancialmente a la verdad, pero podría “alterarla con reticencias, inexactitudes o silenciando hechos o datos relevantes que le fueran conocidos” (art. 460 CP). Este comportamiento implica una responsabilidad menor en términos de las penas aplicables, pero refleja una intención deliberada de manipular la verdad u omitir información, lo que va más allá de un simple error. En cualquiera de los casos de falso testimonio, ya sea con mayor o menor intención, se observa una potencial influencia negativa en la sentencia final del caso. Esto justifica plenamente la posibilidad de solicitar la revisión de una sentencia firme si se puede demostrar claramente que la decisión se basó principalmente en el informe pericial (art. 510.3 LEC).

Además, el perito podría incurrir en delitos como el desorden público, según el art. 558 CP, si perturba gravemente el orden durante una audiencia en un tribunal o juzgado. En tales casos, el perito podría ser sancionado con una pena de prisión de tres a seis meses o con una multa de seis a doce meses. Estas conductas reflejan una exigencia mínima de civismo aplicable a cualquier ciudadano, especialmente a aquellos que representan a un colectivo respetable con cierta autoridad en su campo.

6.2. Responsabilidad civil

Dado que el perito es un profesional que ofrece servicios, podría actuar de manera negligente o culposa, lo que resultaría en responsabilidad civil. Esto podría ocurrir tanto por una acción como por una omisión, como cuando no realiza el dictamen según lo acordado o lo entrega con retraso fuera del plazo estipulado. Esta situación puede causar daños y perjuicios a las partes, y el perito sería responsable de ellos. No obstante, no se le puede culpar si no llega a unas conclusiones y resultados ciertos, ya que la falta de acceso a ciertos datos o informaciones puede justificar esta carencia en su dictamen, eximiéndole de cualquier responsabilidad.

Para los casos donde se espera razonablemente que el perito cumpla con su obligación según lo objetivamente acordado, la LEC no contiene una disposición específica que regule la actuación negligente o culposa que llevaría a una responsabilidad civil. El perito, de hecho, podría ser comparado con cualquier otro profesional que tenga una relación contractual con sus clientes, según el art. 1101 CC, aunque esta consideración ha sido debatida por la doctrina procesalista. Es evidente que cuando las partes presentan un informe pericial junto con la demanda y la contestación, se establece una relación contractual entre las partes y el perito, donde este debe cumplir con el encargo o responder civilmente si incumple las cláusulas acordadas. Recordemos que el art. 1544 CC establece que "en el arrendamiento de obra o servicios, una de las partes se obliga a ejecutar una obra o a prestar a la otra un servicio por precio cierto". Lo mismo que se aplica al dictamen pericial de parte puede aplicarse al perito designado judicialmente, ya que este, voluntariamente, se inscribe en su Colegio profesional correspondiente y acepta la posibilidad de ser elegido según el sorteo entre los miembros colegiados o asociados en lista dispuestos a actuar como peritos (cf. art. 341.1 LEC).

Por lo tanto, al igual que no se incluyen estos supuestos de responsabilidad civil, la LEC tampoco establece un procedimiento específico para exigir esta responsabilidad por el incumplimiento del encargo. En este sentido, algún autor ha señalado la conveniencia de aplicar las reglas del juicio ordinario que correspondan según la cuantía reclamada en la demanda contra el perito (Picó, 2001), siendo dicha demanda condicionada a que la sentencia dictada en el proceso en el que se elaboró el dictamen pericial adquiera firmeza, dado que el daño o perjuicio se deriva del pronunciamiento judicial que consideró el informe inexacto, erróneo o desacertado (Picó, 2001).

Es importante señalar que, en los procesos de familia, se ha denunciado a algunos peritos privados argumentando que sus conclusiones, especialmente cuando son desfavorables para una parte en cuanto a sus pretensiones, han vulnerado el derecho al honor de la parte evaluada. Sin embargo, estas denuncias no han sido admitidas, como en la STS 127/2011 de 3 de marzo[1], que concluye que "el informe psicológico, si bien había sido confeccionado a instancia de una sola de las partes en litigio, iba a desplegar plenos efectos en el conflicto matrimonial existente entre ellas, al presentarse como prueba pericial en el acto de la vista de las medidas provisionales previas a la demanda solicitadas por la peticionaria del mismo y ratificarse en ese mismo acto por su autora, conflicto en el que la consideración de la situación de la pareja a efectos de decidir sobre las medidas a adoptar en relación con los menores es inescindible y en el que el profesional de la psicología debe ofrecer al juzgado cuantos datos tenga en su poder a los efectos de que el juez pueda dar respuesta a las cuestiones planteada", considerando finalmente que la libertad de expresión prevalecía sobre el derecho al honor del demandante, dado que el grado de afectación de la primera es relevante y el grado de afectación del segundo es débil.

6.3. Responsabilidad disciplinaria

En cuanto a la función del perito en los procesos civiles y su posible responsabilidad disciplinaria, es importante mencio-

1 STS 127/2011 de 3 de marzo (ROJ STS 1796/2011).

nar que esta puede exigirse de manera cumulativa y paralela a la responsabilidad civil o penal. La iniciativa para sancionar estas conductas y activar los mecanismos correctivos en materia disciplinaria puede provenir del Tribunal que esté conociendo el proceso donde se presente el dictamen (independientemente de si fue nombrado de oficio o por alguna de las partes) o de alguna de las partes que se sienta perjudicada por la incompetencia o impericia del perito que emite el informe.

Existen dos normas principales que regulan esta responsabilidad: la Ley Orgánica del Poder Judicial y la Ley de Enjuiciamiento Civil. La primera indica la procedencia de la sanción y la cuantía de la misma cuando los peritos "faltaran en la vista y actos judiciales de palabra, obra o por escrito a la consideración, respeto y obediencia debidos a los Tribunales, cuando sus actos no constituyan delito" (art. 193 LOPJ) y prevé una multa cuyo límite de cuantía será "la más elevada prevista en el Código Penal como pena correspondiente a las faltas" (art. 102 LOPJ).

Asimismo, la LEC establece medidas sancionadoras en caso de que el perito sea citado a comparecer al juicio o a la vista y no cumpla con este deber previsto en el art. 292.1. Para reprender esta conducta se establece una multa correspondiente y se menciona la posibilidad de proceder contra el perito por el delito de desobediencia a la autoridad en caso de que, siendo nuevamente citado, vuelva a ausentarse, lo que caería dentro del ámbito de la responsabilidad penal.

Es importante destacar que, además de las sanciones disciplinarias que pueda imponer el órgano jurisdiccional correspondiente, los Colegios profesionales a los que pertenecen los peritos también pueden iniciar un expediente disciplinario. Estos colegios ejercen una función de control deontológico para regular el ejercicio de la profesión.

7. PERSPECTIVAS COMPLEMENTARIAS EN ALUSIÓN A LA PRUEBA TESTIFICAL

Tanto la exposición de un dictamen pericial como el testimonio tienen varias similitudes, ya que ambos son medios probatorios utilizados en los procesos judiciales (Cañal, 2021). Por eso, resulta oportuno, en esta obra, identificar en qué términos se muestran coincidentes, así como difieren, para con ello resaltar la particular contribución de la prueba pericial y la potenciación de elementos clave en la resolución de las controversias.

a) *Objetivo de Probar Hechos:* tanto el dictamen pericial como el testimonio tienen como objetivo principal aportar pruebas y esclarecer hechos relevantes para el caso.

b) *Presentación en el Juicio:* ambos pueden ser presentados durante el juicio. El perito puede exponer su dictamen de manera verbal o escrita, al igual que un testigo puede dar su testimonio de manera oral.

c) *Interrogatorio y Contrainterrogatorio:* tanto los peritos como los testigos pueden ser sometidos a interrogatorio y contrainterrogatorio por las partes involucradas en el proceso, con el fin de aclarar y profundizar en sus declaraciones.

d) *Credibilidad y Fiabilidad:* la credibilidad y fiabilidad de ambos son evaluadas por el juez. En el caso del dictamen pericial, se evalúa la metodología y la imparcialidad del perito, mientras que en el testimonio se considera la coherencia y veracidad del testigo.

e) *Influencia en la Decisión del Juez:* tanto el dictamen pericial como el testimonio pueden influir significativamente en la decisión final del juez, ya que ambos aportan información crucial para la resolución del caso.

Por otro lado, encontramos diferencias clave entre el testimonio y el dictamen pericial, fundamentalmente en los siguientes términos:

a) *Naturaleza de la Prueba:* en el caso del dictamen pericial, se apoya en la opinión o análisis técnico de un experto en un campo específico, pues el perito utiliza sus conocimientos para interpretar hechos o proporcionar información relevante para el caso, mientras que en el caso del testimonio, se basa en la declaración oral que realiza una persona que ha tenido conocimiento directo o una experiencia relevante sobre los hechos que se discuten en el caso.

b) *Presentación en el Tribunal:* en el caso del perito, se considera que puede presentar su informe por escrito u ofrecer su testimonio verbalmente, y además, no siempre es necesario que el perito esté presente físicamente en el Tribunal, mientras que en el testigo debe presentarse físicamente en el tribunal y proporcionar su testimonio de manera oral y bajo juramento.

c) *Interrogatorio:* en este punto, tanto el perito como el testigo pueden ser interrogados y contrainterrogado por las partes involucradas en el proceso, en el caso del perito para aclarar y profundizar en su análisis y en el del testigo, para evaluar la veracidad y coherencia de su declaración.

d) *Credibilidad y Fiabilidad:* el juez evalúa la credibilidad del perito basándose en su experiencia y conocimientos especializados en un campo determinado mientras que en el caso del testigo, esa evaluación sobre la fiabilidad se orienta a su comportamiento y consistencia.

e) *Complementariedad del testimonio y de la prueba pericial:* el análisis desde una perspectiva complementaria, ayuda a reconocer cómo ambos medios de prueba se interconectan para establecer la verdad en los procesos. De hecho, ambas pruebas pueden llegar a reforzarse mutuamente en un caso y el solapamiento de información, se puede afrontar desde aspectos perfectamente complementarios. Por ejemplo, en un accidente de automóvil, un testigo ocular puede hablar sobre lo sucedido y el perito realizar la correspondiente reconstrucción de accidentes para poder evaluar el funcionamiento de la mecánica de la colisión. Igualmente, en un caso de negligencia médica, el testigo puede narrar los hechos y el perito analizar si existió una mala praxis.

8. CONSIDERACIONES FINALES

El testimonio del perito tras la exposición y defensa de su informe es crucial en los procesos judiciales y administrativos, ya que aporta claridad, precisión y credibilidad a los hechos presentados. La importancia de este testimonio radica en la capacidad del perito para explicar y justificar sus conclusiones, responder a preguntas de las partes implicadas y del tribunal, y reafirmar la validez de sus hallazgos bajo escrutinio. Esto no solo facilita la comprensión de conceptos técnicos complejos por parte del tribunal, sino que también refuerza la confianza en el informe al demostrar que los métodos y análisis utilizados son robustos y pertinentes. Además, la interacción dinámica permite al perito ajustar y defender sus conclusiones en tiempo real, interactuando directamente con abogados, jueces y otras partes.

Con el avance de la tecnología y la creciente complejidad de los casos, el testimonio del perito debe evolucionar para abordar cuestiones que terminarán mezclándose con las disciplinas tradicionales, y que requerirán incluso de nociones de ciberseguridad, inteligencia artificial y blockchain para la mejora en la elaboración de sus informes. A medida que los casos abarcan múltiples disciplinas, los peritos deben estar preparados para colaborar con expertos de otros campos e integrar necesariamente sus disciplinas. Además, la actualización constante en normativas y estándares requiere que los peritos se mantengan al día y adapten su testimonio a nuevas regulaciones. Y con el aumento de datos sensibles, los peritos deben manejar sus testimonios con un alto grado de ética y responsabilidad, protegiendo la integridad de la información y la privacidad de las partes involucradas.

La capacidad del perito para adaptarse y enfrentar estos nuevos desafíos no solo constata y consolida su relevancia en el proceso judicial, sino que también fortalece el valor de su testimonio en la búsqueda de justicia. Al mantenerse actualizados y preparados para interactuar con diferentes disciplinas y tecnologías, los peritos no solo aseguran la validez de sus informes, sino que también contribuyen a la credibilidad y equidad del sistema judicial. Esto subraya la importancia de su papel no solo en la resolución de casos actuales, sino también en la adaptación continua a los desafíos futuros, garantizando una justicia integral y bien fundamentada.

REFERENCIAS BIBLIOGRÁFICAS

Armesto Macho, J. M. (2024). El concepto de la sana crítica como criterio de valoración de la prueba pericial. *Derecho Privado: Boletín de Derecho Privado de la Asociación Judicial Francisco de Vitoria,* (4), 42-47.

Bueno de Mata, F. (2024). Prueba pericial de inteligencia y redes abiertas: nuevos desafíos ante los delitos de odio en Internet. En M. Loredo Colunga & A.-J. Pérez-Cruz Martín (Coords.), *Ecosistema procesal: justicia, derecho procesal y defensa* (pp. 57-72).

Bustamante Maita, S. T. (2023). La importancia de la evaluación psicológica forense en los accidentes de trabajo. *Revista de Derecho Procesal del Trabajo: Publicación Especializada del Equipo Técnico Institucional de Implementación de la Nueva Ley Procesal del Trabajo del Poder Judicial,* 6(7), 155-174.

Cano Fernández, S. (2024). El "deepfake" en los documentos audiovisuales: un reto para la valoración de la prueba. *Actualidad Civil*, 2.

Cantos Pardo, M. (2024). La algoritmización del dictamen pericial: ¿puerta de entrada para la aparición del "perito-robot"? *Actualidad Jurídica Iberoamericana*, (21), 434-467.

Cañal, J. M. (2021). El perito de parte: responsabilidad penal del testimonio pericial. In C. Nieto (coord.), *Análisis y valoración de la prueba pericial: social, educativa, psicológica y médica: el perito judicial* (pp. 205-225). Dykinson.

Cerrada Moreno, M. (2024). La prueba pericial de inteligencia en el proceso penal: Naturaleza, alcance y valor probatorio a la luz de la Sentencia del Tribunal Supremo Núm. 232/2024, de 8 de marzo. *Revista del Centro de Estudios Jurídicos y de Postgrado CEJUP*, (2), 48-67.

Domingo, J. (2023). El amicus curiae. La prueba pericial psicológica sobre la credibilidad de la víctima en el proceso penal. *Diario La Ley*, (10259).

García Antuña, M. (2023). La figura del perito acústico forense en el ámbito de la jurisdicción española. *Del Español. Revista de Lengua*, 1, 167-192.

Guerra, M. (2021). La valoración de la prueba pericial y las reglas de la sana crítica. Blog de Sepín, 3 de mayo. Recuperado de https://blog.sepin.es/2021/05/cuando-la-valoracion-de-la-prueba-pericial-no-respeta-las-reglas-de-la-sana-critica

Magro, V. (2023). La prueba pericial psicológica de la valoración del testimonio en el proceso penal. *Diario La Ley*, (10413).

Manzanero, A. L., & Muñoz, J. M. (2011). La prueba pericial psicológica sobre la credibilidad del testimonio: Reflexiones psico-legales. *Revista de Derecho Penal y Procesal Penal*, 35(2), 89-102.

Miguel, R. (2024). La digitalización en el examen del menor por el equipo psicosocial en los procesos de familia. *La Ley Derecho de Familia: Revista jurídica sobre familia y menores*, (42), 45-54.

Nieva Fenoll, J. (2023). El interrogatorio de menores: una prueba –a veces pericial– a evitar. *Indret: Revista para el Análisis del Derecho*.

Palomares-Rodríguez, J. M., Bustos-Berruezo, A., Calatrava-Urán, J. L., y Quevedo-Blasco, R. (2024). Contrainforme psicológico pericial de un caso de abuso sexual infantil [Psychological adverse expert's report in a case of child sexual abuse]. *Revista Iberoamericana de Psicología y Salud, 15*(1), 27-37.

Pérez, F. J., & Lorente, M. (2012). Infografía forense: aplicaciones en policía científica. *Ciencia policial: revista del Instituto de Estudios de Policía,* (114), 47-95.

Picó I Junoy, J. (2001. *La prueba pericial en el proceso civil, Barcelona.*

Ramírez, J. L. (2021). Un cambio de paradigma probatorio: prueba pericial y prueba científica en el Anteproyecto de Ley de Enjuiciamiento Criminal de 2020. *Diario La Ley,* (9901).

Rodríguez Pitarque, L. (2024). La prueba pericial judicial en el proceso civil: ¿cabe acordarla de oficio? *La Ley Probática,* (16).

Ruiz Bautista, M. del C. (2023). El testamento ológrafo. *Revista de Derecho de Familia: Doctrina, Jurisprudencia, Legislación,* (99), 27-44.

Saca, H., Márquez, A., & Arciniegas, C. L. (2023). La Inviabilidad de la Prueba Digital por Falta de Regulación en los Delitos Informáticos. *593 Digital Publisher CEIT, 8*(4), 21-34.

Subijana, I. J., & Echeburúa, E. (2022). El conflicto de roles con respecto a la prueba pericial psicológica en el proceso judicial. *Anuario de Psicología Jurídica,* 32(1), 107-1141.

Tenorio, A. P. (2023). Pruebas periciales en el procedimiento penal: Especial mención a los informes de credibilidad del testimonio. En E. Ortega (dir.), *Derecho penal 2023* (pp. 371-384). Tirant lo Blanch.

El testigo protegido en la jurisprudencia del tribunal supremo

VICENTE MAGRO SERVET
Magistrado de la Sala de lo Penal del Tribunal Supremo

1. INTRODUCCIÓN

Hay una máxima en el proceso penal y es la referida a que los testigos tienen derecho a tener miedo cuando se les exige y requiere que declaren en la fase de instrucción, y más tarde en el juicio oral. Se significa como una especie de "derecho a tener miedo" que debe reconocérsele a las víctimas en el proceso penal y que abarca diversos aspectos dirigidos, en primer lugar, incluso a la necesidad de que se cambie la denominación del tipo de prueba que es el de la víctima en el proceso penal y que en lugar de atribuírsele el nombre de testigo se configure el de "víctima" propiamente como un medio de prueba válido en los procedimientos penales.

Y es que no todos los testigos son iguales, ya que unos pueden haber visto lo ocurrido que es ilícito penal, pero otros son las víctimas. Y no es igual ser un testigo ajeno a los hechos que ser el sujeto pasivo de los hechos delictivos, y en base a esta diferencia es preciso realizar los cambios oportunos para permitir que las víctimas puedan declarar con tranquilidad sobre los hechos que han sufrido.

Pero, sin embargo, todavía existe un tercer punto de apoyo en la prueba testifical para referirnos a aquellos testigos que son visuales de los hechos, pero que no son víctimas directas y que precisan también de un estatuto regulador que determine la posibilidad de "colaborar" con su declaración, pero sin tener ese miedo a que tienen derecho estas víctimas que por determinadas circunstancias y en razón a la concreta gravedad de los hechos y el miedo de los testigos de cargo a los autores de los mismos debe conferirles un derecho a que no se les pueda identificar y es lo que ha llevado a la denominación del *testigo protegido en el proceso penal.*

Se analiza estas líneas, por ello, –y este es el objetivo de las presentes líneas–, la figura del testigo protegido desde el análisis llevado a cabo por la jurisprudencia del Tribunal Supremo en razón a cómo se le protege, cuándo y las circunstancias y requisitos para ello. Se disecciona esta figura que tiene por base el derecho a tener miedo los testigos que van a declarar en un proceso penal y la necesidad de que se les proteja en el mismo adoptando medidas para conseguirlo.

Ya recordamos sobre este tema[1], en su momento, que los parámetros con los que se debe medir a víctimas y testigos visuales, o de referencia, son absolutamente distintos, y ello debería incidir, e influir también, en la denominación acerca de cómo se configura a la víctima dentro del proceso penal. Quizás, podría entenderse que no tiene gran relevancia el aspecto relativo a la denominación, pero es un punto de partida importante para darle la relevancia que tiene la víctima en la tramitación procedimental y otorgarle una significación nominativa dentro de la prueba que, realmente, se corresponde con un ámbito diferencial al de la mera declaración como testigo en el juicio oral.

Resulta evidente que, al fin y al cabo, como antes hemos expuesto, que la víctima es testigo, pero de su propia victimi-

---

1 El derecho de la víctima a tener miedo en el proceso penal y la afectación a su credibilidad. Vicente Magro Servet. Magistrado de la Sala de lo Penal del Tribunal Supremo. Doctor en Derecho Diario La Ley, Nº 9809, Sección Doctrina, 12 de Marzo de 2021, Wolters Kluwer.

zación, y no mediante el conocimiento que tiene de un delito del que ha sido víctima un tercero, sino que lo ha sufrido ella misma. Quizás, por ello, debería considerarse a la víctima como tal, es decir, admitiendo su denominación como prueba. Y ello, como expresión dentro de la prueba en el proceso penal para diferenciarla claramente de los testigos, admitiendo a la propia víctima como una prueba autónoma y diferencial de la prueba testifical en el proceso, a fin de configurarla como tal en el orden y relación de pruebas de cara a la su proposición al juicio oral.

Es preciso, por ello, efectuar una seria consideración acerca de cómo concibe la víctima, o percibe, el trato que se le da en la tramitación procedimental, porque cuando exigimos a la víctima que comparezca y que declare, el sistema debe proceder a fijar las pautas de protección suficientes para evitar que la víctima se sienta más víctima. Nótese que una de las razones de las cifras negras de la criminalidad en determinados delitos, vienen propiciadas por la desconfianza de las víctimas en el sistema judicial y las quejas que surgen en ocasiones acerca de que no se sienten consideradas en la posición que realmente tienen, y que no es otra que la de sujeto pasivo del delito. Con ello, no podemos reclamar a las víctimas que denuncien si el sistema de su protección no es el adecuado para evitar que sientan «miedo de la propia Administración de Justicia que debería protegerle».

Por ello, el escenario en el que nos movemos ante la posición de la víctima y las exigencias del sistema judicial hacia ella parten de una serie de puntos de vista y que se ubican en un entendible miedo escénico de las víctimas ante lo que les deparará el procedimiento judicial y cuál será el recorrido del mismo, qué se les va a exigir, si habrá represalias del entorno del acusado hacia ellas, o de él mismo, y hasta si su propio entorno les va a ayudar, o rechazar por haber denunciado, como en algunas ocasiones ha ocurrido. Incluso, se puede asegurar que muchas víctimas se han sentido más víctimas en la tramitación procedimental que cuando lo fueron físicamente en la ejecución del hecho delictivo, por cuanto es natural que se sientan, en ocasiones, desconcertadas y con miedo a lo que les pueda ocurrir y a revivir en sede sumarial y el día del juicio oral los hechos por los que fue víctima.

Porque todo lo que vamos a tratar en estas líneas gira en torno a ese derecho a tener miedo de las víctimas en el proceso penal y a que su obligada comparecencia para declarar sobre lo que saben y conocen, se vea revestido de "ayudas" estructurales del sistema para facilitar a las víctimas que puedan cumplir con su obligación de declarar, pero sin tener por qué exponer su integridad física ante posibles represalias que puedan venir del propio acusado o acusados, o de su propio entorno[2]. Y ello por-

---

2 Tribunal Supremo, Sala Segunda, de lo Penal, Sentencia 422/2020 de 23 Julio 2020. "Tal y como afirmábamos en nuestra sentencia 200/2017, de 27 de marzo, debemos recordar el tema de los testigos protegidos en las diversas Sentencias de Tribunal Constitucional, 64/94, de 28 febrero, 65/2013, de 8 abril, y del Tribunal Supremo 649/2010, de 18 junio, 525/2012, de 19 junio, 455/2014, de 10 junio, que destacan la ponderación que debe presidir las necesidades de protección de determinados testigos y las garantías inherentes a un proceso equitativo. En el seno del proceso penal, la colaboración con la Administración de Justicia desempeñada por testigos y peritos puede en ocasiones verse menoscabada por la amenaza de represalias para su vida, integridad física o libertad, por lo que resulta indispensable introducir diversas medidas legales de protección, tanto en fases anteriores y posteriores del juicio oral como incluso en el marco de su desarrollo, que permitan al órgano judicial, tras una ponderación de los intereses en conflicto, aplicar las que resulten procedentes en cada caso (en sentido similar SSTEDH, caso Dorson c. Holanda, 23.4.1997 caso Van Mechelen y otros c. Holanda, 14.2.2002, caso Visser contra Holanda, 6.12.2012 caso Pesukic c. Suiza). A esa finalidad responde de la promulgación de la LO 19/1994 de 23 de diciembre, de protección de testigos y peritos en causas criminales que, en su Exposición de Motivos, recogiendo la necesidad de cohonestar tal protección con las garantías de defensa

que el miedo no puede ser graduado desde el sistema, o desde posiciones externas y ajenas a la propia víctima, sino por ella misma. Y cada persona tiene su propia graduación del miedo, y éste no puede fijarse de forma externa a la víctima, sino que es ella la que señala cuándo tiene miedo a lo que le pueda ocurrir, y que se adopten las medidas de protección que reclama se cumplan y adopten para que la víctima no tenga miedo a lo que le pueda ocurrir si cumple con su función de declarar.

2. SENTENCIA DEL TRIBUNAL SUPREMO 119/2019 DE 6 MAR. 2019, REC. 779/2018 Y LA REFLEXIÓN DEL MIEDO DE LA VÍCTIMA Y SU PERCEPCIÓN POR EL JUEZ O TRIBUNAL PARA LA VALORACIÓN SOBRE SU CREDIBILIDAD

Es importante tener en cuenta antes de fijar los presupuestos o criterios de las declaraciones de los testigos protegidos que las víctimas en general tienen derecho a expresar se miedo que les alberga porque temen que se adopten represalias contra ellos, tanto se trate de la víctima del delito como si se trata de testigos visuales.

En base a ello y para evitar que a la hora de que se valore su credibilidad por la circunstancia de que el miedo o temor pueda entenderse por el juez o tribunal como pérdida de su credibilidad, el Tribunal Supremo ha fijado una serie de parámetros o criterios orientativos a la hora de que el Juez o Tribunal en su inmediación pueda evaluar los datos relevantes que

---

tantas veces reiterada por el Tribunal de Estrasburgo, manifiesta el afán de mantener "el necesario equilibrio entre el derecho a un proceso con todas las garantías y la tutela de derechos fundamentales a los testigos y peritos y a sus familiares."

le puedan conducir para valorar y evaluar si la víctima dice la verdad, o no.

Y como señalábamos, ello teniendo en cuenta que la víctima puede sentir mucho más miedo que un testigo visual de los hechos cuando declara en el juicio oral por un temor fundado en el que se anudan posibles represalias por su declaración, pero, también, por su papel protagonista en la victimización de los hechos que ocurrieron. Pero el miedo de los testigos visuales es privado y personal, como hemos expuesto, y, por ello, tienen derecho a que no se les identifique y se les otorgue el estatus de "testigos protegidos", porque el miedo debemos señalar que es "protegible", y ello debe ser reconocido y concedido por el sistema judicial.

El miedo, así considerado, es un elemento a tener en cuenta el día del juicio oral y que se puede presentar cuando declaran los testigos, sobre todo la víctima, porque esta puede en su exposición irradiar ese temor tanto por el propio escenario físico del órgano judicial, como por relatar los hechos de que fue víctima. Y ello, podría incidir en la valoración del tribunal en sentido negativo hacia su credibilidad. Veamos, pues, cuáles fueron los criterios fijados por el Tribunal Supremo a la hora de evaluar si la víctima es creíble, y la incidencia en esa credibilidad del factor del miedo en la víctima.

Veamos, igualmente, cuáles son los presupuestos en el análisis de la valoración por el Tribunal de la declaración de la víctima cuando se tiene en cuenta en todo ello el factor del miedo.

Por ello, recordemos que es posible que el Tribunal avale su convicción en la versión de la víctima, ya que la credibilidad y verosimilitud de su declaración se enmarca en la apreciación de una serie de factores a tener en cuenta en el proceso valorativo del Tribunal. Y, así, según recoge la Sentencia del Tribunal Supremo 119/2019 de 6 Mar. 2019, podemos citar los siguientes:

1. Seguridad en la declaración ante el Tribunal por el interrogatorio del Ministerio Fiscal, letrado/a de la acusación particular y de la defensa.
2. Concreción en el relato de los hechos ocurridos objeto de la causa.
3. Claridad expositiva ante el Tribunal.
4. "Lenguaje gestual" de convicción. Este elemento es de gran importancia y se caracteriza por la forma en que la víctima se expresa desde el punto de vista de los "gestos" con los que se acompaña en su declaración ante el Tribunal.
5. Seriedad expositiva que aleja la creencia del Tribunal de un relato figurado, con fabulaciones, o poco creíble.
6. Expresividad descriptiva en el relato de los hechos ocurridos.
7. Ausencia de contradicciones y concordancia del iter relatado de los hechos.
8. Ausencia de lagunas en el relato de exposición que pueda llevar a dudas de su credibilidad.
9. La declaración no debe ser fragmentada.
10. Debe desprenderse un relato íntegro de los hechos y no fraccionado acerca de lo que le interese declarar y ocultar lo que le beneficie acerca de lo ocurrido.
11. Debe contar tanto lo que a ella y su posición beneficia como lo que le perjudica.

Por otro lado, como apunta también el Alto Tribunal ante las líneas generales anteriores a tener en cuenta sí que es cierto, también, que la víctima puede padecer una situación de temor o "revictimización" por volver a revivir lo sucedido al contarlo de nuevo al Tribunal, y tras haberlo hecho en dependencias policiales y en sede sumarial, lo que junto con los factores que citamos a continuación pueden ser tenidos en cuenta a la hora de llevar a cabo el proceso de valoración de esta declaración, como son los siguientes:

1. Dificultades que puede expresar la víctima ante el Tribunal por estar en un escenario que le recuerda los hechos de que ha sido víctima y que puede llevarle a signos o expresiones de temor ante lo sucedido que trasluce en su declaración.
2. Temor evidente al acusado por la comisión del hecho dependiendo de la gravedad de lo ocurrido.
3. Temor a la familia del acusado ante posibles represalias, aunque estas no se hayan producido u objetivado, pero que quedan en el obvio y asumible temor de las víctimas.
4. Deseo de terminar cuanto antes la declaración.
5. Deseo al olvido de los hechos.
6. Posibles presiones de su entorno o externas sobre su declaración.»

Por ello, el miedo puede apoderarse de la víctima el día del juicio y ello podría mermar la apariencia de veracidad y la corolaria veracidad transmisible al juez o Tribunal de que lo que está contando se ajusta milimétricamente a lo que ocurrió el día de los hechos, sin alteraciones, ni exageraciones. Porque la frontera entre la mentira y la verdad tiene unas escalas intermedias que en diversas tonalidades puede acercarse o separarse de lo que realmente ocurrió. Se trata, así, de que el Tribunal perciba que la víctima se ajusta literalmente a lo que pasó, sin distorsionar hacia arriba lo que sucedió, ya que ello podría ser determinante de la concurrencia de circunstancias agravantes, o de elementos del tipo que podrían aplicarse. Pero en estos casos puede ocurrir que la sensación de temor de la víctima le haga ser parca en sus expresiones, o que no conteste con seguridad y expresividad a las preguntas de las partes, pudiendo transmitir al Tribunal un mensaje de ausencia de contundencia que le aleje de la credibilidad que puede transmitir una víctima cuando sin ese apoderamiento del miedo cuenta con rotundidad y detalle lo que ocurrió.

Así pues, el «miedo es un factor a tener en cuenta por el juez o Tribunal», y es evidente que el Tribunal Supremo lo haya reflejado en esta sentencia para admitir que el temor de la víctima es una sensación a la que tiene derecho ésta a sentir el día del juicio y que lo patrimonializa ella misma, no siendo fácil desprenderse de lo que es una sensación psicológica de la que no puede desapoderarse tan fácilmente. Porque la víctima no tiene la posibilidad de romper con lo ocurrido de la noche a la mañana y hacer desaparecer de su mente los hechos que permanecen en su cerebro.

Pues bien, ese miedo legítimo es determinante para que finalmente en el año 1994 el legislador aprobara la Ley Orgánica 19/1994, de 23 de diciembre, de protección a testigos y peritos en causas criminales para admitir la posibilidad de que (art. 1.2) *la autoridad judicial aprecie racionalmente un peligro grave para la persona, libertad o bienes de quien pretenda ampararse en ella, su cónyuge o persona a quien se halle ligado por análoga relación de afectividad o sus ascendientes, descendientes o hermanos.*

Por ello, en el art. 2 se recoge la exigencia de la motivación del auto[3] acordando la consideración a una persona del estatus

---

[3] Tribunal Supremo, Sala Segunda, de lo Penal, Sentencia 83/2021 de 3 Feb. 2021, Rec. 1214/2019.
"...Tratándose de la restricción de un derecho fundamental el deber de motivación es reforzado y el propio Tribunal Constitucional ha exigido que el auto contenga una motivación "en la que se hayan ponderado razonablemente los intereses en conflicto" (STC 75/2013, de 8 de abril) lo que equivale a una motivación exigente o, como señala el máximo intérprete de la Constitución, una motivación en la que "más allá de su carácter razonado, sea posible apre-

de "testigo protegido" apuntando que *el Juez instructor acordará motivadamente, de oficio o a instancia de parte, cuando lo estime necesario en atención al grado de riesgo o peligro, las medidas necesarias para preservar la identidad de los testigos y peritos, su domicilio, profesión y lugar de trabajo, sin perjuicio de la acción de contradicción que asiste a la defensa del procesado, pudiendo adoptar las siguientes decisiones:*

a) Que no consten en las diligencias que se practiquen su nombre, apellidos, domicilio, lugar de trabajo y profesión, ni cualquier otro dato

---

ciar un nexo de coherencia entre la decisión adoptada, la norma que le sirve de fundamento y los fines que justifican la institución". En este tipo de decisiones la motivación debe tener en cuenta que el anonimato del testigo en la fase de enjuiciamiento es excepcional y que debe adoptarse con carácter restrictivo. El juicio de ponderación debe poner en la balanza el análisis de los riesgos que corre el testigo por su colaboración con la justicia y la situación en que queda la defensa si el testigo no es identificado. A tal fin se deben ponderar, entre otros factores, el riesgo real y concreto que puede producirse, en tanto la protección que se otorgue al testigo debe estar en consonancia con el riesgo que se pretende prevenir; el tipo de protección que se otorga, ya que puede ser de mayor o menor intensidad; la gravedad de las penas solicitadas por las acusaciones, ya que cuanto mayor sea la pena menos justificadas estarán las restricciones al derecho de defensa; la consistencia de los medios de prueba disponibles, porque las restricciones que se impongan al derecho de defensa serán más tolerables cuanto menor sea la relevancia del testimonio; la posible adopción de medidas compensatorias a la limitación del derecho de defensa y, por último, la posibilidad de adopción de otras medidas de protección del testigo distintas del simple anonimato.

Aun reconociendo la dificultad que entraña realizar una motivación individualizada que, a la vez no revele datos que lleven a conocer la identidad del testigo, hay margen para exteriorizar las razones de la decisión judicial y para explicitar el juicio de ponderación realizado".

En la misma línea Tribunal Supremo, Sala Segunda, de lo Penal, Sentencia 296/2019 de 4 Jun. 2019, Rec. 10002/2019.

que pudiera servir para la identificación de los mismos, pudiéndose utilizar para ésta un número o cualquier otra clave.

b) Que comparezcan para la práctica de cualquier diligencia utilizando cualquier procedimiento que imposibilite su identificación visual normal.

c) Que se fije como domicilio, a efectos de citaciones y notificaciones, la sede del órgano judicial interviniente, el cual las hará llegar reservadamente a su destinatario.

Hay que recordar, sin embargo, que el art. 4 señala la necesidad de "reforzar" o "confirmar" ese estatus por el órgano de enjuiciamiento, al señalar que

1. Recibidas las actuaciones, el órgano judicial competente para el enjuiciamiento de los hechos se pronunciará motivadamente sobre la procedencia de mantener, modificar o suprimir todas o algunas de las medidas de protección de los testigos y peritos adoptadas por el Juez de Instrucción, así como si procede la adopción de otras nuevas, previa ponderación de los bienes jurídicos constitucionalmente protegidos, de los derechos fundamentales en conflicto y de las circunstancias concurrentes en los testigos y peritos en relación con el proceso penal de que se trate

No basta, con ello, que el juez de instrucción lo acuerde por auto, sino que es preciso que el juez o tribunal de enjuiciamiento lo convalide, también de forma motivada.

Y en cuanto a su validez como prueba el art. 4.5 señala que:

Las declaraciones o informes de los testigos y peritos que hayan sido objeto de protección en aplicación de esta Ley durante la fase de instrucción, solamente podrán tener valor de prueba, a efectos de sentencia, si son ratificados en el acto del juicio oral en la forma prescrita en la Ley de Enjuiciamiento Criminal por quien los prestó. Si se consideraran de imposible reproducción, a efectos del artículo 730 de la Ley de Enjuiciamiento Criminal, habrán de ser ratificados mediante lectura literal a fin de que puedan ser sometidos a contradicción por las partes.

Con ello, si van a declarar se podrá utilizar el uso de la videoconferencia[4] olvidando la referencia o uso del denostado

---

4 Tribunal Supremo, Sala Segunda, de lo Penal, Sentencia 98/2023 de 15 Feb. 2023, Rec. 2384/2021.
"En la actualidad, de todos modos, lo que resulta extraño es la técnica de la utilización del biombo o mampara ante la presencia del uso de la videoconferencia que ha sido reconocida ya legalmente, así como en los protocolos de dirección de ejecución del juicio oral, mediante el uso de la videoconferencia para testigos, utilizables, sobre todo en casos semejantes, donde el derecho al miedo de las víctimas de un delito les otorga la posibilidad al Presidente del Tribunal o juez de lo penal que organiza la dirección del juicio oral de utilizar el mecanismo de la videoconferencia para víctimas, que así lo soliciten, cuando la confrontación visual con el acusado puede mermar la forma en que lleva a cabo su declaración en el juicio oral.
Sobre esta forma de declaración por videoconferencia hemos señalado en sentencia del Tribunal Supremo, Sala Segunda, de lo Penal, Sentencia 331/2019 de 27 Junio. 2019, Rec. 1376/2018 que: "El uso de la videoconferencia permite la total conexión en los puntos de origen y destino como si estuvieran presentes en el mismo lugar, con lo que se da cumplimiento a la premisa de que se celebre la actuación judicial en unidad de acto. No se vulnera ningún principio procesal al poder dirigir las partes a los testigos las preguntas que sean declaradas pertinentes con contradicción y sin que pueda existir indefensión ni vulneración de la tutela judicial efectiva".
Por ello, en la declaración por videoconferencia puede que el acusado tampoco vea visualmente a la víctima que declara, pero la defensa sabe quién es y lo tiene identificado y no puede alegarse desconocimiento de su identidad para que puedan hacerse preguntas al testigo que declara tras un biombo o por videoconferencia. El aspecto formal de donde declara o cómo declara resulta irrelevante a los efectos del derecho de defensa. Lo extraño es el uso todavía hoy en día de la técnica de la mampara o biombo para que declare un testigo cuando el uso de las tecnologías en la celebración del juicio oral es forma consolidada y admitida legalmente (Arts. 731 bis, y 772 LECRIM, 229. 2 y 3 LOPJ).
En este sentido, no puede prosperar la queja casacional cuando no hay afectación a la tutela judicial efectiva al no quedar afectado el

biombo[5].

3. LA FIGURA DEL TESTIGO PROTEGIDO Y SU CONFIGURACIÓN PROCESAL

Para proteger a los testigos que así lo requieran y se evidencien razones lógicas y acreditadas que determinen ese estatus de "testigo protegido" el legislador aprobó la Ley 19/1994, de 23 de diciembre, reguladora del «estatus» del testigo protegido para proteger a los que conozcan de hechos graves o hayan sido víctimas de delitos que exijan especial protección.

La adopción de este «estatus» de testigo protegido requiere de unas circunstancias especiales que le permitan tener el derecho y/u opción de que no conste en las medidas de investigación y en la causa su identidad.

---

derecho de defensa del recurrente al haberle podido interrogar al testigo que declaró en esos términos sin exigirse para un adecuado ejercicio de la defensa que el acusado en el juicio oral tenga que verle físicamente".

5 Tribunal Supremo, Sala Segunda, de lo Penal, Sentencia 98/2023 de 15 Feb. 2023, Rec. 2384/2021.
Con respecto a la declaración de un testigo de forma oculta tras un biombo y sin ser visto por los acusados resulta, asimismo irrelevante. Pero porque no existe ninguna merma del derecho de defensa por la circunstancia de tratarse de un testigo identificado, pero oculto a los efectos de la práctica de la prueba. Se alega al respecto la necesidad e interés en conocer la identidad física, para determinar si efectivamente podría existir algún tipo de enemistad o discrepancia entre ambos, incidiendo específicamente en el testimonio a prestar por Jacobo.
Pero, de suyo, lejos de la alegación formal de que declaró sin ser visto por los acusados no se expone cuál ha sido la merma en el ejercicio del derecho de defensa que se ha producido.

a.- Las razones de la Ley 19/1994 y la necesidad de protección de testigos.

Se pueden citar como razones de esta protección necesaria las siguientes:

1. Tiene su antecedente, además de en las razones sociológicas que se recogen en su Exposición de Motivos, en el Tratado Internacional referido a la Convención contra la Tortura, cuya ratificación por España fue publicada en el BOE de 9 de noviembre de 1987, que en su art. 13 previene la necesidad de que el Estado tome las medidas adecuadas «para asegurar que los testigos de ese delito estén protegidos contra malos tratos e intimidación como consecuencia del testimonio prestado».

2. La LO 19/1994 tiene como finalidad establecer unos mecanismos de seguridad y defensa para quienes comparecen a juicio para colaborar con la Administración de Justicia frente a eventuales peligros que puedan proceder de la persona o grupo para quienes ese testimonio puede ser utilizado como prueba de cargo de un ilícito penal, permitiendo a la Autoridad Judicial mantener en el anonimato a aquellos testigos con objeto de preservar la veracidad de sus testimonios, y evitando su adulteración como consecuencia de intimidaciones provenientes de los acusados.

3. La Ley 19/1994 no puede arbitrar un conjunto de garantías de carácter absoluto e ilimitado, sino que debe ponderarse, en cada caso, «el necesario equilibrio entre el derecho a un proceso con todas las garantías y la tutela de derechos fundamentales inherentes a los testigos y peritos y a sus familiares».

4. La existencia de peligro supone, en palabras de la sentencia STS de 3 de marzo de 1999, la expresión de un mal muy probable sobre la persona, libertad o bienestar

de quien colabora con la administración de justicia o sus allegados inmediatos.

5. La motivación de ese peligro que, lógicamente, aparece teñido de subjetividad para quien lo siente, ha de realizarla el Juez o Tribunal que acuerde la aplicación del mecanismo de protección previsto en la Ley. En su consecuencia, exige valorar los intereses y la situación conflictual y abordar lo procedente apreciando racionalmente la existencia de un peligro grave para la persona, libertades y bienes (STS 1367/2004, de 29 de noviembre).

Con ello, la necesidad de protección no la valora el testigo, sino que la decide el juez o tribunal en razón a circunstancias objetivas, no subjetivas.

Señala al efecto TORRAS COLL[6] que "El criterio para determinar la aplicación de las medidas de protección no podemos buscarlo en la pena asociada al delito que se enjuicia o el cauce procedimental que se sigue, como en el peligro o riesgo potencial que soporta el testigo y la coacción o miedo a posibles represalias que sufre. La existencia de ese presagiado peligro, como único criterio válido para adoptar un mecanismo de defensa como es la institución de la protección de testigos, supone, conforme a la doctrina jurisprudencial, la expresión de un mal muy probable sobre la persona, libertad o bienestar de quien colabora con la Administración de Justicia o sus allegados inmediatos. Lógicamente, la existencia de peligro, como ha subrayado la jurisprudencia, aparece teñida de subjetividad por el afectado. Por ello, el órgano judicial deberá valorar los intereses y la situación conflictual, ponderando el riesgo o pe-

---

6 José María Torras Coll. Magistrado. Audiencia Provincial de Barcelona Los testigos protegidos y el derecho de defensa. La Ley Penal, Nº 139, Julio-Agosto 2019, Wolters Kluwer

ligro que la intervención del testigo en el juicio oral puede conllevar y valorar los bienes en conflicto, y de forma principal, el derecho a un juicio justo, a la seguridad de los testigos y a la efectividad de la prueba testifical como prueba de cargo o de descargo".

b.- ¿Cómo se garantiza la protección?

Respecto a las medidas necesarias para preservar la identidad de los testigos y peritos, la Ley alude a que pueden adoptarse las siguientes decisiones:

a) Que no consten en las diligencias que se practiquen su nombre, apellidos, domicilio, lugar de trabajo y profesión, ni cualquier otro dato que pudiera servir para la identificación de los mismos, pudiéndose utilizar para ésta un número o cualquier otra clave (desde luego una clave que no permita desvelar la identidad del protegido. Así, sería absurdo utilizar como dato identificativo las iniciales de su nombre patronímico y de los apellidos).

b) Que comparezcan para la práctica de cualquier diligencia utilizando cualquier procedimiento que imposibilite su identificación visual normal.

c) Que se fije como domicilio, a efectos de citaciones y notificaciones, la sede del órgano judicial interviniente, el cual las hará llegar reservadamente a su destinatario.

c.- Sobre el derecho a conocer la identidad del testigo protegido[7]

---

7 Tribunal Supremo, Sala Segunda, de lo Penal, Sentencia 316/2023 de 4 May. 2023, Rec. 10631/2022.

"La exclusión de los datos que permitan la identificación de cualquier testigo sólo puede ser fruto de un marco de excepcionalidad que justifique, tras la debida ponderación de los bienes en conflicto, la prevalencia del deber del Estado de proteger la vida y la integridad física de quien declara.

Es cierto que la declaración de los testigos en el acto del juicio oral -decíamos en las SSTS 322/2008, 30 de mayo y 395/2009, 16 de abril, ha de desarrollarse con escrupuloso respeto al principio de contradicción y al derecho de defensa. También lo es que la plena vigencia de este derecho exige el conocimiento previo por las partes de la identidad de aquellos testigos que, por razones de seguridad y a lo largo de la instrucción, han sido objeto de alguna de las medidas de protección que contempla la LO 19/1994, 23 de diciembre. Así lo viene entendiendo una jurisprudencia plenamente consolidada de esta misma Sala (cfr. SSTS 828/2005, 27 de junio; 354/1999, 3 de marzo; 861/1997, 11 de junio; 563/1997, 25 de abril; 737/1997, 13 de mayo, entre otras), en línea con algunos de los pronunciamientos más destacados sobre esta materia del TEDH (cfr. sentencias de 29 de septiembre de 1990 (Caso Windisch), de 20 de noviembre de 1989 (Kotovski) y 19 de diciembre de 1990 (Delta).

Sin embargo, la propia LO 19/1994, 23 de diciembre, arbitra medios encaminados a hacer compatibles aquellos principios legitimadores del proceso penal con la necesidad de preservar la integridad física de quien es llamado a declarar como testigo. No otra interpretación admite el art. 4.1 de la mencionada ley, con arreglo al cual, " recibidas las actuaciones, el órgano judicial competente para el enjuiciamiento de los hechos se pronunciará motivadamente sobre la procedencia de mantener, modificar o suprimir todas o algunas de las medidas de protección de los testigos y peritos adoptadas por el Juez de Instrucción, así como si procede la adopción de otras nuevas, previa ponderación de los bienes jurídicos constitucionalmente protegidos, de los derechos fundamentales en conflicto y de las circunstancias concurrentes en los testigos y peritos en relación con el proceso penal de que se trate".

La resolución del órgano decisorio es susceptible de impugnación por las partes y si cualquiera de ellas "...solicitase motivadamente en su escrito de calificación provisional, acusación o defensa, el conocimiento de la identidad de los testigos o peritos propuestos, cuya declaración o informe sea estimado pertinente, el Juez o Tribunal que haya de entender la causa, en el mismo auto en el que declare la pertinencia de la prueba propuesta, deberá facilitar el nombre y los apellidos de los testigos y peritos, respetando las restantes garantías reconocidas a los mismos en esta Ley" (art. 4.3).

Aunque el objetivo de la Ley sea la de proteger la identidad del testigo que solicita no se conozcan sus datos, tiene un resquicio en la opción que se concede a las partes de poder conocer su identidad si así lo solicitan. Ahora bien, ello no supone una carta abierta a las partes, en cualquier caso.

1.- La adopción de la medida

La LO 19/1994, de 23 de diciembre, prevé en su art. 4.1 que *«recibidas las actuaciones, el órgano judicial competente para el enjuiciamiento de los hechos se pronunciará motivadamente sobre la procedencia de mantener, modificar o suprimir todas o algunas de las medidas de protección de los testigos y peritos adoptadas por el Juez de Instrucción, así como si procede la adopción de otras nuevas, previa ponderación de los bienes jurídicos constitucionalmente protegidos, de los derechos fundamentales en conflicto y de las circunstancias concurrentes en los testigos y peritos en relación con el proceso penal en que se trate»*.

2. Posibilidad de que la defensa pueda querer conocer la identidad del testigo protegido.

En el apartado 3 del art. 4 de la Ley se contempla que, *«sin perjuicio de lo anterior, si cualquiera de las partes solicitase motivadamente en su escrito de calificación provisional, acusación o defensa, el conocimiento de la identidad de los testigos o peritos propuestos, cuya*

La lectura contrastada de ambos preceptos impide interpretar el apartado 3 –que obliga a desvelar la identidad de los testigos–, en absoluta desconexión con el apartado 1 -que permite a la Sala mantener las medidas protectoras acordadas durante la instrucción-. Habría sido deseable un mayor rigor técnico en la redacción de la LO 19/1994, excluyendo esa aparente contradicción. Pese a todo, el deber de revelar el nombre y apellidos de los testigos no es, en modo alguno, de carácter absoluto. El propio art. 4.3, subordina su alcance a que la solicitud que en tal sentido incorporen las partes en su escrito de conclusiones provisionales se haga motivadamente, estando también sujeta al normal juicio de pertinencia".

declaración o informe sea estimado pertinente, el Juez o Tribunal que haya de entender de la causa, en el mismo auto en que declare la pertinencia de la prueba propuesta, deberá facilitar el nombre y los apellidos de los testigos y peritos, respetando las restantes garantías reconocidas a los mismos en esta Ley... En los cinco días siguientes a la notificación a las partes de la identidad de los testigos, cualquiera de ellos podrá proponer nueva prueba tendente a acreditar alguna circunstancia que pueda influir en el valor probatorio de su testimonio».

La identidad será desvelada ante la petición razonada de una de las partes cuando lo solicite motivadamente (art. 3.1).

Resulta, en definitiva, que el anonimato en la identidad del testigo o perito subsiste hasta el juicio oral si alguna de las partes solicita motivadamente que se desvele su identidad. La jurisprudencia del TEDH (SS 29 de septiembre de 1990 —caso Windisch—, 20 de noviembre de 1989 —Kotovski— y 19 de diciembre de 1990 —Delta—) se pronuncia en términos similares a lo dispuesto en la ley, pues se afirma en la segunda de las sentencias citadas: «si la defensa desconoce la identidad de la persona a la que intenta interrogar, puede verse privada de datos que precisamente le permita probar que es parcial, enemiga o indigna de crédito, y no podrá demostrarlo si no tiene las informaciones que le permita fiscalizar el crédito».

La ley trata de proteger al testigo o perito que, razonablemente, corra peligro a causa de su actividad en el proceso, pero limita esa protección hasta el juicio oral pues ese testimonio no podrá ser utilizado como prueba de cargo si no es vertido en condiciones que garanticen el derecho de defensa. Así lo destaca la STS de 16 de marzo de 1998: «la protección del testigo que dispone para ciertos casos la LO 19/1994 no afecta en modo alguno a los derechos procesales del acusado que emanan de los arts. 24 CE y 6.3 a) Convenio Europeo de los Derechos Humanos, tal y como establece el art. 2 LO 19/1994». En igual sentido las SSTS de 25 de abril, 13 de mayo y 11 y 24 de junio de 1997, y 17 de febrero de 1998, que han aplicado la mencionada Ley Orgánica.

En cualquier caso, no existe un derecho ilimitado a conseguir la identidad del testigo.

El Tribunal Supremo (Sentencia de marzo de 2009) se ha encargado de matizar esta opción prevista en la Ley al señalar que «es cierto que la ley impone al órgano de enjuiciamiento el deber de facilitar el nombre y los apellidos de los testigos y en su caso peritos protegidos, pero ello sometido a ciertas condiciones: la primera, que se "solicite" por la parte en su escrito de calificación, y la segunda, que lo haga "motivadamente". Esto último significa que habrán de exponerse las razones en que se funde el solicitante, en relación con el valor probatorio de su testimonio, para que puedan ser ponderadas por el Juez o Tribunal que conozca de la causa, de acuerdo con la finalidad y el espíritu de ley, tal como pone de manifiesto su exposición de motivos».

Incluso, recuerda la STS de 28 de enero de 2002 n.º 1867/2000, que se refiere a un supuesto donde se desestimó el recurso formulado por causas similares porque «los acusados no recurrieron la resolución de la Sala a quo y en el acto del juicio oral nada objetaron, ni formularon protesta alguna, limitándose en la solicitud que les fue denegada a pedir que se les comunicara la identidad de los testigos protegidos, alegando genérica indefensión sin precisar en qué se había perjudicado su derecho de defensa». Con ello, esta opción que prevé el art. 4.3 de la Ley no es un derecho ilimitado de la parte a obtener la identidad del testigo, sino que debe venir motivada la petición acerca de las razones por las que solicita que se le den las razones de identidad de quien tenía el «estatus» de testigo protegido, toda vez que en algunos casos esta petición puede venir como consecuencia de una forma de conseguir trasladar al testigo el lógico miedo a la reacción posterior derivada de su declaración, por lo que el Alto Tribunal exige que esa petición se motive justificando en qué medida se traslada al derecho de defensa la petición para conocer datos personales del testigo.

En la sentencia del TS de fecha 5 de junio de 2008 se reconocen razones que podrían alegarse por la defensa para pedir a la Sala que desea conocer la identidad del testigo protegido al apuntar que «ciertamente esta protección viene limitada por la Ley hasta el juicio oral, pues entonces habría de ser desvelada la identidad del testigo protegido para garantizar el derecho de defensa del acusado, pues "si la defensa desconoce la identidad de la persona a la que intenta interrogar, puede verse privada de datos que precisamente le permitan probar que es parcial, enemiga (del acusado) o indigna de crédito" (STEDH de 19 de diciembre de 1990, caso Delta)».

Sobre el momento en el que se debe instar esta petición acerca de la identidad del testigo protegido Señala el TS en sentencia de 26 de enero de 2006 que el Legislador fija pues un momento procesal concreto en el que se puede solicitar la identidad de los testigos protegidos, que debe ser en los escritos de conclusiones provisionales, y la forma de hacerlo, motivadamente. También señala el momento y la resolución en la que se debe resolver la petición, que es a la hora de pronunciarse el órgano que va a conocer de la causa sobre la prueba propuesta, es decir en el auto en el que se declare la pertinencia de la prueba, abriéndose en el caso de que se facilite la identidad una nueva fase de petición de prueba que no existe en el procedimiento ordinario, ni en el abreviado, y que sólo surge cuando nos encontremos ante testigos protegidos. Ese trámite consiste en que, una vez notificada la resolución en que se proporciona la identidad, en los cinco días siguientes, cualquiera de las partes puede proponer nueva prueba tendente a acreditar alguna prueba que pueda influir en el valor probatorio del testimonio de los testigos protegidos. A su vez, si tales pruebas son admitidas por el órgano judicial, en el plazo correspondiente para recurrir en reforma y apelación la resolución que lo acuerda, las restantes partes pueden proponer nueva prueba con la misma finalidad que en el caso anterior.

Es decir, se producen tres fases procesales distintas, sea cual sea el procedimiento en el que se incardine la causa: 1.º petición motivada de identidad en los escritos de conclusiones provisionales, y en su caso auto proporcionando la identidad; 2.º plazo de cinco días desde la notificación del auto para proponer pruebas que puedan afectar al testimonio que vayan a verter los testigos protegidos; 3.º plazo de tres o cinco días para que las demás partes, una vez conozcan las pruebas que se hayan admitido, puedan a su vez proponer otra prueba relacionada con la anterior, a lo que se tendrá que añadir obviamente una nueva resolución que admita esta última prueba.

d)La necesidad de la adopción de esta medida

La institución del testigo protegido surge como mecanismo de defensa a quienes comparecen en los juicios para colaborar con la Administración de Justicia frente a peligros –término que se recoge expresamente en el art. 2 de la Ley Orgánica– que pueden proceder de la persona, o grupo, para los que ese testimonio puede ser tenido como prueba de cargo.

Sobre esta situación de peligro se pronuncia el Tribunal Supremo señalando que (STS de 3 de marzo de 1999) la existencia del peligro supone la expresión de un mal muy probable sobre la persona, libertad o bienestar de quien colabora con la Administración de Justicia o sus allegados inmediatos. La objetivación de ese peligro, que lógicamente aparece teñido de subjetivización por quien lo siente, ha de realizarla el Juez o Tribunal que acuerda la aplicación del mecanismo de protección previsto en la ley. En su consecuencia, se valorarán los intereses y la situación conflictual y se acordará lo procedente apreciando racionalmente la existencia de un peligro grave para la persona, libertades o bienes.

En las resoluciones que dicte, el Juez o Tribunal deberá ponderar el riesgo o peligro que la intervención del testigo o peritos en el juicio oral pueda conllevar, y valorar los bienes en conflicto. Entre ellos, y de forma principal, el derecho a un juicio justo, a un proceso justo, la seguridad de los testigos y la efectividad de la prueba testifical o pericial, como prueba de cargo o de descargo.

e.- Los testigos, protegidos, o no, pueden declarar en el juicio sin ser vistos por el acusado

No es preciso el reconocimiento de la condición de testigo protegido para que los testigos, víctimas o no, quieran declarar sin ser vistos por el acusado/s. Así, los medios utilizados hasta la fecha se centraban en la técnica del biombo, o declarar desde una puerta de acceso a la Sala sin que pudiera verles el acusado, ya que la técnica de la videoconferencia se introdujo, entre otras razones, para evitar el "enfrentamiento visual" entre testigos y acusados en los casos en los que fuera aconsejable.

f.- Distinción entre testigos anónimos y ocultos

Señala el Tribunal Supremo en Sentencia 852/2016 de 11 Nov. 2016, Rec. 10881/2015 que:

"Dentro, pues, de la categoría general de testigos protegidos pueden distinguirse dos subcategorías en orden al nivel de protección: los testigos anónimos, de los que ni siquiera se dan a conocer a las partes sus datos personales; y los testigos ocultos, que sí son identificados personalmente con nombres y apellidos, pero que deponen en el plenario con distintos grados de opacidad frente a la visión o control de las partes procesales.

En la subcategoría de los testigos anónimos , caben distintas modalidades de anonimato: los supuestos en que el testigo debido a las contingencias o circunstancias particulares del caso no ha podido ser identificado con datos personales y por lo tanto se ignora su identidad dentro del proceso; y aquellos otros supuestos en que sí ha sido identificado y consta su identidad en el proceso, pero por decisión del Tribunal se mantiene secreto y no se da a conocer a las partes, que es lo que al parecer ha sucedido en el caso que ahora se enjuicia.

Dentro de la subcategoría de los testigos ocultos también caben diferentes posibilidades, según el grado de opacidad u ocultamiento con el que declare en la vista oral el testigo. Es factible que deponga en una dependencia aparte sin ser visto por el Tribunal ni por las partes ni el público, con lo cual sólo sería oído. Pero también es posible que deponga siendo visto por el Tribunal y los letrados, pero no por los acusados ni el público; sistema de semi- ocultamiento que es el que mayor aplicación tiene en la práctica procesal La sentencia Tribunal Constitucional n.º 64/1994, de 28 de febrero abordó con detenimiento la distinción entre testigos anónimos y ocultos".

a) Testimonio anónimo

En cuanto al testimonio anónimo, es decir, el proveniente de persona que no se identifica, su rechazo deriva de imposibilitar una efectiva contradicción, citando al respecto las sentencias del TEDH de 20 de noviembre de 1989 (caso Kostowsti), 27 de septiembre de 1990 (caso Windisch), y 15 de junio de 1992 (caso Ludi).

La referencia a esta doctrina del TEDH permite concluir que es la imposibilidad de contradicción y el total anonimato de los testigos de cargo lo que el Tribunal Constitucional considera contrario a las exigencias derivadas del art. 6 del Convenio. Esto es distinto a la condición de «testigo protegido», ya que, si el juez dicta un auto reconociendo este carácter, declarará pero en esta condición, ya que este «estatus» no le priva de su obligación de declarar garantizando la debida contradicción.

b) Testigo oculto

Por el contrario, en relación al testimonio oculto, aquel que se presta sin ser visto por el acusado, se considera que esta declaración testifical controvertida ha de analizarse donde la perspectiva del derecho a un juicio publico con todas las garantías, art. 24.2 CE, desde una triple vertiente de exigencia: publicidad, contradicción e igualdad de armas.

Existen otros datos que es preciso tener en cuenta:

a) La exigencia de la publicidad en la declaración del testigo oculto

La primera exigencia, esto es, la publicidad del proceso, no pueden entenderse vulnerada en este caso, porque, al margen de aquella anómala forma de declaración, el juicio se celebró en la sede del Tribunal y se documentó en la correspondiente Acta, sin que consten restricciones de acceso a la celebración y de obtener o difundir información acerca del mismo. Por tanto, la finalidad o razón de ser del derecho a un juicio publico, que no es otra que la posibilidad de que el funcionamiento de los Tribunales sea de conocimiento público y pueda ser sometido a control de los justiciables, no se ha visto empañado en modo alguno en este caso.

b) La igualdad de armas en el proceso

Tampoco desde las perspectivas que consagra el art. 24.2 CE (posibilidad de contradicción e igualdad de armas) se aprecia vulneración, ya que en el testimonio oculto se posibilita el conocimiento de la identidad del testigo y se permite a la defensa del acusado interrogar a aquél con idénticas posibilidades que el Ministerio Fiscal, resultando, por ello, respetadas las exigencias del art. 6.3 d) del Convenio y la consecuencia de las garantías que consagra el art. 24.2 CE.

d) El principio de inmediación

En lo que se refiere a la inmediación, es evidente que los testigos pudieron ser vistos en todo momento por el órgano juzgador, que pudo así observar la firmeza de sus manifestaciones, la serenidad o crispación de sus gestos y los impulsos emotivos que pudieran haber surgido en el curso del interrogatorio. La oralidad también ha sido respetada, porque no hay duda que las preguntas se formularon oralmente y fueron contestadas de viva voz por los acusados constando en el acta el contenido de sus manifestaciones.

e) La contradicción

En cuanto a la contradicción, es evidente que ésta se manifiesta de manera más viva y directa cuando los testigos comparecen sin barreras de protección y son asequibles a la visión directa de los acusados, de los letrados de las partes y del Ministerio Fiscal, pero no por ello desaparece cuando se adoptan medidas de protección de su imagen colocando un biombo que impide que sean vistos por los acusados. El interrogatorio cruzado, que constituye la esencia del debate entre las partes a lo largo del juicio oral, se ha respetado en su integridad ya que el letrado de la defensa pudo dirigir a los testigos cuantas preguntas estimó pertinentes.

f) La falta de visualización del acusado del testigo.

Esta medida que impida la visualización por el acusado del testigo en el juicio debe ser adoptada de forma expresa, bien antes del juicio o durante el mismo constando en acta su decisión

Recuerda el Tribunal Supremo, Sala Segunda, de lo Penal, Sentencia de 18 de diciembre de 2001 rec. 354/2001, que el Pleno no jurisdiccional de esta Sala de 6 de octubre de 2000 acordó que, para adoptar la medida de impedir la visualización del testimonio de un testigo en el acto del juicio oral por parte del acusado a que hace referencia el apartado b) del art. 2 de la Ley Orgánica 19/1994, de protección de testigos y peritos en causas criminales, es necesario que el Tribunal motive razonadamente su decisión, pero, si la medida se acordara en el acto del juicio oral, tal motivación es bastante con que se refleje en el propio acta del juicio oral, con la amplitud que requiera la situación de peligro. Esto es lo que ha llevado a cabo el Tribunal sentenciador, motivando, aunque sea sucintamente, la razón de la medida adoptada «para preservar los derechos y la privacidad de la testigo».

Señala en este punto la sentencia del Tribunal Supremo 466/2022 de 12 May. 2022, Rec. 10596/2021 respecto a que:

"La diferencia entre confidente y testigo protegido se analiza en la STS de 23 de septiembre de 2020 (...) "el confidente que acude a la policía a dar un dato no puede ser fuente directa de la petición de la medida de injerencia, sino que requiere de una investigación", por el contrario, el ciudadano que relata un volumen de información, y adquiere el estatus de testigo protegido, "habilita para el dictado de la injerencia valorando el juez en el auto la proporcionalidad de la medida"".

g.- Los testigos protegidos deben declarar en el juicio oral aunque con la mención de sus números identificativos, si bien es posible la lectura de las declaraciones sumariales en los casos del art. 730 LECRIM.

Los testigos protegidos deben declarar en el juicio oral, pero de alguna de las maneras antes expuestas, ya que lo que le otorga valor de prueba a su declaración es que lo hagan en el plenario, no sirviendo de excusa para no hacerlo que tienen miedo, o cualquier otra, ya que para ello el Tribunal que celebra el juicio debe adoptar medidas tales como la declaración por videoconferencia.

Aun así, un problema que suele darse es que los testigos protegidos «desaparezcan» antes del juicio y que los agentes no sepan cuál es su paradero cuando las partes los han propuesto como testigos —aunque por su numeración—. En estos casos es posible apelar a la lectura de las declaraciones sumariales, sin que ello suponga de ordinario la necesidad de tener que suspender el juicio si consta en las actuaciones «cuáles han sido las medidas de localización efectuadas por los agentes para localizarlos».

En estos casos es sumamente importante cómo ha sido la redacción del oficio policial de las diligencias de busca y localización de los testigos protegidos y que el agotamiento de la investigación de su paradero ha resultado infructuoso, ya que la validez de la medida de no suspensión del juicio dependerá de la redacción del oficio remisorio al Tribunal dando cumplimiento al requerimiento para que los agentes localizaran al testigo protegido.

Pues bien, el Tribunal Supremo se ha pronunciado sobre esta cuestión en la sentencia de 29 de marzo de 2004, en la que recuerda que el apartado 5 del art. 4 de la LO 19/1994 indica que las declaraciones de los testigos que hayan sido objeto de protección en aplicación de esta ley durante la fase de instrucción, solamente podrán tener valor de prueba, a efectos de sentencia, si son ratificados en el acto del juicio oral en la forma prescrita en la LECrim. por quien las prestó. Pero también añade que, si se consideraran de imposible reproducción, a efectos del art. 730 de la LECrim, habrán de ser ratificados mediante lectura literal a fin de que puedan ser sometidos a contradicción por las partes.

Además, si se han llevado a cabo las medidas de localización policiales y en el oficio remisorio policial consta detalladamente que «agotadas las vías no se les ha localizado», no será esta circunstancia causa de suspensión del juicio como señala, también, la STS 271/2004, de 24 de febrero, que también sale al paso de la alegación de indefensión por declaración de secreto de las actuaciones e impugnación de la lectura de las testificales en el juicio oral, y que recuerda que no se puede admitir un nuevo retraso que implique otra suspensión del juicio oral sin garantía de la localización de los testigos bien por su permanente situación de ignorado paradero, bien por la constante y reiterada dificultad para su localización.

Apunta así el Alto Tribunal que nuestro sistema procesal, avalado por reiterada doctrina del Tribunal Constitucional, ha contemplado la posibilidad de celebrar el juicio oral en condiciones excepcionales, cuando existen datos y elementos que permitan mantener las tesis de la defensa e intentando, por todos los medios disponibles, ordinarios y extraordinarios, la localización de las víctimas del delito. También es necesario valorar la actitud procesal de los acusados, en orden a su predisposición a la celebración del juicio, sin poner trabas u obstáculos al normal funcionamiento de la justicia. Cuando concurre esta serie de circunstancias, el sistema no puede permanecer impasible y contemplar impotente, cómo conductas de la gravedad y trascendencia social de que es objeto esta causa, permanezcan indefinidamente sin ser juzgados.

El Estado de Derecho no puede permanecer inactivo y sin adoptar medidas correctoras, que la prepotencia, el abuso de la situación social de las víctimas, o cualquier otra circunstancia espuria, pueda paralizar la necesaria acción de la justicia. Ello no supone que el juicio puede celebrarse en condiciones tales que vulneren las reglas y garantías constitucionales, pero sí puede acudirse a fórmulas que permitan conjugar la respuesta del derecho con el respeto a la debida defensa.

En consecuencia, sólo si es posible su presencia en el juicio por estar localizado el testigo, ésta debe llevarse a cabo como afirma el Tribunal Supremo en sentencia de 5 de junio de 2008: «Para ciertos casos la LO 19/1994 no afecta en modo alguno a los derechos procesales del acusado que emanan del art. 24 CE y del art. 6.3 TEDH, y como establece el art. 2 de la mencionada LO 19/1994 SSTS de 19 de octubre y 14 de diciembre de 2000, por lo que no puede darse por valido el testimonio de testigos protegidos, incomparecidos al plenario al no haberse adoptado las medidas adecuadas para hacerles comparecer, impidiéndose así a los defensores ejercer el derecho fundamental a interrogarles y repreguntarles. Y la STS de 14 de diciembre de 1999, en igual sentido, casa la sentencia al haberse condenado al recurrente en un juicio que no ha contado con todas las garantías, al no haberse escuchado en el plenario a un testigo "protegido", ya que de la credibilidad de su testimonio dependía en gran medida la del testimonio de los policías, pues "la contradicción sólo puede ser efectiva en la medida en la que es posible confrontar las declaraciones testifícales con las de otros testigos que tuvieron o pudieron tener conocimiento de los hechos", y al mismo tiempo, como recuerda la STS 787/2006, de 12 de junio, la LO 19/1994, de Protección de Peritos y Testigos, establece, de forma taxativa, en el art. 4.5, que las declaraciones de los testigos que hayan sido objeto de protección en aplicación de esta Ley durante la fase de instrucción, sólo podrán tener valor de prueba a efectos de sentencia, si son ratificados en el juicio oral, en la forma prevista por la LECrim., por quien las prestó».

h.- Posibilidad de que los agentes policiales concedan inicialmente a los testigos su condición de protegidos sin perjuicio del posterior reconocimiento judicial

La jurisprudencia reconoce que, en los casos en los que los agentes policiales consideren urgente una inicial consideración del carácter de testigo protegido en las diligencias policiales, es posible reconocerlo, ya que así lo admite el TS al señalar que (STS de 10 de abril de 2007):

«En cuanto a si se otorgó directamente por la Guardia Civil el status de testigos protegido a los citados, cuando la LO 19/1994 reserva al juez de instrucción tal declaración, si bien es cierto que el art. 2 de la misma Ley reserva la declaración de tal situación al juez, en realidad lo que prevé dicha norma, siempre buscando la protección eficaz del testigo frente a los riesgos que pudiera conllevar el descubrimiento de su identidad por parte de los imputados o de las personas de su ámbito de influencia, es la adopción de medidas tales como:

a) Que no consten en las diligencias que se practiquen su nombre, apellidos, domicilio, lugar de trabajo y profesión, ni cualquier otro dato que pudiera servir para la identificación de los mismos, pudiéndose utilizar para ésta un número o cualquier otra clave.

b) Que comparezcan para la práctica de cualquier diligencia utilizando cualquier procedimiento que imposibilite su identificación visual normal.

c) Que se fije como domicilio, a efectos de citaciones y notificaciones, la sede del órgano judicial interviniente, el cual las hará llegar reservadamente a su destinatario.

Por ello ha de reputarse carente de trascendencia, y adecuado a las exigencias legales, que en el comienzo del Atestado policial —a petición y en interés de los propios interesados— en sus primeras manifestaciones (f. 6, 10 y 28), y para no hacer ineficaz desde el inicio de las actuaciones el derecho de tales testigos, se hayan tomados las más elementales medidas para preservar su identidad, sin perjuicio de la ratificación de las mismas por la autoridad judicial que además dictará, si lo considera oportuno, las restantes antes relacionadas.

Ello, además, ninguna indefensión produjo en las defensas que tuvieron oportunidad de efectuar directamente todas las preguntas que consideraron oportunas a los testigos en la declaración que los mismos prestaron ante el juez de Instrucción, efectuando lo propio, igualmente, en la Vista del juicio oral.

Por lo tanto, tales pruebas han de considerarse sin tacha, válidas y susceptibles de ser tomadas en consideración por el Tribunal de instancia a los efectos previstos en el art. 741 de la LECrim respecto de la venta por los acusados de la sustancia tóxica cocaína, tal como fue declarado en los hechos probados; y ante lo cual la marihuana intervenida pesada, analizada (f. 170 y 171) y ratificado el informe por los peritos en la Vista (f. 243), no adquiere sino un carácter residual, absorbido por el desvalor de la conducta principal».

i.- Imposibilidad de utilizar como prueba de cargo la declaración de un testigo protegido prestada en un primer juicio en el que estaba en rebeldía el acusado que más tarde es condenado en base a esta declaración cuando no se agotan debidamente las posibilidades de localización de este testigo que no comparece en el segundo juicio (STS 449/2008, de 25 de febrero).

Se trató de un caso en el que un testigo había declarado en un juicio primeramente celebrado en rebeldía del acusado y en el segundo juicio se leyó esa declaración al no ser localizado el testigo.

El TS señala en la Sentencia de 25-2-2008, que la forma que se utiliza para proceder a la lectura de la declaración del testigo protegido no fue la correcta, habida cuenta que no se agotaron las posibilidades para que el testigo compareciera, dando a entender que lo correcto hubiera sido suspender el juicio y oficiar de nuevo a las Fuerzas de Seguridad del Estado para que lo localizaran y emitieran informe más completo respecto a las circunstancias o razones de su no localización. En la sentencia se cuestiona el procedimiento utilizado al constar en las actuaciones una escueta información policial al intentar localizar al testigo. Pero más aún tratándose de un testigo protegido.

En la sentencia se recoge que, examinadas las actuaciones, existe una diligencia policial extendida tras la petición de localización por el Tribunal en la que se hace constar que el testigo protegido núm. NUM.000 «...no ha sido localizado», y al folio 322 se incorpora el resguardo de un telegrama en el que se dice textualmente: «...no entregado, casa cerrada, enviado aviso postal». Señala el TS que: «no existe en las actuaciones un informe policial que explique de forma mínimamente aceptable las razones que, en su caso, podían haber hecho imposible la presencia física de la testigo. Al folio 336 existe un oficio de la Dirección General de la Policía y Guardia Civil en el que con absoluto laconismo se afirma que la testigo «...no ha sido localizada».

Así, esta forma de llevar a cabo las gestiones para localizar a un testigo, no pueden tener el valor suficiente como para que se pueda proceder a la lectura de las declaraciones; más aún tratándose de un testigo presencial de los hechos, es decir, un testigo de cargo, no de referencia. Ello hubiera exigido que el juicio se hubiera suspendido y que se hubieran vuelto a realizar gestiones de localización del testigo. Además, si ello es así en todos los casos, más aún lo es si se trata de un testigo protegido, por la razón de que las Fuerzas y Cuerpos de Seguridad deberían tener mejor localizado a un testigo que tiene ese estatuto de protección, por lo que no es admisible que tras una primera gestión en su busca se extienda una diligencia de «no localización» y el Tribunal la acepte para poder proceder a la lectura de las declaraciones que prestó este testigo en el primer juicio. Además, se recuerda que el art. 2 de la LO 19/1994, 23 de diciembre, relativa a la protección de testigos, arbitra muy distintas maneras para asegurar, de una parte, la necesaria protección del testigo, de otra, su disponibilidad ante el órgano jurisdiccional, garantizando así su presencia cuando fuere para ello llamado, lo que choca frontalmente con el hecho de que con una sola diligencia en busca se actuara como se actuó.

Por ello, se apunta que no puede aceptarse, como expresión de normalidad procesal, que la Policía no practique indagaciones para localizar el domicilio particular de un testigo protegido o, si efectivamente las practicó, que no exprese debidamente las razones que han imposibilitado su localización. Tampoco puede admitirse –añade el TS– que la misma Audiencia Nacional –con el respaldo del Ministerio Fiscal–, que ha conferido el estatuto de testigo protegido, renuncie en el momento decisivo del juicio oral a obtener las ventajas de ese estatus, abdicando de cualquier gestión encaminada a garantizar la presencia del no comparecido. Y solo una situación excepcional de imposibilidad de comparecencia habría legitimado el recurso extraordinario que habilitan los arts. 448 y 730 de la LECrim.

Al haber actuado con privación de la posibilidad de que el letrado del acusado pudiera interrogar al testigo en el juicio oral se cometió infracción de la tutela judicial efectiva por vulneración del principio de contradicción, y el propio TS, en la Sentencia 964/2006, de 10 de octubre, compendia la jurisprudencia del Tribunal Constitucional y del TEDH acerca de las exigencias inherentes al principio de contradicción: la vigencia efectiva del principio de contradicción tiene directa relación con el derecho a un proceso equitativo. El debate contradictorio sobre las pruebas permite a las partes intervenir activamente en su práctica y, en lo que se refiere concretamente a la defensa, le facilita la oportunidad de actuar poniendo de relieve los aspectos que, a su juicio anulan, alteran o debilitan su valor probatorio, lo que contribuye a su valoración por parte del Tribunal. Cuando se trata de pruebas personales, tal principio se manifiesta en el derecho a interrogar o hacer interrogar a quienes declaran en contra del acusado. Por lo tanto, como regla, la privación del ejercicio de este derecho tiene que estar especialmente justificada y, además, aun así, han de reconocérsele algunas consecuencias.

Por todo ello, para concluir la absolución y casación de la sentencia de la AN, el TS declara que se sustrajo la práctica del interrogatorio de la principal testigo de cargo a las exigencias derivadas del principio de contradicción, contraviniendo así elementales exigencias del derecho de defensa y del derecho a un proceso con todas las garantías. Tales principios y derechos no son ajenos a un fundamento ético que legitima la intensa injerencia que el Estado lleva a cabo en el círculo de derechos fundamentales que convergen en el proceso penal. Además, la atribución de valor incriminatorio a una declaración testifical estructuralmente afectada, implicó también una vulneración del derecho a la presunción de inocencia.

La prueba de interrogatorio de parte en el procedimiento contencioso administrativo

JOSÉ MANUEL NÚÑEZ JIMÉNEZ
Universidad Católica de Ávila

«Todo lo que se afirma sin pruebas puede descartarse sin pruebas»,
Christopher Hitchens.

1. INTRODUCCIÓN

Lo manifestado por este autor inglés, ya anticipado hace más de veinte siglos por el matemático griego Euclides, implica dotar al elemento probatorio de un peso en el seno de un proceso jurisdiccional, muy superior, a veces, al del fondo del asunto que bascula sobre el sometimiento de una conducta, al rigor de la norma jurídica. Sin adentrarnos en el terreno de la filosofía jurídica, es un hecho que al derecho le repugna el desorden, y es en el conflicto entre las personas, donde encuentra su justificación, exigiéndose, incluso, por la fuerza, lo que constituye el eje vertebrador de las doctrinas iuspositivistas.

A nuestros alumnos, les alertamos sobre el dominio de las leyes, su recta aplicación distinguiendo claramente las diferentes ramas del derecho, les orientamos a obtener y extraer en los supuestos litigiosos los hechos esenciales, determinantes, distinguiéndolos de aquellos instrumentales o meramente ornamentales, lo que les encaminará, inequívocamente, a la resolución del conflicto. Ahora bien, en este itinerario, disponer de las pruebas que refuercen sus pretensiones, poder acreditar ante un juez o tribunal el elemento definitorio de su resolución, determina la prosperabilidad o no de sus acciones judiciales.

Siendo tamaña su importancia, y constituyendo el leitmotiv de este capítulo, hay que comenzar por avanzar una definición que nos marque el camino. Por prueba procesal hemos de entender el conjunto de actividades realizadas en el proceso con la finalidad de obtener la convicción del Juez o Tribunal sobre determinados hechos relevantes para la decisión de las cuestiones sometidas a enjuiciamiento (Arnaldo & Fernández, 2007).

A través de las líneas que vamos a exponer en este capítulo, intentaremos abordar el estudio de una prueba determinante en los procedimientos penales y civiles, pero absolutamente residual, por su importancia, en el proceso contencioso administrativo. A pesar de ello, resulta conveniente ofrecer una visión jurídica de la práctica de esta prueba en un proceso que eminentemente se sustancia en su integridad alrededor de las pruebas pericial y documental, González (1998, pp. 1117-ss.), ya que en litigios en los que se carece de prueba, determinar los hechos ciertos, interrogando a la parte contraria, puede eliminar las dudas que el juzgador pueda tener.

Aunque los efectos son distintos, el análisis de la prueba de interrogatorio, tiene validez a la hora de dirigirse a una de las partes, siendo útil en el interrogatorio a un testigo y a la hora de hacer preguntas a un perito, por lo que lo manifestado respecto al interrogatorio de las partes, nos podrá auxiliar respecto a las pruebas testifical y pericial, que no son objeto de este capítulo (Abel, 2012).

De forma inicial, podemos convenir en un concepto unívoco de la prueba de interrogatorio, como el medio procesal de prueba previsto en el art. 301 LEC por el que se recaba en vía judicial la declaración de una de las partes litigantes sobre los hechos controvertidos, obtenida a resultas de las preguntas formuladas por la otra parte opuesta a ella en la relación controvertida, a los únicos efectos de intentar obtener sobre esos hechos, su conocimiento personal respecto al objeto del proceso, con la única intención de averiguar si son ciertos o falsos[1].

Las peculiaridades del proceso contencioso, ya sean en sus tipos, ordinario o abreviado, obligan a realizar una breve exposición de las singularidades probatorias que introduce la normativa jurisdiccional, intentando mostrar al lector, que no existe decalaje alguno entre los diferentes procedimientos jurisdiccionales, en cuanto a la práctica de esta prueba se refiere, si bien su importancia y trascendencia en uno u otro proceso, es muy dispar, siendo determinante en las vías civil y penal, convirtiéndose en meramente "testimonial" en el ámbito jurisdiccional administrativo (Nieva, 2010).

El marco normativo del ejercicio del derecho a recibir un proceso a prueba, se contiene en el artículo 24.2 de la Constitución Española cuando se afirma que "todos tienen derecho (...), a utilizar los medios de prueba pertinentes para su defensa, (...)"[2] (González-Varas, 2018).

---

1 STS, Sala 1.ª, 28 de junio de 2012, rec. 546/2009: "La declaración de la parte es un medio de prueba eficaz para acreditar los hechos en los que se funde la sentencia, pero solo el reconocimiento de los hechos que le son perjudiciales reviste características de prueba plena y en los demás casos la declaración de la parte se ha de valorar según las reglas de la sana crítica. Ahora bien, aunque nada establezca la LEC al respecto, para que la eficacia probatoria de la declaración de parte se extienda a hechos que no le sean enteramente perjudiciales es preciso que su coherencia sea total y absoluta en relación con las demás pruebas practicadas, o bien que se vea reforzada directa o indirectamente por otras pruebas de las que pueda inferirse la fiabilidad de lo declarado por la parte".

2 El Tribunal Constitucional ha establecido una consolidada doctrina sobre el derecho a la utilización de los medios de prueba pertinentes, derecho inseparable del derecho mismo de defensa. Las líneas principales de esta doctrina las recoge, por ejemplo, la STC 23/2007, de 12 de febrero, y pueden sintetizarse en los siguientes puntos:

2. LA PRUEBA EN EL PROCESO CONTENCIOSO ADMINISTRATIVO

La materia de la prueba en el proceso contencioso-administrativo está íntimamente relacionada con la concepción que se

---

a) Este derecho fundamental no tiene carácter absoluto; es decir, no comprende un hipotético derecho a llevar a cabo una actividad probatoria ilimitada. Lo que atribuye únicamente es el derecho a la recepción y práctica de las pruebas que sean pertinentes, entendida la pertinencia como la relación entre los hechos probados y el thema decidendi.
b) Puesto que se trata de un derecho de configuración legal, es preciso que la prueba se haya solicitado en la forma y momento legalmente establecidos.
c) Corresponde a los jueces y tribunales el examen sobre la legalidad y pertinencia de las pruebas, no pudiendo el Tribunal Constitucional sustituir o corregir la actividad desarrollada por los órganos judiciales, sino en los casos en los que las decisiones judiciales de inadmisión de pruebas relevantes para la decisión final, hayan sido dictados sin motivación alguna o mediante una interpretación y aplicación de la legalidad arbitraria o irrazonable o cuando la falta de práctica de la prueba sea imputable al órgano judicial.
d) No toda irregularidad u omisión procesal en materia de prueba puede causar por sí misma una indefensión constitucionalmente relevante. Es necesario que la falta de actividad probatoria se haya traducido en una efectiva indefensión del recurrente, o lo que es lo mismo, que sea «decisiva en términos de defensa»; ello exige que el recurrente haya alegado y fundamentado adecuadamente dicha indefensión material en la demanda.
e) La anterior exigencia se proyecta en un doble plano: de una parte, el recurrente ha de justificar ante el tribunal, la relación entre los hechos que se quisieron y no se pudieron probar y las pruebas inadmitidas; y, de otra, quien en la vía de amparo invoque la vulneración del derecho a utilizar los medios de prueba pertinentes deberá, además, argumentar de modo convincente que la resolución final del proceso a quo podría haberle sido favorable, de haberse aceptado y practicado la prueba, propuesta y no practicada, objeto de controversia.

sostenga acerca de la naturaleza de este proceso (Ayala, et al., 2012). En sus orígenes históricos se atribuía al contencioso la función primordial de controlar la legalidad de la actividad de la Administración, no la de resolver acerca de las pretensiones de los particulares (García de Enterría, 2007, p. 52). La tarea de los tribunales contenciosos consistía en revisar la legalidad del acto administrativo dictado y el proceso llevado a cabo en su producción. Se trataba de un «proceso al acto», un recurso «objetivo», en el que no había propiamente partes (no eran necesarias, ya que lo importante era el mero escrutinio de legalidad), tal como describe Palao, 2014, p.1).

Con el paso de los años, se condujo hacia un nuevo modelo que trataba de garantizar la tutela de los derechos ciudadanos mediante un nuevo proceso que configuraba la vía jurisdiccional contencioso administrativa como una réplica del proceso civil[3], en el que se resuelven pretensiones privadas: "se ha situado en el mismo nivel que el proceso civil entre partes privadas", en el que "se enfrentan dos pretensiones equivalentes en cuanto a la titularidad potencial de los mismos derechos y respetando el principio básico de todo litigio judicial…, que es el de igualdad de armas" (García de Enterría, 2007, p.135).

---

3 La STS de 20 de junio de 2012 (RC. 3421/2010), en su FD 5, afirma que "el recurso contencioso administrativo, pese a la denominación que utiliza la Ley, no constituye una nueva instancia de lo resuelto en vía administrativa, sino que se trata de un auténtico proceso, autónomo e independiente de la vía administrativa, en el que resultan aplicables los derechos y garantías constitucionales reconocidos, y en donde pueden invocarse nuevos motivos o fundamentos jurídicos no invocados en vía administrativa, con posibilidad de proponer prueba y aportar documentos que no fueron presentados ante la Administración para acreditar la pretensión originariamente deducida, aun cuando se mantenga la necesidad de la previa existencia de un acto expreso o presunto, salvo que se trate de inactividad material o de vía de hecho de la Administración y no quepa introducir nuevas cuestiones o pretensiones no hechas valer en la vía administrativa".

En España, este cambio de concepción se consagró con la aprobación de la Ley de la Jurisdicción Contencioso-Administrativa de 27 de diciembre de 1956, cuya Exposición de Motivos contempló, de forma expresa, que para acceder a esta jurisdicción se "requiere la existencia previa de un acto de la Administración, pero sin que ello signifique –dicho sea a título enunciativo– que sea impertinente la prueba, a pesar de que no exista conformidad en los hechos de la demanda ni que sea inadmisible aducir en vía contenciosa todo fundamento que no haya sido previamente expuesto ante la Administración", aunque el expediente administrativo seguiría siendo la prueba entitativa de este proceso (González-Cuéllar, 1992, p. 10)[4].

La Ley 29/1998, de 13 de julio, reguladora de la Jurisdicción Contencioso-Administrativa (LJCA), dedica a la prueba los artículos 60 y 61, que forman la sección sexta, dentro del Capítulo I dedicado al procedimiento en primera o única instancia. Nos estamos refiriendo al procedimiento contencioso administrativo ordinario "basado en principios comunes y en un mismo esquema procesal, la Ley arbitra un procedimiento dúctil, que ofrece respuestas parcialmente distintas para cada supuesto. En todo momento se ha buscado conciliar las garan-

4 El Tribunal Supremo en sendas sentencias, STS de 26 de septiembre de 1988 (mencionada por Blanquer, 2006, p.246, nota 133), evidencia que el contenido del expediente administrativo es "vertido en el ámbito de la *cognitio* judicial con una especial relevancia respecto a las partes: A) En el terreno de las alegaciones, a su vista pueden las partes y muy concretamente el demandante invocar motivos nuevos aunque no se hubieren expuesto en el previo recurso administrativo (…) B) Y en el campo de la prueba el expediente sirve de punto de partida para dar por acreditados unos hechos y poder desvirtuar otros"; en idéntico sentido, la STS de 25 de noviembre de 1988, citada por Morenilla (1997, p. 85).

tías de eficacia y celeridad del proceso con las de defensa de las partes[5]".

Junto a este procedimiento, esta Ley introdujo una novedad importante al proponer un procedimiento abreviado para determinadas materias de cuantía determinada limitada, basado en el principio de oralidad. Será en este tipo de procedimiento donde más se lleve a cabo la prueba que motiva este capítulo.

Resulta evidente que la regulación de la prueba en la ley rituaria de lo contencioso es claramente insuficiente y deficitaria, ya que con independencia de lo insertado en los apartados 12 a 18 de su artículo 78 (regula el procedimiento abreviado), y aludiendo de forma genérica a la prueba cuando el legislador habla del procedimiento ordinarios (art. 63 y 64) y art. 85, en torno al recurso de apelación, hay que acudir de forma supletoria a lo regulado por la Ley de Enjuiciamiento Civil (LEC), en virtud de la habilitación legal que suministra la Disposición Final Primera de la LJCA, ya prevista en el art.4[6] LEC al considerar al proceso civil, el proceso común de todos los demás órdenes jurisdiccionales (Bustillo, 2005).

Esta aplicación supletoria supone no una aplicación mecánica del articulado de la LEC, sino que conlleva un examen acerca de si sus normas se adecúan a la naturaleza del proceso, o, por el contrario, colisionan con él (Desdentado, 1998), predominando la práctica de la prueba en régimen de oralidad, (Chaves, 2007, p. 51; Gallardo, 2006, p. 121), sobre la propuesta escrita que se desprende de los primeros textos de la Ley 29/1998.

---

5 Exposición de motivos de la Ley 29/1998, de 13 de julio, reguladora de la Jurisdicción Contencioso-Administrativa.

6 LEC Artículo 4. Carácter supletorio de la Ley de Enjuiciamiento Civil. En defecto de disposiciones en las leyes que regulan los procesos penales, contencioso administrativos, laborales y militares, serán de aplicación, a todos ellos, los preceptos de la presente Ley.

Retomando el inicio de este apartado (dualidad de procedimientos contencioso administrativos, ordinario y abreviado), abordaremos a continuación cómo se propone y practica la prueba en ambos modelos procesales, partiendo de un dato no menos importante, cual es, la vinculación del procedimiento jurisdiccional a la vía administrativa previa, lo que no limita en modo alguno, la práctica de las pruebas no practicadas en sede administrativa, que se deciden practicar en sede judicial (Barrero, 2001, p. 389).

2.1. Iniciativa de las partes

Lo primero que hay que poner de manifiesto, es que, en el proceso administrativo, la prueba no constituye un trámite necesario (Bonachera, 2015). Se infiere esta afirmación del tenor del propio art. 60 LJCA[7] al contemplar la posibilidad, que no la obligación, de que el demandante solicite mediante otrosí en su demanda que el recurso se resuelva sin necesidad de recibimiento a prueba alguno, siempre que la parte demandada no se oponga. Por lo tanto, la segunda afirmación en este apartado no sería otra que reconocer la iniciativa del demandante, recurrente o actor en la proposición de toda la amalgama probatoria que su pretensión necesite.

En definitiva, el recurrente podrá prescindir de toda prueba, interesando directamente que se dicte sentencia, o, solicitar mediante otrosí, que se practiquen las que proponga. Recordar que, de conformidad a lo establecido en el art. 128

---

7 LJCA Artículo 60. "1. Solamente se podrá pedir el recibimiento del proceso a prueba por medio de otrosí, en los escritos de demanda y contestación y en los de alegaciones complementarias. En dichos escritos deberán expresarse en forma ordenada los puntos de hecho sobre los que haya de versar la prueba y los medios de prueba que se propongan".

LJCA, los plazos que se contemplan para la proposición y práctica de la prueba son improrrogables, por lo que una vez transcurridos, el letrado de justicia tendrá por caducado el derecho, y por perdido el trámite que hubiere dejado de utilizarse. No obstante, se admitirá el escrito que proceda, y producirá sus efectos legales, si se presentare dentro del día en que se notifique la resolución, salvo cuando se trate de plazos para preparar o interponer recursos[8].

Resulta evidente que las partes, al igual que ocurre en el proceso penal bajo los efectos del principio acusatorio, son las que rigen el proceso para la defensa de sus derechos subjetivos, bajo el amparo del principio dispositivo (Montero, 2012, p. 507); ahora bien, al interés público que tiene todo proceso judicial, hay que sumar el interés público que está vinculado a la actividad o actuación de las administraciones públicas, que es la que se impugna, lo que requiere indefectiblemente, la actuación del juez o tribunal en el proceso contencioso, asumiendo de forma unívoca su control.

Por lo tanto, en el caso de que las partes decidan no practicar prueba alguna, el Juez o Tribunal podrá acordar de oficio el recibimiento a prueba y disponer la práctica de cuantas estime pertinentes para la correcta resolución de la litis. Está claro que son las partes las que deciden o no accionar judicialmente, definen el objeto procesal, ejercitan sus pretensiones marcando el itinerario del proceso, pero no es menos cierto que este derecho de defensa obliga a los jueces a activar el ejercicio de pruebas que resulten determinantes para la toma de decisión,

---

[8] LJCA "Artículo 52.2. Si la demanda no se hubiere presentado dentro del plazo, el Juzgado o Sala, de oficio, declarará por auto la caducidad del recurso. No obstante, se admitirá el escrito de demanda, y producirá sus efectos legales, si se presentare dentro del día en que se notifique el auto".

facultad que el ordenamiento les otorga, con independencia del silencio probatorio de las partes.

2.2. Iniciativa del órgano jurisdiccional

Como acabamos de exponer, las partes fijan el objeto del proceso, a través del señalamiento del acto, actuación o disposición impugnada, ahora bien, es el propio articulado de la LJCA, art. 33[9], quien otorga a los órganos jurisdiccionales la posibilidad de enmendar los errores de las partes en la fundamentación del recurso, en el caso de existir otros motivos más entitativos en los que fundar el recurso. Es decir, es el juez, anudado al interés público, el que realmente dirige el proceso de forma que la sentencia final resuelva un asunto de eminente interés público.

En virtud del principio inquisitivo que le reviste al juzgador, éste podrá introducir hechos nuevos (a ello nos hemos referido en la mención del art. 33.2 LJCA), y practicar pruebas no solicitadas o previstas por las partes, siempre de oficio, bien acordando la admisión o inadmisión de las pruebas propuestas por las partes (art. 61.1 LJCA), bien proponiendo "la práctica de cualquier diligencia de prueba que estimare necesaria" (art. 61.2 LJCA), siempre antes de dictar sentencia, a través del me-

---

9 LJCA "Art. 33.2. Si el Juez o Tribunal, al dictar sentencia, estimare que la cuestión sometida a su conocimiento pudiera no haber sido apreciada debidamente por las partes, por existir en apariencia otros motivos susceptibles de fundar el recurso o la oposición, lo someterá a aquéllas mediante providencia en que, advirtiendo que no se prejuzga el fallo definitivo, los expondrá y concederá a los interesados un plazo común de diez días para que formulen las alegaciones que estimen oportunas, con suspensión del plazo para pronunciar el fallo. Contra la expresada providencia no cabrá recurso alguno".

canismo de las "diligencias finales"[10], las extintas "diligencias para mejor proveer".

En virtud del principio de contradicción de las partes, el letrado de justicia, una vez practicada la prueba propuesta mediante diligencia final (recordar que también podría ser solicitada por las partes), "pondrá de manifiesto el resultado de la prueba a las partes, las cuales podrán, en el plazo de cinco días, alegar cuanto estimen conveniente acerca de su alcance e importancia".

En todo caso, la LJCA no ofrece un plazo ilimitado para la práctica de las pruebas (la LJCA en el art. 60.4 establece un plazo de treinta días, si bien "abre la mano" a un plazo mayor en determinadas circunstancias), sino que transcurrirá "hasta que el pleito sea declarado concluso para sentencia" (art. 61.2 LJCA), precepto conectado con el artículo 64.4 LJCA que señala que "celebrada la vista o presentadas las conclusiones, el Juez o Tribunal declarará que el pleito ha quedado concluso para sentencia, salvo que haga uso de la facultad a que se refiere el apartado 2 del artículo 61, en cuyo caso dicha declaración se hará inmediatamente después de que finalice la práctica de la diligencia o diligencias de prueba acordadas".

---

10 La STS de 30 de abril de 2012 (RJ 2012, 6444) (RC 873/2008) señala que "Dicha diligencia final, heredera de las diligencias para mejor proveer, es facultad que compete a la Sala y resulta ajena a los derechos de las partes ([sentencias] de 9 de marzo de 2010 [Casación 98/2008], de 20 de diciembre de 2007 [Casación 1196/2005], de 24 de junio de 2002 [Casación 7730/1997] y de 18 de diciembre de 2000 [Casación 8117/1995]); la potestad de ordenar o no ordenar dichas diligencias no resulta revisable en casación (sentencia de 17 de junio de 2008 [Casación 2158/2005])".

2.3. Regulación de la prueba en la LJCA

Como ya se ha anticipado anteriormente, es en los arts. 60 y 61 LJCA donde se contiene una regulación especial en materia de prueba, remitiéndose en todo lo demás a la LEC. A pesar de ello, de forma absolutamente superficial, la LJCA contempla diversas alusiones al ramo probatorio. Así, en el marco del procedimiento abreviado, se recogen determinadas particularidades sobre las pruebas de confesión, testigos y peritos, a la que nos referiremos más adelante.

Cuando se ofrece la regulación del recurso de apelación, se señala que las partes podrán solicitar el recibimiento a prueba, tanto en el escrito de interposición del recurso, como en el escrito de oposición al mismo, exclusivamente en el caso de que haya sido denegada o se entienda que no ha sido debidamente practicada, debiéndose a causas ajenas a quien invoca su práctica (art. 85.3 LJCA).

De igual forma, y de forma tangencial, en el procedimiento para la protección de los derechos fundamentales de la persona, se utiliza de nuevo el mecanismo de remisión al régimen común civil previsto en la LEC, si bien, se regula un plazo único de veinte días para proponer y practicar las pruebas (art. 120 LJCA).

Tratándose de la cuestión de ilegalidad (art. 125 LJCA) la única referencia a la prueba se produce en su apartado tercero: "3. El plazo para dictar sentencia quedará interrumpido si, para mejor proveer, el Tribunal acordara reclamar el expediente de elaboración de la disposición cuestionada o practicar alguna prueba de oficio. En estos casos el letrado de justicia acordará oír a las partes por plazo común de cinco días sobre el expediente o el resultado de la prueba".

2.4. Práctica de la prueba

Como hemos señalado en el epígrafe II.1, lo normal es que la iniciativa probatoria la tengan las partes, pudiéndolo solicitar en el escrito de demanda a través de otrosí, o de conformidad a lo previsto en el art. 60.2 LJCA, "si de la contestación a la demanda resultaran nuevos hechos de trascendencia para la resolución del pleito, el recurrente podrá pedir el recibimiento a prueba y expresar los medios de prueba que se propongan dentro de los cinco días siguientes a aquel en que se haya dado traslado de la misma, sin perjuicio de que pueda hacer uso de su derecho a aportar documentos conforme a lo dispuesto en el apartado 4 del artículo 56".

Si se produjese el hecho frecuente de que la administración no remite en plazo el expediente administrativo al órgano jurisdiccional, y sin él, el actor formula escrito de contestación a la demanda, el art. 53 LJCA faculta al demandante a presentar escrito de alegaciones complementarias, proponiendo prueba sólo si la remisión del expediente se hace con fecha posterior al escrito referido.

Según recoge el art. 60.3 LJCA, corresponde al órgano jurisdiccional recibir el pleito a prueba, siempre que no exista conformidad en el relato de los hechos, y se entienda por el Juzgador, que son trascendentes para la solución la litis. En todo caso, en los supuestos de procedimientos sancionadores y disciplinarios "el proceso se recibirá siempre a prueba cuando exista disconformidad en los hechos".

El juez ejercerá, por tanto, esta potestad, ya sea durante el período probatorio, ya sea, después de su terminación. En el primer caso, el juez puede ordenar la práctica de cuantas pruebas estime pertinentes para la más acertada decisión del asunto (art. 61.1 LJCA); en el segundo, en cambio, la Ley le impone un criterio más restrictivo, en cuanto exige que "estime necesaria" la práctica de la prueba en cuestión (art. 61.2 LJCA). A ello nos hemos referido anteriormente respecto a las "diligencias finales" reguladas en los artículos 434 y siguientes LEC (Palao, 2014). En todo caso, estas diligencias finales constituyen una facultad que compete al órgano jurisdiccional, resultando ajena a los derechos de las partes, tal como señalan los artículos 434 a 436 LEC, de aplicación supletoria, que habilitan al Tribunal a acordar la práctica de diligencias finales "dentro del plazo para dictar sentencia", previsión que ha de tomarse en consideración a la hora de interpretar el artículo 61.2 LJCA que regula directamente la cuestión en el ámbito contencioso-administrativo[11].

Prosiguiendo con la práctica de la prueba, como señala el apartado cuarto del art. 60 LJCA, y de forma reiterativa volvemos a reproducir, se desarrollará con arreglo a las normas generales establecidas para el proceso civil, siendo el plazo para practicarlas de treinta días (art. 60.4 LJCA). Recoge este precepto, que siempre y cuando no sea imputable la causa a la parte proponente, podrá admitirse más allá del término indicado, la práctica de alguna otra prueba, previa conformidad del órgano jurisdiccional.

Respecto a la carga de la prueba, y partiendo de lo manifestado al inicio de este capítulo, el art. 24.2 de la Constitución de 1978 recoge el derecho de todo ciudadano a ejercer su derecho de defensa proponiendo cualquier prueba que estime necesaria para sus intereses. Se trata de un derecho, no una obligación de aportar pruebas, por tanto, la decisión de no proponer pruebas, acarrea el perjuicio de tener que soportar la inexistencia probatoria de los hechos que le pueden beneficiar, por cuanto la regla general en materia probatoria, es que quien pretende el reconocimiento de un derecho, debe proponer cuantos elementos fácticos lo evidencien, siempre

---

[11] ATS de 13 de mayo de 2019, (RC 4626/2016), Ponente: Ilmo. Sr. Ángel Ramon Arozamena Laso. ECLI. ES:TS:2019:5017A

en el marco de los criterios de disponibilidad y facilidad que establece el art. 217.7 LEC.

2.5. Medios de prueba

Partiendo de la aplicación supletoria de la LEC, su art. 299 prevé como medios de prueba 1°. Interrogatorio de las partes. 2°. Documentos públicos. 3°. Documentos privados. 4°. Dictamen de peritos. 5°. Reconocimiento judicial. 6°. Interrogatorio de testigos. El art. 299. 2 LEC señala que "también se admitirán, conforme a lo dispuesto en esta Ley, los medios de reproducción de la palabra, el sonido y la imagen, así como los instrumentos que permiten archivar y conocer o reproducir palabras, datos, cifras y operaciones matemáticas llevadas a cabo con fines contables o de otra clase, relevantes para el proceso". Y en su apartado tercero se dice que "cuando por cualquier otro medio no expresamente previsto en los apartados anteriores de este artículo pudiera obtenerse certeza sobre hechos relevantes, el tribunal, a instancia de parte, lo admitirá como prueba, adoptando las medidas que en cada caso resulten necesarias". Partiendo de este hecho, y de forma más detallada en lo que se refiere al objeto de este capítulo, en la LEC se recoge la regulación de la prueba de interrogatorio en los art. 301 a 316.

Todos estos medios son válidos en el proceso contencioso administrativo, siendo el más habitual, el documento o prueba documental, que no es objeto de estudio en este excurso. Aunque los art. 60 y 61, clave de bóveda en materia de contencioso administrativa, nada dicen sobre ello, remitiéndose al régimen general, es el art. 78 LJCA que regula el procedimiento abreviado, el que en su apartado 12, establece que "los medios de prueba se practicarán en los juicios abreviados, en cuanto no sea incompatible con sus trámites, del modo previsto para el juicio ordinario" (Borrajo, 1998).

La particularidad del procedimiento abreviado, se encuentra en que debe sustanciarse sobre la base del principio de concentración y unidad de acto, lo que obliga a desplegar una especial diligencia en las partes, ya que deben disponer para el juicio oral de todos los elementos probatorios que deban practicarse en sala (Lesmes & Chamorro, 2007), debiendo adoptar los litigantes una posición especialmente activa en orden a garantizar la adecuada preparación del juicio.

De igual forma, esta pericia procesal de las partes, es extensiva a la prueba pericial o a cualquier otra que requiera la intervención judicial previa, ya que el principio de unicidad de acto, conlleva anunciar la prueba que necesariamente requiera el auxilio judicial para su constancia, ya que, de lo contrario, no se admitirá, por imperativo del principio citado.

Cuando las partes solicitan del órgano judicial competente que se libren determinados oficios para proveer una prueba documental, o se solicita que se citen judicialmente a uno o varios testigos, no estamos ante la practica anticipada de una prueba, ni tampoco ante la prueba del Procedimiento Abreviado propiamente dicha, ya que esta petición y decisión se corresponden con un momento distinto, el de la vista oral, artículo 78.10 in fine, de forma que todo aquel material que obre en la Secretaría Judicial, por haber sido solicitado a instancia del litigante correspondiente, podrá ser incorporado al mismo si así lo solicita ya formalmente la parte en el acto de la vista y como tal es admitido por el órgano judicial. Sin duda esto no quiere decir que si el órgano judicial, en el momento de la solicitud de una prueba en la fase de preparación, entiende ya bien a las claras su impertinencia, no pueda y deba denegarlo ya en aquel momento (Lesmes & Chamorro, 2007).

3. PRUEBA DE INTERROGATORIO DE PARTE EN EL PROCESO CONTENCIOSO ADMINISTRATIVO

Como se anticipó anteriormente, para la práctica de esta prueba debemos tomar en consideración el carácter supletorio de la LEC respecto a la LJCA, debiendo partir del contenido del art. 78 LJCA que regula el procedimiento abreviado. Esta prueba viene regulada en la Sección 1ª del Capítulo IV ubicado en el Título I del Libro II de la LEC, siendo los arts. 301 a 316, los que despliegan el régimen jurídico del interrogatorio de parte.

Decíamos en nuestra introducción que el interrogatorio de parte, en cuanto a su forma de practicarlo, es común para las pruebas testifical y pericial, ya que, a excepción de las especialidades previstas en el art. 315 LEC, todos los interrogatorios están presididos por los principios de oralidad e inmediación judicial, de manera que tanto las partes como el órgano jurisdiccional, dispongan de una mayor libertad y espontaneidad en las preguntas, con una intervención directa del Juzgador, así como una mayor garantía y fiabilidad en la valoración de este medio de prueba, al poder comprobar el Juez de forma directa el grado de credibilidad y autenticidad que le merece una parte, un testigo o un perito, reservándose la facultad de pronunciarse sobre la idoneidad de lo preguntado, resolviendo sobre su admisibilidad, o declarando la impertinencia de las preguntas formuladas por las partes, (Abel et al., 2007, pp. 195-207).

Así las cosas, intentaremos seguir el íter del articulado para analizar esta figura probatoria.

3.1. Precisiones terminológicas

Esta prueba toma este nomenclátor tras la entrada en vigor de la Ley 1/2000 LEC, desprendiéndose de la rigidez de los pliegos de preguntas y repreguntas que suponía la absolución de posiciones de la prueba de confesión, y, por tanto, sufriendo profundos cambios, abandona la terminología de prueba de confesión regulada en la ley de 1881 (se arrastró en la primera versión del art. 78 LJCA, si bien, su nueva redacción fue adaptada a la terminología de la LEC, por la Ley 13/2009, de 3 de noviembre), para pasar a denominarse prueba de interrogatorio de parte.

Por otro lado, hay que distinguir la prueba que motiva este capítulo, del interrogatorio de testigos. Este último, constituye un medio de prueba autónomo recogido en el art. 299.1. 6º LEC, cuyo régimen jurídico se encuentra en los arts. 360 a 381 LEC.

La diferencia fundamental entre ambas pruebas viene determinada por una cuestión meramente subjetiva: en la prueba de testigos comparece un tercero, que, sin interés en el pleito, y sustentadas sus opiniones en el principio de imparcialidad, se someterá a las preguntas de las partes, iniciando su declaración, contestado primeramente a las preguntas de quien le ha citado. Mientras la parte forma parte de la relación jurídica litigiosa, el testigo es ajena a la misma.

De la misma forma, respecto al valor probatorio de uno u otro medio, en las contestaciones que realice la parte que se someta al interrogatorio de parte, la parcialidad e interés personal de aquéllas serán directamente proporcionales a las pretensiones y argumentos de sus escritos de demanda y contestación a la demanda. Como analizaremos a continuación, además, el valor de esta prueba dependerá de una ponderación respecto a las otras pruebas que se practiquen en el proceso, y que produzca efectos perjudiciales al confesante o parte interrogada.

Como corolario al diferente valor probatorio entre ambos medios de pruebo, señalar que mientras el testigo está obligado a "decir verdad", imponiéndole juramento o promesa, protegiendo este deber mediante la tipificación del delito de falso testimonio (art. 458 Código Penal), el art. 301 LEC suprime el juramento que contemplaba el art. 579 LEC 1881. Desde luego, esta ausencia de rigor procesal en la declaración de la parte, no es sinónimo de amparar declaraciones mendaces que podría suponer una deslealtad procesal. A ello nos referiremos a continuación.

3.2. Regulación contenida en el art. 78 LJCA

Si bien los arts. 60 y 61 despliegan su contenido dentro del régimen jurídico del procedimiento ordinario, no se hace una mención a la prueba que motiva este capítulo hasta el apartado decimotercero del art. 78 LJCA que regula el procedimiento abreviado, es decir, la resolución en juicio oral del recurso contencioso interpuesto. A pesar de que en la LJCA no se contienen reglas especiales sobre los medios de prueba, será este apartado decimotercero el que exija en la prueba de interrogatorio, que las posiciones se propongan verbalmente, sin admisión de pliegos. Desaparece el pliego de posiciones, escrito en el que la parte formulaba las preguntas dirigidas a la contraria en la prueba de confesión (Palao, 2014).

El desarrollo de la prueba se hará pues oralmente sin que ello signifique que se convierta en un interrogatorio con la libertad que desarrolla en el proceso penal, pues el Juez deberá ir admitiéndolas una por una, antes de que la "parte confesante" haya de absorverlas, tal y como previene el artículo 302 LEC (Lesmes & Chamorro, 2007). En la realidad, esta exigencia legal se ha flexibilizado al igual que ocurre con el interrogatorio en la prueba testifical, permitiendo que las declaraciones sean vivas permitiendo testimonios auténticos de las partes, todo bajo la tutela del órgano jurisdiccional. Este art. 78.13 LJCA contempla una regulación tan lacónica, que obliga a acudir supletoriamente a la LEC.

3.3. Práctica de la prueba de interrogatorio en la LEC

3.3.1. Solicitud de la prueba

Según establece el artículo 301 LEC, "cada parte podrá solicitar del tribunal el interrogatorio de las demás sobre hechos y circunstancias de los que tengan noticia y que guarden relación con el objeto del juicio", es decir, se proscribe cualquier posibilidad de tomar declaración a la misma parte a la que se representa, exigiéndose siempre que la declaración o el interrogatorio de parte se practique sobre la parte contraria, pudiendo admitirse el interrogatorio del litigante, si existen interés contrapuestos. Prosigue dicho precepto señalando que: "un colitigante podrá solicitar el interrogatorio de otro colitigante siempre y cuando exista en el proceso oposición o conflicto de intereses entre ambos".

Hemos mantenido líneas atrás, que es exigible en el procedimiento abreviado que conduce al juicio oral, una especial diligencia de las partes en la preparación de la vista, por cuanto rige el principio de unidad o concentración de acto, lo que obliga a no suplir su negligencia, con nuevos señalamientos, por no haber previsto de forma adecuada la práctica de las pruebas.

El proceso se inicia por demanda, de conformidad al apartado 2 del art. 78. No indica la Ley cuál deba ser el contenido de esta demanda a diferencia de lo que ocurre en el proceso ordinario en el que la ley fija el contenido del denominado escrito de interposición, con el que comienza el proceso (art. 45.1 de la LJCA). Pero en lo que concierne a esta prueba, en virtud del principio de igualdad de armas, y asegurando el conocimiento de las partes, pueden concurrir estas dos circunstancias:

- que el demandante, por medio de otrosí, tomando la regulación del procedimiento ordinario, indique qué pruebas va a practicar, con independencia de que, una vez recibido el expediente administrativo, pueda proponer en la vista, otras que interesen a su derecho, proponiendo la prueba de interrogatorio de la administración demandada (art. 315 LEC). De esta forma, deberá formular pliego de preguntas, dirigiéndolo, a través del Juzgado, al órgano al que se somete a escrutinio.

- Que la administración demandada, con carácter previo al día de la vista, solicite la notificación de la parte contraria, para ser sometida a la prueba de interrogatorio, a los efectos de que aquélla, pueda ejercer correctamente su derecho de defensa, y comparezca en el acto de juicio.

En los recursos sobre función pública, en los que el empleado público puede comparecer sin representación letrada (en cuestiones relacionadas con su relación laboral, siempre que ello no implique separación de funcionarios públicos inamovibles), éste podrá ser interrogado por la administración demandada, en los mismos términos que constan expuestos en este capítulo (art. 306.2 LEC y art. 23 LJCA), admitiéndose en dicha prueba el careo o interrogatorio cruzado entre ambas partes, pudiendo hacerse recíprocamente las preguntas y observaciones que sean convenientes para la determinación de los hechos relevantes en el proceso, cuidando el tribunal de que no se atraviesen la palabra, y de rechazar las intervenciones impertinentes e inútiles (Rodríguez, 2019).

Como indicamos al inicio de nuestra exposición, esta prueba es de escaso uso en el ámbito jurisdiccional contencioso administrativo, principalmente si tenemos en cuenta el resultado final de su práctica, ya que al contrario de lo que sucede en la prueba testifical, donde el declarante está obligado a decir la verdad, so pena de cometer un delito de falso testimonio, la parte cuando es interrogada dirá lo que le haya indicado su abogado, o aquello que perjudique a la administración demandada. Y esto siempre hay que tenerlo en cuenta, antes de proponer la prueba de interrogatorio de la parte contraria, ya que pueda ocurrir, que no se disponga de pruebas que anulen el testimonio incierto de la parte contraria.

Desarrollando lo dicho en el apartado anterior, no estar obligado a decir la verdad, no exime a la parte interrogada de cumplir con ese objetivo, puesto que, aunque su testimonio mendaz no es subsumible en el tipo penal del art. 458 del Código Penal, al que antes nos referimos, pues dicho precepto, se refiere tan sólo a los testigos que faltaren a la verdad en sus declaraciones, (añadiendo el artículo 459 una referencia a los peritos e intérpretes que faltaren a la verdad), no es menos cierto que no nos encontramos ante un supuesto contemplado en el art. 24 de la constitución, que es el derecho a no declarar contra sí mismo, sino que muy al contrario, es el propio art. 304 LEC el que hace mención a contestaciones evasivas o inconcluyentes, pudiendo apercibir al declarante por ello. A nuestro juicio, cualquier conducta de las partes que, sometida a interrogatorio, ofrezca un comportamiento que exceda del marco de la buena fe procesal, podrá ser calificado como fraude procesal, pudiendo imponerse al declarante las sanciones relacionadas en el artículo 247 LEC[12].

---

12 Artículo 247 LEC: "Respeto a las reglas de la buena fe procesal. Multas por su incumplimiento. 1. Los intervinientes en todo tipo de procesos deberán ajustarse en sus actuaciones a las reglas de la buena fe. 2. Los tribunales rechazarán fundadamente las peticiones e incidentes que se formulen con manifiesto abuso de derecho o entrañen fraude de ley o procesal. 3. Si los Tribunales estimaren que alguna de las partes ha actuado conculcando las reglas de la buena fe procesal, podrán imponerle, en pieza separada, mediante acuerdo motivado, y respetando el principio de proporcionalidad, una multa que podrá oscilar de ciento ochenta a seis mil euros, sin que en ningún caso pueda superar la tercera parte de la cuantía del litigio. Para determinar la cuantía de la multa el Tribunal deberá tener en cuenta las circunstancias del hecho de que se trate, así como los perjuicios que al procedimiento o a la otra parte se hubieren podido causar. En todo caso, por el Letrado de la Administración de Jus-

3.3.2. Desarrollo de la prueba

El art. 302 LEC exige que las preguntas del interrogatorio se formulen oralmente en sentido afirmativo, y con la debida claridad y precisión. No habrán de incluir valoraciones ni calificaciones, y si éstas se incorporaren se tendrán por no realizadas. Resulta contradictorio, comprobar cómo esta exigencia sobre el sentido de las preguntas ha desaparecido en el interrogatorio de testigos (Ley 3/2009, de 13 de noviembre). La realidad es que los juzgados admiten una flexibilidad absoluta en el desarrollo de esta prueba, sin el hermetismo al que venimos refiriéndonos (Gimeno & Morenilla, 2017).

En la prueba de confesión, se producía un interrogatorio escrito en el que se presentaba un pliego y se numeraban una serie de preguntas que tenían el siguiente tenor: "confiese ser cierto que ...", lo que hacía de la declaración una prueba hermética, sin espontaneidad, que dificultaba el esclarecimiento de los hechos. Las respuestas eran asertivas, ya que el declarante solo contestaba "es cierto" o "no es cierto", lo que enlataba la prueba y la hacía poco útil. De este protocolo cerrado, el declarante no podía huir, so pena de no tener en cuenta su testimonio, ya que le eran exigibles respuestas precisas y concretas, bajo la cobertura de un juramento previo. Actualmente, la prueba de interrogatorio se desarrolla bajo el principio de ora-

---

ticia se hará constar el hecho que motive la actuación correctora, las alegaciones del implicado y el acuerdo que se adopte por el Juez o la Sala. 4. Si los tribunales entendieren que la actuación contraria a las reglas de la buena fe podría ser imputable a alguno de los profesionales intervinientes en el proceso, sin perjuicio de lo dispuesto en el apartado anterior, darán traslado de tal circunstancia a los Colegios profesionales respectivos por si pudiera proceder la imposición de algún tipo de sanción disciplinaria. 5. Las sanciones impuestas al amparo de este artículo se someten al régimen de recursos previstos en el Título V del Libro VII de la Ley Orgánica del Poder Judicial".

lidad, donde el declarante responde de palabra, a presencia de la otra parte y de su Letrado, sin que pueda valerse de ningún borrador de respuestas, aunque se le permitirá que consulte en el acto, notas o apuntes, cuando a juicio del Juez sean necesarios para auxiliar la memoria (art. 305 LEC).

El órgano jurisdiccional, en el transcurso del acto de juicio en el que se lleva a cabo el interrogatorio, decidirá sobre la admisibilidad de las preguntas que se planteen, pudiendo ser impugnada esta decisión mediante la oportuna protesta, ya que no cabrá recurso. El juez resolverá lo que proceda, antes de otorgar la palabra para responder, pudiéndolas declarar improcedentes, teniéndolas por no realizadas (art. 303 LEC).

Como acabamos de referir, las contestaciones deberán ser afirmativas o negativas, y, de no ser ello posible según el tenor de las preguntas, serán precisas y concretas, pudiendo agregar las explicaciones que estime conveniente y que guarden relación con las cuestiones planteadas (art. 305 LEC), sometiéndose de igual forma, a aclarar o contestar a las preguntas que el Juez le solicite, con la única finalidad de obtener aclaraciones y adiciones a lo declarado (art. 306.1 LEC) (Gimeno & Morenilla, 2017).

Una vez respondidas las preguntas formuladas por el abogado de quien solicitó la prueba, los abogados de las demás partes y el de aquella que declarare, podrán, por este orden, formular al declarante nuevas preguntas que reputen conducentes para determinar los hechos. El tribunal deberá repeler las preguntas que sean impertinentes o inútiles (art. 306.2 LEC).

Cuando no sea preceptiva la intervención de abogado, las partes, con la venia del tribunal, que cuidará de que no se atraviesen la palabra ni se interrumpan, podrán hacerse recíprocamente las preguntas y observaciones que sean convenientes para la determinación de los hechos relevantes en el proceso. El tribunal deberá repeler las intervenciones que sean impertinentes o inútiles, y podrá interrogar a la parte llamada a declarar (Medina, 2003).

El interrogatorio de parte no será reiterado, cuando la parte legitimada, actuante en el juicio, no sea el sujeto de la relación jurídica controvertida o el titular del derecho en cuya virtud se acciona, se podrá solicitar el interrogatorio de dicho sujeto o titular, esto es, una vez verificado no cabrá que tenga lugar otra vez más, tal y como se infiere del artículo 314 LEC, lo cual afecta a cualquier tipo de contradicción que pudiera existir con otro elemento probatorio.

Cuando alguna pregunta se refiera a hechos que no sean personales del declarante éste habrá de responder según sus conocimientos, dando su opinión sobre el origen de éstos, pero podrá proponer que conteste también a la pregunta un tercero que tenga conocimiento personal de los hechos, por sus relaciones con el asunto, pero, para que se admita esta sustitución, deberá ser aceptada por la parte que hubiese propuesto la prueba. Si éste se opusiese a su aceptación, el declarante podrá solicitar que el tercero mencionado, sea interrogado en calidad de testigo, decidiendo sobre esta propuesta el tribunal, según su criterio (Gimeno & Morenilla, 2017).

Es muy común en ocasiones, que puedan comparecer dos o más partes como interrogadas, para arrojar luz sobre unos mismos hechos controvertidos: “se adoptarán las medidas necesarias para evitar que puedan comunicarse y conocer previamente el contenido de las preguntas y de las respuestas”, art. 310 LEC. Esta medida preventiva conlleva la llamada progresiva para declarar, uno tras otro, impidiendo que abandonen la sala los que ya han declarado o facilitando su salida por lugar distinto, para evitar el contacto entre quienes han declarado y los que van a declarar a continuación, evitándose que unos conozcan la versión sobre los hechos realizadas por los otros (Rodríguez, 2019).

Puede ocurrir que, en caso de enfermedad, la persona que haya de contestar a las preguntas, esté impedida o por otras circunstancias especiales, no pudiera comparecer en la sede del tribunal: en estos casos, ya sea a instancia de parte, ya sea de oficio, la declaración se podrá prestar en el domicilio o residencia del declarante ante el Juez o el miembro del tribunal que corresponda, siempre en presencia del Letrado de la Administración de Justicia. Si las circunstancias lo permitieran, podrán concurrir las demás partes y sus abogados. Pero si el entorno, ya sea personal o físico, convierte en imposible o sumamente inconveniente, la asistencia de las partes, al interrogatorio en su domicilio, se celebrará a presencia del tribunal y del Letrado de la Administración de Justicia, pudiendo presentar la parte proponente un pliego de preguntas para que, de ser consideradas pertinentes, sean formuladas por el tribunal (art. 311 LEC).

En estos casos, el Letrado de la Administración de Justicia extenderá acta suficientemente circunstanciada de las preguntas y de las respuestas, que podrá leer por sí misma la persona que haya declarado. Si no supiere o no quisiere hacerlo, le será leída por el Letrado de la Administración de Justicia y el tribunal preguntará al interrogado si tiene algo que agregar o variar, extendiéndose a continuación lo que manifestare. Seguidamente, firmará el declarante y los demás asistentes, bajo la fe del Letrado de la Administración de Justicia (art. 312 LEC).

En ocasiones, si la parte obligada a responder al interrogatorio, reside fuera de la demarcación judicial del tribunal, y exista alguna de las circunstancias a que se refiere el párrafo segundo del apartado cuarto del artículo 169[13], aquélla podrá ser

---

[13] LEC art. 169.4: "El interrogatorio de las partes, la declaración de los testigos y la ratificación de los peritos se realizará en la sede del Juzgado o tribunal que esté conociendo del asunto de que se trate, aunque el domicilio de las personas mencionadas se encuentre fue-

examinada por vía de auxilio judicial. En tales casos, se acompañará al despacho una relación de preguntas formuladas por la parte proponente del interrogatorio, si ésta así lo hubiera solicitado por no poder concurrir al acto del interrogatorio. Las preguntas deberán ser declaradas pertinentes por el tribunal que conozca del asunto (art. 313 LEC).

El art. 315 LEC regula el interrogatorio de las administraciones que representan el trípode territorial previsto en el art. 137 CE, el Estado, Comunidad Autónoma, o una Entidad local y otros organismos públicos. El interrogatorio deberá practicarse por escrito, remitiendo antes del día señalado para la vista, una relación de las preguntas que quiere formular la parte que propuso la prueba, previa declaración de pertinencia por el órgano jurisdiccional que conoce del asunto. Remitidas las preguntas a la administración correspondiente, las respuestas se devolverán por el mismo cauce procesal, por escrito, no oralmente, art. 315.1 LEC, siempre antes de la fecha de celebración del juicio.

Recibida la respuesta escrita de la administración concernida, se leerá en el acto de la vista, exigencia prevenida en el art. 315.2 LEC. Finalizada su lectura, podrán formularse preguntas complementarias, que deberá contestar la representación procesal de la administración pública. En el caso, de que no se pudiese colmar por el letrado defensor las preguntas formuladas, se procederá a remitir nuevo interrogatorio por escrito como diligencia final. Se trata de un trámite que, de llevarse a cabo,

---

ra de la circunscripción judicial correspondiente. Sólo cuando por razón de la distancia, dificultad del desplazamiento, circunstancias personales de la parte, del testigo o del perito, o por cualquier otra causa de análogas características resulte imposible o muy gravosa la comparecencia de las personas citadas en la sede del Juzgado o tribunal, se podrá solicitar el auxilio judicial para la práctica de los actos de prueba señalados en el párrafo anterior".

tendrá su origen en la necesidad del juzgador de conocer un hecho clave para la resolución de la litis, ya que, de lo contrario, esta situación es raro que se produzca.

En virtud del principio de igualdad de armas, el art. 315.3 remite al art. 307 LEC, de modo que, incluso tratándose una administración pública, podrá acudirse a la *ficta confessio*, a la que nos referiremos a continuación, en caso de que se pretenda eludir el interrogatorio con respuestas abstractas, o evasivas (Rodríguez, 2019).

Resumiendo, podemos convenir que las preguntas que se hagan en el interrogatorio, deberán reunir las siguientes características:

- Deben formularse de manera oral, sin pliego de preguntas por escrito.
- Tienen que ser planteadas en sentido afirmativo (infiriéndose del tenor legal de la norma, es una práctica común que los órganos judiciales autoricen el desarrollo de la prueba de una forma flexible, tal como ocurre con la prueba testifical).
- Deberán ser claras y precisas; aunque dependerá del juzgador, las preguntas no deben ser capciosas, impidiendo el entendimiento razonable de la parte interrogada.
- No pueden incluir valoraciones o calificaciones interesadas por el letrado interrogante, ya que serán declaradas impertinentes por el órgano jurisdiccional.
- El juez cuidará de que no haya interrupciones y podrán hacerse recíprocamente las preguntas y observaciones que sean convenientes para la determinación de los hechos relevantes en el proceso.

De igual forma, en el caso de las respuestas, las características que deben de reunir son:

- Ser dadas por la propia parte interrogada, sin uso de borrador alguno.
- El interrogado podrá consultar documentos y notas o apuntes, si se le permite por el juez, para "refrescar" su memoria.
- Deberán emitirse respuestas afirmativas o negativas, precisas y concretas, pudiendo extenderse en las explicaciones, si ello guarda relación con lo planteado, y así lo autoriza el juez.
- Con la finalidad de obtener aclaraciones y adiciones a lo manifestado en el interrogatorio, el tribunal también podrá preguntar a la parte llamada a declarar.

3.4. Ficta confessio

Si la parte citada para el interrogatorio no comparece en el juicio, el tribunal podrá aplicar las siguientes consecuencias (art. 304 LEC):

- Tener por reconocidos los hechos en los que dicha parte hubiese intervenido personalmente y cuya fijación como ciertos les sea enteramente perjudicial.
- Imponerle la multa por incomparecencia que se regula en el art. 292.4 LEC, que va desde los 180 a los 600 eu ros.

Los presupuestos de los que parte la Ley para que se haga efectiva dicha posibilidad son los siguientes (Samanes, 2011):

a) ¡que la parte citada para el interrogatorio no comparezca al acto de la vista del juicio oral;

b) ¡que la incomparecencia sea injustificada;

c) ¡que se haya practicado la citación de forma regular, incluyendo en la misma, el apercibimiento correspondiente, consistente en advertirle que, si no comparece, se tendrán por admitidos los hechos insertos en el interrogatorio.

Hechas estas consideraciones, resulta necesario comentar que la imposición de multa nos parece inconveniente, cuanto menos, ya que nos encontramos ante una prueba que persigue como objetivo la declaración de una de las partes, que es litigante en el proceso, pero lo que es más entitativo: el art. 307 LEC, permite no declarar al interrogado comparecido, por lo que carece de sentido imponer una multa a quien no comparece, pero si lo hiciese, la Ley le permite no declarar (Garberí & Buitrón, 2017). Este sinsentido convendría ser modificado. Lo importante, es que este reconocimiento de hechos por incomparecencia del debidamente citado, es facultativa ("el tribunal podrá considerar reconocidos..."), nunca automática, por lo que decidirá el juez[14].

Nada dice la norma acerca de la posible renuncia al interrogatorio previamente solicitado, y admitido como medio de prueba por le órgano jurisdiccional. Como hemos comentado anteriormente, en materia probatoria, rige el principio dispositivo, motivo por el cual entendemos que, si la parte puede disponer del objeto del pleito, también puede disponer de las pruebas que propone, más aún, cuando piensa que su práctica puede ser perjudicial para su cliente[15].

Si se negare a declarar, el Juez le apercibirá en el acto de tenerle por confeso si persiste en su negativa, también le apercibirá si las respuestas fueren evasivas (art. 307 LEC). Si la pregunta se refiere a hechos que no sean personales del que haya de absolverla, podrá proponer que conteste un tercero que

---

[14] STS 616/2012, de 23 octubre, rec. 762/2009 y AP Baleares, Sec. 3ª, 166/2007, de 2 de mayo.

[15] AP Cáceres, Sec. 1ª, 329/2012, de 19 de junio.

conozca los hechos (art. 308 LEC). También las partes podrán hacerse preguntas y observaciones que el Juez admita como convenientes para la averiguación de la verdad de los hechos (art. 588 LEC).

Teniendo en cuenta que en el proceso administrativo siempre es parte la Administración surge la duda de qué ha de hacerse cuando la prueba de interrogatorio se solicita de la Administración, puesto que en artículo 315 LEC se dispone que en los pleitos en que sea parte el Estado o alguna Corporación del mismo, no se le pedirán posiciones al Ministerio fiscal o a quien represente a dicha parte. En su lugar, la contraria propondrá por escrito las preguntas que quiera hacer, las cuales serán contestadas por vía de informe por los empleados de la Administración a quienes conciernan los hechos. Estas comunicaciones se dirigirán por conducto de la persona que representa al Estado o Corporación, cuya persona estará obligada a presentar la contestación dentro del término que el Juez señale. En el procedimiento abreviado se recoge que las posiciones se proponen verbalmente, pero no que tengan que ser contestadas de la misma manera, por lo que, tratándose de la Administración, ésta las contestará por escrito en la forma indicada, aunque para ello sea preciso la suspensión de la vista (Chaves, 2007, pp. 280-ss.). El resultado de la prueba de interrogatorio de parte debe recogerse en el acta tal y como previene el artículo 78.21 LJCA[16].

---

[16] LJCA Art.78.21. "La vista se documentará en la forma establecida en los apartados 3 y 4 del artículo 63". Art. 63.3 y 4: "3. El desarrollo de la vista se registrará en soporte apto para la grabación y reproducción del sonido y de la imagen. El secretario judicial deberá custodiar el documento electrónico que sirva de soporte a la grabación. Las partes podrán pedir, a su costa, copia de las grabaciones originales. 4. Siempre que se cuente con los medios tecnológicos necesarios, el secretario judicial garantizará la autenticidad e integridad de lo grabado o reproducido mediante la utilización de la firma

3.5. Interrogatorio de una persona jurídica

Contempla el art. 309.1 LEC que "cuando la parte declarante sea una persona jurídica o ente sin personalidad, y su representante en juicio no hubiera intervenido en los hechos controvertidos en el proceso, habrá de alegar tal circunstancia en la audiencia previa al juicio, y deberá facilitar la identidad de la persona que intervino en nombre de la persona jurídica o entidad interrogada, para que sea citada al juicio".

Ello significa que cuando sean citadas a declarar como partes, una sociedad o un ente sin personalidad, quien debe declarar es su representante legal. Si éste no es conocedor de los hechos por no haber intervenido en ellos (debe alegarse en la audiencia previa, art. 309.1 LEC), puede facilitar la identidad de quien puede contestar en su lugar, aunque ello acarrea que sus contestaciones tendrán la misma eficacia que si hubieran vertido por el representante legal. En el supuesto de que esa persona, en el momento de declarar ya no forme parte de la sociedad, declarará no como parte interrogada, sino como testigo, según el precitado art. 309.1 LEC. En cualquier caso, es carga de la parte que ha de someterse al interrogatorio identificar quien vaya a declarar (STS 677/2012, de 19 noviembre, RC 321/2010).

---

electrónica reconocida u otro sistema de seguridad que conforme a la ley ofrezca tales garantías. En este caso, la celebración del acto no requerirá la presencia en la sala del Secretario judicial, salvo que lo hubieran solicitado las partes, al menos dos días antes de la celebración de la vista, o que excepcionalmente el Secretario judicial lo considere necesario, atendiendo a la complejidad del asunto, al número y naturaleza de las pruebas a practicar, al número de intervinientes, a la posibilidad de que se produzcan incidencias que no pudieran registrarse, o a la concurrencia de otras circunstancias igualmente excepcionales que lo justifiquen, supuesto en el cual el Secretario judicial extenderá acta sucinta en los términos previstos en el apartado siguiente".

3.6. Valor de esta prueba

Señala en art. 316 LEC que "si no lo contradice el resultado de las demás pruebas, en la sentencia se considerarán ciertos los hechos que una parte haya reconocido como tales si en ellos intervino personalmente y su fijación como ciertos le es enteramente perjudicial".

Esto significa que practicado el interrogatorio de parte, ya sea en la sala de juicios, ya sean mediante interrogatorio domiciliario, auxilio judicial o por respuestas escritas, el órgano jurisdiccional, en sentencia, deberá tener en cuenta los hechos aportados en las declaraciones, y ponderar el peso de los mismos, en el resultado del litigio, explicando qué hechos se consideran reconocidos, bien por ser admitidos al tratarse de hechos personales que pueden perjudicar al declarante, bien por aplicar la ficta confessio y considerarlos demostrados por la inasistencia, negativa o reticencia a responder al interrogatorio de la otra parte (Rodríguez, 2019).

El reconocimiento de hechos vendrá dado por la concurrencia de intervenir personalmente en la producción de los hechos, debiendo serle perjudicial esta declaración. Por lo tanto, no será posible reconocer un hecho como probado, si a la parte que lo mantiene, le beneficia, y, además, no ha tenido intervención personal en él. Por esta razón, mantenemos desde el principio que nos encontramos con una prueba de limitado espectro para el juzgador (Jiménez, 2007).

Será en la valoración conjunta de la prueba, donde encuentre su encaje, siempre y cuando no resulte contradictoria con las demás pruebas practicadas, siendo útil para la resolución del litigio. Sí tendrá un papel de relieve e los casos en que exista déficit probatorio, y el interrogatorio de las partes, se torne fundamental, tal como reconoce la STS 588/2014, de 22 octubre, RC 292/2013.

4. REFLEXIONES FINALES

Todos los años, desde el desempeño docente procuro que mis alumnos vean la película "Algunos hombres buenos" de Rob Reiner, donde se desarrolla en su integridad, un juicio que contiene todos los ingredientes procesales (no olvidar que bajo normativa americana). Se trata de un ejemplo que intenta exponer la importancia de las pruebas, y, por tanto, es perfectamente válido para que visualicen, a pesar de las trampas cinematográficas que convierten en ágil lo que en muchas ocasiones es tedioso, el dominio de las habilidades del abogado cuando actúa en sala.

En esta película, cuando la defensa carece de pruebas concluyentes que exoneren a los imputados, el protagonista solo podrá acudir in extremis a practicar la prueba de interrogatorio al Jefe de los Marines en la Base de Guantánamo lo que resulta del todo desaconsejable, pudiendo acabar con su carrera como abogado defensor. Se trata de obtener del coronel en jefe, una respuesta concluyente que reconociese que él dio la orden de que se practicase un código rojo al marine William Santiago, falleciendo por este motivo, lo que liberaría a los acusados.

La parte final de la película, presenta un interrogatorio brillante, del Teniente de Navío del Cuerpo Jurídico de la Marina, Daniel Kaffe (Tom Cruise), al interrogado, el coronel del cuerpo de Marines de los Estados Unidos, comandante en Jefe de las Fuerzas Terrestres del Cuerpo de Marines en Cuba, Nathan R. Jessep (Jack Nicholson), al que termina preguntando insistentemente: "¿Ordenó usted el código Rojo?". De forma vibrante, se sucede un intercambio de opiniones: "¿Quiere usted respuestas? ¿Quiere usted respuestas?" "QUIERO LA VERDAD" "¿Ordenó usted el código Rojo?" Y ante el estupor de la sala y el frío que recorre el cuerpo del espectador, el coronel Jessep declara que él lo ordenó y lo volvería hacer.

Esta licencia cinematográfica de la que nos hemos servido, no hace otra cosa que evidenciar la única valía de esta prueba: cuando se carece de elementos probatorios que acrediten nuestra pretensión, la prueba de interrogatorio, cuando se tiene la certeza de que el declarante está mintiendo en los hechos que sostiene, puede provocar con su práctica que el declarante emita respuestas contradictorias que pongan en la senda de la duda al Juzgador, haciendo decaer la pretensión de la parte interrogada.

Por esta razón, desde el comienzo de este capítulo, venimos reiterando que nos encontramos ante una prueba residual que solo debemos practicar cuando tengamos la certeza de que el testimonio de la parte no nos va a perjudicar, y, por el contrario, junto a las demás pruebas que se practiquen, debilitarán la defensa de la parte contraria.

Después de una larga trayectoria como letrado público, hemos podido comprobar que esta prueba, que en el ámbito civil se suele solicitar mayoritariamente por todos los abogados demandantes, en el orden contencioso administrativo, tiene poca acogida por cuanto el interrogatorio se produce por escrito, otorgando a la administración demandada la posibilidad de fijar los hechos de una forma concluyente para el órgano jurisdiccional, confeccionado un argumentario que costará mucho combatir para la parte contraria.

Por el contrario, esta prueba sí tiene acogida y se manifiesta útil, para extraer, como en la película, no solo verdades, sino testimonios contradictorios, incoherencias o falsedades que, cotejados con el expediente administrativo, con actas y con otras pruebas que se presenten y se practiquen en sala, pongan de manifiesto la mendacidad de los hechos mantenidos por la parte contraria.

REFERENCIAS BIBLIOGRÁFICAS

Abel, X. (2012). *Derecho probatorio.* J. M. Bosch Editor.

Abel, X., Picó, J. (dirs.), Ginés, N., Arjona, C. (coords.). (2007). *El interrogatorio de partes* (1.ª ed.). Editorial Bosch.

Arnaldo, E., & Fernández, R. (2007). *Jurisdicción-contencioso administrativa. Comentarios a la Ley 29/1998, de 13 de julio, reguladora de la Jurisdicción Contencioso Administrativa* (3.ª ed.). El Consultor de los Ayuntamientos y de los Juzgados.

Ayala, J. M., Fernández-Daza, J. M., García, F., Gutiérrez, J. M., Huesca, R., Irurzun, F., Rivero, M., Sanz, F., & Torres, J. J. (2012). *Comentarios a la Ley de la Jurisdicción Contencioso-Administrativa de 1998* (5.ª ed.). Aranzadi.

Barrero, C. (2001). *La prueba en el procedimiento administrativo.* Aranzadi.

Blanquer, D. (2006). *La prueba y el control de los hechos por la jurisdicción contencioso-administrativa.* Tirant lo Blanch.

Bonachera, R. (2015). Algunas cuestiones problemáticas del sujeto de prueba en el interrogatorio de parte. *Práctica de tribunales: revista de derecho procesal civil y mercantil, 114.*

Borrajo, I. (1998). Título IV. Procedimiento Contencioso-Administrativo. Capítulo II. Procedimiento Abreviado: Artículo 78. *Revista española de derecho administrativo, 100,* 559-577.

Bustillo, R. O. (2005). *La aplicación de la Ley de Enjuiciamiento Civil en el Contencioso-Administrativo.* Aranzadi.

Chaves, J. R. (2007). La prueba contencioso-administrativa: análisis dogmático y jurisprudencial. Editorial Universitas.

Desdentado, E. (1998). Disposiciones Adicionales, Transitorias, Derogatorias y Finales. Disposición Final Primera. Supletoriedad de la Ley de Enjuiciamiento Civil. *Revista española de derecho administrativo, 100,* 965-970.

Gallardo, M. J. (2006). *Los problemas de la aplicación supletoria de la LEC en el proceso contencioso-administrativo.* Iustel.

Garberí, J., & Buitrón, G. (2017). Ley de Enjuiciamiento Civil comentada y con jurisprudencia. Bosch.

García de Enterría, E. (2007). *Las transformaciones de la justicia administrativa: de excepción singular a la plenitud jurisdiccional. ¿Un cambio de paradigma?* Civitas.

Gimeno, J. V., & Morenilla, P. (2017). *Derecho procesal civil. I. El proceso de declaración. Parte general* (2.ª ed.). Editoriales Jurídicas Castillo de Luna.

González, J. (1998). *Comentarios a la Ley de la Jurisdicción Contencioso-Administrativa* (3.ª ed.). Civitas.

González-Cuéllar, N. (1992). *La prueba en el proceso administrativo (objeto, carga y valoración).* Colex.

González-Varas, A. (2018, abril 5). *La prueba en el proceso contencioso-administrativo (I). Incidencias procesales en fase de prueba.* www.elderecho.com.

Jiménez, F. (2007). *El interrogatorio de las partes en el proceso civil* (1.ª ed.). Editorial Civitas.

Lesmes, C., & Chamorro, J. (2007). Procedimiento abreviado. In E. Arnaldo, & R. Fernández (dirs.), *Jurisdicción Contencioso-administrativa. Comentarios a la Ley 29/1998, de 13 de julio, Reguladora de la Jurisdicción Contencioso-administrativa* (3.ª ed.) (p. 677). La Ley-El Consultor.

Medina, J. R. (2003). La valoración judicial del interrogatorio de las partes en el proceso civil. *Repertorio de jurisprudencia Aranzadi, 18,* BIB2003\1152.

Montero, J. (2012). *La prueba en el proceso civil* (7.ª ed.). Civitas.

Morenilla, P. (1997). *La prueba en el proceso contencioso-administrativo.* Editorial Edijus.

Nieva, J. (2010). *La valoración de la prueba.* Marcial Pons.

Palao, C. (2014). La prueba en el proceso contencioso-administrativo. *Revista española de derecho administrativo, 163,* 49-108.

Rodríguez, E. (2019). El valor de la prueba de interrogatorio de parte. *Revista Aranzadi Doctrinal, 4,* 17.

Samanes, C. (2011). Comentario al art. 304 de la LECiv. Incomparecencia y admisión tácita de los hechos. In F. Cordón, M. T. Armenta, J. J. Muerza, & I. Tapia, (coord.) (2011). *Comentarios a la ley de Enjuiciamiento Civil* (vol. 1). Aranzadi.

Estudio y análisis de los procesos psicológicos del testimonio en aras a la apreciación de credibilidad

ALBERTO BAREA VERA
Universidad Católica de Ávila

1. INTRODUCCIÓN

El acercamiento de las ciencias experimentales al mundo judicial, en concreto la Psicología, ha permitido el surgimiento de una nueva ramificación de esta ciencia, denominándola como "Psicología Jurídica", "Psicología Forense Experimental" o "Psicología del Testimonio". Se considera, por tanto, una disciplina de nueva incorporación con un enfoque particular, compleja por la temática que debe abordar y con una responsabilidad elevada en su ejercicio por las consecuencias que se desprenden de su praxis (Querejeta, 1999).

La expresión *Psicología Jurídica* pretende hacer hincapié en la necesidad de establecer un compendio cognoscitivo de tal entidad que logre una determinación conveniente entre el contexto jurídico y la ciencia comportamental. Por tanto, la Psicología del Testimonio se ocupa del análisis de los factores que sustentan la calidad del testimonio, entendiendo este como la "declaración de conocimiento que emite una persona respecto de una realidad que ha presenciado y que resulta de interés para la resolución de una litis que afecta a un tercero" (Real Academia Española, s.f., definición 1).

1.1. Psicología del testimonio

La Psicología del Testimonio, siendo una disciplina que no posee una experiencia amplia como ocurre con otras dentro de la Psicología, recibe bastantes críticas en relación a la alta elaboración de estudios en contexto de laboratorio, que redunda en el control de variables de manera rigurosa, siendo las mismas reducidas en su cuantía. Y es que el desarrollo de la conducta en un entorno real, está expuesta y sometida a factores no controlables, por tanto, eso supone un aspecto diferencial respecto a los estudios mencionados de laboratorio, teniendo incluso, en ocasiones, resultados contradictorios dependiendo del modelo de contexto utilizado.

Tal disciplina no está exenta de complejidades, por cuanto sus inicios parten de la precisión memorística. Prosigue, hablando en este caso de la década de los setenta del siglo XX, con el abordaje de la credibilidad del testimonio, lo que implica una evaluación subjetiva de la exactitud testimonial. El ámbito de conocimiento y actuación abarcan temáticas tales como la emocionalidad, persuasión, la identificación, memoria, conducta, etc., aunque es de esperar que su desarrollo se potencie en el ámbito forense. Pese a esto, al encontrarse en el ámbito del comportamiento, se ha de asumir que lógicamente, existen limitaciones, pues la conducta no encuentra su estudio en términos de rigor absolutos, máxime si se hace alusión a la credibilidad dentro del ámbito judicial.

La psicología aplicada al testimonio se dedica al análisis de los resultados de investigaciones en el campo de la psicología experimental y social. Su objetivo es evaluar la calidad de los testimonios proporcionados por testigos presenciales en casos de accidentes, delitos o sucesos cotidianos. Para ello, se centra en dos cuestiones fundamentales: la precisión de las declaraciones y la credibilidad del testigo y su testimonio.

La mencionada complejidad en este campo de conocimiento redunda, en gran medida, en que la persona que aporta el testimonio lo haga de forma certera, pues engloba el compromiso subjetivo y honesto de la persona a conformar su testimonio, siendo esto lo que se suele conocer como el "relato de la verdad". Esto no implica un relato de objetividad real, sino que puede resultar lo que considera real (verdadero) respecto a lo que dicte su percepción, pudiendo permanecer en el error. Esto parece indicar una complejidad máxima por cuanto el ámbito psicológico adquiere relevancia a través de esta credibilidad, de las impresiones sensoperceptivas, la propia fiabilidad que de ello se deriva y las posibilidades de adquirir o recuperar el recuerdo de los hechos que conforman el relato testimonial.

Así pues, el abordaje de la credibilidad mantiene en permanente fijación las referencias a los procesos que puedan simular lo falso o también disimular la realidad, pero también el hecho de que se produzca un error que pueda generar una patente controversia entre lo objetivo y lo subjetivo (entendido como interpretación de hechos o lo que cree la persona). Pero al sostener que los procesos judiciales se apoyan en gran medida por los testimonios, se requiere disponer de instrumentos que establezcan un grado de credibilidad del testigo que ayude a celebrar el proceso judicial con las garantías necesarias.

A pesar de la buena voluntad que pueda haber por parte de la figura del testigo a la hora de presentar su relato testimonial, la falta de coherencia, aunque no sea en gran medida, siempre ha estado presente a la hora de abordar acontecimientos pasados y confrontarse con investigaciones sobre ellos a raíz de la utilización de otras pruebas más garantistas (Gutiérrez & Carpintero, 2004). Los condicionantes de la persona de testigo, como sus propias características vitales, pueden conllevar que este hecho se agrave aún más.

Pero el fundamento básico como proceso psicológico en la Psicología del Testimonio es el de la memoria. La memoria no es un mero registro que codifica una realidad o un hecho, sino que abarca varios elementos sensoperceptivos y situacionales que servirán para que el recuerdo de la persona resulte más fiable (Tulving & Thompson, 1973). Se sabe que la información que afecta a un contexto o suceso determinado, se encuentra codificado con el mismo y asociándose entre sí. Para recuperar esa información del hecho de la memoria se recurriría a canales, seleccionando el que permitiese tal recuperación (Tulving, 1983).

Pese a esto, la Psicología del Testimonio mantiene varias líneas de investigación activas y diversos planteamientos. Con ello, se vuelve a reafirmar que este es un campo complejo en el que existen planteamientos diversos que se conexionan entre sí, con diferencias y perspectivas de elevado interés que han permitido y permitirán avances fundamentales para su aplicación. La Psicología del Testimonio, en suma, representa una especialidad de innegable necesidad para la resolución de problemáticas ingentes que solo podrían encontrar solución en esta vía de conocimiento.

1.2. Factores de codificación del testimonio

La capacidad que puede tener una persona a la hora de relatar o describir un hecho que ha podido presenciar o del que tiene conocimiento con la exactitud debida, se ve influida por varios factores. Cualquier hecho presenciado que haya de relatar es algo que se encuentra en el recuerdo de la persona y, por tanto, como se mencionó anteriormente, la memoria conforma una base fundamental en el proceso psicológico del relato. Esto lleva a examinar cómo se ha codificado ese hecho, la propia retención y las condiciones de recuperación del mismo.

La memoria interpreta y reconstruye lo que la persona ha visualizado. Por ende, reconstruir los recuerdos puede llevar a cometer errores, precisamente por esa labor de interpretación, tanto omitiendo detalles como incluyendo añadidos a la realidad. Esta codificación está influida por una serie de factores que no son inmunes a los procesos atencionales y de percepción, y que además intervienen en el hecho acontecido afectando al propio testigo.

Dentro de los factores en torno al hecho que pueden influir en la codificación de información por parte del sujeto que observa, se incluyen condiciones relativas a la percepción, tal y como la visualización del color, la percepción auditiva, objeto y movimiento, así como también los cambios que se produzcan en la incidencia de la luz, la distancia que exista, la perspectiva y, además, la frecuencia.

Los condicionantes que operan en la percepción que tiene la persona que se convierte en testigo pueden llegar a cambiar el relato aportado, con una apariencia de falta de exactitud. La percepción juega aquí un papel importante, ya que no se refiere a lo que la persona recibe (sensación) directamente a través de los sentidos, sino de la interpretación que hace de lo recibido, es decir, de las propias sensaciones. Esto, de manera inevitable, lleva a la subjetividad, pudiendo afirmar que ha visto u oído cosas que no han sucedido porque los sentidos así lo hicieron creer, conformando así lo que se conoce como ilusiones.

Si se hace referencia a la luz en relación con la percepción, las condiciones del procesamiento visual y, por tanto, de la información captada, puede mejorar o empeorar con respecto a las condiciones que se den. Aquí es importante el órgano de la vista, en el que se encuentran sus receptores llamados conos y bastones, siendo los primeros más especializados en el color y los otros con una sensibilidad mayor a la luz, respectivamente. Cabe también hacer alusión a que cuando existe oscuridad se produce una generación de imágenes mucho más deficiente que con luz, y aunque parezca obvia la explicación, la razón se encuentra en estos receptores, ya que el punto de focalización del ojo se conforma de conos, necesitando éstos mucha más iluminación. Esto se debe tener en cuenta en los testimonios relacionados con hechos en situaciones de baja luminosidad, pues es relativamente fácil que la persona que relata los hechos presenciados en semejantes condiciones lo haga movida por haber conformado una ilusión, sin que haya mala fe en ello.

Cuando existe un hecho que contiene imágenes que se describen en las condiciones dictadas, la persona no se percata de que la totalidad de este puede haberse formado a partir de figuraciones previas. Es lógico que la imagen que realmente perciba se haya establecido con una falta de percepción real del color y no sea coherente la imagen realmente percibida con lo que pueda manifestar la persona a través de su testimonio (Delk & Fillenbaum, 1965).

Pero no solamente se tiene en cuenta la escasez de iluminación sino también sus cambios. Aquí se habla de la adaptación visual y su capacidad tanto a nivel de incremento como reducción de luminosidad, siendo mayor la capacidad que tiene el ojo de la persona al primero. Pero no solo la capacidad de adaptación redunda en esto, sino que dentro del mismo proceso habrá fases con diferentes velocidades de adaptación, siendo en un primer momento más elevada y en uno posterior más pausado y dilatado. El cambio de luminosidad en modo gradual siempre será de mejor adaptación a la sensibilidad visual, no siendo igual para todas las personas y dependiendo también las distintas condiciones que se den en cada una de ellas.

Si se tiene en cuenta la percepción auditiva, hay que tener presente la capacidad perceptora del sistema auditivo humano, que oscila entre los 3.9 hasta los 120 decibelios, donde aquí se establece un umbral totalmente no recomendable, ya que la molestia (dolor) resulta patente. Porque también en los relatos testimoniales se muestra interés por las descripciones de aquello que se dijo o lo que se escuchó en un momento concreto.

Existen varios factores que influyen en el sonido, como su frecuencia, que debe estar dentro del umbral de audición para ser percibida por el oído humano. Esto determina el que el sonido sea agudo o grave y la medida utilizada sea en hertzios (Hz), con un intervalo que puede captar entre aproximadamente los 20 y 20000 Hz. Aquí, al igual que sucede con el color, la capacidad auditiva de la persona va a determinar su escucha, que está influida por factores personales como la edad, pero también por los que son inherentes al propio sonido como que sea más complejo si se encuentra aislado o no, a si están enmascarados, etc.

También se pueden señalar como factores influenciables para la percepción del sonido su propia procedencia, saber de dónde viene o situar su localización. Dentro de esta localización, se une la distancia. El paralaje del movimiento también es un factor asociado al sonido que puede generar dificultades, como efecto por el que el supuesto testigo, que se encuentra en movimiento, puede percibir diferentes velocidades del sonido en diferentes distancias. Los sonidos cercanos parecen moverse mucho más rápido que los lejanos. Aparecen además otros fenómenos del sonido como la reflexión, que se produce al colisionar las ondas sonoras con cualquier superficie, devolviendo parte de la misma y produciendo el cambio de dirección; pero también el efecto Haas (precedencia), que consiste en la percepción de un sonido en función del tiempo en vez de su nivel sonoro. Esto hace que las primeras ondas sonoras que llegan al oído favorezcan la localización del sonido, incluso habiendo tenido las ondas posteriores una intensidad mayor (Manzanero, 2010).

Esto conforma un contexto auditivo que condiciona la percepción de la persona, incluyendo aquí su propia atención unido a experiencias anteriores. Puede provocar que la percepción se dificulte y sea compleja, originando una falsa percepción y condicionando o falseando el testimonio basado en el sonido. Aquí, adquiere un valor notable la distancia, la localización, la propia frecuencia, tono, timbre, etc.

Siguiendo con la percepción del observador, se hace patente que el sistema visual puede alterar la visualización del objeto. Esto denota que la percepción se ha visto dificultada por información deficiente, lo que anteriormente se ha comentado como las conocidas ilusiones. En la formación de estas ilusiones concurren diversos tipos de factores como la incidencia de la luz, iluminación, color, forma, distancia, tamaño y perspectiva. Además de esto, el propio valor que se de a lo que se percibe, la significación propia, así como las expectativas que se tengan, puede conducir a esa ilusión.

El movimiento percibido del estímulo que exista en un hecho presenciado está reflejado en la retina del ojo mientras están fijos en ese estímulo. Pero esto no siempre es así, por cuanto hay veces que no se percibe ese movimiento pese a estar reflejado en la retina o, también, se encuentran fijos en la retina y se percibe movimiento en esa imagen. Esto se puede llegar a producir por las variables que se den en el contexto de lo observado, las referencias que se toman y la propia secuencia que sigue el movimiento. Se habla nuevamente, en la percepción del movimiento, que se produce una ilusión en ella.

El sistema visual es más sensible a unos estímulos que a otros y eso redunda en los factores que se han ido mencionando, como la incidencia de la luz, la propia iluminación que haya, el contraste entre objetos, frecuencia, ubicación, distancia y perspectiva. Es interesante hacer especial mención a la frecuencia espacial, pues dependen las modificaciones de los estímulos por grado de ángulo visual. De aquí parte la evaluación o pruebas que se pueden llevar a cabo en la persona respecto a su agudeza visual.

Siendo estas condiciones de percepción fundamentales para comprender lo que percibe la persona que presta un testimonio, también hay que analizar características del suceso porque forman parte ineludible del proceso de percepción y de la memoria, en aquello que recuerda. En todo suceso, el testigo va a contemplar detalles principales en los que focalizará su atención y, por ende, conservará mejor en su recuerdo. Sin embargo, habrá otros secundarios que no se contemplarán de la misma manera. Para valorar que sean principales o secundarios dependerá también de la persona, de su propia valoración, lo que influirá en su recuerdo, pues podrá sufrir modificaciones por no constituir una percepción directa.

Con estos detalles se entra directamente en la identificación de personas, por ejemplo, señalando durante un suceso, qué persona lo realizó o tuvo participación en él. Porque la diferencia entre describir un hecho ocurrido e identificar quién lo pudo llevar a cabo, es notable. La forma en que almacenamos la información está influenciada por el tipo de memoria involucrada. La memoria episódica se relaciona con el recuerdo de momentos específicos, emociones, lugares, así como detalles contextuales de nuestra vida. En contraste, la memoria semántica se refiere a significados y conocimientos generales, sin estar vinculada a experiencias vividas ni al recuerdo de eventos concretos; y, el conocimiento procedimental (información no declarativa o implícita), el que almacena toda la información relacionada con procedimientos o estrategias de cómo hacer las cosas y cómo se usan, desarrollando destrezas y/o habilidades para la ejecución. Esta última mantiene la dificultad de explicar o describir tales procedimientos, es decir, cómo se realizan las cosas, aunque se sepan hacer (Squire, 1994). Se produce un automatismo de la acción que no permite a la persona ser consciente de cómo lo ha hecho.

Siguiendo con las características del suceso en el proceso de percepción, la persona puede presentar problemas a la hora de indicar el tiempo transcurrido durante los hechos presenciados. Si no existe un componente claro como una señal que indicase un inicio y fin, difícilmente se pondrá establecer un espacio temporal fiable, pues entrarán en juego factores que vayan apareciendo en el hecho y la propia activación del testigo. También en este sentido, el tiempo o durabilidad del hecho juega a favor o en contra del observador, por cuanto podrá asimilar más o menos información si el suceso en cuestión transcurre con un tiempo mayor o menor, respectivamente. Se necesita, pues, tiempo para poder asimilar la información percibida. Esto se relaciona estrechamente con la velocidad de lo percibido, pues observar que algo se mueve genera una estimación en su descripción, haciendo alusión a elementos de comparación para poder aportar datos de relevancia (Conchillo et al., 1999). Al final, lo que realizará la persona que presta el testimonio es una estimación, pero eso no responderá a lo que realmente recogiera en su memoria.

Las fechas, a la hora de plasmar un testimonio de la realidad, son providenciales y necesarias. Normalmente, se lleva a cabo con ciertas dataciones aproximadas apoyándose en momentos que se mantienen en la memoria por ser importantes en la persona (Janssen et al., 2006). Pero, aunque estas dataciones aproximadas se hagan de manera estimada, tal y como se ha indicado, no siempre esa aproximación resulta correcta (Merckelbach et al., 2006). El tiempo que haya transcurrido desde que el hecho se incorpora a la memoria hasta que se hace uso de él para manifestarlo, es un factor providencial para datarlos con corrección, que se ve mermado cuanto más dilatado sea ese espacio de tiempo. Según Jannsen y colaboradores (2006), para un mejor recuerdo, es conveniente datar los hechos de forma absoluta en vez que de manera relativa. Además, se suele utilizar la datación absoluta para sucesos que han tenido lugar recientemente y que son personales; en cambio, la datación en forma relativa se utiliza para sucesos remotos y recientes.

Cabe añadir a todos estos factores –y quizás ya más próximo a los factores pertenecientes al propio testigo y no de la propia codificación–, que se omite información en el testimonio por ausencia de capacidad en el lenguaje sobre el tema que circunda al hecho a describir o la filtración de la misma por propia conveniencia del que declara, ya que puede considerar no revelar esos datos. Esto último se suele producir por decoro o recato en las palabras que cree debe utilizar, o también simplemente vergüenza porque los hechos le hayan ocurrido a este mismo declarante.

2. FIABILIDAD DEL TESTIMONIO

2.1. Exactitud y fiabilidad del testimonio

En los relatos de hechos existe la elevada dificultad de discriminarlos convenientemente. Esto es consecuencia de la multidimensionalidad de la información almacenada en la memoria (recuerdos). También las emociones proporcionan complejidad al caso tanto si se da en el propio recuerdo como en la evocación. Son otras las variables que también mantienen una afectación directa y no solo las planteadas. Esto redunda en que no se pueda recurrir a una metodología concreta para discernir entre un recuerdo fiable y exacto, es decir, que sea real con otro que fuese falso, o lo que sería una falsa memoria (Köhnken et al., 2015). Si existieran sospechas de la realidad y exactitud de un testimonio, habría que analizar cómo nace esa declaración, el contexto en el que se da, cómo evoluciona en el tiempo y evaluar los factores que pueden tener influencia en el testimonio (Manzanero & González, 2015).

Tales variables guardan relación con las características del testigo y del hecho que se describe. También puede añadirse el funcionamiento del sistema en el que se desarrolla la descripción de hechos, pues mantienen unos protocolos y tiempos que afectan a la contención y evocación de la información. En relación a la persona, se hallan rasgos personales con vulnerabilidad a la falsa información. Estas variables, que se han de tener presentes, son la edad, el sexo, los estilos cognitivos y los factores de personalidad.

La sugestión será algo que estará presente ante información no afianzada en la memoria, influenciada por las variables mencionadas. Cuando el testigo carece de una percepción óptima, es esta una de las variables de mayor influencia, así como las condiciones o contexto en el que se viva la situación, como pudiera ser la emocionalidad del momento por el propio desarrollo del suceso experimentado u observado. También las condiciones en las que se encuentre la persona que observa, como el propio estado de ánimo, el estado de salud, etc., podría dificultar el procesamiento de la información percibida. Es decir, con esto se puede llegar a establecer variables que influyen en la forma de retener la información y también en la recuperación de la misma a la hora de poder describir correctamente un hecho.

Los elementos más relevantes o principales del suceso son los que van a impactar, y, por ende, establecerse con mayor arraigo en la memoria, siendo los secundarios los que provocan una atención menor y, por tanto, una codificación más débil. Si se atiende a la adquisición de información relativa al suceso contemplado, por mucho que se represente tal acontecimiento, hay pocas razones para creer que la representación sea exacta. De hecho, puede ser bastante maleable a causa de sucesos distintos de lo que se supone que representa. Y si se habla de acontecimientos o información posterior (aunque también pudiera ser anterior) al suceso originario, es posible alterar la representación de ese acontecimiento. Para lograrlo, simplemente basta con influir en el proceso de introducción de nueva información en el sistema de la estructura de memoria existente, mejorando, enriqueciendo o alterando de otro modo esa estructura. No es otra cosa que la información añadida, considerada como externa, ya que no es la que se obtuvo en la percepción original del suceso.

Una vez producida la percepción inicial del hecho sobre el que se presta posteriormente testimonio, se puede atender nuevamente a momentos en que se deban describir los hechos (un ejemplo de esto puede ser las declaraciones testimoniales que se llevan a cabo en sede policial y posteriormente, en sede judicial). En tal caso, el testigo debe manifestar los hechos con una recreación de los mismos, utilizando la memoria a largo plazo, al menos la parte de la experiencia que necesita para responder a lo preguntado. Esta recreación, imagen que se forma el testigo, puede basarse tanto en la información adquirida durante la experiencia original como en la información externa adquirida posteriormente. Esta imagen regenerada tiene una estructura interna que debe contener información sobre la estructura espacial de su referente. Toda respuesta que dé el testigo, se basa en esta imagen regenerada.

Se concluye, por tanto, que la información adquirida durante una experiencia compleja se puede integrar en la representación global de la memoria. Sin embargo, la información adquirida posteriormente, como la que puede añadirse accidentalmente por medio de preguntas que contienen presupuestos tanto ciertos como falsos, también se añaden y, con ello, se altera la representación original que se tenía formada sobre la percepción del hecho. Estos añadidos que pueden suceder al abordar el hecho percibido originalmente, con testimonios posteriores y dilatados en el tiempo respecto al momento en que tuvieron lugar, pueden formar representaciones o imágenes regeneradas fundamentadas en la representación alterada de la memoria (Loftus, 1975).

Cuando los testigos reciben una información sobre los hechos creyendo que proviene de fuentes fiables porque creen que han estado presente en los mismos y no es así, el efecto que produce la información no veraz es elevado y, en consecuencia, perjudicial en el relato de los hechos. La credibilidad sobre la procedencia de la información disminuye mucho e incluso no existe cuando la información no veraz proviene de alguna persona que mantiene interés en los hechos o cuando esta persona que está aportando la información ha tenido un acceso a la misma en menor medida que el propio testigo.

Igualmente, cuando se tiene advertencia de que la información a recibir puede no ser veraz, se suele rechazar fácilmente tal información para evitar la vulnerabilidad que supondría el conocimiento de que pudiera ser engañosa y darle valor de credibilidad (Greene et al., 1982). Por ello, los recuerdos pueden distorsionarse cuando se expone la información de un acontecimiento que ya ha pasado. Advertir de ello puede hacer que, ante estas influencias sugestivas, la persona se vuelva algo más resistente.

También la reiteración de la información conlleva que se pueda aceptar, incluso siendo no veraz, como si lo fuese. La probabilidad de que pueda incorporarse información posterior a lo existente en memoria del suceso original es alta, cuando proviene de diferentes fuentes o, también, de la misma fuente, pero reiterada. Viendo todo lo expuesto, resulta patente que los relatos, tanto veraces como engañosos, se van modificando con el paso del tiempo, debido fundamentalmente a que la memoria va olvidando detalles, generando con esto falta de exactitud entre testimonios que se han dado con diferencias de intervalos de tiempo en relación con el hecho que se describe (Manzanero, 2004). Entonces, lo fijado en la memoria de la persona no siempre corresponde a la realidad, siendo solo lo que se percibe.

Las fijaciones que se plasman en la memoria no representan la realidad exacta de lo percibido. Esta memoria presenta tanto modificaciones como carencias que hay que salvar en lo posible con el objetivo de obtener testimonios solventes que ayuden al esclarecimiento de hechos. Conlleva una complicación elevada el poder diferenciar un relato no veraz de uno que sí lo es, debiendo tener en cuenta los factores indicados que someten a cambios los recuerdos que mantiene el testigo. Hay que tener presente que el proceso memorístico contiene elementos, como puede ser la tipología de preguntas que se formulen al testigo, sesgos de quien formula preguntas, inducción sugerida y autosugestión por conocimientos anteriores sobre los hechos, que contribuyen a la reconstrucción y modifican los recuerdos, pudiendo ser más cercanos o no a la realidad. Esto es importante, pues puede ayudar a que se incluyan férreas modificaciones en la memoria de la persona que dificultan en alto grado la reconstrucción de los hechos originales y, dependiendo de si el hecho por el que se presta testimonio ha tenido vinculación directa personal para el testigo, puede producir una afectación negativa de índole psicológica.

2.2. Distorsión en la memoria

Los recuerdos que se generan a partir de la percepción de un hecho, adquieren una estructura que se va actualizando con detalles de ese mismo suceso. Esta estructura mantiene rasgos y detalles que destacan unos sobre otros y que también pueden quedar ocultos o, incluso, desfigurados. Ante esto, que ya no aparece o puede hacerlo de manera muy tenue, cuando se manifiesta una descripción, se complementan con datos que realmente no se encuentran en la memoria, sino que se obtienen a través de información proveniente de experiencias o conocimientos que ya se habían adquirido y anteriores al hecho que se describe, e incluso con información que ha sido recopilada después del suceso. Estos argumentos que se implementan pueden o no ser acertados, pudiendo provocar, por ende, abundancia de información sobre el hecho descrito o alterar su realidad, respectivamente, hablando en esta segunda opción de las falsas memorias.

Estas falsas memorias pueden partir de varios orígenes tales como la información que se añade una vez ocurrido el hecho, la reconstrucción del mismo (como ya se ha anotado en el punto anterior), la imaginación, recuperación múltiple de información y el tipo de toma del testimonio. Se pueden distinguir tres tipos de falsas memorias (Davies & Loftus, 2007), como son las memorias selectivas o incapacidad selectiva para recordar; memorias falsas basadas en sucesos que la persona testigo no ha vivenciado verdaderamente; y alteraciones de memoria de hechos vividos por la persona. Y como se venía comentando en el párrafo anterior de este punto, se hace alusión como origen de estos tipos de falsas memorias a los procesos argumentales (inferencias) y esquemáticos que se implementan, pero también a la información que pudiera ser tendenciosa, parcial o sesgada, es decir, fuentes de desinformación específicas.

Lo cierto es que se experimenta mucha dificultad para que una persona que va a prestar un testimonio no se vea contaminada por diferentes fuentes de información o simplemente por las propias preguntas que se le vayan a formular en el momento de la descripción de los hechos. En este sentido se puede hacer alusión a los dos experimentos que se llevaron a cabo con una muestra de 195 estudiantes, siendo su autoría Loftus y Palmer (1974). Los componentes de tal muestra vieron películas de accidentes automovilísticos y luego respondieron a preguntas sobre los sucesos que ocurrieron en las películas. En la pregunta "¿a qué velocidad iban los vehículos cuando se aplastaron entre sí?", generaron estimaciones de velocidad más altas que las preguntas que usaban los verbos colisionar, chocar, contactar o golpear en lugar de aplastar. En una nueva prueba realizada una semana después, los estudiantes que recibieron el verbo aplastar tenían más probabilidades de responder "sí" a la pregunta "¿viste cristales rotos?", aunque no había cristales rotos en la película. Los resultados fueron coherentes con la opinión de que las preguntas formuladas tras un acontecimiento, pueden provocar una reconstrucción en la memoria de dicho acontecimiento.

Las distorsiones o alteraciones que se mencionan obedecen a distintos planteamientos (Wagenaar & Boer, 1987). Uno de ellos es que la información posterior al hecho produce una reconstrucción memorística de la persona testigo. La información que se obtiene una vez que se ha producido el hecho, puede influir en el testimonio ante las preguntas que se planteen. Evidentemente, esto es una cuestión muy perjudicial en tanto esta información aportada puede no ser veraz. Así, se reconstruirá la memoria original obteniendo un resultado con información de origen en la que se incluye más de la obtenida con posterioridad.

Otro de los planteamientos abordados es que la influencia de información no veraz o capaz de alterar lo que se mantenía en la memoria solo tiene efecto cuando la persona no mantenga una marca o huella original memorística. Esto ocasionará, como consecuencia, que la persona en calidad de testigo puede errar al recordar el hecho original y lo describirá dejándose guiar por las preguntas que le vayan sugiriendo. Como último planteamiento a la hora de abordar estas distorsiones, se hace alusión a la coexistencia entre la memoria original y la información aportada con posterioridad. Aquí se plantea que no tiene que haber alteraciones de la memoria que permanecía de inicio, por lo que se abordarían descripciones diferentes sobre el hecho, es decir, la que existía en memoria original y la que se genera por la información incorporada. Esto va a terminar provocando una inhibición del recuerdo original frente al que se aporta con posterioridad, ya que la persona tendría dificultades para recuperarlo.

Teniendo en cuenta estas argumentaciones o hipótesis planteadas, no se descartan otras que incluso hablan de fases de creación de falsas memorias por información adquirida después del suceso. Pero pese a esto, lo que pone en común los planteamientos existentes es que la facilitación de información no veraz tiene influencia sobre cómo la persona describe el hecho que ha podido presenciar. Esta alteración de huellas de memoria también se origina por sugerencias propias, ya que la persona posee conocimientos previos que inspiran información consistente (Pérez-Mata & Diges, 2007). Por tanto, no se habla ya de una información proveniente solo del exterior. Diferenciar la información interna de la externa cuando aún no forma parte del marcador memorístico, es posible para la persona que describe el hecho, pero se complica esa distinción cuando estos marcadores de memoria integran a ambos (Manzanero, 2006).

3. CREDIBILIDAD DEL TESTIGO

3.1. Variables personales

La codificación en memoria y su interpretación no se produce igual en todas las personas, existiendo variables individuales en ello. Ante un mismo hecho presenciado, las personas van a efectuar descripciones que mantienen diferencias. De estas variables se pueden mencionar varias como es la edad, el sexo, experiencias adquiridas que generan expectativas, entrenamiento como testigo, aspecto, personalidad y factores cognitivos.

La edad es una variable que mantiene una influencia notable en la capacidad para que el testigo pueda describir los hechos. Se diferencian aquí los niños y los ancianos, teniendo en cuenta que en estos últimos se debe tener presente su tramo de edad concreta, ya que suele haber diferencias según sociedad y cultura. No es posible la generalización de todas las personas en relación a la edad, pues las habilidades varían, focalizando fundamentalmente en la capacidad o, incluso, deterioro cognitivo. Es cierto que la edad, excluyendo las patologías que pudieran darse, mantiene en gran parte de los casos una afectación sobre la capacidad perceptiva y eso redunda en la competencia para describir un suceso o también identificar a una persona concreta. Aun así, los testigos que poseen más edad mantienen dificultades para el recuerdo de detalles.

De hecho, autores como Lamont et al. (2005), llevaron a efecto pruebas para comprobar el reconocimiento facial de personas con diferentes edades, dividiéndolas concretamente en tres grupos (18-39 años, 60-75 años y 76-96 años). Los análisis de detección de señales confirmaron que la precisión del reconocimiento facial disminuyó con la edad. Sin embargo, este hallazgo fue calificado por una interacción entre la edad del participante y la edad objetiva, que reveló que el deterioro relacionado con la edad en la precisión del reconocimiento facial ocurrió solo para rostros objetivos jóvenes. El aumento de la carga de memoria se asoció con disminuciones de rendimiento comparables en todos los grupos de edad. Sin embargo, la carga de memoria no parece ser la causa de estas disminuciones, sino un producto de la carga de reconocimiento (la cantidad de estímulos presentados en la fase de reconocimiento).

Los niños no suelen ser considerados óptimos para lo que a materia de descripciones de hechos se refiere por cuestiones memorísticas, el potencial de imaginación que pueden mantener, la dificultad para discriminar realidad de ficción y porque pueden ser sugestionados con suma facilidad. Es evidente que la madurez no es la misma en todos y esto es un factor a tener en cuenta en los niños, a la vez que una edad menor presenta aún mayores dificultades.

A la hora de diferenciar el sexo en el testigo, a priori no habría diferencias por cuanto se considera la universalidad de los procesos cognitivos. No existen resultados concluyentes en estudios que determinen diferencias entre sexos, aunque alguno de ellos como el de Nagle y colaboradores (2014), reconocían a las mujeres como más sonrientes que los hombres, aunque se ha prestado poca atención a esta diferencia en los tribunales. No se ha investigado el efecto posterior del sexo y la sonrisa en la credibilidad de los testigos en profundidad. Este estudio, concretamente, utilizó la observación natural para examinar los comportamientos sonrientes y la credibilidad de los testigos reales que testificaron en un tribunal mediante la Escala de credibilidad de testigos. Se evaluó la simpatía percibida, la confiabilidad, la confianza, el conocimiento y la credibilidad general de los testigos. Se determinó que el sexo afectaba a las calificaciones de confiabilidad percibida, en las que los testigos masculinos eran vistos como más confiables que los testigos femeninos. Se determinó también que la presencia de sonrisas contribuía a la percepción de simpatía de un testigo y que las mujeres que intervenían como testigos, al parecer sonrientes resultaban más agradables que los hombres sonrientes y que las mujeres que no sonreían.

Las experiencias como variable de credibilidad también es importante, tanto antes como después de haber percibido el hecho. Esto puede llevar a crear expectativas sobre las cosas que acontecen y puede influir perfectamente en esperar algo de lo que se está observando e incluso llevar a la creencia de que tal cosa acontezca, aunque no sea así. Pensamientos arraigados por alguna experiencia vivida y que se puede hacer extensiva a otros casos que pueden asociarse por similitud social, por ejemplo, los pensamientos estereotipados que atribuyen características determinadas a categorías sociales y que pueden aflorar cuando no se han podido comprobar ciertos datos. Todo este tipo de pensamientos dictados son a lo que el testigo puede recurrir en los momentos de descripción del hecho en el que no pudo haber una observación clara, pues existieron interferencias o esta fue deficiente.

De todos modos, existen variables que se pueden llegar a desarrollar para la consecución de mejorar la función testifical, como es la preparación o el ejercicio de la atención hacia ciertos elementos en una escena del suceso. Probablemente la mejora no sea del todo notable, pero indudablemente se focalizará hacia el adiestramiento que se ha podido seguir. A esto se pueden unir estrategias memorísticas que logren mejorar, en mucho, el recuerdo de detalles, lo que irá íntimamente unida hacia la preparación de la percepción hacia el hecho. Si este ejercicio último va unido al conocimiento de alguna escena en concreto, evidentemente se estará acudiendo hacia lo que se conoce como familiaridad. Sin embargo, cuando esto se encuentra inclinado hacia la interpretación, se estará haciendo alusión a las expectativas.

En un grado sustancial de similitud, se encuentra el aspecto relativo al sexo que se indicaba con anterioridad. Las personas, normalmente, mantienen la atracción o también la preferencia hacia las facciones de rostros que son llamativos, agradables o incluso sugerentes. En cambio, en relación a generar fiabilidad, son los rostros insustanciales, los no llamativos, los que más lo consiguen (Sofer et al., 2015). Esto da a entender que el papel de la tipicidad de los rostros en el reconocimiento facial está bien establecido, pero no está claro si la tipicidad de los rostros es importante para la evaluación de los mismos. Estudios anteriores al realizado por Sofer y colaboradores (2015), se han centrado principalmente en la influencia de la tipicidad en el atractivo, aunque estudios más actuales han puesto en duda su importancia para los juicios de atractivo. Estos autores argumentaron que la tipicidad de los rostros es un factor importante para la percepción social porque afecta a los juicios de confiabilidad, que se aproximan a la evaluación básica de los rostros. Este fenómeno ha sido pasado por alto debido a que las evaluaciones de confiabilidad y atractivo presentan una alta cantidad de variabilidad común en la mayoría de los conjuntos de rostros analizados. Igualmente, afirman que para un continuo de rostros que varían en una dimensión de tipicidad-atractivo, los juicios de confiabilidad alcanzan su punto máximo alrededor del rostro típico. Por el contrario, el atractivo percibido aumenta monótonamente más allá del rostro típico, a medida que los rostros se vuelven más parecidos al rostro más atractivo. Estos hallazgos sugieren que la tipicidad de los rostros es un determinante importante de la evaluación de los rostros.

Entrando en un debate de total actualidad con la creación de rostros a través de la inteligencia artificial, estudios como el de Nightingale y Farid (2022), muestran como además de imágenes, los textos, audios y vídeos sintetizados por esta inteligencia artificial, se están utilizando como arma para generar imágenes íntimas no consensuadas, fraudes financieros y campañas de desinformación. La evaluación llevada a efecto por tales autores en base al fotorrealismo de los rostros sintetizados por inteligencia artificial, indica que los motores de síntesis han superado el punto de inquietud y son capaces de crear rostros que son indistinguibles (y más confiables) que los rostros reales.

Y es que la percepción de los rostros es crucial para las interacciones sociales, pero las personas varían en la facilidad con la que pueden reconocer a sus amistades, verificar un documento de identidad o notar la sonrisa de alguien. Según se está exponiendo y se puede evidenciar, existen diferencias generalizadas en la capacidad de las personas para reconocer rostros. Revisiones como la realizada por White y Burton (2022), se enfocan en el rendimiento de reconocimiento excepcionalmente bueno o malo. Este objetivo de revisión sobre las diferencias individuales en el procesamiento de rostros en varias tareas como la identificación, las estimaciones del estado emocional y los atributos sociales, mantiene un potencial a tener en cuenta para el progreso teórico en la comprensión de la organización perceptiva y cognitiva del procesamiento de rostros.

Además de esto, tienen presente y se examinan los predictores estructurales y anatómicos subyacentes de la capacidad de percepción de rostros e incluso hacen patente los problemas de medición que plantean desafíos para el estudio efectivo de las diferencias individuales. En esto, observan que la investigación sobre las diferencias individuales, rara vez aborda la percepción de rostros familiares. A pesar de la experiencia cotidiana de las personas de ser "buenos" o "malos" con los rostros, es complejo llegar a establecer una teoría sobre cómo las personas reconocen a sus amistades.

Atendiendo a la cuestión de si la confianza de los testigos oculares es predictiva del desempeño, hay que decir que la relación entre confianza y exactitud tiende a ser débil cuando las condiciones son homogéneas y a ser más fuerte cuando el desempeño y la confianza varían más ampliamente. La consecuencia de esto es que es difícil establecer una única estimación de tal relación en la memoria del testigo ocular. Sería necesario saber mucho más sobre las condiciones en las que se aplican las relaciones entre confianza y exactitud en el mundo real, de lo contrario, poco se podría determinar en este sentido.

Teniendo en cuenta la asociación entre confianza y desempeño en la memoria del testigo ocular y el conocimiento general, se puede considerar como patrón estable. Las relaciones confianza y exactitud intrasujeto, son sólidas e iguales en ambos dominios del conocimiento. Las relaciones confianza y exactitud entre personas llegan a ser más elevadas para el conocimiento general que para la memoria de testigos oculares, incluso cuando se controla la variabilidad. Si bien el desempeño en ambos dominios no está relacionado, la confianza media sí lo está.

Esto no es el resultado de un factor de personalidad que sustenta la confianza en ambos dominios, sino que puede estar relacionado con creencias erróneas sobre la capacidad de la memoria. Por lo tanto, si bien no se puede establecer una cifra absoluta sobre la relación entre la confianza y la precisión en la memoria de testigos oculares, se sugiere que la confianza y la exactitud siempre tienen menos probabilidades de estar asociadas en la memoria de testigos oculares que en el caso del conocimiento general (Perfect, 2002).

Por último, en torno a estas variables personales en relación a la credibilidad del testigo, es importante señalar la escala de credibilidad de testigos (Brodsky et al., 2010), que se desarrolló para evaluar las características que los jurados consideraban al evaluar la credibilidad de los testigos expertos. Tras su oportuno análisis factorial, se estableció una estructura compuesta de cuatro factores denominados "conocimiento", "simpatía", "confiabilidad" y "confianza". La versión final de esta escala de credibilidad utilizó 20 adjetivos con cuatro subescalas de cinco ítems. Cada subescala reflejó altas cargas en los respectivos factores. Tras poner a prueba en estudios posteriores, ha logrado diferenciar con éxito entre grupos de expertos grabados en vídeo que testificaban en condiciones manipuladas. Como factor cognitivo esto son datos de suma relevancia debido a que la codificación de hechos en la memoria del testigo es el conocimiento de este.

3.2. Análisis del contenido del testimonio

La valoración de la credibilidad en cualquiera de las declaraciones que aporte el testigo se establece a través de la pericial psicológica como herramienta de valor fundamental. Esta valoración de la declaración consiste en establecer si tiene sustento de veracidad o no la posee, de ahí su importancia. Se evalúa la credibilidad de los testimonios a través de un proceso que consiste en determinar hasta qué punto las declaraciones de los evaluados se ajustan a las características típicas de relatos basados en experiencias reales. Para ello, se aplican criterios predefinidos (González y Manzanero, 2018). Esta evaluación se fundamenta en deducciones que toman en cuenta varios aspectos, como las circunstancias y las características propias del testigo y del suceso, así como sus conocimientos y creencias. Además de la mentira deliberada, la credibilidad también abarca la falta de exactitud debida a errores de interpretación y memoria.

En el contexto de la prueba pericial psicológica, es fundamental aplicar los conocimientos científicos disponibles para evaluar la fiabilidad de las manifestaciones. Sin embargo, es importante destacar que estas pericias no determinan si las declaraciones del testigo son verdaderas o no, ya que esa es una competencia exclusiva de a quien le competa juzgar el hecho en cuestión. En cambio, la persona profesional de la Psicología del testimonio debe analizar la presencia de indicios que sugieran fabulación, inducción, invención o manipulación. La creencia común es que el cerebro registra percepciones de hechos de manera similar a un vídeo (Buckhout, 1974). Sin embargo, la realidad es más compleja. La memoria no funciona como una grabadora, sino que interpreta y reconstruye los eventos. Los recuerdos suelen ser esquemas actualizados con detalles específicos, como caricaturas de la realidad. Al recordar, implícitamente se pide una historia coherente y que sea completa. Por ello, se debe transformar la caricatura en una fotografía, rellenando los detalles que faltan. Estas lagunas se llenan mediante inferencias basadas en conocimientos previos y en información externa. A veces, estas inferencias son correctas, pero otras veces distorsionan la realidad. Lo que está claro es que la memoria humana constituye un sistema dinámico en constante cambio (Manzanero, 2010).

El análisis de la credibilidad de una declaración requiere considerar múltiples hipótesis. Siguiendo principios de investigación científica, se combinan los enfoques hipotético-deductivos y de falsación, evitando depender exclusivamente del método de confirmación de una única hipótesis, que podría sesgar las conclusiones sobre la realidad de los hechos. El proceso comienza con un análisis exhaustivo del expediente, a partir del cual se generan hipótesis específicas para el caso en cuestión. Se plantean diversas hipótesis, considerando las particularidades del caso.

Una hipótesis es una proposición que se somete a evaluación experimental o empírica con el objetivo de explicar un fenómeno observado. Para contrastar una hipótesis, es necesario formular predicciones. Así, por ejemplo: “si una declaración procede de la imaginación, evolucionará con el tiempo, aumentando la gravedad de los hechos y enriqueciendo los detalles”, o bien: “si una declaración es verdadera, evolucionará perdiendo detalle con el tiempo, manteniendo la información central, pero alterando los detalles periféricos”. Es fundamental no restringir prematuramente el análisis a una única suposición sobre la fuente de la declaración, pues siempre debemos considerar explicaciones alternativas para comprender la conducta o el testimonio (Scott y Manzanero, 2015). El desafío radica en definir los datos que respaldarían o refutarían las predicciones y, por ende, las hipótesis, así como el método para observar o medir dichos datos.

Al contrastar hipótesis, surge la cuestión del motivo por el que las declaraciones pueden ser incorrectas. Existen diversas causas posibles para declaraciones inexactas, según Köhnken (2004) y Kohnken et al. (2015):

- Declaración incorrecta involuntaria: puede deberse a factores como percepción incompleta o entrevistas inadecuadas. Las influencias sugestivas también pueden afectar a la precisión así como las capacidades cognitivas limitadas, bien en niños pequeños como en testigos con discapacidad intelectual.
- Declaración intencionalmente incorrecta (lo que se puede conocer como la mentira): el testigo puede afirmar algo falso con el objetivo de perjudicar a otra persona. También puede mentir para evitar una situación difícil u obtener algún beneficio.

Es necesario generar hipótesis sobre las posibles fuentes de la declaración. Estas hipótesis deben ser exhaustivas, considerando y evaluando todas las opciones relevantes que puedan explicar un testimonio. Para lograrlo, se sugiere recopilar sistemáticamente información relacionada con las fuentes de las que se obtienen los antecedentes para cada hipótesis planteada. Es importante que los procedimientos de detección o recopilación de datos no asuman la veracidad o falsedad de las hipótesis, para evitar estrategias de confirmación o refutación automática. Además, las hipótesis y los datos utilizados para confirmarlas deben estar estrechamente vinculados, evitando explicaciones múltiples o causas ambiguas. Es necesario que la persona encargada de la evaluación mantenga una actitud neutral y esté abierta a considerar tanto la posibilidad de que los hechos hayan ocurrido como la de que no. De lo contrario, podría caer en el sesgo confirmatorio, consistente en valorar positivamente aquellos elementos que respaldan una hipótesis, mientras se pasan por alto las declaraciones o circunstancias que la contradicen (Tversky y Kahneman, 1974). Por lo tanto, al analizar una declaración, es necesario plantear hipótesis rigurosas que permitan explorar todas las posibles fuentes u orígenes de la misma.

4. PRINCIPIOS FUNDAMENTALES DE LA MEMORIA COMO EXPLICACIÓN SUBYACENTE DEL TESTIMONIO

4.1. Principios teóricos que explican el funcionamiento de la memoria

La memoria representa un proceso cognitivo que involucra la codificación, el almacenamiento y la recuperación de información. De ahí que el cerebro y las conexiones sinápticas entre las neuronas son fundamentales para esta capacidad. Hermann Ebbinghaus (1913) fue pionero en lo que al estudio de la memoria en humanos se refiere, bajo control de laboratorio, describiendo la curva del aprendizaje y fenómenos como el efecto de primacía y recencia. Sin embargo, se le criticó por su enfoque estricto en condiciones experimentales, que dificultaba la extrapolación a la vida cotidiana. Bartlett (1932), en cambio, consideró la memoria como un mecanismo de reconstrucción continua, activo y adaptable a las condiciones reales en las que interactúan las personas.

Los dos autores proporcionaron datos relevantes para comprender este proceso cognitivo. Uno de los aspectos destacados es que la memoria no es un proceso pasivo. Aunque tiene la capacidad de almacenar y recuperar datos, la información recuperada experimenta cambios que evidencian aspectos reconstructivos inherentes a la memoria. Cada vez que se evoca un episodio, este se modifica activamente, lo que se refleja en las características de los recuerdos. Por ejemplo, se puede recordar un hecho desde la perspectiva del participante o desde la perspectiva del observador. La elección de una u otra perspectiva va a depender de factores como la carga emocional y el tiempo transcurrido desde el evento. Así, se tiene la capacidad de evocar un episodio en primera persona o desde una perspectiva más objetiva, lo que sugiere cierto grado de reconstrucción en la evocación del recuerdo.

Indudablemente, la memoria no es un proceso simple y debe considerarse en estrecha relación con otros procesos psicológicos como la atención, la percepción y la emoción. Además, es importante reconocer que las distorsiones y errores que ocurren durante la codificación y recuperación no siempre se deben a un "defecto del sistema". Por el contrario, se ha planteado que, aunque en ocasiones la reconstrucción de la memoria puede dar lugar a errores o distorsiones en los recuerdos, también refleja operaciones cognitivas que contribuyen a una mejor adaptación al entorno. En particular, se sugiere que uno de los objetivos de la reconstrucción de recuerdos es imaginar o simular posibles escenarios futuros, y las diferencias entre memorias falsas y verdaderas podrían identificarse mediante técnicas de neuroimagen (Schacter, 2012; Schacter et al., 2011).

Estos aspectos nos llevan más allá de la perspectiva simplista del error. La memoria, como proceso de reconstrucción, tiene implicaciones significativas en la psicología del testimonio. Aunque la reconstrucción en sí misma es un mecanismo adaptativo que sincroniza el pasado con el presente, también puede modificar sustancialmente la información original con el tiempo, incluso incluyendo elementos ausentes en el episodio original (falsos recuerdos), sin que la persona sea consciente de ello o mienta deliberadamente. El carácter reconstructivo de la memoria no es casual, sino que desempeña un papel adaptativo crucial, como sugiere el trabajo de Schacter y Addis (2007). Estos autores propusieron la hipótesis de la simulación constructiva episódica, que sostiene que los eventos pasados y futuros se basan en información y procesos similares. En resumen, la simulación de eventos futuros requiere un sistema capaz de combinar, de manera flexible, los diversos detalles que conforman un episodio a partir de experiencias previas. Aunque este proceso es altamente adaptativo, también conlleva el riesgo de errores y distorsiones al combinar elementos de la imaginación y la memoria (Schacter, 2012).

4.2. El olvido

En general, la capacidad para recordar los sucesos, planes o rostros, entre otras informaciones, es asombrosa. A lo largo de la vida, se acumulan una cantidad inmensa de datos. Sin embargo, no es posible recordar absolutamente todo, y a veces se olvidan detalles fundamentales. Además, gran parte de lo que se recuerda puede ser inexacto. Po eso, es importante distinguir entre olvido y distorsión.

Ya hemos aludido a que la memoria humana constituye un sistema dinámico en constante transformación. De hecho, cualquier parecido entre algunos de los recuerdos y la realidad es casualidad. Cuando se trata de testimonios o declaraciones, existen dos fuentes principales de falsedades: las falsas memorias o los recuerdos erróneos, que son producto tanto del olvido como de la distorsión de la memoria; y la mentira deliberada al omitir o distorsionar los hechos.

El paso del tiempo puede afectar negativamente nuestra capacidad de retención. Hermann Ebbinghaus (1885) fue uno de los primeros psicólogos en estudiar sistemáticamente la pérdida de información en la memoria debido al transcurso del tiempo, definiendo así la "curva del olvido". Sus hallazgos revelaron que incluso en intervalos muy cortos, se producía olvido, y que la pérdida de información aumentaba con el tiempo, siendo más pronunciada al principio y más gradual después, siguiendo una función logarítmica. Diversas teorías explican este deterioro de la memoria. La primera sugiere que las huellas o marcadores de memoria se erosionan con el tiempo, lo que afecta cada vez más la naturaleza de los recuerdos. Esta teoría se conoce como la "teoría del decaimiento de la huella". Pero existe otra posible explicación, como es la "teoría de la interferencia", que postula que los recuerdos se superponen entre sí. Por último, la "teoría de la fragmentación" sugiere que los recuerdos se descomponen y pierden distintos componentes en lugar de sufrir un deterioro global.

En relación a la interferencia en la memoria y sus efectos, fueron McGeoch y McDonald (1931) los que la investigaron al variar la semejanza entre el material a recordar y la actividad de interferencia. Observaron que a medida que aumentaba la semejanza, disminuía la cantidad de ítems retenidos. Los efectos de la interferencia se clasificaron en dos tipos básicos: retroactiva y proactiva. La interferencia retroactiva se refiere a las interferencias causadas por nuevas entradas de información que afectan a los recuerdos previos. Por otro lado, la interferencia proactiva ocurre cuando los conocimientos previos interfieren con la adquisición de nuevos recuerdos.

Por otro lado, Tulving (Tulving y Osler, 1968; Tulving y Pearlstone, 1966; Tulving y Thomson, 1973), presentó una alternativa frente a las teorías tradicionales sobre el olvido. Argumentó que el olvido no se debe tanto a la sobreescritura o destrucción de las huellas de memoria iniciales, sino más bien a la falta de claves de recuperación propicias. Según esta perspectiva, el problema no radica en la pérdida de información, sino en la accesibilidad a las huellas de memoria correctas. Por su parte, Tulving y Pearlstone (1966) propusieron el principio de codificación específica, que sostiene que las operaciones específicas de codificación que se realizan durante la percepción determinan aquello que se almacena, y lo almacenado a su vez influye en qué indicios de recuperación son efectivos para acceder a la información almacenada.

El olvido y la distorsión, por tanto, son procesos normales en la memoria. Sin embargo, a veces se confunden con problemas patológicos, como las amnesias. Esto ocurre especialmente en personas mayores, que a menudo atribuyen fallos de memoria a una posible demencia incipiente, aunque no siempre sea el caso. La neuropsicología diferencia entre olvidos benignos y amnesias, donde los olvidos benignos suelen estar relacionados con problemas perceptivos y de atención, más que con problemas de memoria. Es importante considerar que la memoria registra información significativa, y la distintividad de la información influye en los procesos de recuperación.

4.3. El impacto de las emociones en la memoria

La influencia de las emociones en los procesos cognitivos es un tema ampliamente estudiado en psicología. Se ha observado que la información con contenido emocional, ya sea positivo o negativo, tiende a ser mejor recordada que la información neutra (Reisberg y Heuer, 2004). Además, existe un consenso entre los investigadores de que el material congruente con el estado afectivo de los sujetos experimentales se recuerda de manera más efectiva (Bower, 1981; Blaney, 1986). Sin embargo, persisten dudas sobre la existencia misma de este efecto debido a resultados contradictorios y a variaciones en el tipo de emoción inducida y el procedimiento utilizado para generarla.

La relación entre emoción y memoria es innegable. En términos generales, las emociones son respuestas adaptativas relacionadas con estructuras filogenéticamente antiguas, como el sistema límbico, que incluye la amígdala y el hipocampo. Estas regiones, centrales en los procesos emocionales y de memoria, están anatómicamente cercanas y forman parte de un sistema altamente adaptativo y primitivo. Evolutivamente, tiene sentido considerar que los estímulos relevantes para la supervivencia son aquellos relacionados con la amenaza. Por lo tanto, la detección rápida y la reacción ante señales de peligro serían ventajas adaptativas, como la identificación temprana de una expresión de ira que podría advertir de un ataque inminente (Fox et al., 2000).

En la sociedad actual, nos enfrentamos a peligros que requieren una respuesta modulada por estructuras cerebrales superiores, como la corteza prefrontal. Cuando una persona se encuentra en situaciones delictivas o peligrosas, su sistema atencional se sesga hacia estímulos amenazantes con una intensidad emocional negativa. Esta focalización visual ayuda a escapar del peligro al dirigirse en sentido opuesto. Sin embargo, una vez que el peligro ha pasado, se recuerda y describe detalladamente lo que captó su atención, pero se suelen olvidar los elementos circundantes que también son relevantes desde una perspectiva judicial. Este ejemplo ilustra cómo un sesgo puede volverse poco útil cuando cambia el contexto.

La memoria de los testigos de eventos emocionales ha dado lugar a contradicciones y discrepancias. Estas diferencias parecen originarse en el tipo de estímulos evaluados: la información central de los eventos emocionales se recuerda mejor que la periférica (Christianson y Loftus, 1987, 1991). Esto podría explicarse, al menos en parte, por el efecto de focalización en el objeto o situación que genera peligro para la persona. La relación entre emoción y memoria tiene implicaciones importantes en el ámbito judicial, ya que puede generar sesgos en la codificación, así como en la recuperación de la información por parte del testigo. En términos generales, existe un alto consenso en que los eventos emocionales, sean positivos o negativos, se recordarán mejor que los que se consideran neutros. Sin embargo, la literatura científica presenta incongruencias en cuanto a los niveles específicos de valencia y activación que facilitan el recuerdo, probablemente debido a las diferencias en los componentes de las tareas utilizadas, como el tipo de estímulos, la codificación, el tiempo de retención y el método de recuperación (Gordillo et al., 2010).

La teoría evolucionista ofrece una explicación de por qué los estímulos emocionales se recuerdan mejor que los no emocionales. Según esta perspectiva, los estímulos que son cruciales para la supervivencia de los individuos suelen tener un contenido emocional significativo (Öhman et al., 2001). Los estímulos con mayor relevancia evolutiva, como aquellos que implican amenazas o peligros, tienden a ser procesados con mayor prioridad (Gordillo et al., 2010). En este contexto, el fenómeno conocido como "focalización en el arma" ilustra cómo los recursos atencionales se concentran en estos estímulos. Detectar rápidamente estímulos potencialmente peligrosos proporciona una ventaja evolutiva, ya que mejora la rapidez y eficacia en su identificación (Fox et al., 2000). Esto, a su vez, facilita el proceso de codificación y fortalece la memoria resultante.

4.4. Autenticación de personas

La atribución de delitos a una persona específica es una de las diligencias más importantes y frecuentes en el sistema judicial. No obstante, esta prueba crucial puede, en ocasiones, resultar en identificaciones erróneas. Legalmente, la identificación se define como el acto de señalar ante la autoridad judicial a una persona concreta como responsable de un delito. Es evidente que los testigos pueden cometer errores en las identificaciones y por tanto, autenticar una autoría, pues son diversos los factores que pueden contribuir a estos fallos. En una tarea de reconocimiento estos son los posibles resultados:

- Identificación correcta: cuando el autor se encuentra presente en la rueda de reconocimiento y el testigo lo identifica.

- Rechazo adecuado: el autor no se encuentra presente y el testigo no identifica a nadie.
- Error: el autor está presente, aunque el testigo no lo reconoce o identifica a una persona inocente.
- Falso positivo: el autor no está presente, pero el testigo identifica a alguien como el autor del delito.

La situación se complica cuando se trata de identificar a posibles sospechosos mediante fotografías. Solo se puede estar seguro de la respuesta del testigo si existen otras pruebas que respalden su testimonio. Mejorar la precisión o reducir los errores depende principalmente de factores sociales, éticos, legales y morales. Wells (1978) distingue dos tipos de factores que influyen en las identificaciones: aquellos que pueden afectar la memoria del testigo durante la percepción inicial del evento y el período de retención posterior, los cuales solo se pude suponer que han influido en su memoria pero son imposibles de controlar; y aquellos que afectan a la fase de recuperación de la memoria y que pueden ser controlados por los sistemas policial y judicial.

Mejorar la comprensión de los procedimientos de identificación en situaciones reales permitiría optimizarlos y, por ende, reducir los errores. Por eso, algunas investigaciones específicas sobre la identificación de rostros, indican que el transcurso del tiempo es uno de los factores más perjudiciales. Generalmente, una persona vista una sola vez durante un breve período (de 20 a 40 segundos) tiende a ser olvidada en menos de un año. Los autores Shapiro y Penrod (1986) demostraron en un metaanálisis que el paso del tiempo afecta tanto a las identificaciones correctas como a las incorrectas. Además, es común que se pida a los testigos participar en varias ruedas de identificación en vivo o mediante fotografías. El principal problema con las identificaciones repetidas es que, al presentar al testigo a un sospechoso cuya imagen ya ha visto antes o que ha sido parte de otra rueda de identificación, se incrementa la sensación de familiaridad, lo que complica el juicio del testigo. Los procedimientos de identificación mal estructurados y repetitivos, junto con instrucciones tendenciosas a los testigos sobre su tarea, sin advertirles que los verdaderos culpables podrían no estar presentes, y dirigidos por una autoridad influyente, pueden aumentar la probabilidad de distorsionar la memoria de los testigos, resultando en descripciones incorrectas e identificaciones erróneas.

Uno de los errores más graves en los procedimientos de reconocimiento es el uso de fotografías seguido de la participación de esos mismos testigos en una rueda de reconocimiento donde aparece la misma persona vista anteriormente en la fotografía. En cuanto a la identificación fotográfica, uno de los métodos consiste en mostrar las imágenes al testigo. En este punto, las investigaciones sobre la memoria de los testigos sugieren que este procedimiento podría sesgar todo el proceso de identificación posterior, ya que en la rueda en vivo el testigo podría identificar a la persona de la fotografía en lugar del verdadero autor del delito (Dysart et al., 2001; Memon et al., 2002). Por lo tanto, es crucial evaluar con mucho cuidado las identificaciones realizadas después de una exposición fotográfica. Esto cuestiona la validez del testimonio en situaciones donde al presentar fotografías puede influir en la identificación en rueda. Además, las descripciones previas, los retratos robot y la forma en que se obtienen son otras oportunidades para alterar el recuerdo que los testigos tienen de la apariencia del agresor. A continuación, se analizará el impacto de estos factores con mayor detalle.

Dado que las descripciones verbales suelen carecer de la calidad y cantidad de información necesarias para determinar de manera confiable si la persona sospechosa es la verdadera culpable, es esencial realizar una rueda de reconocimiento para que el testigo pueda reducir la incertidumbre acerca de la identidad. De este modo, si la descripción fuera lo suficientemente detallada como para eliminar casi por completo la incertidumbre (como en los casos en que el testigo ya conoce al autor del delito), la rueda de reconocimiento no sería necesaria, dado que no se esperaría una mayor reducción de la incertidumbre.

Según Meissner y colaboradores (2007), hay diversas variables que afectan la precisión de las descripciones de testigos. Entre ellas se encuentran la oportunidad de observar al delincuente, el nivel de estrés o ansiedad del testigo, el consumo de alcohol y drogas, el género, la edad, el método de recuperación de la información, el uso de listas de características, las descripciones grupales, la repetición en la obtención de descripciones y las ayudas para recordar. En particular, el uso de listas de características puede llevar a los testigos a proporcionar información incorrecta, similar a los efectos de la información posterior al evento (Wogalter, 1991, 1996). Además, solicitar descripciones repetidamente puede aumentar la probabilidad de errores. Las descripciones previas también pueden interferir en las ruedas de reconocimiento con el rendimiento de los testigos. No obstante, Wells y colaboradores (1994) recomendaron obtener descripciones verbales del sospechoso de todos los testigos antes de llevar a cabo un procedimiento de reconocimiento, ya que son fundamentales para la elección correcta de los elementos de distracción.

REFERENCIAS BIBLIOGRÁFICAS

Bartlett, F. C. (1932). *Remembering: A study in experimental and social psychology*. Cambridge University Press.

Blaney, P. H. (1986). Affect and memory: A review. *Psychological Bulletin, 99*(2), 229–246. https://doi.org/10.1037/0033-2909.99.2.229

Bower, G. H. (1981). Mood and memory. *American Psychologist, 36*(2), 129-148. https://doi.org/10.1037/0003-066X.36.2.129

Brodsky, S. L., Griffin, M. P., & Cramer, R. J. (2010). Witness Credibility Scale. *Behavioral Sciences & the Law*. https://doi.org/10.1037/t52960-000

Buckhout, R. (1974). Eyewitness testimony. *Scientific American, 231*(6), 23-31. http://www.jstor.org/stable/24950236

Christianson, S. Å., & Loftus, E. F. (1987). Memory for traumatic events. *Applied cognitive psychology, 1*(4), 225-239. https://doi.org/10.1002/acp.2350010402

Christianson, S. Å., & Loftus, E. F. (1991). Remembering emotional events: The fate of detailed information. *Cognition & Emotion, 5*(2), 81-108. https://doi.org/10.1080/02699939108411027

Conchillo, A., Nunes, L. M., Ruiz, T., & Recarte, M. A. (1999). Estimación de la velocidad de un automóvil mediante coche real e imágenes. *Psicológica, 20*(1), 1-12.

Davis, D., y Loftus, E. F. (2007). Fuentes internas y externas de desinformación en la memoria de testigos adultos. In M. P. Toglia, J. D. Read, D. F. Ross y R. C. L. Lindsay (eds.), *The handbook of eyewitness psychology, vol. 1. Memory for events* (pp. 195-237). Lawrence Erlbaum Associates Publishers.

Delk, J. L., & Fillenbaum, S. (1965). Differences in perceived color as a function of characteristic color. *The American journal of psychology, 78*(2), 290-293. https://doi.org/10.2307/1420503

Dysart, J. E., Lindsay, R. C. L., Hammond, R., & Dupuis, P. (2001). Mug shot exposure prior to lineup identification: interference, transference, and commitment effects. *Journal of Applied Psychology, 86*(6), 1280-1284. https://doi.org/10.1037/0021-9010.86.6.1280

Ebbinghaus, H. (1885). Memory: A contribution to experimental psychology. Teachers College, Columbia University.

Ebbinghaus, H. (1913). Una contribución a la psicología experimental. *Teachers College, Columbia University.*

Fox, E., Lester, V., Russo, R., Bowles, R. J., Pichler, A., & Dutton, K. (2000). Facial expressions of emotion: Are angry faces detected more efficiently?. *Cognition & emotion, 14*(1), 61-92. https://doi.org/10.1080/026999300378996

González, J. L., & Manzanero, A. L. (2018). *Obtención y valoración del testimonio: Protocolo holístico de evaluación de la prueba testifical (HELPT).* Ediciones Pirámide.

Gordillo, F., Arana, J. M., Mestas, L., Salvador, J., Meilán, J. J. G., Carro, J., & Pérez, E. (2010). Emoción y memoria de reconocimiento: la discriminación de la información negativa como un proceso adaptativo. *Psicothema, 22*(4), 765-771. https://www.redalyc.org/pdf/727/72715515036.pdf

Greene, E., Flynn, M. S., & Loftus, E. F. (1982). Inducing resistance to misleading information. *Journal of Verbal Learning and Verbal Behavior, 21*(2), 207-219. https://doi.org/10.1016/S0022-5371(82)90571-0

Gutiérrez, N. J., & Carpintero, H. (2004). La psicología del testimonio. La contribución de Francisco Santamaría. *Revista de Historia de la Psicología, 25*(4), 59-66. https://journals.copmadrid.org/historia/archivos/fichero_salida20220923111137388000.pdf

Janssen, S. M., Chessa, A. G., & Murre, J. M. (2006). Memory for time: How people date events. *Memory & cognition, 34*(1), 138-147. https://doi.org/10.3758/BF03193393

Köhnken, G. (2004). Statement Validity Analysis and the 'detection of the truth.' In P. A. Granhag & L. A. Strömwall (eds.), *The Detection of Deception in Forensic Contexts* (pp. 41-63). Cambridge University Press. https://doi.org/10.1017/CBO9780511490071.003

Köhnken, G., Manzanero, A. L., & Scott, M. T. (2015). Análisis de la validez de las declaraciones: mitos y limitaciones. *Anuario de psicología jurídica, 25*(1), 13-19. https://doi.org/10.1016/j.apj.2015.01.004

Lamont, A. C., Stewart-Williams, S., & Podd, J. (2005). Face recognition and aging: Effects of target age and memory load. *Memory & Cognition, 33*(6), 1017–1024. https://doi.org/10.3758/BF03193209

Loftus, E. F. (1975). Leading questions and the eyewitness report. *Cognitive psychology, 7*(4), 560-572. https://doi.org/10.1016/0010-0285(75)90023-7

Loftus, E. F., & Palmer, J. C. (1974). Reconstruction of automobile destruction: An example of the interaction between language and memory. *Journal of Verbal Learning & Verbal Behavior, 13*(5), 585-589. https://doi.org/10.1016/S0022-5371(74)80011-3

Manzanero, A. (2006). Do real and suggested accounts actually differ? *Psychology in Spain, 10*(1), 52-65. http://www.psychologyinspain.com/content/full/2006/frame.asp?id=10006

Manzanero, A. L. (2004). ¿ Son realmente diferentes los relatos sobre un hecho real y los sugeridos?. *Anuario de Psicología Jurídica, 14*(1), 115-139. https://journals.copmadrid.org/apj/art/980ecd059122ce2e50136bda65c25e07

Manzanero, A. L. (2010). *Memoria de testigos.* Pirámide.

Manzanero, A. L., & González, J. L. (2015). Modelo holístico de evaluación de la prueba testifical (HELPT). *Papeles del psicólogo, 36*(2), 125-138. https://www.redalyc.org/pdf/778/77839628006.pdf

McGeoch, J. A., & McDonald, W. T. (1931). Meaningful relation and retroactive inhibition. *The American Journal of Psychology, 43*(4), 579-588. https://doi.org/10.2307/1415159

Meissner, C. A., Sporer, S. L., & Schooler, J. W. (2007). Person descriptions as eyewitness evidence. In R. C. L. Lindsay, D. F. Ross, J. D. Read, & M. P. Toglia (eds.), *The handbook of eyewitness psychology, Vol. 2. Memory for people* (pp. 3–34). Lawrence Erlbaum Associates Publishers.

Memon, A., Hope, L., Bartlett, J., & Bull, R. (2002). Eyewitness recognition errors: The effects of mugshot viewing and choosing in young and old adults. *Memory & cognition, 30*(8), 1219-1227. https://doi.org/10.3758/BF03213404

Merckelbach, H., Smeets, T., Geraerts, E., Jelicic, M., Bouwen, A., & Smeets, E. (2006). I haven't thought about this for years! Dating recent recalls of vivid memories. *Applied Cognitive Psychology: The Official Journal of the Society for Applied Research in Memory and Cognition, 20*(1), 33-42. https://doi.org/10.1002/acp.1153

Nagle, J. E., Brodsky, S. L., & Weeter, K. (2014). Gender, smiling, and witness credibility in actual trials. *Behavioral sciences & the law, 32*(2), 195-206. https://doi.org/10.1002/bsl.2112

Nightingale, S. J. y Farid, H. (2022). Los rostros sintetizados por IA son indistinguibles de los rostros reales y más confiables. *Actas de la Academia Nacional de Ciencias, 119* (8), e2120481119. https://doi.org/10.1073/pnas.2120481119

Öhman, A., Flykt, A., & Esteves, F. (2001). Emotion drives attention: detecting the snake in the grass. *Journal of experimental psychology: General, 130*(3), 466-478. https://doi.org/10.1037/0096-3445.130.3.466

Pérez-Mata, N., & Diges, M. (2007). False recollections and the congruence of suggested information. *Memory, 15*(7), 701-717. https://doi.org/10.1080/09658210701647258

Perfect, T. J. (2002). When does eyewitness confidence predict performance? In T. J. Perfect & B. L. Schwartz (eds.), *Applied metacognition* (pp. 95-120). Cambridge University Press. https://doi.org/10.1017/CBO9780511489976.006

Querejeta, L. M. (1999). Validez y credibilidad del testimonio. La psicología forense experimental. *Eguzkilore: cuaderno del Instituto Vasco de Criminología, 13*, 157-168. http://hdl.handle.net/10810/25430

Real Academia Española. (s.f.). Testimonio. En *Diccionario panhispánico del español jurídico.* Recuperado en 2 de abril de 2024, de https://dpej.rae.es/lema/testimonio

Reisberg, D., & Heuer, F. (2004). Memory for Emotional Events. In D. Reisberg & P. Hertel (eds.), *Memory and emotion* (pp. 3–41). Oxford University Press. https://doi.org/10.1093/acprof:oso/9780195158564.003.0001

Schacter, D. L. (2012). Adaptive constructive processes and the future of memory. *American Psychologist, 67*(8), 603-613. https://doi.org/10.1037/a0029869

Schacter, D. L., & Addis, D. R. (2007). The cognitive neuroscience of constructive memory: remembering the past and imagining the future. *Philosophical Transactions of the Royal Society B: Biological Sciences, 362*(1481), 773-786. https://doi.org/10.1098/rstb.2007.2087

Schacter, D. L., Guerin, S. A., & Jacques, P. L. S. (2011). Memory distortion: An adaptive perspective. *Trends in cognitive sciences, 15*(10), 467-474. https://doi.org/10.1016/j.tics.2011.08.004

Scott, M. T., & Manzanero, A. L. (2015). Análisis del expediente judicial: Evaluación de la validez de la prueba testifical. *Papeles del Psicólogo, 36*(2), 139-144. https://www.redalyc.org/pdf/778/77839628007.pdf

Shapiro, P. N., & Penrod, S. (1986). Meta-analysis of facial identification studies. *Psychological bulletin, 100*(2), 139-156. https://doi.org/10.1037/0033-2909.100.2.139

Sofer, C., Dotsch, R., Wigboldus, D. H., & Todorov, A. (2015). What is typical is good: The influence of face typicality on perceived trustworthiness. *Psychological Science, 26*(1), 39-47. https://doi.org/10.1177/0956797614554955

Squire, L. R. (1994). Declarative and nondeclarative memory: Multiple brain systems supporting learning and memory. In D. L. Schacter & E. Tulving (eds.), *Memory systems 1994* (pp. 203-231). The MIT Press.

Tulving, E. (1983). *Elements of episodic memory*. Oxford University Press.

Tulving, E., & Osler, S. (1968). Effectiveness of retrieval cues in memory for words. *Journal of experimental psychology*, 77(4), 593-601. https://doi.org/ 10.1037/h0026069

Tulving, E., & Pearlstone, Z. (1966). Availability versus accessibility of information in memory for words. *Journal of verbal learning and verbal behavior, 5*(4), 381-391. https://doi.org/10.1016/S0022-5371(66)80048-8

Tulving, E., & Thomson, D. M. (1973). Encoding specificity and retrieval processes in episodic memory. *Psychological review, 80*(5), 352-373. https://doi.org/10.1037/h0020071

Tversky, A., & Kahneman, D. (1974). Judgment under Uncertainty: Heuristics and Biases: Biases in judgments reveal some heuristics of thinking under uncertainty. *science, 185*(4157), 1124-1131. https://doi.org/ 10.1126/science.185.4157.1124

Wagenaar, W. A., & Boer, J. P. (1987). Misleading postevent information: Testing parameterized models of integration in memory. *Acta Psychologica, 66*(3), 291–306. https://doi.org/10.1016/0001-6918(87)90040-0

Wells, G. L. (1978). Applied eyewitness-testimony research: System variables and estimator variables. *Journal of Personality and Social Psychology, 36*(12), 1546–1557. https://doi.org/10.1037/0022-3514.36.12.1546

Wells, G. L., Seelau, E. P., Rydell, S. M., & Luus, C. A. E. (1994). Recommendations for properly conducted lineup identification tasks. In D. F. Ross, J. D. Read, & M. P. Toglia (eds.), *Adult eyewitness testimony: Current trends and developments* (pp. 223–244). Cambridge University Press. https://doi.org/10.1017/CBO9780511759192.012

White, D., & Burton, A. M. (2022). Individual differences and the multidimensional nature of face perception. *Nature Reviews Psychology, 1*(5), 287-300. https://doi.org/10.1038/s44159-022-00041-3

Wogalter, M. S. (1991). Effects of Post-exposure Description and Imaging on Subsequent Face Recognition Performance. *Proceedings of the Human Factors and Ergonomics Society Annual Meeting, 35*(9), 575-579. https://doi.org/10.1518/107118191786754680

Wogalter, M. S. (1996). Describing Faces from Memory: Accuracy and Effects on Subsequent Recognition Performance. *Proceedings of the Human Factors and Ergonomics Society Annual Meeting, 40*(11), 536-540. https://doi.org/10.1177/154193129604001103

Aportaciones del lenguaje no verbal al ámbito de la entrevista policial

MANUEL RAMOS ROMERO
- ANDRÉS SOTOCA PLAZA
Unidad Técnica de Policía Judicial, Guardia Civil

1. LA ENTREVISTA POLICIAL

La entrevista es una de las principales herramientas de trabajo con las que cuentan los investigadores policiales y los operadores jurídicos a la hora de realizar sus labores en el ámbito de la investigación criminal, ya que está presente en prácticamente todas las actuaciones que se realizan durante investigación de un delito, especialmente en aquellos complejos o graves. No tenemos más que imaginarnos ante la escena de un crimen para darnos cuenta de que los investigadores policiales requieren de la entrevista desde el mismo momento de su llegada al lugar de los hechos, ya sea teniendo un primer intercambio de parecer con los agentes que se personaron en primer lugar, con los testigos que también se encuentran allí o con las personas que dieron el aviso a las autoridades policiales ante el hallazgo criminal. Más aún, cuando nos trasladamos a las dependencias policiales donde, tras la comisión de los hechos, la entrevista formal es parte esencial de todas las diligencias policiales, ya sea en la toma de manifestación de las víctimas, la recogida de las declaraciones de los testigos o el interrogatorio mismo de las personas investigadas. La entrevista se convierte así en el principal medio para la obtención de información extensa y fiable sobre el hecho que se trata de investigar (González, 1998).

El concepto de entrevista es usado coloquialmente para referirse a multitud de situaciones diferentes en las que dos o más personas interactúan e intercambian información, ideas u opiniones. Su especificidad va a conocerse dependiendo del ámbito de aplicación. Así, existen entrevistas de selección, entrevistas periodísticas, etc. Incluso en actividades cotidianas como acudir a consulta con el médico o solicitar en el banco información sobre una hipoteca se producen entrevistas. En el caso de la entrevista policial, la información relevante fluye de manera unidireccional, del entrevistado al entrevistador, de la víctima, testigo o sospechoso al agente policial. Para ello, el entrevistador policial deberá contar con la formación y la experiencia suficiente ya que son varias tareas las que tendrá que realizar. En primer lugar, deberá facilitar el testimonio de la persona entrevistada y, para ello, es imprescindible crear las condiciones más favorables posibles para que las tareas de recuerdo de su interlocutor tengan lugar sin interrupciones. Además, el entrevistador deberá fomentar una adecuada relación interpersonal de manera que el entrevistado mantenga la motivación suficiente para colaborar con las pesquisas policiales. Para ello es necesario que el entrevistador esté atento al estado emocional de la persona entrevistada, entender sus circunstancias y empatizar con ella, atender sus necesidades más inmediatas y, así, allanar el camino a la posterior obtención del testimonio. Por su parte, la persona entrevistada deberá contar con la suficiente capacidad para recordar lo sucedido, evocar tales recuerdos y comunicarlos apropiadamente. En este sentido, las técnicas de entrevista cognitiva adaptadas al ámbito de la investigación policial (González & Peinado, 1998) han venido dando buenos resultados desde su implantación en los protocolos de entrevista policial por parte de la Policía Judicial de la Guardia Civil en la década de los 90. No obstante, no es objeto de este capítulo tratar los avances de la psicología del testimonio, sino exponer las aportaciones que el estudio del comportamiento no verbal puede hacer a los protocolos de entrevista policial.

Como hemos dicho, además de contar con capacidades básicas de memoria, la persona entrevistada también deberá estar lo suficientemente motivada para participar en el proceso de entrevista, cosa que pude suponer una especial dificultad en contextos de entrevista policial. Pongamos, como ejemplo, que tratamos de tomar declaración a la víctima de un delito sexual grave con las dificultades a las que se enfrenta en esos momentos inmediatos a la vivencia de un evento tan traumático. Parece evidente que la propia experiencia del suceso podría producirle una importante carga emocional que afectaría a sus capacidades de memoria y, por tanto, a la calidad de su testimonio. La afectación emocional producida por el evento tiene consecuencias negativas sobre los procesos cognitivos asociados a la memoria, ya sea en el mismo momento de la agresión o cuando se evoca durante la entrevista policial. Sumémosle a ello la comprensible falta de motivación para recordar el suceso por su gravedad y que, además, la entrevista tenga lugar en un entorno tan impersonal como puede ser el de cualquier dependencia policial. Con mucha probabilidad la víctima no mencionará todas esas reticencias y limitaciones, pero si atendemos a su comportamiento externo, no nos resultará difícil entender de manera inmediata la situación. Y es que, en los procesos de comunicación, la información que comunicamos no procede tan solo del mensaje verbal. Nuestra comunicación a través de canales no verbales transmite información muy valiosa que, de ser tenida en cuenta y analizada por un entrevistador experimentado, facilitará la labor de la obtención del testimonio en el contexto policial.

2. COMPORTAMIENTO NO VERBAL Y ENTREVISTA POLICIAL

Pero, ¿qué es el comportamiento no verbal? Pues bien, López et al. (2016) lo definen como cualquier acción de un individuo frente al medio cuando dicha acción se concreta en señales que tienen un significado frente a alguien. Por su parte González (2019) lo definió como un lenguaje complementario al de las palabras que transmite información de interés, y añadió que dicha transmisión de información se puede producir de manera consciente o inconsciente. De esta manera, el ser humano se encuentra constantemente mostrando un comportamiento externo que, de manera voluntaria o involuntaria, transmite información que pude ser descodificada por los demás y que tiene un significado propio en el contexto de las interacciones que se dan entre las personas. Esto es así cuando, por ejemplo, al dar el pésame a un conocido, nos acercamos a él y ponemos de manera consciente nuestra mano en su brazo. O cuando somos llamados a prestar declaración como testigos a una dependencia policial y nos frotamos las manos de manera inconsciente porque, admitámoslo, la situación nos produce nerviosismo. Ambos comportamientos, consciente el primero e inconsciente el segundo, tienen su propio significado en el contexto en el que se producen.

Vemos, por tanto, que analizar el comportamiento no verbal de nuestros interlocutores nos facilitará la labor de la entrevista policial ya que no sólo recogeremos el contenido de su testimonio verbal, sino que podremos atender a otro tipo de información expresada por medio de canales no verbales para inferir su tono emocional y sus necesidades particulares y, por tanto, jugar un papel no sólo como entrevistadores sino como facilitadores del testimonio. Y esto resulta muy importante para lograr que la víctima, el testigo o el sospechoso de un acto criminal colaboren del proceso de entrevista. Como ya comentamos al inicio del capítulo, una víctima o testigo motivado se esforzará por dar la mayor cantidad de información posible y tratará de discriminar la fiabilidad de dicha información, cosa que nos resultará de vital importancia como entrevistadores policiales.

Consiente o inconscientemente, el comportamiento no verbal se produce también como respuesta a estímulos del entorno. Es posible que si no hemos acudido anteriormente a una dependencia policial a prestar declaración, ante el estímulo desconocido de dicha situación, nuestro cuerpo desarrolle respuestas fisiológicas asociadas al estrés tales como sudoración, palpitaciones o aumento de la frecuencia respiratoria. Es posible también que estos cambios fisiológicos que experimentamos como nerviosismo o estrés, nos impongan la necesidad inconsciente de rascarnos el cuello o de frotarnos las manos. Un entrevistador hábil sería capaz de analizar nuestro comportamiento e inferir nuestro estado de nerviosismo para así tratar de tranquilizarnos, quitar importancia a la situación e intentar que nos encontremos en un entorno lo más confortable posible, ya que eso facilitaría el posterior desarrollo de la entrevista. Modular los estímulos durante la entrevista policial es muy necesario para el buen desarrollo de la misma, ya que un testigo o una víctima nerviosa, tensa o con un tono emocional alto proporcionará menos información y de peor calidad. Y esto es así porque nuestros recursos son limitados. Si la carga emocional o el estrés que experimentamos es de tal nivel que consume un alto porcentaje de nuestros recursos, las actividades relacionadas con los procesos cognitivos asociados a la memoria se verán mermadas y esto afectará, como decíamos, a la calidad del testimonio y a la cantidad de información obtenida.

En este punto, la pregunta que nos hacemos es ¿cómo se analiza el comportamiento no verbal?, ¿a qué tipo de criterios debemos atender para hacer este análisis? Ya hemos mencionado anteriormente que son varios los canales de comunicación de carácter no verbal que existen. Cuando hablamos de canales nos referimos a las diferentes vías por las que somos capaces de transmitir la información de carácter no verbal, tales como la expresión facial, los gestos, la postura o expresión corporal, el paralenguaje, la proxémica, la háptica y la apariencia.

La expresión facial es el canal de comunicación no verbal de mayor importancia por cuanto su expresión refleja las emociones que el individuo está sintiendo en cada momento. Aunque se producen pequeñas diferencias entre autores, parece que hay cierto consenso en que las seis emociones básicas universales serían la alegría, la tristeza, la ira, el asco, la sorpresa y el miedo; siete si contamos, además, con el desprecio. Tener un conocimiento básico de las emociones nos permite no sólo reconocer las emociones que se producen en los demás sino también en nosotros mismos. Los entrevistadores policiales no están exentos de sentir emociones, especialmente en casos que, por sus características, pueden resultar duros incluso para personas tan habituadas a situaciones poco comunes. Conocer las emociones permite al entrevistador identificarlas en sí mismo ante determinado estímulo y así adelantarse a ella para modular su correspondencia conductual. Minimizar la expresión de la respuesta emocional evitaría que se introdujeran estímulos inadecuados en el contexto de la entrevista y que pudieran provocar reacciones inesperadas en el testigo, la víctima o investigado que se trata de entrevistar.

Cuando hablamos de gestos nos referimos a los movimientos que realizamos con manos, brazos, tronco, piernas y pies (López et al., 2016) y están asociados tanto al habla como a las emociones, dividiéndose en cuatro categorías. Se consideran emblemas aquellos que tienen un significado propio y sustituyen completamente al mensaje verbal. Los ilustradores son aquellos que no tienen un significado propio, sino que acompañan al discurso verbal. Los gestos reguladores ordenan la conversación entre dos o más personas en el que unas y otras se van dando paso. La cuarta categoría la conforman los gestos adaptadores que son aquellos a los que, como se ha comentado anteriormente, recurrimos cuando queremos controlar las emociones que sentimos o nos encontramos en situaciones incómodas o estresantes. Además de las cuatro categorías mencionadas, las señales de afecto también serían considerados gestos.

La postura, entendida como la disposición del cuerpo, la orientación del cuerpo de un individuo respecto a los otros con los que se relacionen y los cambios de orientación configura el tercer canal de comunicación no verbal. Según Mehrabian (1968) las posturas pueden ser de acercamiento, de retirada, de expansión y de contracción.

Al paralenguaje se le da también el nombre de prosodia emocional y conforma criterios como el tono, la entonación, la velocidad, el volumen y otras propiedades del habla.

La proxémica es aquel canal de comunicación no verbal referido al uso del espacio y las posibles implicaciones a nivel emocional que pueda tener. En el contexto de la entrevista policial se traduce en la cercanía o lejanía física que el entrevistador mantiene con el entrevistado. En este sentido, difiere la entrevista policial en la que el agente que se encarga de la toma de manifestación se sitúa tras su mesa y dispone ante la misma una silla para el entrevistado, de aquella en la que el entrevistador sitúa su silla junto a un lateral de su mesa acortando, así, el espacio entre ambos. En el primer caso, nos encontraríamos ante una entrevista más formal y marcando los roles de cada uno de los participantes. Sin embargo, la segunda de las disposiciones sería más aconsejable en entrevistas en las que se traten temas más sensibles como, por ejemplo, la toma de declaración de una víctima o de un testigo de hechos graves o que presenten alguna vulnerabilidad o limitación. Esta segunda tipología de entrevista policial es aquella basada en el establecimiento de *rapport* antes del inicio de la parte sustantiva de la entrevista, en la que se requiere fomentar la relación interpersonal y la empatía hacia la situación de la persona entrevistada (González, 2005).

La háptica o tacto se refiere a todo contacto entre persona entrevistadora y entrevistada. La háptica está influida por la cultura y tiene un fuerte componente emocional. Es por ello que, en el ámbito de la entrevista policial, ha de utilizarse con extremada cautela. Su uso dependerá de que sea inequívocamente necesario y, en caso de duda, el entrevistador policial debería abstenerse de todo contacto con la persona entrevistada más allá de los usos más esenciales de la costumbre. Es cierto que no tiene importancia alguna que un agente policial estreche la mano de su interlocutor e, incluso, le tome del codo cuando dicha interacción se produzca en un contexto puramente formal. Es más, podría favorecer la cercanía y confianza. No obstante, ante la toma de manifestación de testigos, víctimas o investigados en casos de gravedad (pensemos, por ejemplo, en la víctima de un delito sexual, en el testigo del homicidio de una persona cercana o en el propio investigado por delito), se ha de ser extremadamente precavido en el uso del contacto físico.

Por último, todas las personas tratamos de influir en la percepción que los demás tienen de nosotros a través de la apariencia. La verdadera importancia del análisis de la apariencia es que se trata de un canal de libre elección por lo que todos ofrecemos información muy valiosa sobre nuestros gustos y estados de ánimo a través de ella. En este mismo sentido, un entrevistado policial experimentado será precavido a la hora de interpretar tal apariencia ya que es un canal que todos usamos de manera estratégica dependiendo de la situación. Del mismo modo, se debe tener cuidado de no tomar decisiones en este ámbito basadas en los prejuicios y sesgos.

3. ENTREVISTA POLICIAL, COMPORTAMIENTO NO VERBAL Y DETECCIÓN DE LA MENTIRA

3.1. Comportamiento no verbal y detección de la mentira

Para realizar un buen análisis del comportamiento no verbal de nuestro interlocutor es vital no centrar la atención en uno sólo de los canales dejando de lado a los demás. La importancia del análisis radica en el estudio global del comportamiento del individuo, teniendo en cuenta, además, otros criterios como el contexto en el que se está produciendo la interacción y el mensaje verbal que está trasmitiendo el entrevistado. Todo ello facilitará, sin duda, la elaboración de una estrategia personalizada a nuestro interlocutor en la que, a través del manejo de los estímulos, se facilite la elicitación de información. El manejo de estímulos se refiere tanto la administración de aquellos que faciliten el testimonio como la contención de aquellos otros estímulos que pudieran producir dificultades o limitaciones en la capacidad y motivación de la persona entrevistada.

En este sentido, prestaremos también especial atención a las incongruencias entre entorno, comportamiento no verbal y el contenido de lo verbalizado. Y no porque estas incongruencias nos desvelen si nuestro interlocutor nos miente o no, sino porque dichas incongruencias pueden llevar aparejados muchos y muy diversos motivos que pueden ir desde la ocultación voluntaria de información hasta otros motivos de carácter emocional o motivacional e, incluso, errores en cualquiera de los procesos cognitivos relacionados con la obtención del testimonio.

No obstante, en el ámbito social los términos comportamiento no verbal y mentira están íntimamente ligados. De hecho, la mayoría de las personas tienen la creencia de que se puede detectar la mentira en los demás tan sólo mirándolos a la cara. Gestos como apartar la mirada o la sonrisa ante una pregunta comprometedora son considerados popularmente indicadores relacionados con la mentira.

La enorme atracción popular que produce el campo de la detección de mentiras y sus falsos mitos ha contribuido al desarrollo de numerosas aproximaciones pseudocientíficas que a lo largo de los años han cautivado al público, en general, y a organizaciones gubernamentales de inteligencia y cuerpos policiales de todo el mundo, en particular (Denault et al, 2020). Todo ello ha favorecido la creación de innumerables empresas que venden sistemas de detección de mentira como la solución infalible (como si fuera sencillo) ante cualquier interrogatorio policial, convirtiéndose en un negocio que mueve mucho dinero alrededor del mundo.

De entre todos ellos, se pueden encontrar sistemas basados en la lectura de la expresión facial, otros que miden la variabilidad en la voz, algunos centrados en los movimientos oculares y, por último, los tan conocidos polígrafos. La mayoría de estos sistemas están basados en la medición de cambios fisiológicos y hay que decir que algunos de ellos miden esos cambios con acierto, pero la evidencia ha demostrado que no tienen una capacidad real para detectar mentiras.

El asunto principal es que estos cambios fisiológicos en el cuerpo humano se han asociado directamente con la mentira. Bond y DePaulo (2006) ya dieron una explicación a ello desde su *double standard hypothesis* (hipótesis del doble rasero) en la que avanzaban que generalmente las personas aplican un doble rasero a la hora de interpretar la mentira. En este sentido, Bond y DePaulo comentaban que tenemos la creencia de que mentir es una conducta reprochable y que, por tanto, quienes mienten son malas personas. No obstante, pensamos que si somos nosotros mismos quienes mentimos se debe a que tenemos razones de peso para ello.

Por lo tanto, proyectamos de manera inconsciente elementos negativos sobre el mentiroso y pensamos que, como sujetos de un comportamiento socialmente reprochable, se tiene que sentir nervioso y excitado cuando miente. La realidad no es así, pero sin embargo es el origen de la creencia popular que relaciona el nerviosismo y el estrés con la elicitación de la mentira.

Esto es así también en el contexto de la entrevista policial. Imagínese el lector, aun sin ser un delincuente, siendo llamado a declarar a una dependencia policial debido a que uno de sus vecinos ha sido hallado muerto con señales de violencia en el garaje del edificio. Aunque tenga la certeza de que no ha participado en el crimen y que no pueden existir pruebas que le relacionen con los hechos, irremediablemente, estará sometido a cierto nerviosismo una vez se encuentre ante el investigador policial que va a proceder a su toma de declaración ¿Qué pasaría entonces si estas señales de estrés son interpretadas por el agente que le entrevista como elementos conductuales que le hacen sospechoso de haber participado en el crimen? Figúrese que, desde ese momento, el sentido de las preguntas que le formula el agente se van haciendo cada vez más incriminatorias, ¿se sentiría más nervioso aún? Con este ejemplo sólo pretendemos ejemplificar este doble rasero descrito por Bond y DePaulo. Percepción que, sobre todo en la década de los 70 y 80, especialmente en países anglosajones, monopolizaron la atención de los entrevistadores policiales, desarrollándose protocolos de entrevista policial basados en el análisis de criterios conductuales que se asociaban con la elicitación de mentiras y que incluían el uso de técnicas de entrevista coercitiva para obtener una confesión. Un ejemplo de esta tipología de entrevista lo tenemos en la técnica BAI (*Behavior Analysis Interview*), desarrollada por John Reid & Associates y con un uso muy extendido entre las agencias de seguridad y los cuerpos policiales de Estados Unidos. Desgraciadamente, se ha podido reportar que este tipo de procedimientos puede producir un exceso de confesiones falsas (Masip & Herrero, 2015).

3.2. Nuevas aproximaciones a la entrevista policial: técnicas de entrevista activa

A pesar de la atención que estas aproximaciones sobre el uso del análisis del comportamiento no verbal aplicado a la detección de la mentira suscitan en el público general, la investigación científica no ha encontrado claves determinantes que permitan inferir de manera fiable cuando nuestro interlocutor miente o cuando no. De hecho, la observación pasiva de personas que estén compartiendo un discurso cierto u otro engañoso puede llegar a ocasionar multitud de errores (Blandon-Gitlin et al, 2017). En este sentido, tras décadas buscando pistas no verbales y verbales de engaño que el emisor muestre espontáneamente, la investigación científica ha arrojado datos poco prometedores. Diferentes meta-análisis han demostrado que apenas existen indicadores útiles que permitan inferir engaño y que los que existen son muy variables porque dependen de numerosos factores (DePaulo et al., 2003; Sporer & Schwandt, 2006), que la precisión con la que los individuos son capaces de inferir cuando su interlocutor les miente es cercana al azar (Bond & DePaulo, 2006), incluso entre los profesionales dedicados a la entrevista de manera profesional (Alonso et al., 2009). Tampoco la detección de indicadores relacionados con la carga cognitiva parece que haya arrojado resultados significativos (Blandón-Gitlin et al., 2017). Estos resultados produjeron un cambio de paradigma en la investigación en busca de procedimientos de entrevista policial más efectivos basados en la evidencia (Hartwig et al., 2014).

Llegados a este punto podemos decir que no hay una solución respecto a la observación del comportamiento para determinar si alguien está mintiendo o diciendo la verdad, aunque tener en cuenta el comportamiento no verbal y la expresión de las emociones, como hemos visto con anterioridad, sea de mucha utilidad para observar cómo se encuentra la persona en cada momento de la entrevista y adaptar así la estrategia a determinadas circunstancias, obteniendo así mayor cantidad de información y de mejor calidad. Además, las emociones influyen en los procesos cognitivos por lo que no parece aconsejable obviar su papel en este tipo de procedimientos.

4. PROCEDIMIENTOS DE ENTREVISTA ACTIVA

En la actualidad, la investigación empírica en este campo ha avanzado hasta el punto de estar en situación de desarrollar técnicas de elicitación de información sensible y de utilidad para la investigación policial, facilitando así que las diferencias entre personas que cuentan historias ciertas o falsas puedan hacerse evidente. Siguiendo esta aproximación, se han producido avances y se han desarrollado técnicas relacionadas con la obtención de información en el ámbito de la entrevista, el interrogatorio y la negociación policial, entre las que se pueden incluir las técnicas más recientes relacionadas con el uso estratégico de la evidencia dentro de los procesos de entrevista cognitiva. La técnica SUE (*Strategic Use of Evidence*) ha sido desarrollada por los profesores Granhag y Hartwig (2008) y recibe su nombre precisamente por el uso estratégico que, durante la entrevista policial, se hace de la evidencia objetiva obtenida en un caso concreto. En realidad, es un método de base empírica basado en la experiencia profesional de los cuerpos policiales. En el desarrollo de la técnica se ha tenido en cuenta que la necesidad de preparar una estrategia de defensa previa a la entrevista policial es mayor en el caso de un culpable que de un inocente. Además, los culpables trataran de obviar o evitar mencionar información central respecto a los hechos que hayan cometido y que puedan ser incriminatorias. Pues bien, el núcleo principal de la técnica se basa en que el entrevistador no dará a los culpables datos relacionados con las evidencias objetivas que se ha ido obteniendo a lo largo de la investigación. Teniendo en cuenta que el culpable intentará no introducir información incriminatoria en su declaración, necesariamente tendrá que elaborar un relato alternativo en que varíe ciertos aspectos del núcleo central del suceso y que, inevitablemente, contradecirá la evidencia objetiva con la que cuentan los investigadores (Masip & Herrero, 2015).

Se concluye, por tanto, que las inconsistencias entre la declaración del investigado y la evidencia de la que se dispone supondría un indicador de manipulación o de mentira. Avanzamos, por tanto, de un modelo de entrevista en el que se buscaba la admisión de culpabilidad a modelos de obtención de información contrastable con una aproximación al entrevistado muy diferente. Los modelos de confrontación dejan paso a protocolos de entrevista más respetuosos con los derechos individuales.

Por lo tanto, la mentira no se obtiene de la observación de comportamientos externos inmediatos ni de otros indicadores no validados o sobre los que se ha obtenido poca evidencia científica sino de procedimientos de valoración retrospectiva que contrastan los relatos con las evidencias objetivas. En la actualidad, la técnica SUE está siendo aceptada e implementada en multitud de cuerpos policiales en muchos países.

Conviene tener en cuenta que, como cualquier otra técnica basada en métodos científico validados, existen una serie de limitaciones asociadas a su uso. Conocerlas mejorará la protocolización de tales métodos y su uso efectivo, evitando errores tanto en su aplicación como en el análisis de los resultados obtenidos.

Como hemos podido observar, las técnicas de entrevista policial han vivido un verdadero cambio influido por la aplicación de metodologías científicas para su desarrollo e implementación. Los investigadores policiales han pasado de realizar entrevistas policiales basándose meramente en su intuición y experiencia profesional a contar con un campo aplicado de la ciencia que les permite maximizar su resultado mediante el uso de técnicas basadas en la evidencia científica. Hemos podido comprobar que este desarrollo ha venido impulsado por un cambio de paradigma en cuanto a las aproximaciones utilizadas con anterioridad. Así, el entrevistador que se limitaba a recoger las respuestas de los testigos, víctimas y sospechosos sin tener en cuenta otro tipo de criterios más que la mera obtención de la información ha dado paso a la aplicación de técnicas en las que el entrevistador es mucho más que un mero preguntador. El "entrevistador activo" (Masip & Herrero, 2015) es un profesional, especializado en la investigación policial, que tiene en cuenta otros criterios en el momento en el que se encuentra obteniendo un testimonio. Como hemos visto hasta ahora, un entrevistador profesional no sólo atiende a la información expresada verbalmente por su interlocutor, sino que estará vigilante a su comportamiento no verbal, al tono emocional e irá, sobre la marcha, contrastando la información facilitada por el entrevistado con la evidencia objetiva ya obtenida en el curso de la investigación (así como planificar la recolección de otros indicios objetivos a partir de ese testimonio).

Dentro de estos procedimientos o metodologías de entrevista activa, el análisis del comportamiento no verbal tiene un peso sustancial. Ya hemos visto que permite inferir si nuestro interlocutor se encuentra nervioso, airado o triste, por ejemplo. También la respuesta positiva o negativa que muestra el entrevistado ante ciertos estímulos y observar el tono emocional del individuo en cada momento de la entrevista. Otro de los grandes logros de la entrevista activa ha sido introducir el análisis de la personalidad a los procedimientos de obtención del testimonio (González et al., 2015; Halty et al., 2017). Cuanto mejor se conozca cómo es un individuo, mejor adaptación se podría realizar de los protocolos de entrevista. Esto permitiría desarrollar estrategias individualizadas para la obtención del testimonio de personas en situaciones de especial relevancia, como pueden ser los contextos de investigaciones de delitos de gravedad, tales como homicidios y asesinatos, delitos sexuales graves o desapariciones de alto riesgo en las que se supongan actividad criminal asociada.

5. PERFILADO INDIRECTO DE PERSONALIDAD Y ENTREVISTA POLICIAL

Se han producido avances de especial interés en el campo de la psicología social que han relacionado comportamientos externos del individuo con determinados rasgos de personalidad (Jensen, 2016). Por lo tanto, aunque la personalidad no se puede observar de manera directa, sí que podría inferirse a través de indicadores observacionales (Muñoz-Espinosa & Santos, 2020). Esto permitiría obtener el perfil de personalidad tentativo de un individuo sin necesidad de someterlo a otras pruebas estandarizadas de evaluación, lo que resulta una ventaja en el contexto de la investigación policial. No tendría sentido ni sería aconsejable hacer que un sospechoso, una víctima o un testigo cumplimentase un test para que informe sobre sus rasgos de personalidad con carácter previo a la entrevista. Precisamente se trata de contextos en los que resulta necesario conocer esta información del individuo sin contar con su colaboración directa. Es por esto que en el seno de la Sección de Análisis del Comportamiento Delictivo de la Guardia Civil se ha desarrollado una nueva metodología denominada perfilado indirecto de la personalidad (Gimenez-Salinas & González, 2016; Sotoca et al., 2019). El método del perfilado indirecto se diseñó como respuesta a la necesidad de elaborar una estrategia de intervención adaptada a un sujeto concreto en el marco de una investigación criminal, lo que resulta útil en diferentes escenarios tales como el manejo de fuentes humanas, la negociación en casos de atrincheramientos, la práctica de autopsia psicológica o la elaboración de una estrategia de toma de declaración cuando nuestro sospechoso ya ha sido detenido, entre otros.

En todos estos casos interesa poder conocer no solo los rasgos de la personalidad sino otros componentes personales del individuo tales como la inteligencia, las actitudes, sus creencias y afectos o sus emociones y motivación. La finalidad es interactuar con el sujeto. Pues bien, una entrevista en determinados contextos como el policial se lleva a cabo bajo condicionantes que producen un mayor nivel de estrés de los que producirían una tertulia entre amigos. Esto conlleva una mayor atención por parte del individuo a cualquier estímulo de su entorno, pero también una mayor incertidumbre lo que provoca una intensificación de sus emociones. En estas circunstancias de sobreatención, el individuo atenderá a un mayor número de estímulos, se intensificará su interacción con el ambiente y necesariamente elicitará una mayor cantidad de reacciones y comportamientos que podrán ser observados y analizados por el entrevistador. La dificultad del perfilado indirecto se encuentra en averiguar qué tipo de claves observaciones le permitirán inferir los rasgos de personalidad predominantes en un individuo, su inteligencia o, por ejemplo, de qué manera conocer sus actitudes y las cosas que le motivan.

En este sentido, Buss (1987), perteneciente a la corriente interaccionista de la psicología social, sugirió que los individuos crean su ambiente social, seleccionan a sus amistades y eligen sus actividades con el fin de reforzar sus disposiciones, preferencias y actitudes. Pues bien, de la misma manera que escogemos nuestro ambiente social, tenemos una cierta predisposición a disponer de nuestro ambiente físico, decorando y organizando nuestros espacios privativos de forma que dispongamos de ambientes más confortables para nosotros. Reflejamos así, de cierta manera, cómo somos. Por lo tanto, nuestra personalidad y el resto de los componentes personales que nos configuran como individuos van dejando una huella de cómo somos y esa huella puede llegar a delatarnos de la misma manera que una huella dactilar puede descubrir a un sospechoso de la comisión de un crimen. Esta forma en la que interactuamos con nuestro entorno puede dejar dos tipos de claves.

Por un lado, tenemos los indicadores de personalidad, que son aquellos que tienen su origen en la manera en la que afrontamos nuestras interacciones personales y en la que podemos distinguir dos componentes. En primer lugar, las relaciones sociales, esto es, las personas con las que nos relacionamos, la frecuencia con la que nos reunimos con ellas o lo que pensamos de los demás. Todas ellas son informaciones muy valiosas para tratar de inferir los rasgos de personalidad. Por otro lado, cómo interactuamos, nuestra expresión emocional, los gestos y movimiento, el paralenguaje u otros elementos del habla, el humor, la proximidad o el contacto ocular y el resto de canales de comunicación no verbal. Asimismo, el manejo de las situaciones, especialmente si se tratan de situaciones comprometidas, dará mucha información respecto a cómo somos en realidad. Conocer las situaciones que a un individuo le resultan difíciles o cuándo experimenta ira o rechazo, o bien alegría o tristeza, o cómo se siente cuando tiene un fracaso o un éxito, entre muchas otras, nos permitirá tener datos suficientes para ir configurando un perfil tentativo de nuestro interlocutor. Los indicadores relacionados con la apariencia también forman parte de ello, así como su participación en redes sociales, el ocio o tiempo libre y sus rutinas.

Puede parecer complicado obtener toda esta información, pero no resulta difícil acceder a ella manteniendo una conversación informal con nuestro interlocutor. En este sentido, ya habíamos comentado anteriormente la necesidad de favorecer una buena interrelación previa a la parte sustantiva de la entrevista. Pues bien, estas primeras conversaciones informales con nuestro interlocutor son un momento propicio para obtener toda aquella información que consideramos que puede ser de utilidad a los efectos de elaborar un perfil de personalidad previo a la entrevista.

Por otro lado, tenemos los que hemos denominado indicadores observacionales, en los que se incluye toda aquella información extraída de la observación de los espacios físicos privativos de la persona a la que se trata de perfilar. En esta observación es importante discriminar lo que realmente son espacios privativos de aquellos que son compartidos y en cuya configuración habrán tenido influencia las decisiones de terceras personas. La observación de lugares como una habitación o un despacho, u objetos como un maletín, un bolso, una cartera o la mochila de una persona nos puede dar información sobre ella. La organización del escritorio, el uso de agendas, la configuración del escritorio de un ordenador portátil, la forma de organizar el despacho, si el escritorio se encuentra junto a una ventana o no, si la persona tiene fotografías sobre la mesa y de qué tipo son (familiares, de viajes, de amigos, etc.) son algunos ejemplos de indicadores observacionales.

En base a las teorías interaccionistas de Buss y adaptando el modelo de la lente (Brunswik, 1956), Sam Gosling, profesor de la Universidad de Texas, desarrolló la denominada *Science of Snooping* o ciencia del rastreo en la que propuso que por medio de la observación de indicadores como los propuestos se pueden llegar a identificar una serie de características distintivas de la personalidad de un individuo (e.g. Gosling, 2002, 2008). Durante las últimas dos décadas, los estudios de Gosling han venido obteniendo resultados significativos al comparar personalidad y variables lingüísticas, espacios de trabajo, uso de nuevas tecnologías y redes sociales, aspecto físico, o incluso variables relativas a los gustos personales por determinados tipos de música, cine, libros y literatura, alimentación y otras actividades de ocio.

Tras replicar varios de los estudios de Gosling, el personal de la Sección de Análisis del Comportamiento Delictivo de la Guardia Civil pudo observar que existía cierta consistencia estadística entre los componentes personales de una muestra de 178 sujetos españoles con los indicadores de personalidad y observacionales descritos anteriormente, especialmente en lo relativo a canales de comunicación no verbal y a la organización de los espacios privativos. En este sentido, trayendo aquí algunos resultados en forma de ejemplos, se han podido obtener relaciones significativas con algunas de las claves estudiadas observándose que los espacios privativos iluminados y ventilados se podían relacionar con personas con tendencia a la extroversión; o que la decoración exótica, con objetos étnicos o procedentes de otras culturas se pudo relacionar con personas que poseen cierta apertura a la experiencia. En cuanto a claves observacionales relativas al comportamiento no verbal se pudieron observar relaciones entre la comunicación distante y la poca gestualidad con rasgos de psicoticismo y se pudo comprobar que las personas con tendencia al neuroticismo (inestabilidad emocional) tienden a tener un discurso más rápido y atropellado que aquellas que manifiestan un habla pausada. Igualmente, se encontraron otras asociaciones relacionadas con el uso de redes sociales en las que se estudiaron claves como la cantidad de contactos, el tipo de fotografías que comparte, si el uso de las redes sociales se enmarca en sus actividades laborales o para compartir experiencias personales, etc. En cuanto a claves relacionadas con la apariencia se estudiaron variables como el color de la ropa, el uso de complementos, el cuidado y aseo en el aspecto, entre otras.

Partiendo de esta idea, posteriormente se diseñó el modelo ENCUIST de perfilado indirecto (Halty et al., 2017; Revuelta et al., 2018) atendiendo a variables observables relativas a la expresión emocional del sujeto y relacionándolas con los sistemas de activación o inhibición conductual propuestos por Jeffrey Gray (Gray, 1967, 1970). Según sus autores, el modelo ENCUIST sienta sus bases sobre tres objetivos claros. En primer lugar, que sea un modelo simple ya que la finalidad principal del modelo es que se sea aplicable en situaciones reales en el contexto policial. Para ello, debe facilitar la evaluación rápida de la persona con la que se pretende interactuar y, además, debe ser fácil de entender y usar por quien realizará la evaluación ya que, aunque los procesos de formación de los entrevistadores policiales han ido mejorando en los últimos años y en la actualidad cuentan con conocimientos básicos en obtención del testimonio, no se pretende que tengan que ser especialistas en psicología del testimonio o estudiosos de los procesos de memoria, emoción y el resto de procesos cognitivos asociados.

En segundo lugar, los autores pensaron en un modelo basado en la neurociencia de la personalidad. Aunque el concepto de personalidad es utilizado socialmente de manera habitual, en el ámbito científico encierra características específicas, ya que una persona manifestará los mismos rasgos de personalidad en todas las situaciones de su vida de manera que se comportará de manera similar ante situaciones parecidas entre sí. Este factor de predictibilidad es el que permite realizar inferencias a la inversa, esto es, observando la forma en la que alguien se comporta habitualmente se podría llegar a predecir cuales son los rasgos que explicarían esas reacciones o comportamientos, así como las conductas futuras más probables relacionadas con ese rasgo. Por lo tanto, por un lado, las características que conforman la personalidad de un individuo se mantienen a lo largo del tiempo y de las situaciones y, por otro, lo hacen único y distinguible.

Por último, quisieron que asentara sus bases en variables de tipo emocional ya que la mayoría de las situaciones de interacción policial se darán durante sucesos que producen respuestas emocionales muy dispares en nuestros interlocutores. La principal utilidad de esta característica es que la emoción tiene su expresión externa en el individuo a diferencia de la personalidad que tiene que ser inferida de los comportamientos de las personas. Esto permite establecer un canal deductivo directo entre el tipo de emoción expresada por el individuo y sus rasgos de personalidad. Tener en cuenta la reacción emocional del individuo, como ya hemos comentado con anterioridad, es de vital importancia para generar una situación confortable para el individuo y la mejor manera de poder generar un contexto en el que se puedan cumplir con los objetivos de la entrevista. De esta manera, si observamos que nuestro interlocutor presenta tendencia al neuroticismo o la inestabilidad emocional, durante la práctica de la entrevista intentaremos desculpabilizar, quitar importancia a la situación o tratar de minimizar el impacto respecto a las repercusiones que la entrevista pueda tener sobre el propio entrevistado. Asimismo, si apreciamos que nuestro interlocutor muestra tendencias hacia la ira, trataremos de manejar los estímulos durante la entrevista para "no hacerle enfadar". Así, el modelo ENCUIST intenta ser una herramienta útil de cara a cubrir las necesidades policiales, tratando de ser una herramienta de perfilación indirecta del individuo con el que se tratará de interactuar.

6. CONCLUSIONES

Como hemos visto a lo largo del capítulo, las aportaciones del análisis del comportamiento no verbal a los protocolos de entrevista policial son muchas y variadas.

En primer lugar, se ha expuesto la necesidad de generar un ambiente apropiado durante las entrevistas de investigación, ya que así facilitamos a nuestros interlocutores la labor de recuerdo y favorecemos que colabore con las necesidades del investigador. Todo ello genera el espacio necesario para que se puedan aplicar los protocolos de entrevista policial y, por tanto, permitirá la obtención de un testimonio más fiable y extenso. Con este fin, el entrevistador policial tendrá que analizar la comunicación global de su interlocutor, averiguar cuáles son sus necesidades personales y, sobre todo, su situación emocional para así modular los estímulos y el tono general de la entrevista. Del mismo modo, se ha mencionado la importancia de que el entrevistador sepa percibir sus propias emociones y tenerlas en cuenta para evitar las posibles influencias que estas pudieran producir en su interlocutor y que podrían perjudicar a los objetivos de la propia entrevista.

Además, se ha tratado de desenmascarar algunos mitos que relacionan el análisis del comportamiento no verbal con la mentira. En este sentido, se ha podido comprobar que la ciencia no ha encontrado claves conductuales no verbales fiables que permitan discriminar entre personas que ofrecen relatos engañosos y aquellas otras que se muestran sinceras durante la entrevista policial. Asimismo, haciendo un breve recorrido por los últimos avances de la investigación científica respecto a la detección de relatos falsos en el contexto policial, se ha concluido que ha habido una apuesta generalizada por los procedimientos de entrevista activa, en la que los entrevistadores policiales han dejado de ser meros observadores para convertirse en parte activa del procedimiento.

También, tras exponer los diferentes canales de comunicación no verbal existentes y, por tanto, las claves conductuales a las que se puede acudir para hacer un análisis minucioso, se ha concluido que todos ellos aportan informaciones valiosas relativas a cómo se encuentra el individuo en cada momento y también a cómo es personalmente. En este sentido, se ha expuesto el procedimiento de perfilado indirecto de personalidad, desarrollado por la Guardia Civil, que permite al entrevistador activo inferir un perfil tentativo de su interlocutor atendiendo a claves observacionales y personales procedentes, en su mayor parte, del análisis de su comunicación no verbal. La finalidad del procedimiento es adaptar la entrevista a las características personales y a las capacidades propias de cada interlocutor, lo que facilitará la obtención del testimonio.

Por lo tanto, podemos concluir, que el análisis del comportamiento no verbal se configura como una herramienta de apoyo a la entrevista policial que maximiza los relatos extensos y fiables. Esto procedimientos redundarán, sin duda, en la obtención de mayor cantidad de información que, a su vez, facilitará la búsqueda de elementos probatorios y supondrá un beneficio para la investigación policial.

REFERENCIAS BIBLIOGRÁFICAS

Alonso, H., Masip, J., Garrido, E., & Herrero, C. (2009). El entrenamiento de los policías para detectar mentiras. *Estudios Penales y Criminológicos, 29.* Servizo de Publicacións da Universidade de Santiago de Compostela.

Blandón-Gitlin, I., López, R. M., Masip, J., & Fenn, E. (2017). Cognición, emoción y mentira: implicaciones para detectar el engaño. *Anuario de Psicología Jurídica, 27*(1), 96-106.

Bond, C. F., & DePaulo, B. M. (2006). Accuracy of Deception Judgments. *Personality and Social Psychology Review, 10,* 214-234.

Brunswik, E. (1956). *Perception and the representative design of psychological experiments.* University of California Press.

Buss, D. M. (1987). Selection, evocation, and manipulation. *Journal of Personality and Social Psychology, 53,* 1214-1221.

Denault, V., Plusquellec, P., Jupe, L. M., St-Yves, M., Dunbar, N. E., Hartwig, M., Sporer, S. L., Rioux-Turcotte, J., Jarry, J., Walsh, D., Otgaar, H., Viziteu, A., Talwar, V., Keatley, D. A., Blandón-Gitlin, I., Townson, C., Deslauriers-Varin, N., Lilienfeld, S. O., Patterson, M. L., ... van Koppen, P. J. (2019). The analysis of nonverbal communication: The dangers of pseudoscience in security and justice contexts. *Anuario de Psicología Jurídica, 30,* 1-12.

DePaulo, B., Lyndsay, J. J., Malone, B. E., Muhlenbruck, L., Charlton, K., & Cooper, H. (2003). Cues to Deception. *Psychological Bulletin. 129*(1), 74-118.

Halty, L., González, J. L., y Sotoca, A. (2017). Modelo ENCUIST: aplicación al perfilado criminal. *Anuario de Psicología Jurídica,* 27, 21-23.

Hartwig, M., Granhag, P. A. y Luke, T. (2014). *Strategic Use of Evidence During Investigative Interviews: The State of the Science.* In D. C. Raskin, C. R. Honts, & J. C.Kircher, (eds), *Credibility Assessment* (pp. 1-36). Academic Press.

Gímenez-Salinas, A., y González, J. L. (2016). *Investigación Criminal. Principios, técnicas y aplicaciones.* Lid Editorial.

González, J. L. (1998). Obtención de testimonios extensos y fiables: La Entrevista Cognitiva. In Fundación Universidad Empresa (ed.), *Psicología Jurídica y Seguridad: Policía y Fuerzas Armadas* (vol. II).

González, J. L. (2005). *La entrevista cognitiva en la Guardia Civil.* [Tesis doctoral, Departamento de Psicología Básica de la Facultad de Psicología de la Universidad Nacional de Educación a Distancia].

González, J. L., & Peinado, J. (1998). Aplicación policial de la entrevista cognitiva. *Anuario de Psicología Jurídica, 8*(1), 61-77.

González, J. L., Sotoca, A., & Garrido, M.J. (2015). El perfilamiento en la investigación criminal. In A. Giménez-Salinas, & J. L. González (coords.) *Investigación criminal. Principios, técnicas y aplicaciones* (1.ª ed.) (pp. 211-224). Lid Editorial

González, P. (2019). *Perfilación indirecta a través de la comunicación verbal y no verbal.* [Tesis doctoral, Facultad de Psicología, Universidad Autónoma de Madrid].

Gosling, S. D., Gaddis, S., & Vazire, S. (2008). *First impressions based on the environments we create and inhabit.* In M. Ambady, & J. J. Skoronski (eds.), *First Impressions.* Guilford.

Gosling, S. D., Ko, S. J., Mannarelli, T., & Morris, M. E. (2002). A room with a cue: Judgments of personality based on offices and bedrooms. *Journal of Personality and Social Psychology, 82,* 379-398.

Granhag, P. A., & Hartwig, M. (2008). A new theoretical perspective on deception detection: On the psychology of instrumental mind-reading. *Psychology, Crime & Law, 14*(3), 189-200. https://doi.org/10.1080/10683160701645181

Gray, J. A. (1967). Strength of the nervous system, introversion, conditionability and arousal. *Behavior Research and Therapy, 5,* 151-159.

Gray, J. A. (1970). The psychophysiological basis of introversion-extraversion. *Behaviour research and therapy, 8*(3), 249-266. https://doi.org/10.1016/0005-7967(70)90069-0

Halty, L., González, J. L., & Sotoca, A. (2017). Modelo ENCUIST: aplicación al perfilado criminal. *Anuario de psicología jurídica, 27,* 21-31. https://doi.org/10.1016/j.apj.2017.03.001

Jensen, M. (2016). Personality traits and nonverbal communication patterns. *International Journal of Social Science Studies, 4*(5), 57-70. https://doi.org/10.11114/ijsss.v4i5.1451

López, R. M., Gordillo, F., & Grau, M. (2016). *Comportamiento no verbal. Más allá de la comunicación y el lenguaje.* Pirámide.

Masip, J. (2017). Deception detection: State of the art and future prospects. *Psicothema, 29*(2), 149-159.

Masip, J., & Herrero, C. (2015). Nuevas aproximaciones a la detección de mentiras II: estrategias activas de entrevista e información contextual. *Papeles del Psicólogo, 36*(2), 96-108.

Mehrabian, A. (1968). Inference of attitudes from the posture, orientation and distance of a comunicator. *Journal of Consulting and Clinical Psychology, 32,* 296-308.

Muñoz-Espinosa, V., & Santos, J. (2020). Personalidad y Comportamiento no verbal.: Perfilación indirecta en casos de feminicidio. *Behavior & Law Journal, 6*(1), 12-25.

Ramos, M. (2021). *El análisis criminológico de perfilado criminal.* In B. de Vicente (dir.), *Manual práctico de Criminología Aplicada* (pp. 87-110). Aranzadi.

Revuelta, J., Halty, L., & Ximénez, C. (2018). Validation of a questionnaire for personality profiling using cognitive diagnostic modelling. *The Spanish Journal of Psychology, 21,* e63.

Sotoca, A., González, J. L., & Halty, L. (2019). *Perfiles criminales. Principios, técnicas y aplicaciones.* Síntesis.

Sporer, S. L., & Schwandt, B. (2006). Paraverbal Indicators of Deception: A Meta-analytic Synthesis. *Applied Cognitive Psychology, 20*(4), 421-446.

Viñambres, R., Ramos, M., Juárez, A., & López, R. M. (2020). Introducción. In R. Viñambres, M. Ramos, A. Juárez, & R. M. López (coords.), *Manual de detección de la mentira y el engaño: una aproximación académico-aplicada.* (pp. 9-24). Behavior and Law Ediciones.

Consideraciones sobre la intervención lingüística y sus resultados en la comunicación en el ámbito jurídico: dificultades y posibilidades

FERNANDO ROMERA GALÁN
Universidad Católica de Ávila

1. INTRODUCCIÓN

Trataba Simone Weil en su opúsculo *La persona y lo sagrado* de la imposibilidad que tiene una sociedad (y todo ello iba y va dedicado a nuestra sociedad actual) de invocar las palabras que nos incluyan en el mundo, en el mundo de nuestra contemporaneidad. Nuestro concepto de derecho, siguiendo a la autora, está opuesto o contrapuesto al de justicia. Los griegos no tenían esa idea de derecho que es, a la postre, un invento romano, de una Roma *avida sanguinis.* Hablaba Weil de cómo al pueblo, lo que quiera que sea el pueblo, necesita, le es indispensable "ser comprendido". No únicamente comprendido en sus palabras, hemos de colegir. Pero las palabras son precisamente las que, en numerosas ocasiones, traen los conflictos y las desdichas a los desfavorecidos.

Una sociedad basada en derechos (seguimos aún a Weil) se contrapone a otra basada en el sentimiento mutuo, en el del amor como mecanismo de superar los conflictos. Sin embargo, nuestro mundo basado en derechos nos sitúa habitualmente al borde del conflicto, porque pensar en nuestros derechos presupone una disputa, una exigencia. La reivindicación de derechos exige una cierta exigencia y, por ende, una predisposición a la violencia. Pero toda vez que la justicia de nuestro tiempo se basa en un catálogo de ellos, hemos de considerar que, efectivamente, debemos tener en cuenta que existe un cierto derecho lingüístico, a entender y ser entendido, en tanto en cuanto supone la mejor forma de situarse en una sociedad equitativa.

En el caso que nos ocupa, la igualdad lingüística ante las administraciones, se trata de cuestiones que intentan resolverse desde las propias Administraciones públicas y que han demostrado escasa eficacia desde los cincuenta años que llevan implementando medidas al respecto, como veremos. La distancia lingüística entre la Administración, sobre todo la de Justicia y buena parte de sus administrados genera esa desdicha de la que trataba Simone Weil. La incomprensión puede ser uno de los mayores conflictos que se producen en una sociedad porque sitúa a los ciudadanos a un lado y otro de una sutil frontera entre quienes tienen la capacidad de implicarse en ella y los que quedan excluidos. No entender cómo funciona un cajero automático genera ciudadanos de segunda en cuanto a la administración digital. Lo estamos apreciando continuamente cuando se trata de las personas que no se consideran nativos digitales o que adquirieron escasas competencias de estas características y hoy se enfrentan a un mundo de relaciones interpersonales (y administrativas) que les incluyen en un cierto analfabetismo computacional. No quedan muy lejos en el tiempo, aunque parecemos haberlo olvidado, los años en que el porcentaje de analfabetos estaba en cifras elevadísimas y los convertía en las clases socialmente más desfavorecidas. La incapacidad de comunicación, la situación al margen de la palabra dominante está hoy acercándonos a ese tiempo. Seguimos en ello a Weil (2019, p. 69):

> Los desdichados suplican silenciosamente que les proporcionen las palabras para expresarse. Hay épocas en las que no se les conceden. Y hay otras en las que se les proporcionan, pero mal escogidas, porque quienes las escogen son ajenos a la desdicha que interpretan.

Las palabras son importantes porque su falta nos hace ajenos al mundo, nos separa de él o nos desvían de los significados que nos incorporan a una sociedad. Es por ello que se hace destacable en algunos ámbitos específicos, como el de la justicia, quizá el más sensible para el día a día de cada uno de nosotros.

Seguramente nos situamos, hoy en día, en esa segunda parte de la aseveración: hay épocas en las que no se proporcionan esas palabras.

2. UN DEBATE LINGÜÍSTICO

Parece evidente que, en la comunicación entre las diferentes instancias jurídicas y los administrados se producen errores de diferente índole (semántica, gramatical, etc.). Lo que a lo largo de la historia no se había tenido apenas en cuenta, en las sociedades democráticas ha cobrado un lógico y permanente interés. El debate sobre cómo abordar estos problemas comunicativos no es reciente por más que se produzcan, de manera reiterada, quejas generalizadas acerca de una cuestión que, siendo eminentemente lingüística, trasciende los ámbitos más teóricos para devenir una cuestión de necesidad social. Todo lo lingüístico, lo que proviene de una lengua, no es más que una convención de lo que una sociedad genera y expresa. Los problemas de cada tiempo se ven reflejados en ese estrato de la lengua que cualquier estudio diacrónico posterior comprobaría en su léxico y en su semántica. Pero también ocurre, por esta misma razón, que una lengua puede convertirse a su vez, en un problema social. A poco que indaguemos en nuestro tiempo, podemos descubrir cómo la lengua y las lenguas pueden suponer conflictos de mayor o menor envergadura: uso como seña de identidad nacional, pretensiones de influir en su evolución en base a criterios socio-políticos, etc.

Forma parte de la lógica lingüística; todo momento histórico deja su huella y queda impreso como un resto arqueológico que avanza en la lengua hasta que deja de ser útil y se pierde de manera definitiva. Sin embargo, en algunos usos jergales, caso de las jergas administrativas o jurídicas, termina perpetuándose como una suerte de fósil que, aun siendo pertinente para la transmisión de un mensaje, genera problemas de comprensión fuera del ámbito de uso.

Así las cosas, deberíamos entender que, como tal, como pura herramienta, como utensilio con un fin, todo hablante debería desenvolverse con total eficacia y en los mismos niveles de uso de una lengua. Pero, como todos sabemos, esto no es cierto. También es parte de la propia esencia de una lengua. Si existen diferencias sociales, culturales o educativas en los hablantes, la comunicación dejará de ser fluida y los conflictos derivarán en una dificultad de decodificación, en una transmisión defectuosa del mensaje en tanto en cuanto cada uno de los intervinientes maneja modos individuales de esa lengua: hay una lengua, pero muchas hablas, muchos usos; prácticamente tantos como hablantes. No es raro escuchar que lo importante es comunicarse, que la idea se transmita con mayor o menor exactitud. Esto suele darse en el intercambio lingüístico durante el aprendizaje de idiomas. Es verdad que somos capaces de transmitir ideas o conceptos de manera que sean decodificados con una cierta cercanía a la intención del hablante. Pero eso no garantiza una comunicación eficaz. Los errores pueden ser subsanados mediante herramientas virtuales como la gran cantidad de *apps* que se van abriendo camino en el mercado y que la lingüística informática va implementando cada vez con mayor eficacia. Conocemos ya aplicaciones y dispositivos de traducción casi inmediata que facilitan la comunicación, pero que aún no son capaces de integrar (y no sabemos si lo conseguirán en algún momento) los matices necesarios para una traducción correcta, como el entorno o la situación, es decir, las cuestiones pragmáticas que son básicas para un correcto encuentro comunicativo y que, en entornos jurídicos, se vuelven fundamentales, como veremos más adelante.

No son pocos los casos en los que estas situaciones se producen. Hace algunos años impartimos un curso para jueces y abogados de media Europa en el que tratábamos de descifrar la evolución del uso jergal del castellano en ambientes delictivos. Si existe un problema de fondo muchas veces es que el lenguaje jurídico y administrativo es enormemente rígido, mientras que los usos delincuenciales son extremadamente flexibles y adaptativos; su léxico evoluciona con modismos e importaciones constantes y la capacidad de conciliar ambos resultan, como poco, compleja. Una de las mayores dificultades de los interrogatorios o de la comunicación abogado-cliente, era conocer las variaciones léxicas que se producían constantemente en las jergas de los delincuentes.

Pongamos por caso el encuentro en una sala de un migrante hispanoamericano, al que se supone un conocimiento completo del español, pero que usa una variante dialectal con fórmulas diferentes de las del castellano. Sumemos que maneja un léxico de los ámbitos delincuenciales propios de su lugar de origen. Esto, por una parte. Porque por la otra nos hallamos con fórmulas prefijadas en el ámbito léxico-semántico de lo jurídico, a menudo arcaicas o arcaizantes, vicios jergales como frases largas, a menudo con una subordinación tan constante que roza la agramaticalidad. La garantía de una buena defensa, de un trato igualitario para todos los ciudadanos se pueden ver coartados por cuestiones puramente lingüísticas.

Y no es que las administraciones no se hayan preocupado por una estandarización del lenguaje jurídico y/o administrativo. O, lo que es lo mismo, una racionalización o una modernización del lenguaje usado por las administraciones.

En esta línea, hace ya años, (el 30 de noviembre de 2009) creó el Ministerio de Justicia una comisión integrada por miembros destacados de la RAE de la talla de Víctor García de la Concha, Alex Grijelmo o Salvador Gutiérrez, entre otros. El encargo consistía en la creación de "un informe de recomendaciones sobre el lenguaje empleado por los profesionales del Derecho, con la finalidad de hacerlo más claro y comprensible para los ciudadanos" (2011, p. 1).

La comisión presentó las conclusiones y las consecuentes recomendaciones que habrían de ir poniéndose en práctica para que se forjase una verdadera "democratización" de los usos lingüísticos que garantizase la compresión de los diferentes documentos emitidos por la administración en general y la de justicia en particular. Dicho informe se implementó en España, aunque con no mucho éxito y en otros países hispanoparlantes, caso de Uruguay.

Las recomendaciones giraban en torno a dos ideas clave. Una primera dirigida a los profesionales y una segunda a las instituciones.

De entrada, la propia esencia de estas recomendaciones implicaría una decidida intromisión de las administraciones en la lengua castellana. Esto, en apariencia, puede parecer un atrevimiento: el propio funcionamiento de una lengua implica que la evolución procede de una convención de los hablantes que aceptan o no los cambios y, si esto ocurre, suele deberse a necesidades comunicativas que lo hacen posible. Así que, la Comisión encargada de dicha modernización planteaba más un trabajo de campo que detectaría los principales problemas y aportaría posibles soluciones que quedaban en manos, obviamente, de la propia administración implicada.

La cuestión de fondo es, en apariencia, simple: una buena parte de los ciudadanos no entiende el lenguaje de la Administración de Justicia. En buena ley, el lenguaje jurídico es complejo y hemos de entenderlo como una jerga alejada de los usos convencionales de la sociedad. No vamos a entrar en cuáles son los conflictos y remitimos al propio informe de la comisión para ello. Y, en un sistema democrático, la Administración no es más que una extensión de la propia sociedad que está a su servicio. Los ciudadanos, sin embargo, ante una diferenciación o una imposibilidad de compresión lingüística, entienden que se hallan ante algo ajeno o extraño, cuando no extranjero. Las lenguas unen y dividen, crean sociedades y las alejan. Y se ha de entender que una democratización de la justicia, es decir, aquella que entiende a sus ciudadanos como iguales, la lengua no ha de convertirse en medio de "aristocratización" que sitúe a ciudadanos bien formados en usuarios privilegiados.

Por poner un ejemplo cercano, pensemos que en 1973, la Cámara de los Comunes, en Gran Bretaña, ya había propuesto su propio plan para revisar lingüísticamente las leyes aprobadas, de manera que las clarificasen para su mejor comprensión. Esta necesidad no hacía más que reconocer la complejidad del lenguaje legal. Era el informe titulado *The preparation of legislation: report of a committee appointed by the Lord President of the Council*[1]. Entre las recomendaciones se implementaron medidas como la inclusión de notas explicativas en los textos normativos; guías en las que se explica dicha normativa de forma sencilla y clara.

A finales del siglo pasado, se revisaron las medidas mediante un documento titulado *Bad Language: The Use and Abuse of Official Language* en el que se criticaba el uso abusivo de fórmulas jergales como propio de una mala administración.

Es decir; se tiende a considerar el lenguaje como una prioridad en la relación ciudadano-administración, como uno de los estándares de calidad democrática. La existencia en sedes judiciales de diferentes niveles de uso impide la consideración igualitaria de los ciudadanos, en tanto en cuanto lingüística-

---

1 Great Britain. Parliament. Committee on the Preparation of Legislation. Renton, D. (1975). *The Preparation of Legislation: Report of a Committee Appointed by the Lord President of the Council.* Sweet & Maxwell.

mente somos diferentes. En cuestiones de habla todos lo somos, bien es cierto; pero en relación con los usos jergales, cultos, estándares o vulgares de una lengua, estamos hablando de grupos o colectivos que tradicionalmente sitúan a los hablantes de un lado u otro de la justicia.

No podemos olvidar que ciertos clichés o estereotipos siguen formando parte de la imagen pública de una lengua o dialecto: dialectos meridionales, americanos, lengua caló... han venido habitualmente a considerarse, torticeramente, formas de segunda en los usos sociales cuando estas lenguas o hablas no representan absolutamente nada más allá de modalidades lingüísticas. Podríamos pensar, incluso, en que determinados estereotipos lingüísticos aún parecen prefigurar la percepción de ciertos ámbitos delincuenciales aun siendo una realidad totalmente falseada. Es cierto que los medios de comunicación han abandonado las asimilaciones raciales a ciertos tipos de delincuencia. Hasta hace no mucho era habitual citar la etnia o el origen de los delincuentes cuando se hacía referencia a ciertos sucesos en medios de comunicación. Pero no está tan claro que los prejuicios lingüísticos no sigan existiendo. Y como toda lengua revela una ideología, en el amplio sentido de la palabra, sería difícil entender que, en un juzgado, un determinado texto (sentencia, alegato, etc.) no deje entrever dicha ideología. En este sentido Zambrado Tiznado especifica este punto (2015, p. 78):

> Se puede esperar que las prácticas ideológicas de los jueces se textualicen de algún modo en la sentencia (Van Dijk, *Algunas notas*, 44) y ella debiera dar cuenta, al menos, de las dos ideologías a las que cada juez adhiere. Sin embargo, la creencia axiomática de la imparcialidad obliga a que la ideología política se oculte y solo se visibilice la ideología profesional. Esto significa que la sentencia, en tanto discurso, "expresa, reproduce y formula" (Van Dijk *Ideología y análisis del discurso*, 3; *Política, ideología y discurso*, 26) ideologías contradictorias. Es posible encontrar sentencias imparciales y radicales al mismo tiempo que sentencias imparciales y liberales. Entonces, cualquier estudio acerca de las sentencias en tanto discurso

> obliga a prestar atención a los aspectos relevantes de la situación social (contexto) que la controlan (Van Dijk, *Discourse and context,* 128).

Si nos paramos a pensar lo que el discurso jurídico encierra en términos, no sólo gramaticales, sino léxico-semánticos, hemos de ser conscientes, pues, del abismo lingüístico que puede suponer para muchos administrados acercarse a la intención comunicativa de los interesados en los textos jurídicos y que van, desde la propia ideología encerrada en ellos, hasta la dificultad de desentrañar o incluso trasladar fórmulas sintácticas complejas.

Conscientes de todas estas dificultades y de que era inevitable continuar en la línea de intervención en los lenguajes jurídico y administrativo, una vez que se publicaron los resultados de aquella comisión, y pasados once años, se crea la *Comisión para la claridad y modernización del lenguaje jurídico*[2]. Nace de un protocolo firmado el año anterior en el que se buscaba (2022, p. 130566):

> ...velar por el buen uso del lenguaje jurídico e impulsar la modernización del mismo, haciéndolo comprensible para la ciudadanía, en el entendimiento de que mejorar la claridad del lenguaje jurídico y garantizar el derecho a comprender, en el ámbito de la Administración de Justicia, es también modernizar la Justicia. Así, este protocolo es un elemento más de Justicia 2030, concreción del Plan de recuperación, transformación y resiliencia para el Servicio Público de Justicia, cuyo objetivo esencial consiste en transformar dicho servicio público para hacerlo más accesible, eficiente y contribuir al esfuerzo común de cohesión y sostenibilidad.

Pero si existe en esta nueva Comisión una diferencia, al menos de intención, con la previa, es la de aportar "claridad y

---

2 Orden JUS/912/2022, de 12 de septiembre, por la que se crea la Comisión para la claridad y modernización del lenguaje jurídico

accesibilidad" al lenguaje jurídico. Si bien el estudio previo del que hemos hablado había logrado hacer un enorme esfuerzo por desentrañar sus dificultades intrínsecas, las posibilidades de llevar a la práctica y de tomar medidas eficaces que garantizasen la modernización, terminaban por ser escasas.

3. LA COMUNICACIÓN ABOGADO-CLIENTE

Todo ello en la relación de la administración con la ciudadanía. Pero el sistema judicial implica a otros agentes. Muchos clientes se quejan de no comprender a sus abogados. Es una cuestión de comunicación, cuestión, sin embargo, no exclusivo del mundo del Derecho. Es algo que nos ocurre igualmente con los médicos o los mecánicos, por citar algunos ejemplos. Las jergas no están creadas para comunicar más allá del estrecho universo en el que se mueven: cuando escuchamos un diagnóstico solemos solicitar explicaciones más claras o menos técnicas al médico.

Un axioma que entendemos en todo acto comunicativo explica que cada uno de ellos siempre se produce en un plano de simetría o uno de complementariedad. Tendemos, en nuestra sociedad democrática, a creer que toda relación simétrica es, por el hecho indiscutible de considerar la simetría social como un bien en sí mismo, mejor y más igualatoria que la relación complementaria. Una relación simétrica se produce, por poner un ejemplo cuando, en una relación laboral, se habla entre colegas; pero esta relación se convierte en complementaria cuando el diálogo se produce con un superior o un empleado. No tiene por qué afectar al mensaje o al contenido de este. Pero podemos entender que parte de aquel mensaje cambia en tanto en cuanto la intencionalidad es diferente. En una relación simétrica se crea una relación de mismidad, en palabras de Watzlawick, que significa una relación de confianza y de continuidad.

> En una relación simétrica sana, cada participante puede aceptar la "mismidad" del otro, lo cual lleva al respeto mutuo y a la confianza en ese respeto, e implica una confirmación realista y recíproca del *self*: Cuando una relación simétrica se derrumba, por lo común observamos más bien el rechazo que la desconfirmación del self del otro (1981, p.104).

Podemos entender, pues, que no siempre una relación simétrica es, en esencia, positiva. Por otro lado, las situaciones de rechazo derivadas de procesos comunicativos no son tan extrañas como nos podemos pensar. Colocarse en un plano de superioridad o simplemente de complejidad lingüística puede romper esa relación simétrica que se presupone. Esto se puede producir por una cantidad ingente de situaciones que van desde el uso jergal en un momento comunicativo hasta la consideración social que podamos prestar a uno de los interlocutores. Las relaciones simétricas pueden parecernos mucho más democráticas e igualitarias; pueden aparecerse como las propias de sociedades de derechos o de opinión pública. Sin embargo no tienen por qué ser más saludables que las relaciones complementarias, aquellas que sitúan a los hablantes en planos diferentes. Siguiendo también a Watzlawick:

> En las relaciones complementarias puede darse la misma confirmación recíproca, sana y positiva. Las patologías de las relaciones complementarias, por otro lado. son muy distintas y en general equivalen a desconfirmaciones antes que a rechazos del *self* del otro. Por lo tanto, son más importantes desde un punto de vista psicopatológico que las peleas más o menos abiertas de las relaciones simétricas (1981, p. 105).

En la relación abogado-cliente existe o debe existir una relación mutua de confianza basada en varios movimientos. El cliente espera una serie de valores que van desde lo ético hasta lo económico, desde la honradez, el secreto y la profesionalidad a la fidelidad en el proceso. *El intuitu personae*, por seguir ejemplarizando, que puede aparecerse como un motivo más de confianza, también puede vincularse a una cierta complementariedad lingüística. El término latino se refiere a los actos (legales o no) en los que lo asociado a la identidad de la persona se vuelve determinante. Ahí caben factores como la condición social, el curriculum o la valoración pública de un abogado. Sin embargo, no son estas relaciones lingüísticamente complementarias las que complican las relaciones abogado-cliente. Toda comunicación fluye cuando ambos interlocutores son capaces de moverse de un nivel comunicativo a otro, cuando las condiciones psicolingüísticas se lo permiten. Aquí es habitual encontrarse perfiles muy variados que complican el *feedback* o la retroalimentación, algo, a todas luces, imprescindible en una relación como esta. Las dificultades se suman a otros problemas, algunos no exclusivamente lingüísticos, como la gestión de las discapacidades o del aprendizaje del castellano por migrantes de origen no hispánico o de influencia del español. Las reticencias de buena parte de los profesionales del Derecho a abandonar el lenguaje jergal y la complejidad subyacente a un habla específicamente arcaizante no deben llamarnos a engaño. La mayor parte de las complicaciones no se producen únicamente por esta razón, sino por una distancia comunicativa procedente de las competencias propias de cada hablante. Un hablante culto es capaz de llegar a un conocimiento suficiente de un mensaje jurídico sin necesidad de conocer profusamente la jerga correspondiente. Sin embargo, una ausencia competencial por parte del cliente sí supone un grave perjuicio en la relación entre ambos. No son pocos los profesionales del derecho que se quejan de las críticas habituales al respecto. No es, obviamente, la única profesión que utiliza un lenguaje jergal y, sin embargo, las implicaciones no son menores. Los propios profesionales son conscientes de ello aunque las soluciones que se propongan sean variadas (de Cucco, 2016, p. 130):

> Expertos de otras disciplinas critican duramente la forma en que escribimos los abogados. Objetan las palabras que usamos o -a veces- inventamos, la forma en que construimos las frases, la longitud de los párrafos y oraciones, el uso y abuso del

> gerundio, la redacción que califican de oscura y rebuscada, la constante inclusión de información irrelevante o superflua, y los errores de gramática y puntuación que, de tanto leerlos, se han vuelto "norma". Algunos, incluso, califican al lenguaje jurídico como fallido o fracaso comunicativo, como si estuviéramos más preocupados en demostrar nuestras capacidades que en que nos entiendan.

La claridad se demuestra, pues, como el principal problema al que se enfrenta la relación cliente-abogado o la relación administrado-administración judicial, más allá incluso que la distancia social o cultural. Cualquier hablante culto es capaz de descender a niveles estándares o coloquiales de una lengua. No así quien, competencialmente, no tiene posibilidades de acercarse a niveles más cultos que los propios.

4. DEFINICIONES Y FÓRMULAS DE TRABAJO: LA PLANIFICACIÓN LINGÜÍSTICA

Parece evidente que la democratización de un uso lingüístico no supone, de por sí, una garantía de éxito en la clarificación de la comunicación en los ámbitos jurídicos. Democratizar un uso debería suponer la facilidad de relación lingüística o, al menos conseguir un habla fácilmente comprensible con la ciudadanía siempre y cuando no suponga una merma en la calidad de la información transmitida. Cualquier ciudadano debería, sin embargo, poder acceder en igualdad de oportunidades a los contenidos que se expresan en los textos legales, cualesquiera que sean y que una diferencia lingüística no suponga una diferencia de trato.

Así las cosas, tenemos que preguntarnos por el espacio donde radica el problema. Y hemos de tener claro que no se produce exclusivamente por parte de la administración o de los abogados. Olvidar que una jerga no es más que una variante de lo que podemos denominar lengua común no ayuda en absoluto a facilitar las cosas. Pero, además, parte de la complejidad de este uso proviene de la necesidad de referencialidad y objetividad que es precisa en el ámbito del derecho. La estructuralidad de la norma obliga, igualmente, a cierta rigidez gramatical en la construcción de los documentos legales: normas, artículos, preámbulos, etc.

Pero tenemos un problema de fondo. Si estamos hablando de un tipo determinado de variedad social, como es el de la jerga jurídica, tenemos que conocer cuál es la variedad a la que queremos llevar el uso de este complejo uso. Porque el nivel estándar tampoco es tan fácil de definir. Una variedad lingüística puede ser de muchos tipos: geográfica, social, jergal... Siguiendo a Etxeberría (1997, p. 345):

> ... hablar de variedad no implica más que el hecho de reconocer la existencia de uno o varios conjuntos de diferencias, que pertenecen, a su vez, a una o a múltiples variedades. Por otra parte la utilización del término "variedad" únicamente designa, como es sabido, un elemento o conjunto de elementos del repertorio verbal, y no supone ninguna jerarquización previa entre las diversas variedades.

Pero es que la definición de ese estándar de uso implica también una cierta ambigüedad en su definición:

> Así, encontramos definiciones como "lengua común", "lengua de civilización" o "lengua de cultura" -en particular aquellos casos en los que su utilización desborda las fronteras de un solo estado- "lengua de uso", "lengua corriente", "lengua central"... para ser definida de un modo más preciso, esta noción llega en ocasiones a necesitar una doble calificación, y es entonces cuando se habla de "lengua común nacional" de "variedad nacional estándar", etc.

¿A qué uso estándar debe acomodarse el uso jurídico de una lengua como el español? La facilitación de la comprensión es un imperativo democrático. Pero la necesidad de precisión o objetividad es otro imperativo no menor. Podemos entender que esa estandarización se ha de hacer sobre la base de una modalidad que se sitúe por encima de dialectos, variedades jergales y culturales. Pero no es tan fácil de encontrar. Entendemos que, por el hecho de situarse al margen de variedades, es el uso del común de los hablantes y que se encuentra en los espacios en los que no se producen aquellos: televisión, radio, algunos espacios de la prensa escrita, espacios educativos, etc., donde se da un uso correcto del idioma, pero se busca una modalidad que supere los conflictos lingüísticos propios de sociedades lingüísticamente complejas, como es la nuestra.

Llegado el momento de superar el reconocimiento de la variedad estándar a la que acercar la pretendida modernización lingüística, hemos de considerar un problema a mayores que ya Fishman (1974) había reconocido hace décadas. La superación, no ya del conflicto de las modalidades como de la reacción a la propia modernización. Es lo que se ha denominado, ya desde los años 60, la "planificación lingüística", que no es otra cosa que la superación de complejidades lingüísticas a través de una intervención institucional en las propias lenguas.

Toda planificación lingüística (y la modernización del lenguaje jurídico lo es) choca también con fuerzas conservadoras que laten en el propio lenguaje que tiende a ser conservador *per se*. Estos cambios requieren de una planificación lingüística que no es sencilla y no se suele circunscribir a un ámbito concreto, caso este del jurídico. La democratización lingüística es un proceso generalizado de intervención en la norma que afecta a numerosos elementos sociales. Por decirlo de otra manera; si no se interviene en diversos ámbitos sociales, es difícil que uno solo cambie por sí solo. Y quizá por ello los intentos de democratizar el lenguaje jurídico han fracasado en gran parte; porque sólo son intervenciones parciales. El propio Fishman lo explica de esta manera (1974, p. 89):

> Language planning is nationality planning as well, and in this respect, it is different from industrial or agricultural planning which, as best, beging as a national planning. ... Language planning provides populations with a new name, with a new

> mission -and, as a result, with the drive and the dignity that makes new schools, new factories, new homes, and new diets not only acceptable but also necessary goals to work for and figth for.

La cuestión es que las lenguas se someten difícilmente a los cambios; es una herramienta, sí, como reconocen quienes pretenden intervenir en él, pero una herramienta de perfil claramente conservador. La razón es que cualquier cambio puede afectar a la comunicación más básica.

> Like other tools a language and its components can be changed and replaced. This is valid for phonemes, morphemes, words, syntactic constructions and rules. Although, language is more resistant to changes than some other social phenomena, it is nevertheless subject to deliberate change and direction, even to radical change (p. 52).

Lo explica también Tauli (1974, p. 51) tratando, precisamente sobre la intervención en el lenguaje y la planificación lingüística.

Nuestra opinión al respecto de todo este asunto es que nos enfrentamos a varias dificultades en la intervención pública en la modernización del lenguaje jurídico. Otra cosa es la relación cliente-abogado, no sometida tanto a planificación lingüística como a usos personales de la lengua y a competencias personales de carácter comunicativo.

La intervención lingüística en forma de planificación tiende a considerar una cierta complementariedad en la comunicación de ciertos esquemas sociales y a considerar que esta es negativa ni antidemocrática. De igual manera que suele explicar que la intervención pública en el lenguaje es algo así como la intervención en las políticas agrarias o económicas. El problema de fondo es que, si existe una institución auténticamente democrática y no sometida a decisiones individuales o grupales, es el lenguaje, por lo que el dirigismo suele tener consecuencias muy desiguales. Así las cosas, la resolución de los problemas y conflictos que se derivan de una desigualdad lingüística, rara vez se solucionan con planificación o intervencionismo, salvo en políticas de difusión o promoción. Ha habido casos significativos en España que han ido en este sentido, ya desde hace décadas. En 1995, se celebraron las *Jornadas Internacionales sobre la simplificación del lenguaje administrativo.* Entre sus conclusiones se encontraban las siguientes (1995, p. 212):

- Los ciudadanos tienen derecho a exigir que las administraciones públicas se expresen en un lenguaje comprensible, por razones de calidad, eficacia y eficiencia.

- Consideramos necesaria la intervención, en el proceso de producción normativa, de un órgano integrado por juristas y lingüistas que revise, atendiendo a criterios de funcionalidad comunicativa, los borradores de las disposiciones y proyectos de ley elaborados por los departamentos gubernamentales antes de su publicación o su envío al Parlamento.

- Es necesario introducir en los estudios de Derecho una asignatura obligatoria sobre técnicas de redacción jurídica.

Queremos insistir en dos cuestiones relevantes que nos parecen fundamentales en las conclusiones expuestas en las jornadas. En primer lugar, que se hace imprescindible la intervención de los lingüistas en los procesos de simplificación en los usos del lenguaje en las diferentes administraciones. Y segundo, que es impensable una mejora en las relaciones entre los elementos interesados en la comunicación jurídica basada, no únicamente en la planificación o en la intervención, sino en la formación.

El informe que acabamos de citar refiere una asignatura sobre "técnicas de redacción jurídica". Lo que nos parece imprescindible como asignatura, también lo consideramos reductivo en tanto solución. La redacción forma parte de una única parte de la relación administración - administrado y no siempre se sitúa en la relación entre estos agentes. En buena medida, esta redacción se produce dentro de la propia administración: comunicaciones internas, comunicaciones intrajudiciales, relaciones abogado-administración, etc. Por lo que la redacción simplificada no siempre es necesaria ni recomendable en el ámbito de dichas relaciones. Y tampoco tiene por qué ser útil en la comunicación abogado-cliente.

En esta relación se produce, no únicamente una comunicación verbal, sino, con profusión, una poderosa comunicación no verbal. Pongamos un ejemplo de hasta qué punto dicha comunicación no verbal puede enturbiar o mejorar el trabajo y la funcionalidad de estos ámbitos en las intervenciones judiciales. Es habitual que, cuando se encuentre declarando ante el juez y, ante las preguntas de éste, en no pocas ocasiones el cliente busque con la mirada a su letrado. Todo ello se complica si quien se vale de esta estrategia es un testigo. En ambos casos, nada importa la capacidad de redacción de un abogado o las muchas intervenciones lingüísticas que conozca y sea capaz de producir, pues estas miradas de comprobación, asentimiento o duda han sembrado la situación comunicativa de un significado pragmático fácilmente interpretable. Existe una tendencia a considerar como comunicación únicamente el uso del lenguaje verbal y, por ello, a pensar que programándolo, podemos conseguir que mejore la relación comunicativa entre todos los agentes implicados en los procesos judiciales o en las relaciones de los administrados con las administraciones públicas. Esto, por desgracia, es únicamente una parte de dichas relaciones.

Vamos más allá. Dentro de la legítima discusión en sala con el juez, se entra en polémicas vacías o, aunque legítimas, inoperantes. En estos casos estamos incurriendo en un error de comunicación que nada tiene que ver con nuestra capacidad retórica de argumentación o de redacción. Porque suele primar la inmediatez y la pulsión antes que la razón lingüística. Una lengua es la herramienta que tenemos para racionalizar el mundo porque es una herramienta de carácter lógico. Pero en la mayor parte de los procesos prima una parte de la comunicación que excede a ese razonamiento lógico para entrar en lo emotivo o lo pulsional.

En el terreno de los interrogatorios, en los que el entorno tiene un peso contrastable, las situaciones comunicativas inciden en cómo utilizamos una lengua. Influye en nuestra selección léxica, en nuestras capacidades gramaticales para formar frases, relacionar correctamente los términos empleados, y en nuestra capacidad semántica para elegir bien los términos con los que expresar correctamente lo que deseamos expresar. Las situaciones comunicativas modulan y pueden modificar nuestras habilidades lingüísticas. En casos de presión situacional, como el que tratamos, la comunicación varía indefectiblemente. En un interrogatorio existen relaciones de poder que convierten el ambiente comunicativo en un espacio de obligatoriedad y de conflicto. Hay alguien que pregunta y alguien que tiene obligación de responder. Las figuras de poder son, habitualmente, la policía o el juez. En muchos casos, la búsqueda de información no se produce en la manera tradicional o extrajurídica en la que solemos interpretar una pregunta: no existen marcas de entonación, suprasegmentales. Esto es lo que se ha venido a denominar "interrogación pragmática" y que suele ser usada por parte de acusación y defensa. De hecho, en numerosas ocasiones, para un interrogatorio se suelen utilizar expresiones afirmativas. ¿Cómo puede responder ante este hecho un testigo o un inculpado? Lo habitual es que sea más complicado contestar que ante una pregunta tradicional. Es interesante el artículo de Susana Ridao a este respecto en el que encontramos la razón última del tipo comunicativo al que nos enfrentamos (2008, p. 805):

> Normalmente el interrogatorio es propio del campo del derecho y del ámbito policial, tratándose de un acto oral, en contraposición con la definición que ofrece el Diccionario de la Real Academia de la Lengua Española, donde se da priori-

> dad al carácter escrito. Al comienzo del proceso legal se produce un interrogatorio policial, y, una vez abierto el juicio oral, hay otro interrogatorio, éste ya efectuado por las figuras del juez, el fiscal y los abogados hacia los testigos. Todo ello forma parte del mismo proceso comunicativo, esto es, un conflicto que se ha desatado originariamente, y que la configuración de la sociedad actual ha llevado a tales medios para solventar este litigio. Por tanto, en todo este transcurso comunicativo el interrogatorio se convierte en una herramienta de trabajo, con el fin de aclarar el problema.

Es la sociedad misma, depositaria de la normatividad y usos de su propia lengua, quien ha llevado un conflicto a una particular forma comunicativa y que se ha dotado de una función concreta, una función conativa que pretende algo del receptor del mensaje. El interrogatorio, convertido en herramienta, se nutre de ciertas fórmulas que, por un lado requieren una mutua comprensión del mensaje, una retroalimentación que tiene como fin descubrir algo oculto. Esas fórmulas van desde el mismo uso de la verbalidad a las fórmulas pragmáticas más variadas. Todo ello hace bastante complejo dirimir cuál fórmula puede facilitar la relación verbal entre los agentes interesados en los ámbitos jurídicos y, de la misma manera, en la relación abogado-cliente.

5. CONCLUSIONES

Los constantes intentos de profundizar en una democratización del lenguaje jurídico y de acercar las administraciones a los ciudadanos han dado desiguales resultados. Dichas fórmulas han pasado por sistemas de intervencionismo y de programación lingüística y también por esfuerzos de educación lingüística a partir de los planes docentes conducentes a los títulos de abogado o graduado en Derecho.

Sin embargo, en lo que respecta a los problemas lingüísticos que se producen en estos ámbitos poco se ha avanzado.

Las diferentes comisiones han propuesto soluciones que afectan únicamente a lo estudiado del ámbito de las lenguas que son usadas en el intercambio entre Administración pública y administrados. Pero el problema no se encuentra únicamente ahí. Considerar una distancia complementaria entre abogado-cliente o entre justicia-administrados no implica necesariamente una falta de entendimiento. Por otro lado, modificar las estructuras subyacentes a las fórmulas jergales puede ayudar a dicho entendimiento, pero dejará fuera todo el bagaje comunicativo no verbal.

A nuestro modo de ver, la solución a largo plazo de los problemas comunicativos inherentes a estas relaciones no puede darse interviniendo en la herramienta, en la lengua. Sólo un mayor conocimiento de esta por parte de los ciudadanos y del resto de agentes puede solventar dichas cuestiones. No queremos decir que las actuales medidas no sean eficaces o no sirvan para mejorar las relaciones comunicativas. Pero son sólo una parte de la cuestión. En resumen: por mucho que solucionemos la parte lingüística de la ecuación siempre encontraremos administrados con problemas subyacentes a la comunicación: migrantes con modalidades dialectales diferentes, dificultades comprensivas por colectivos desfavorecidos, diferencias consustanciales a los administrados como diferencias grandes de edad, etc.

Sólo una mejora del conocimiento lingüístico general, por las partes implicadas puede solucionar estas cuestiones y esto depende de todas las Administraciones y de la consideración pública de la importancia y la necesidad de profundizar en el conocimiento del idioma propio. Todo ello, sin que deban dejarse de lado las medidas que llevan implementándose en las últimas décadas.

REFERENCIAS BIBLIOGRÁFICAS

De Cucco, M. C. (2016). ¿Cómo escribimos los abogados. La enseñanza del lenguaje jurídico. Academia. *Revista sobre enseñanza del derecho de Buenos Aires*, 14(28), 127-144.

Etxeberria, M. (1997). El lenguaje jurídico y administrativo. Propuesta para su modernización y normalización. *Revista española de lingüística, 27*(2), 341-380. http://revista.sel.edu.es/index.php/revista/article/view/1534

Fishman, J. (1974). Language modenization and planning in comparison with other types of national modernization and planning. In Joshua Fishman (ed.), *Advances in language planning*. Mouton-The Hague

Instituto Vasco de Administración Pública (1996). *Administrazioaren eta herritarren arteko komunikazioa hobetu nahian*. Ponencias de las jornadas sobre simplificación del lenguaje, Donostia, noviembre de 1995.

Ministerio de Justicia (2011). *Informe de la Comisión de Modernización del lenguaje Jurídico*. https://lenguajeadministrativo.com/wp-content/uploads/2013/05/cmlj-recomendaciones.pdf

Ridao, S. (2008). El interrogatorio en los contextos judiciales. Una aproximación pragmalingüística. En R. Monroy y A. Sánchez, *25 años de lingüística en España. Hitos y retos* (pp. 805-809). Universidad de Murcia.

Tauli, V. (1974). The theory of language planning. En J. Fishman (ed.), *Advances in language planning*. Mouton-The Hague.

Watzlawick, P., Beavin, J. y Jackson D.D. (1981). *Teoría de la comunicación humana. Interacciones, patologías y paradojas*. Herder.

Weil, S. (2019). *La persona y lo sagrado*. Hermida Editores.

Zambrano, J. P. (2015). Derecho, ideología y discurso. *Alpha (Osorno), 40*, 71-80.

Valoración de la credibilidad del testimonio en el proceso civil y penal

JAVIER GARCÍA ENCINAR
Magistrado
Profesor Asociado en Universidad Católica de Ávila

1. INTRODUCCIÓN

Con carácter previo, y para facilitar la lectura y comprensión de las consideraciones que se desarrollarán a lo largo de la presente exposición, se estima necesario llevar a cabo una breve descripción del marco en el que las mismas se van a desenvolver.

Paradójicamente, esa delimitación comienza en sus aspectos negativos. Así, no espere el lector encontrar una exposición detallada de los aspectos regulatorios o normativos relativos al testimonio, ya sea prestado por una de las partes del procedimiento o por un tercero ajeno al mismo –verdadera prueba testifical, estrictu sensu– por cuanto los mismos aparecen recogidos tanto en la Ley de Enjuiciamiento Civil (en adelante LEC) o en la Ley de Enjuiciamiento Criminal (en adelante LECrim), y que ya han sido profusamente abordados tanto en manuales de Derecho Procesal como en abundantes monografías y, sin duda, también en ésta.

Tampoco será objeto de análisis la doctrina jurisprudencial relativa a la prueba testifical y a los requisitos y el valor de la misma que, al igual que ocurre con el supuesto anterior, también ha sido abordada en innumerables monografías y estudios.

Por último, salvo referencias muy breves y estrictamente necesarias para el desarrollo del discurso, también se dejarán al margen los aspectos psicológicos relativos a la credibilidad del testimonio, habida cuenta de que quien esto aborda, so pena de limitarse a una reproducción mimética de múltiples y diversos estudios, carece de los conocimientos y la osadía para exponerlos con el rigor y la profundidad de ciencia necesarios (Nieva, 2010).

Sentado lo anterior, se está en el trance de definir, ahora sí, desde un punto de vista positivo el campo de lo que será objeto de estudio y que no son sino las diferentes perspectivas legales y judiciales, que no jurisprudenciales, atribuidas a una misma prueba, la testifical. Es cierto que la presente monografía se enmarca en el ámbito del Derecho Penal y del Derecho Procesal Penal, pero como apoyatura de la conclusión final, permítase la libertad de una breve referencia comparativa según el orden jurisdiccional, civil o penal, en el que se desarrolle la misma.

Tradicionalmente, se ha venido afirmando que la documental es la reina de las pruebas en el proceso civil, en tanto que la testifical lo es en el proceso penal (Montero, 2012). Ello obedece fundamentalmente a la distinta forma de plasmación, o la falta de ella, mediante la que los distintos comportamientos humanos, jurídicamente relevantes, se ofrecen al mundo exterior.

Así, mientras en las relaciones de Derecho Civil o Privado, las partes suelen documentar sus negocios jurídicos a fin de garantizar el cumplimiento y dotarse de los medios probatorios necesarios para asegurarse el éxito ante una eventual reclamación, en el ámbito delictivo se busca precisamente lo contrario, la ausencia de cualquier rastro a fin de alcanzar la impunidad. De esta forma, la forma habitual de acreditar la autoría de un hecho penalmente relevante es, en la mayoría de los casos y a falta de otro mejor, el testimonio.

Lo anterior pone de manifiesto que una misma prueba, la testifical, objetiva y esencialmente una, en tanto en cuanto por la persona que la presta como por la forma en que se desarrolla, adquiere unas muy dispar importancia y relevancia dependiendo del orden jurisdiccional en el que se practique y eso que en el testimonio no hay anclajes seguros de verificación, resultando únicos elementos de valoración de la credibilidad la consideración personal del testigo, su propio discurso, o el contraste de lo declarado con otros elementos de prueba (Chozas, 2004).

Para evidenciar aún más el diferente régimen según la jurisdicción ante la que se siga el proceso, se profundizará a continuación, aun someramente, en cada uno de ellos.

2. LA PRUEBA TESTIFICAL EN EL PROCESO CIVIL

En el proceso civil, no solo para la prueba testifical sino para todos los medios y fuentes de prueba, el principio dispositivo impone la renuncia a la búsqueda de la verdad, entendida ésta en parámetros absolutos, y ello se evidencia porque:

a) Los hechos no introducidos por las partes en el proceso no pueden ser objeto de consideración judicial alguna, de tal manera que al Juez le está vedado no ya investigarlos, sino siquiera tenerlos en cuenta. Como indica el clásico adagio "lo que no está en los autos, no existe en el mundo".

b) Los hechos fijados como ciertos por ambas partes o por una de ellas con el asentimiento de la otra vinculan al Juez, siempre y cuando estén amparados por su poder de disposición.

c) En relación a los hechos controvertidos, la actividad probatoria tiene una finalidad estrictamente verificadora que no investigadora, y ello porque investigar supone indagar hechos desconocidos siendo así que, en el proceso civil, la prueba ha de versar sobre hechos ya conocidos por previamente introducidos, y solo para el caso de que hayan sido negados o contradichos. Únicamente

> respecto de los hechos controvertidos ha de producirse la verificación o comprobación (STS de 21 de octubre de 1993). Es más, la iniciativa para determinar los medios a través de los que se ha de llevar a cabo aquella verificación no queda al arbitrio y voluntad unilateral del Juez, sino que solo puede acordar aquellos que hayan sido previamente propuestos por las partes. Como regla general, el Juez puede rechazar un medio de prueba propuesto por las partes, pero no puede practicar un medio de prueba no propuesto por ellas, y ello sin desconocer la excepcionalidad de lo dispuesto en el art. 429.1 párrafo tercero LEC, que no desvirtúa la regla general.

Por todo ello, no cabe sino concluir que la búsqueda de la verdad, dado su restringido ámbito de actuación, está fuera de las posibilidades y la finalidad de la prueba en el proceso civil.

Sentada la anterior premisa, la doctrina distinguió entre clases de verdad según fuere el marco procesal de referencia. Se afirmó que si en el proceso penal la función de la prueba debía seguir siendo la búsqueda de la verdad, que se calificó de material, en el proceso civil bastaba con una verdad que se llamó formal.

Dicha distinción, que fue mantenida durante décadas por la doctrina, fundamentalmente la alemana, fue profundamente contravenida por Carnelutti a través de un sencillo silogismo, de tal manera que la verdad no puede ser más que una, de modo que, o la verdad formal coincide con la verdad material, y entonces no es más que verdad, o discrepa de ella, y entonces no es verdad.

Dejando al margen tales disquisiciones doctrinales, o precisamente por ello, nuestro ordenamiento procesal civil huye de cualquier referencia a la verdad y define la prueba como una actividad procesal encaminada a convencer al juez de la certeza de los hechos aportados por las partes. Alcanzado este punto, y dado que la finalidad de la prueba es lograr el convencimiento del Juez, llega la hora de analizar la tarea más estrictamente judicial relacionada con aquella, esto es, su valoración.

Es de común conocimiento, y ello justifica una simple y somera referencia sin especial profundidad, que existen dos sistemas de valoración de la prueba, el de prueba tasada y el de libre valoración de la prueba. Por lo que se refiere a la prueba testifical, dejando al margen la única manifestación existente en nuestro ordenamiento jurídico de prueba tasada en relación al testigo contenida en el art. 51 Código de Comercio, cuando excluye probar únicamente mediante testigos la existencia de contratos cuya cuantía supere las 1.500 pesetas, y una vez derogado el art. 1.248 Código Civil, la valoración de la declaración prestada por el testigo se rige por el sistema de libre valoración de la prueba, tal y como determina el art. 376 LEC.

El alcance y contenido del sistema de libre valoración será objeto de un más profuso análisis en las conclusiones finales, pero, en cualquier caso, lo hasta aquí expuesto permite afirmar el valor más que relativo de la prueba testifical en el proceso civil. Como señala Arens, expresando un antiguo sentir general, la prueba testifical es la más insegura de todas las pruebas (de la Oliva & Díez-Picazo, 2001).

3. LA PRUEBA TESTIFICAL EN EL PROCESO PENAL

Por el contrario, pocas cosas aparte de un arma humeante tienen tanto peso en el Juez o en el jurado como las declaraciones de un testigo (Loftus et al., 1994). Ahora bien, esa atribuida importancia o relevancia chocan frontalmente con la falibilidad humana, por cuanto el testigo es una persona y no es difícil que se equivoque, consciente o inconscientemente. Precisamente por ello, el campo de la psicología se ha interesado desde hace tiempo por el testimonio y el establecimiento de parámetros, que no asertos absolutos, que permitan analizar la credibilidad de quien presta declaración. Con esta finalidad, existen innumerables estudios que se ocupan de explicar cómo funciona la memoria y cuáles son sus defectos más comunes.

Como se indicaba en la introducción de estas consideraciones, no se pretende un estudio o exposición detallado de tal materia, por ser de carácter extra jurídico, sino una mera alusión a grandes rasgos, para lo que se seguirán, como hilo conductor, las explicaciones de Manzanero (Manzanero, 2008, p. 27). A este respecto, debe diferenciarse entre la memoria a corto y a largo plazo. En relación a la primera, la capacidad para recordar estímulos auditivos es superior a la de los estímulos visuales (Manzanero, 2008, p. 6). Asimismo, se recuerdan mejor siempre los primeros y los últimos elementos de una lista, siendo más susceptibles de olvido los que se sitúan la parte media de la misma (Manzanero, 2008, p. 6).

Por lo que se refiere a la memoria a largo plazo, se distinguen dos tipos de memoria, la episódica, que es la autobiográfica, la referida a los recuerdos del individuo, y la memoria semántica, que es la que contiene los conocimientos que permiten interpretar cuanto vemos y, por supuesto, también nos permite valorar los datos de la memoria episódica. Pues bien, con respecto a ésta último se distinguen tres procesos fundamentales: la codificación, que consiste en tomar la información percibida, seleccionándola, dotándola de significado a través de la interpretación, y finalmente integrándola en las estructuras preexistentes de la propia memoria. En segundo lugar, hallamos la retención, que nos enseña que, con el paso del tiempo, tienden a deteriorarse los recuerdos y, más llamativo aún, que esos recuerdos tienden a "reacomodarse" o "reordenarse", sobre todo cuando se viven acontecimientos similares, tendiendo a confundirse unos con otros, produciendo falsos recuerdos y solapamientos (Manzanero, 2008, p. 6) que sólo parcialmente tiene algo que ver con el acontecimiento acaecido.

En tercer lugar, nos encontramos con el fenómeno de la recuperación, es decir, la búsqueda en la memoria del testigo del recuerdo. Ese proceso parece depender, para que la versión ofrecida se ajuste a lo sucedido, de que la persona llamada a prestar testimonio sea capaz de reinstaurar la situación en que se produjo la codificación, es decir, que vuelvan a la memoria los elementos que sirvieron para almacenar la información o, dicho en lenguaje llano, que se "vuelva a poner en situación". Si ello no acontece, la información no podrá ser recuperada o lo será de una forma distorsionada.

Todo ello llevaría a poder afirmar que la memoria, en general, pude ser poco segura. De hecho, las personas perciben normalmente sólo aquello que realmente les interesa, lo que es otro dato a tener en cuenta. Sin embargo, en todo caso, es una conclusión muy consolidada que la confianza que exprese una persona en su memoria a la hora de declarar, no tiene absolutamente nada que ver con la exactitud de sus recuerdos.

Por otra parte, también se ha estudiado la importancia del contexto en la memoria, esto es, las circunstancias ambientales o emocionales de todo tipo que se percibió la información y fue objeto de codificación, de tal manera que la misma no ofrecerá el mismo resultado dependiendo si lo presenciado fue de día o de noche, o bajo el prisma de un entorno emocional alegre o triste.

En todo caso, sí existe consenso en que el paso del tiempo es un enemigo de la memoria, pudiendo llegar a borrar completa o relativamente el recuerdo. Parece ser que la distorsión del recuerdo viene provocada por el ingreso de otros recuerdos en la memoria, produciendo los solapamientos anteriormente referidos, pero lo cierto es que no existe una explicación científica unánime al respecto, por cuanto la pérdida de los recuerdos no ha podido ser explicada ni siquiera desde un punto de vista biológico, salvo cuando aparecen enfermedades tipo amnesia. Se sabe que los hechos desagradables se olvidan antes que los agradables, así como también se ha concluido que los hechos infrecuentes, relevantes, así como los que implican emocionalmente, tienden a recordarse mejor (Bender et al., 2007).

Sin embargo, se presenta el problema de los recuerdos que se ha generado en una situación traumática, variando entre los autores la confianza que se le atribuye al relato de alguien que ha padecido un acontecimiento muy desagradable. En todo caso, parece que el estrés generado por la violencia perjudica la calidad del recuerdo (Ibabe, 2000).

Todo lo anterior puede llevar a concluir que la memoria, como base del testimonio, dista de ser una fuente de información objetiva y fiable, sobre todo teniendo en cuenta el lapso de tiempo que suele implicar la pendencia de un proceso judicial desde su inicio hasta la celebración del juicio oral, exigiendo un transcurso temporal que, como anteriormente se indicaba, no influye positivamente en los recuerdos almacenados en la memoria, pudiendo dar lugar a que el testigo no proporcione una información veraz y ello aún sin voluntad alguna de mentir, manteniendo el convencimiento de que está diciendo la verdad cuando en realidad no es así.

La conciencia de tal circunstancia ha llevado a que, tanto desde el punto de vista psicológico como jurisprudencial, se han establecido una serie de puntos o ítems encaminados a facilitar la valoración de la credibilidad del testimonio que no del testigo. Así, desde el punto de vista jurisprudencial, es necesario que el Tribunal valore la concurrencia de las siguientes notas o requisitos: (STS 16 de octubre de 2.002):

a) *Ausencia de incredibilidad subjetiva*, derivada de las relaciones acusador-acusado que pudieran conducir a la deducción de la existencia de un móvil de resentimiento, enemistad, venganza, enfrentamiento, interés o de cualquier índole que prive a la declaración de la aptitud necesaria para generar certidumbre; es decir, si dicha prueba consiste en el propio testimonio del acusador, una máxima de experiencia común le otorga validez cuando no exista razón alguna que pudiese explicar la formulación de la denuncia contra una persona determinada, ajena al denunciante, que no sea la realidad de lo denunciado.

La comprobación de la concurrencia de este requisito exige un examen minucioso del entorno personal y social que constituye el contexto en el que se han desarrollado las relaciones entre el acusado y la víctima, cuyo testimonio es el principal basamento de la acusación. Es necesario descartar, a través del análisis de estas circunstancias, que la declaración inculpatoria se haya podido prestar por móviles de resentimiento, venganza o enemistad y, al mismo tiempo, excluir cualquier otra intención espuria que pueda enturbiar su credibilidad. Sólo de esta forma se puede establecer una primera base firme para llegar a un principio de convicción inculpatoria.

b) *Verosimilitud*, es decir, constatación de la concurrencia de corroboraciones periféricas de carácter objetivo, que avalen lo que no es propiamente un testimonio (declaración de conocimiento prestada por una persona ajena al proceso), sino una declaración de parte, en cuanto que la víctima puede personarse como parte acusadora particular o perjudicada civilmente en el procedimiento. En definitiva, es fundamental la constatación objetiva de la existencia del hecho. No basta con el requisito anterior, sino que también es necesario que nos encontremos ante una manifestación que por su contenido y matices ofrezca sólidas muestras de consistencia y veracidad. La mejor forma de conseguir este objetivo pasa por contrastar las afirmaciones vertidas por el testigo con los demás datos de carácter objetivo que bien de una manera directa o bien de una manera periférica sirvan para corroborar y reforzar aspectos concretos de las manifestaciones inculpatorias. Este apoyo material sirve para reforzar la credibilidad, no sólo de la persona que vierte la declaración, sino también la verosimilitud del dato facilitado. Es evidente que esta exigencia debe aquilatarse y extremarse en aquellos casos en los que el delito, por sus especiales características, no ha dejado huellas o vestigios materiales de su ejecución.

c) *Persistencia en la incriminación.* Esta debe ser prolongada en el tiempo, plural, sin ambigüedades ni contradicciones (también STS de 10 de octubre de 1997 y 16 de febrero de 1998). Debe comprobarse cuál ha sido la postura del testigo incriminador a lo largo de las actuaciones, tanto en la fase de investigación como en el momento del juicio oral. La continuidad, coherencia y persistencia en la aportación de datos o elementos inculpatorios no exige que los diversos testimonios sean absolutamente coincidentes, bastando con que se ajusten a una línea uniforme de la que se pueda extraer, al margen de posibles matizaciones e imprecisiones, una base sólida y homogénea que constituya un referente reiterado y constante que esté presente en todas las manifestaciones.

En el ámbito de la psicología, no existe un único modelo psicológico para valorar la credibilidad, sino una pluralidad que, a su vez, manejan distintos datos a tener en cuenta, en cuyo análisis detallado no se entrará por cuanto, como al inicio se indicaba, se carecen de los conocimientos y la osadía para ello. Así, a título meramente enunciativo, se manejan como datos a tener en cuenta la coherencia de los relatos (algo especialmente tenido en cuenta por los Tribunales y sirva como ejemplo la doctrina jurisprudencial anteriormente citada), la contextualización de los mismos, las corroboraciones periféricas, la existencia de detalles oportunistas a favor del declarante, etc.

Como conjunción de ambos campos se encuentra la denominada *prueba pericial psicológica sobre la credibilidad del testigo.* En un primer momento, la intervención del psicólogo en el proceso penal se verificó allí donde era más necesario y donde desplegaba sus conocimientos con mayor eficacia, esto es, en los Juzgados de Menores, aunque hoy en día ya es frecuente en cualquier proceso penal. Aquella necesidad devino de dos causas fundamentales. En primer lugar, existía la falsa creencia de que los menores no tenían un recuerdo exacto de lo sucedido a causa de su incompleto desarrollo cognitivo. Esta concepción ha sido rectificada, pues los estudios científicos han descubierto que el recuerdo del niño puede ser más incompleto que el de un adulto, pero no menos exacto. La segunda razón, es que el menor suele aparecer en la justicia penal como víctima de delitos sexuales y, por ello, la credibilidad de su testimonio preocupa más que la de cualquier otro, de ahí la intervención del psicólogo.

Ahora bien, hoy en día, por el contrario, no es infrecuente la intervención del perito psicólogo para que evalúe la credibilidad del testimonio prestado, constatando la presencia de determinados criterios o parámetros que permitirán calificar su credibilidad. No obstante, la experiencia, también, nos enseña que en muchas ocasiones dichos informes periciales son incompletos y carecen de la necesaria rigurosidad científica que sería exigible. En la mayoría de las ocasiones la incorporación y valoración judicial de dichas pruebas periciales de credibilidad se realiza desde una posición acrítica, en donde el argumento meramente formalista de la "imparcialidad" de los peritos pertenecientes a organismos públicos y/u oficiales, frente a los peritajes de parte, se erige en un factor decisivo para la aceptación in totum de sus conclusiones, pero sin un efectivo examen analítico del contenido de dichas pruebas y de su cientificidad.

El uso generalizado e indiscriminado de dichas pruebas que tiene lugar en nuestra práctica forense presenta unos niveles altamente problemáticos cuando las manifestaciones de los niños y niñas víctimas de delitos de abuso sexual constituyen la única y decisiva prueba de cargo. En muchas ocasiones, no sólo se descartan a priori las pruebas periciales de parte omitiendo incluso su existencia en la sentencia o descartando su eficacia probatoria con una genérica referencia a su "carencia de valor concluyente" (vid. SSTS de 21 de noviembre de 2003 y 24 de octubre de 2005 , ponente Andrés Ibáñez), sino que, para el caso de concurrencia de dictámenes periciales contrapuestos se acude mecánicamente a dar valor a los procedentes de organismos públicos u oficiales (generalmente emitidos por Servicios de Atención a la Víctima adscritos a los Juzgados y Tribunales) sobre la base, como hemos visto, de criterios pseudocientíficos como su "imparcialidad". Además, el Juez, tanto en el momento de fijar el objeto de la pericia como en el momento de su valoración probatoria, debe ser plenamente consciente de las posibilidades y límites de la Psicología Forense en este ámbito y, por tanto, de cuál debe ser el objeto específico de la pericia judicial que acuerde. El Juez no puede pretender mediante dicha prueba que el perito sustituya su labor de valoración, pues sólo a él le corresponde en cuanto destinatario último de la prueba practicada en el proceso penal. Cuestión distinta es que el perito pueda aportar parámetros o criterios que contribuyan a esta labor judicial de valoración probatoria.

Se hace necesario identificar aquellos parámetros valorativos y metodológicos que el Juez o Tribunal debe tener en cuenta en el momento de valorar la eficacia probatoria de dichas pruebas periciales, sin que el principio de la "libre valoración de la prueba" o de su "apreciación en conjunto" puedan servir a modo de coartada para eludir un examen rigurosamente analítico de su contenido y conclusiones (vid. STS de 30 de junio de 2005, ponente Andrés Ibáñez). En otras palabras, como con carácter general explica el profesor Taruffo, el Juez en la valoración de los resultados de la prueba científica no puede centrarse únicamente en los aspectos puramente procedimentales o en la autoridad del experto interviniente, pues esta actitud supone renunciar a la tarea valorativa que le corresponde, convirtiéndose la prueba pericial en una suerte de prueba legal. El juez no puede renunciar a efectuar un control crítico de los resultados aportados por la prueba científica. Por el contrario, debe examinar y analizar el contenido de la prueba científica en orden a determinar su alcance y peso probatorio, distinguiendo lo que podemos denominar "ciencia buena" de lo que la doctrina procesalista norteamericana denomina "ciencia chatarra o basura" (junk science).

Esta cuestión ha sido objeto de particular análisis en la STS de 30 de junio de 2005 (ponente Andrés Ibáñez). La sentencia censura el acrítico tratamiento de la prueba pericial psicológica entre cuyos déficits destaca la falta de aportación de la trascripción íntegra de los interrogatorios de la menor que impidió conocer la calidad de las preguntas, es decir, si fueron abiertas, o por el contrario fundadas en una previa asunción de la versión acusatoria sin contemplar otras hipótesis alternativas, si bien esta cuestión ha sido superada por el actual estado de la técnica y la documentación mediante actas audiovisuales de los actos procesales, de tal manera que el Juez y las partes tienen acceso al contenido de la o las entrevistas llevadas a cabo, a fin de poder valorar las mismas y la forma en que fueron llevadas a cabo.

Al hilo de lo dicho hasta este momento, la aplicación del test DAUBERT elaborado por el Tribunal Supremo Federal norteamericano (Sentencia caso DAUBERT vs. MERRELL DOWN PHARMACEUTICALS, INC., 509 U.S. 579, 1993) puede ofrecernos una guía adecuada para valorar la eficacia probatoria de dichas pruebas periciales psicológicas. Como expone el profesor Igartua (2018), en dicha sentencia se identificaron cuatro criterios para evaluar la validez y fiabilidad de una prueba pericial o científica:

1. La controlabilidad o falsabilidad de la teoría o de la técnica que fundamenta la prueba.
2. El tanto por ciento de error conocido o potencial y si se respetan o no los estándares relativos a la técnica empleada.
3. Si la teoría o técnica en cuestión ha sido difundida en publicaciones científicas permitiendo así su control por otros expertos.
4. El consenso general de la comunidad científica concernida.

La aplicación de la anterior doctrina a las pruebas periciales psicológicas acerca de la credibilidad de las manifestaciones de los niños o niñas victimizados exigiría que las mismas tuvieran el siguiente contenido mínimo:

1. Cualificación y experiencia profesional y/o académica del perito acerca de la materia objeto de la pericia (evaluación de credibilidad de las manifestaciones de niños y niñas). El Juez o Tribunal debe estar en condiciones de conocer y valorar la *expertise* del perito o peritos, esto es, su especialización técnica y científica.
2. Identificación de las concretas actuaciones y peritajes realizados. En el caso objeto de examen el perito debería plasmar en su informe las características de la entrevista o entrevistas realizadas, quienes estaban presentes, el número de entrevistas, su duración, el momento en que tuvieron lugar, etc.

   A los efectos de controlar los fundamentos fácticos de sus conclusiones el perito deberá documentar con absoluta fidelidad toda la información obtenida, para lo cual resulta imprescindible aportar las grabaciones de las entrevistas realizadas y todo el material utilizado y generado con la práctica de la pericia (test de personalidad y todo tipo de pruebas realizadas).

Para el caso de entrevistas a niños y niñas resulta imprescindible su videograbación pues de esta forma se posibilita controlar si las mismas se llevaron a cabo conforme a los criterios aceptados por la comunidad científica y, especialmente, el grado de sugestionabilidad de las preguntas formuladas y, por tanto, la mayor o menor credibilidad de las manifestaciones realizadas. En realidad, como advierte la profesora Margarita Diges, las preguntas sugestivas contaminan de tal forma las manifestaciones de los niños y las niñas y modifican sus recuerdos que en estos casos resulta imposible valorar su credibilidad (Diges, 2010).

3. Identificación y explicación del método científico utilizado y la bibliografía que lo avala. Con ello el Juez estará en condiciones de constatar el grado de fiabilidad científica de las conclusiones del dictamen pericial.

4. Por último, las conclusiones del dictamen sobre la base de los indicadores de credibilidad previamente identificados. Dichas conclusiones deberán guardar coherencia con el resto del contenido del informe y ser debidamente (científicamente) razonadas y justificadas por el perito.

En todo caso, y como premisa básica de validez probatoria, cuando el perito psicólogo se enfrente a este tipo de dictámenes deberá hacerlo desde una posición de imparcialidad frente a los hechos, esto es, de escepticismo, planteándose hipótesis alternativas a la de la denuncia y examinando su viabilidad o plausibilidad. Cuando el perito opera exclusivamente sobre la base de la veracidad de la hipótesis fáctica de la denuncia su dictamen debería ser judicialmente descalificado precisamente por su carácter sesgado (vid. STS 24 de octubre de 2005, ponente Andrés Ibáñez).

En cuanto a la casuística relativa a la persona del testigo, sin ánimo de agotar la cuestión, se plantean los siguientes interrogantes:

3.1. ¿Pueden ser testigos el Juez o el Letrado de la Administración de Justicia?

Respecto a los Jueces, la ley no priva a los integrantes del Poder Judicial de la capacidad para testificar y, por ello, un Juez pude ser citado a declarar como testigo siempre y cuando los sea por hechos extraños a su cualidad y función judicial y, por el contrario, si se interesa su declaración en cuanto es o fue Juez, es decir, sobre los hechos que él conoce por la razón del ejercicio de la jurisdicción y no de otra manera, su declaración como testigo deviene inviable a tenor de lo dispuesto en el Art. 219.9 de la Ley Orgánica del Poder Judicial, que recoge las causas de abstención y recusación de los Jueces y Magistrados. Así señala la STC la STC 145/1988, FJ 5, "no se trata, ciertamente, de poner en duda la rectitud personal de los Jueces que lleven a cabo la instrucción ni de desconocer que ésta supone una investigación objetiva de la verdad, en la que el Instructor ha de indagar, consignar y apreciar las circunstancias tanto adversas como favorables al presunto reo (Art. 2 de la LECrim), pues es evidente que el Juez de Instrucción puede hallarse, al igual que el Juez Sentenciador , en una particular relación con las partes y con el objeto del proceso susceptible de afectar negativamente a su ecuanimidad y rectitud de juicio. La anterior conclusión viene corroborada con lo dispuesto en el art. 219 de la LOPJ, en la medida en que las causas legales de abstención y recusación se predican de todos los Jueces y Magistrados, y específicamente en la LECrim, que no sólo reitera esta previsión (Art. 52) sino que contempla expresamente la posibilidad de recusar al Juez de Instrucción (Art. 58 y 61 párrafo 2°). Y es que, en la medida en que la instrucción criminal, pese a su finalidad inquisitiva, obliga a consignar todas las circunstancias que puedan influir en la calificación de los hechos investigados, sean favorables o adversas al imputado, faculta para adoptar medidas cautelares que pueden afectar a derechos fundamentales de la persona y debe respetar algunos principios (derecho de defensa, a conocer la imputación, de contradicción e igualdad entre las partes), se hace obligado que el instructor deba revestir las necesarias condiciones de neutralidad tanto en relación con las partes del proceso como sobre su objeto. En definitiva, el Juez de Instrucción, como cualquier Juez, debe ser un tercero ajeno a los intereses en litigio, a sus titulares y a las funciones que desempeñan en el proceso".

Más concretamente, el art. 417.2 LECrim ha sido interpretado por el Tribunal Supremo en el sentido de que Jueces y Fiscales sólo pueden ser llamados a juicio siempre que vayan a ser interrogados sobre hechos que hayan conocido como particulares, pero no sobre hechos que hubieren conocido por razón de su cargo (STS 8/7/94, 23/3/97 y 30/09/98).

En igual sentido, respecto a los Letrados de la Administración de Justicia, el Tribunal Constitucional en la STC 159/2004, de 4 de octubre, le atribuye a la fe pública judicial el máximo grado de presunción de legalidad, mientras no haya pronunciamiento de los Tribunales competentes. Por su parte, la posición, prácticamente unánime de la Sala II del Tribunal Supremo es que los Letrados de la Administración de Justicia –antiguos Secretarios judiciales– no deben declarar como testigos en el juicio oral.

La Sentencia del Tribunal Supremo núm. 249/2008, de 20 mayo rechaza la admisibilidad a partir de lo que a continuación se expone. La STS 3 octubre 1.995, matizando el criterio más flexible expresado por la STS 23 diciembre 1.994, recuerda que "testigo" es la persona física que, sin ser parte en el proceso, es llamada a declarar, según su experiencia personal, acerca de la existencia y naturaleza de unos hechos conocidos con anterioridad al proceso (por haberlos presenciado -testigo presencial- o por haber tenido noticia de ellos por otros medios -testigo referencial-). El Secretario del Juzgado interviene en una diligencia de registro en su condición de tal, de modo que se pone en contacto con los hechos enjuiciados dentro del proceso y por exigencias legales (Art. 569 LECrim y artículos 279 y siguientes de la LOPJ). Así pues, para la Sala II del TS no es procedente, por tanto, proponer a los Letrados de la Administración de Justicia como testigos respecto de su intervención en los actos procesales en que su presencia es legalmente exigida.

Por su parte la Sentencia del Tribunal Supremo núm. 135/2006, de 14 febrero, Sala de lo Penal, Sección 1ª, (rec. 1175/2004) ya recogía esta argumentación con mención de otras sentencias previas. Así, recogía literalmente lo previamente afirmado por la STS 1116/1998 de 30 de septiembre (anteriormente citada):

> Tiene declarado esta Sala, como son exponentes las sentencias de 5 de julio de 1993 y 8 de julio de 1994 (RJ 1994\6702), que carece de sentido traer a declarar a Secretarios Judiciales u Oficiales habilitados, sobre extremos referentes a actas por ellos levantados, afirmándose en la segunda de las sentencias citadas que el testigo, por definición, es la persona que siendo ajena al proceso, es citada por el órgano jurisdiccional a fin de que preste declaración sobre hechos pasados y que puedan resultar relevantes para la averiguación y constancia de la perpetración de los delitos objeto de investigación y las personas pertenecientes a la carrera judicial y fiscal -lo mismo que los secretarios judiciales- podrán declarar como tales testigos siempre que se trate de hechos de los que hubieran conocido como particulares, pero no sobre hechos que hubieran conocido por razón de su cargo o sobre los que hubieran dictado resoluciones ya que para acreditar lo que resulte de determinadas actuaciones jurisdiccionales ha de acudirse a otros medios de prueba como sería la expedición de los testimonios correspondientes; ello resulta congruente con lo que dispone en los números 1.º y 2.º el artículo 281 de la Ley Orgánica del Poder Judicial (actualmente 453) en los que se expresa que el Secretario es el único funcionario competente para dar fe con plenitud de efectos en las actuaciones judiciales y la plenitud

de la fe pública en los actos en que la ejerza el secretario no precisa la intervención adicional de testigos.

Por tanto, en relación a los hechos de los que haya tenido conocimiento el Letrado de la Administración de Justicia por su actuación procesal tampoco puede ser objeto de llamamiento como testigo.

3.2. ¿Puede actuar el secreto del periodista como límite a la actividad indagatoria?

Una institución, el secreto profesional, singulariza el estatuto jurídico de los periodistas, a quienes se reconoce la facultad de mantener reservadas sus fuentes informativas. La Constitución consagra este derecho en el art. 20.1.d), pero ni lo define ni delimita su contenido. Si contempla el desarrollo legislativo posterior, pero han transcurrido casi cuatro décadas desde que se promulgó la Constitución sin que se haya promulgado norma alguna regulando esta modalidad de secreto profesional. La razón de este vacío legislativo reside en la tradicional oposición de la profesión periodística a cualquier regulación, en el convencimiento de que la "no regulación" es la mejor opción regulativa, pues cualquier desarrollo normativo siempre sería restrictivo.

El resultado se traduce en amplios márgenes de incertidumbre en aspectos nucleares de la institución, como los referidos a la titularidad del derecho, el haz de facultades que confiere a su titular y los límites que pueden oponerse al mismo. En esta situación, se ha de acudir a la doctrina del TEDH, que ha tratado de conformar y delimitar un derecho a la protección de las fuentes informativas para todo el ámbito europeo.

El punto de partida de la elaboración doctrinal lo constituye el caso Godwin c. RU (1996). A pesar de que el art. 10 CEDH no consagra expresamente el derecho del periodista a mantener la reserva de sus fuentes, el TEDH establece que tal derecho forma parte inescindible de la libertad de información. En el caso, se trataba de la sanción impuesta a un periodista por negarse a identificar a quien le había proporcionado información sensible sobre la situación económica de una empresa, que había sido obtenida mediante la sustracción de un plan confidencial. La información no llegó a publicarse, al prohibirlo a instancia de la empresa la autoridad judicial. El periodista, además, fue requerido para que revelase su fuente, a lo que se negó.

Para determinar la necesidad y proporcionalidad de la injerencia, el TEDH tiene en cuenta, por una parte, que sin una adecuada protección se disuadiría a las fuentes de suministrar informaciones a la prensa y, con ello, ésta dejaría de ser un instrumento de control eficaz en una sociedad democrática. La existencia de un interés público preponderante impone, pues, que la restricción se encuentre suficientemente justificada, lo que no sucede cuando el único interés que se persigue con la identificación es proceder contra el autor de la revelación, pues ese interés, aun siendo legítimo, no justifica una restricción tan intensa en los derechos del informador.

Podría pensarse que el TEDH llega a esta conclusión porque en este caso el interés subyacente era un interés particular, la violación de un secreto de empresa y, por tanto, la solución podría haber sido distinta si la revelación hubiera tenido por objeto un secreto oficial. Esta situación es examinada en el caso Fressoz y Roire c. Francia (1999) y, sin embargo, la conclusión no varía. Se trataba de la violación de un secreto tributario, pues la información difundida se refería a la liquidación de impuestos de un alto directivo, a la que se dio publicidad con ocasión de un conflicto laboral. Para el TEDH, la violación del secreto oficial por parte de determinados funcionarios no conlleva que los periodistas que reproducen las informaciones no ejerciten legítimamente la libertad de información. La corrección de la conducta del informador ha de valorarse no conforme al origen de las informaciones, sino atendiendo a otros factores, como la existencia de un interés social relevante en la noticia, la veracidad, la posibilidad de obtenerla por otros medios, etc.

En ambos casos, se reconoce la existencia del derecho del periodista a mantener la reserva de sus fuentes informativas, derivado del art. 10 CEDH, a la vez que se admite pueda ser limitado por la existencia de un interés legítimo relevante, si bien es preciso aclarar que tal interés no lo constituye la mera violación de un secreto privado u oficial.

Delimitar el contenido del derecho, también es una cuestión fundamental. Desde una perspectiva material, el secreto profesional del periodista se extiende a no revelar la identidad de la fuente que ha proporcionado la información y, por tanto, también comprende el derecho a no revelar cualquier otra circunstancia que pueda contribuir a identificarla. Formalmente, el derecho del periodista a mantener en secreto la identidad de sus fuentes se concreta en la prohibición de exigirle cualquier declaración identificando a su informador. Pero en la actualidad se acepta que la protección de esta modalidad de secreto profesional incluye algo más que el mero derecho a excusar el testimonio, ante el requerimiento para que el periodista identifique a la fuente informativa. También incluye la protección frente al registro o la incautación de cualquier soporte material que contenga información que permita identificar la fuente y, por ello, la utilización de determinados procedimientos de investigación basados en vigilancias físicas (registros) y electrónicas (escuchas) están prohibidos cuando se utilizan para quebrantar el secreto profesional de los periodistas.

Así ha venido a reconocerlo el TEDH en los casos Roemen y Schmidt c. Luxemburgo (2003) y Ernst y otros c. Bélgica (2003), estableciendo que los registros ordenados por la autoridad judicial con la finalidad de descubrir las fuentes de un periodista son contrarios al Art. 10 CEDH. En el origen del caso Roemen y

Schmidt c. Luxemburgo (2003) se encuentra una información inexacta, acusando a un alto responsable gubernamental de haber cometido fraude fiscal. En el curso de la investigación, que se abrió por el delito de revelación de secretos, el Juez de Instrucción dispuso el registro del domicilio y del lugar de trabajo del periodista y del despacho profesional de su abogada. El TEDH aclara: “los registros que persiguen descubrir la fuente de un periodista constituyen un acto más grave que el requerimiento de divulgar la fuente... los investigadores que provistos de una orden de registro sorprenden a un periodista en su lugar de trabajo, de hecho, tienen unos poderes de investigación amplísimos, desde el momento que tienen acceso a toda la información poseída por el periodista” (§ 57).

Esta doctrina ha sido reiterada en el caso Ernst y otros c. Bélgica (2003), en el que también se cuestionaba la compatibilidad con el Art. 10 CEDH de unos registros que fueron efectuados a varios periodistas con la finalidad de identificar al responsable de unas filtraciones oficiales. En concreto, se trataba de la investigación emprendida por el Juez de Instrucción del Tribunal de Apelación de Bruselas, encargado de investigar las filtraciones que se estaban produciendo en el tribunal de Lieja, concernientes a diversos asuntos sometidos a investigación judicial, lo que hacía sospechar que en el origen de las filtraciones se encontrase un magistrado del propio tribunal. Tan pronto el instructor fue designado dictó una orden con la finalidad de que se efectuasen registros simultáneos a varios periodistas, tanto en las sedes de los medios de comunicación como en sus domicilios particulares. En el curso de los registros se incautaron numerosos documentos, disquetes informáticos y los discos duros de varios ordenadores. El TEDH reitera la doctrina del caso Roemen y Schmidt c. Luxemburgo (2003), declarando que la actuación fue desproporcionada a la vista de la envergadura de los registros e incautaciones, máxime cuando existían otros medios de investigación como la declaración de los magistrados sospechosos, a los que nunca se llegó a recurrir.

Así pues, de acuerdo con esta doctrina, el derecho al secreto profesional del periodista comprende no sólo la reserva o el sigilo respecto de la identidad de la fuente, sino también de cualquier circunstancia o dato que pudiera permitir llegar a identificarla.

3.3. En relación con el enjuiciamiento separado de menores y mayores de edad. ¿Qué condición tienen los imputados en cada uno de los procesos cuando intervienen en otro?

La Ley Orgánica de Responsabilidad Penal del Menor 5/2000 atribuye a la jurisdicción de menores la competencia para conocer de los hechos penalmente relevantes cometidos por los menores de edad sin que contemple ninguna especialidad o excepción para aquellos supuestos en los que en los hechos ilícitos hayan intervenido de forma conjunta mayores y menores de edad, salvo la previsión específica para los hechos cometidos por mayores de 18 años y menores de 21 contemplada en los Arts. 1, 2 y 4 de la Ley del Menor y Art. 69 del Código Penal.

Esta coincidencia de autores, adultos y mayores de edad, provoca una duplicidad de procedimientos para la instrucción y el enjuiciamiento de los hechos, procedimientos que discurren de forma paralela, siendo normalmente el de menores el que se tramita con mayor celeridad y es objeto de primer enjuiciamiento.

Entre los problemas que se derivan de esta duplicidad de procesos, y por lo que aquí atañe, se plantea el interrogante de cuál es la condición de los investigados en uno u otro proceso cuando intervienen en el otro. Es decir, en qué condición declaran los mayores de edad investigados o acusados en el proceso ordinario cuando declaran en el proceso ante la jurisdicción de menores seguido en relación a los menores de edad por los mismos hechos, y del mismo modo, en qué condición intervienen los menores de edad cuando declaran en el procedimiento de mayores.

En la práctica lo habitual es que, en estos supuestos de comisión del hecho punible por mayores y menores de edad de forma conjunta, en el procedimiento de menores los acusados mayores de edad declaren en dicho procedimiento como testigos, y en la misma condición lo hacen los menores en el procedimiento seguido para los encausados adultos.

A este respecto debe partirse de la premisa de que el acusado lo es por los hechos que configuran el objeto del proceso, mientras que el testigo tiene una aposición externa o por lo menos indirecta a tales hechos. Esta distinta relación con los hechos que constituyen el objeto del proceso determina diferencias no solo formales sino también, y más, importantes, de carácter material en relación al derecho de defensa, obligación no ya de declarar sino también de decir la verdad y la posibilidad de autoinculpación.

Como hechos señalados en la práctica habitualmente en los supuestos de participación conjunta en el hecho punible de mayores y menores de edad, los acusados declaran como testigos de forma respectiva en los procedimientos en los que no aparecen como encausados, si bien es cierto que, en la práctica forense, se les advierte con frecuencia que no tienen obligación de declarar en aquello que les pueda perjudicar.

En este punto debe ser destacada la STC 206/03. Se trata de un supuesto en el que el recurrente fue condenado por el Juzgado de lo Penal como autor de un delito de robo con intimidación, estimándose probada que el recurrente junto con otros condenados y un menor de edad. La prueba de cargo fundamental en la que se fundamentó la condena fue la declaración del menor. Dicho menor, inicialmente en su declaración ante la policía inculpó a los tres condenados y describió cómo sucedieron los hechos, y la ratificó ante el fiscal de menores. En el juicio oral en el Juzgado de lo Penal se practicó la declaración testifical del menor y al resultar contradictoria con las manifestaciones iniciales de contenido incriminatorio vertidas ante la policía y ante el fiscal de menores (en el otro procedimiento) la juez procedió a dar lectura a las anteriores declaraciones para que el testigo fuera interrogado sobre ellas y sobre las razones de haberlas cambiado. La juez dio mayor credibilidad a las primeras manifestaciones y fundamentó la condena de forma esencial en éstas.

Sobre estos antecedentes lo que se cuestiona el Tribunal Constitucional es si tales declaraciones reunían los requisitos constitucionalmente necesarios para incorporarse por la vía del art. 714 LECrim al acervo probatorio a tener en cuenta para la formación de la convicción judicial, y más en concreto, la declaración prestada por el menor ante el fiscal de menores.

Se afirma en la sentencia que: "a) aunque la declaración incriminatoria del menor, no se ha prestado ante la autoridad judicial, se ha producido ante el fiscal de menores, un órgano público que por exigencias constitucionales ejerce sus funciones con sujeción a los principios de legalidad e imparcialidad; b) que en el procedimiento de menores corresponden al fiscal las actuaciones de investigación que, si bien formalmente no son sumariales, desde el punto de vista material implican una instrucción funcionalmente equiparable a la del sumario por lo que, dadas las características del Ministerio público, gozan de la presunción de autenticidad; c) ciertamente, los límites subjetivos del expediente de menores, circunscrito a la comprobación del hecho y de la participación de los menores, dificultan la contradicción en cuanto a los copartícipes en los hechos mayores de edad, pero señala que "la doctrina de este Tribunal nunca ha exigido que la declaración sumarial con la que se confronta la distinta o contradictoria manifestación prestada en el juicio oral haya debido ser prestada con contradicción real y efectiva en el momento de llevarse a cabo, pues cumplir tal exigencia no siempre es legal o materialmente posible. Es la posterior posibilidad de confrontación en el acto del juicio oral la que cumple la exigencia constitucional de contradicción y suple cualquier déficit que, conforme a las previsiones legales, haya podido observarse en la fase sumarial".

Concluye en la sentencia admitiendo la aptitud constitucional de la declaración del menor ante el Fiscal de Menores para incorporarse por la vía del art. 714 LECrim al acervo probatorio a tener en cuenta por el juzgador a la hora de formar su convicción, garantizándose de este modo la triple exigencia constitucional de toda actividad probatoria: publicidad, contradicción e inmediación.

No obstante, en la propia sentencia se advierte que se trata del testimonio de un coimputado, como precisa, de un copartícipe en los hechos, de forma que la validez de su declaración como prueba de cargo estaría subordinada, conforme a la reiterada jurisprudencia del propio Alto Tribunal, a la existencia de una mínima corroboración periférica que avalara el contenido de la manifestación incriminatoria.

4. CONCLUSIONES

La relatividad e inseguridad que ofrece el resultado de la prueba testifical, observada con tradicional desconfianza tanto por el legislador como por la jurisprudencia españoles, determinan que, al menos desde el punto de vista jurídico, su relevancia se residencie no tanto en su resultado en sí mismo considerado, esto es, en el contenido y credibilidad de quien preste el testimonio, sino en la valoración de los mismos que el Juez o Tribunal lleve a cabo.

Como anteriormente se señalaba, sin necesidad de más profuso detalle por lo manido de la cuestión, existen dos sistemas de valoración de la prueba, el de prueba legal o tasada, y el de libre valoración de la prueba, rigiéndose la testifical por el segundo de ellos (art. 376 LEC y 717 LECrim).

Ahora bien, libre apreciación de la prueba no significa que el Juez o Tribunal no esté sometido a determinadas reglas o parámetros y que pueda, la hora de valorar la prueba, en concreto la testifical, sujetarse a su capricho o simple arbitrariedad, por cuanto la función jurisdiccional no es nunca un ejercicio de puro voluntarismo.

Así el art. 376 de la LEC se remite a las reglas de la sana crítica, tomando en consideración la razón de ciencia que hubiere dado el testigo y las circunstancias que en él concurran, así como las tachas que se hubieren formulado y la prueba que sobre éstas se hubieren practicado. Por su parte el art. 717 LECrim alude, en cuanto parámetro valorativo de la prueba testifical, a las reglas del criterio racional.

Reglas de la sana crítica o criterio racional que no dejan de ser conceptos jurídicos indeterminados cuya apreciación y delimitación están íntima e ineludiblemente ligados al caso concreto ya que, dependiendo de éste, la valoración de una misma prueba testifical puede devenir absurda e ilógica o, por el contrario, perfectamente ateniente al supuesto enjuiciado.

Es ahí donde adquiere especial y singular importancia la exteriorización del razonamiento interno que haya llevado al juzgador a valorar la prueba en determinado sentido, como reflejo del art. 24 CE y el derecho a la tutela judicial efectiva, permitiendo así, tanto a los implicados como al Tribunal encargado de hacer efectivo el sistema de la doble instancia, el conocimiento y control de aquel razonamiento y lo ajustado del mismo a aquellas reglas de valoración.

Desde este punto de vista, cabe concluir que los problemas que suscite la credibilidad del testimonio pueden, hasta cierto punto, salvarse siempre y cuando en la sentencia se cumplimente adecuada y detalladamente el deber de motivación con una exposición clara, lógica y racional de la valoración probatoria llevada a cabo.

REFERENCIAS BIBLIOGRÁFICAS

Bender, R., Nack, A., & Treuer, W-D. (2007). *Tatsachenfeststellung vor Gericht.* C.H. Beck.

Chozas, J. M. (2004). *La prueba de interrogatorio de testigos en el proceso civil.* La Ley.

de la Oliva Santos, A y Díez-Picazo, I. (2001). *Derecho Procesal Civil. El proceso de Declaración.* Editorial Universitaria Ramón Areces.

Diges, M. (2010). La utilidad de la psicología del Testimonio en la valoración de pruebas de testigos. *Jueces para la Democracia, 68,* 51-68.

Ibabe, I. (2000). *Psicología del testimonio.* Erein.

Igartua, J. (2018). *Cuestiones sobre la prueba penal y argumentación judicial.* Ediciones Jurídicas Olejnik.

Loftus, E., Greene, E., & Doyle, J. (1994). *La psicología del testimonio del testigo presencial.* Desclée de Brouver S.A.

Manzanero, A. (2008). *Psicología del testimonio.* Pirámide.

Montero, J. (2012). *La prueba en el proceso civil* (7.ª ed.). Civitas.

Nieva, J. (2010). *La valoración de la prueba.* Marcial Pons.

Una aportación al estudio de los delitos de falso testimonio (arts. 458-462 del Código Penal español)

ÁLVARO MENDO ESTRELLA
Universidad Católica de Ávila

1. INTRODUCCIÓN Y OBJETIVOS

El presente trabajo se enmarca en una obra colectiva que aborda el testimonio desde diversos puntos de vista no exclusivamente jurídicos sino también desde otras áreas del conocimiento o de la praxis. Así, aparte de su tratamiento penal y procesal, se ahonda en cuestiones de indudable interés en relación al testimonio que pueda ser prestado en sede judicial y que tienen que ver, entre otras cuestiones, con las características del emisor (menores, víctimas de violencia de género, personas con capacidades diferentes, etc.) o con cuestiones técnicas o procedimentales muy relevantes como la valoración del testimonio, las habilidades y técnicas en la práctica del interrogatorio, el testimonio en la investigación policial, procesos psicológicos básicos, tratamiento de información por parte de los medios de comunicación social, uso de la inteligencia artificial para la credibilidad, etc.

En este contexto multidisciplinar incluimos el presente capítulo para analizar, en el campo penal, el delito que por antonomasia tiene como objeto o eje central precisamente el testimonio. Y este no es otro que el delito de falso testimonio, previsto y penado en los artículos 458 a 462 del Código penal español.

Vaya por delante que el testimonio falso o mendaz no solo tiene respuesta penal en los preceptos mencionados, sino que podemos encontrarlo también en delitos archiconocidos como la injuria (artículo 208 del Código penal), la calumnia (artículo 205 del mismo cuerpo legal), la acusación o denuncia falsa (artículo 456), la simulación de delito (artículo 457) o en otros como el previsto en el artículo 502.3 que castiga al que "convocado ante una comisión parlamentaria de investigación faltare a la verdad en su testimonio" o el 471.bis que sanciona "al testigo que, intencionadamente, faltare a la verdad en su testimonio ante la Corte Penal Internacional, estando obligado a decir verdad conforme a las normas estatutarias y reglas de procedimiento y prueba de dicha Corte".

Dicho lo anterior, en consecuencia, el objeto de este capítulo es la regulación del delito de falso testimonio establecida en los artículos 458 a 462 del Código penal y el objetivo analizar la misma bajo el prisma de la más autorizada y/o actualizada doctrina científica y de la jurisprudencia más relevante y/o reciente sobre tales preceptos, con el fin último de mostrar el estado de la cuestión, posicionarnos ante las cuestiones más controvertidas a nivel doctrinal y judicial, aportar soluciones interpretativas y, en definitiva, contribuir al progreso del conocimiento en la materia.

El trabajo se desarrolla, tras una incursión necesaria en datos empíricos, siguiendo el orden de los preceptos del propio Código penal y, en lo posible y sobre todo en relación al tipo básico y principal del 458, la guía de análisis que nos proporciona precisamente a los penalistas una construcción dogmática elaborada y construida a lo largo de más 100 años, como es la Teoría General del Delito.

2. APROXIMACIÓN A LA REALIDAD EMPÍRICA DEL DELITO DE FALSO TESTIMONIO: INCOACIONES, CALIFICACIONES Y CONDENAS

Antes de adentrarnos propiamente en el análisis de los tipos penales objeto de atención en este trabajo, resulta conveniente aproximarse, siquiera someramente y siendo conscientes de las reservas y limitaciones propias de los datos estadísticos, a algunas cifras relativas al delito de falso testimonio, con el fin de tomar una conciencia más próxima a la realidad del mismo que pueda servir, quizá, para el análisis jurídico y propuestas derivadas.

Hemos de decir que no podemos, en este caso, acudir al dato de denuncias o hechos conocidos que habitualmente aparece recogido en el Portal Estadístico de Criminalidad[1] del Ministerio del Interior pues en el mismo no se discrimina el delito de falso testimonio al establecer los datos, con carácter más genérico, en relación al grupo más amplio de delitos contra la Administración de Justicia.

Dicho esto, mostraremos los datos siguiendo un criterio cronológico de carácter procesal refiriéndonos así, en primer lugar, a los procedimientos incoados y a las calificaciones realizadas por el Ministerio Fiscal para, seguidamente, dar cuenta de las condenas dictadas, todo ello en un horizonte temporal que abarca los cinco años previos de los que constan datos a fecha del cierre de este capítulo (en este caso entre el 2017 y el 2021[2]), teniendo en cuenta que en cuanto a incoaciones,

---

1 https://estadisticasdecriminalidad.ses.mir.es/publico/portalestadistico/portal/datos.html?type=pcaxis&path=/Datos6/&file=pcaxis

2 En cuanto al periodo 2012-2016 véase el específico trabajo de Rey et al. (2019).

calificaciones y condenas sí se especifican datos sobre el delito objeto del presente trabajo.

Pues bien, lo primero que observamos en relación a las incoaciones y calificaciones es una tendencia descendente en ambas, con un ligerísimo repunte en 2019 y más acusado en 2021, si bien en este último año ello es debido a la reducción de procedimientos judiciales celebrados en el año inmediatamente anterior, 2020, con ocasión de la pandemia de la COVID-19.

Del mismo modo, son destacables las escasas calificaciones que se producen en relación a los procedimientos incoados, pues no superan en ninguno de los años analizados el 23%, no llegando incluso en alguno de ellos al 19%. Así, en el año 2017, se produjeron 1.936 incoaciones llegando a calificarse 430 lo que supone un 22.21%. En 2018, de 1.836 incoaciones llegaron a calificarse 374 lo que arroja un porcentaje del 20.37%. Ya en 2019, con 1.893 incoaciones, se produjeron 383 calificaciones que suponen un 20.23% del total. En 2020 se aprecia un notable descenso en el número de incoaciones (1.272) y calificaciones (291) derivado obviamente de la situación sanitaria por todos conocida siendo, sin embargo, el año donde la relación entre ambas magnitudes es mayor, alcanzando el 22,87%. Por último, el año 2021 arroja un número de incoaciones de 1.612 y 304 calificaciones que suponen un 18,85%, continuando esa tendencia general a la baja si excluimos la relación con el excepcional año 2020.

Este escaso porcentaje de calificaciones en relación a las incoaciones puede deberse, en nuestra humilde opinión y a falta de información al respecto (lo que pudiera dar lugar a ulteriores investigaciones que exceden el objeto de la presente), a la ausencia de pruebas o a la inexistencia de los elementos típicos del delito de falso testimonio.

Todo lo expuesto en relación a las incoaciones y calificaciones puede verse de forma ilustrativa en la siguiente gráfica.

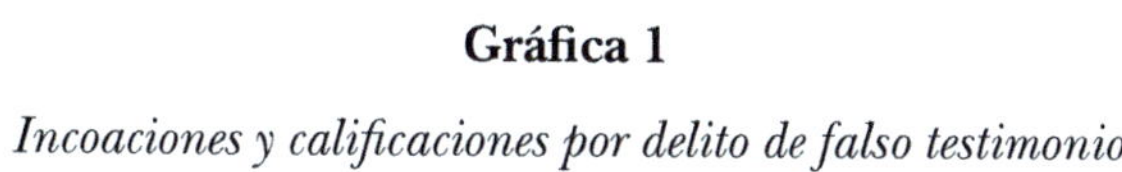

Gráfica 1

Incoaciones y calificaciones por delito de falso testimonio

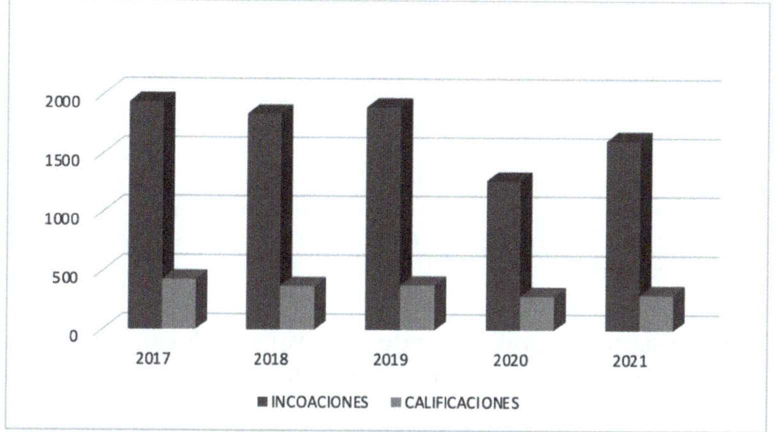

Nota. Elaboración propia a partir de los datos obtenidos en las correspondientes Memorias de la Fiscalía General del Estado. La última, de 2022, puede consultarse en https://www.fiscal.es/memorias/memoria2022/FISCALIA_SITE/index.html Capítulo IV, Área penal, evolución cualitativa de la criminalidad.

Por lo que respecta al número de condenas dictadas por nuestros juzgados y tribunales en el mencionado período 2017-2021 observamos igualmente una clara tendencia a la baja con un ligerísimo repunte en el año 2021 en relación al 2020 de tan solo 15 condenas más. No debe extrañar que, en toda la secuencia, el número de condenas de un año sea mayor al de calificaciones de ese mismo año, pues es lógico pensar que ello se debe a condenas de supuestos calificados en años anteriores al año de la condena. El número absoluto de condenas en los años referidos parece escaso si lo comparamos casi con cualquier otro delito, lo que viene avalado por la afirmación de la propia Fiscalía General del Estado (en adelante FGE) cuando en su Memoria del año 2021 señala, en relación a los delitos contra la Administración de Justicia entre los que se encuentran los delitos de falso testimonio, que

> Es una mención frecuente en las memorias de las fiscalías la sensación de que la respuesta que reciben las infracciones de este capítulo no es la adecuada al grave daño que se causa a la Administración de justicia. Como venimos recogiendo en los últimos años, se pone de manifiesto una muy escasa relevancia, lo que puede trasladar una sensación de cierta impunidad al no conllevar una sanción penal que se imponga de forma habitual a quienes llevan a cabo acciones de gravedad objetiva, como mentir en cualquier tipo de pleito, no comparecer, intimidar a las partes, acusar falsamente o incumplir las determinaciones de los órganos judiciales (Memoria FGE 2021, Cap. IV. Área penal, 1.2 evolución cualitativa de la criminalidad).

En la siguiente gráfica puede observarse de forma ilustrativa la evolución de las condenas por falso testimonio en el periodo referido 2017-2021.

Gráfica 2

Número de condenas por delito de falso testimonio

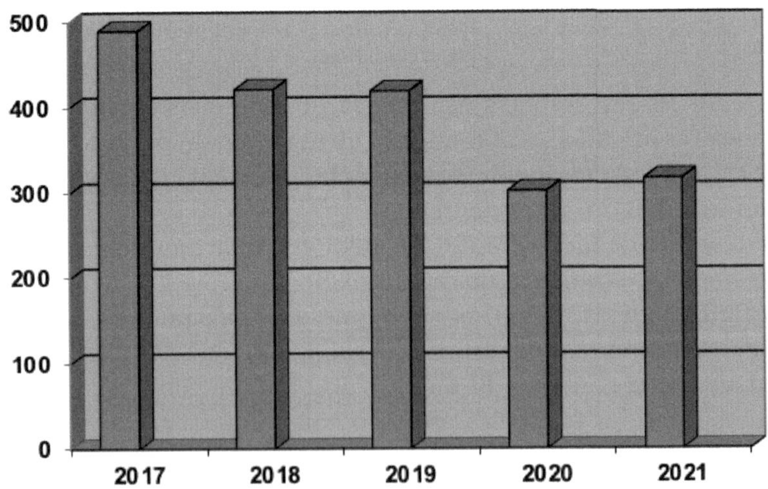

Nota. Elaboración propia a partir de los datos obtenidos en https://www.ine.es/jaxiT3/Tabla.htm?t=25997

Por último, mostramos para una mayor claridad expositiva (véase Tabla 1) los datos de incoaciones, calificaciones y condenas de forma conjunta.

Tabla 1

Datos de incoaciones, calificaciones y condenas

	Incoaciones (Memorias FGE)	Calificaciones (Memorias FGE)	Condenas (INE)
2017	1936	430	490
2018	1836	374	421
2019	1893	383	419
2020	1272	291	302
2021	1612	304	317

Nota. Elaboración propia.

3. UBICACIÓN Y BIEN JURÍDICO PROTEGIDO EN LOS DELITOS DE FALSO TESTIMONIO (ARTS. 458-462 CÓDIGO PENAL)

Tras las cuestiones introductorias y la aproximación a la realidad empírica corresponde ahora, como ya advertimos, comenzar con el análisis de los tipos delictivos que, bajo la rúbrica del "falso testimonio", aparecen recogidos en los artículos 458 a 462, ambos inclusive, del Código penal y dentro del Título XX correspondiente a los "delitos contra la Administración de Justicia". Su ubicación en este punto es, como nos recuerda Muñoz (2022):

> la última fase de una larga evolución que se inicia con la consideración del testimonio falso como un delito contra la Divinidad, cuyo nombre se jura en vano, o contra la persona que puede ser condenada a consecuencia de la falsa declaración y se continúa hasta épocas recientes con su concepción como un delito contra la fe pública (pp. 924-925)

Por lo que respecta al bien jurídico protegido en estos delitos y teniendo en cuenta la rúbrica del Título bajo la que se encuadran, "delitos contra la Administración de Justicia", la doctrina es unánime al referirse a esta como el interés protegible. Así, Orts (2022), se refiere al "interés del Estado en el correcto funcionamiento de la Administración de Justicia" (p. 756), precisando algo más Muñoz (2022) quien, además de referirse a esta, alude a "la pureza de la fase probatoria en un proceso judicial" (p.925). Por su parte Faraldo et al. (2016) alude a la "certeza de la prueba procesal y a la pureza de la aportación de los hechos" (p. 138). En un sentido muy similar, la Sentencia del Juzgado de lo Penal de San Roque 201/2014 de 30 de junio (TOL: 4.508.347) señaló que estos delitos tienen "como bien jurídico protegido a la justicia y concretamente a la fase probatoria de un proceso judicial" (F.J 2°) destacando por su parte la Sentencia del Tribunal Supremo 327/2014 de 24 de abril (TOL: 4.264.720) que el bien jurídico protegido "indudablemente es la efectividad del sistema de justicia" (F.J, 7°).

Sin duda, por su evidencia, nos sumamos a esta doctrina unánime que pone el foco en el buen funcionamiento de la Administración de Justicia, administración que no será correcta si, efectivamente como ocurre en los delitos objeto de estudio, se corrompe una fase esencial y clave en todo proceso judicial como es la fase probatoria. Creemos igualmente en la necesidad de esta respuesta penal, dada la importancia del buen funcionamiento de la Administración de Justicia para una sociedad propia de un Estado social y democrático de derecho.

4. EL FALSO TESTIMONIO DE TESTIGO (ART. 458)

Comienza el Capítulo VI del Título XX con el que quizá es el delito sobre el que giran el resto de delitos de falso testimonio. Por lo que respecta a su tipicidad objetiva hemos de destacar que sujeto activo solo puede serlo el testigo en causa judicial.

Por testigo, siguiendo a la mejor doctrina procesalista, podemos entender toda

> persona física, ajena al proceso, que es llamada a declarar según su experiencia personal acerca de la existencia y naturaleza de unos hechos conocidos con anterioridad al proceso, que han podido llegar a él bien por haberlos presenciado (testigo presencial) bien por haber tenido noticias de ellos por otros medios (testigo de referencia), (Carrasco, 2013, pp. 963 y ss.).

Por lo que respecta a la víctima-testigo en un proceso penal "su declaración falsa no será perseguida como falso testimonio sino como acusación falsa" (Moreno y Cortés, 2021, p. 476).

Teniendo en cuenta, como acabamos de decir, que sujeto activo solo puede serlo el testigo en causa judicial, podemos afirmar que la naturaleza jurídica de este delito es la de delito especial propio y de propia mano; especial propio por cuanto, insistimos, solo puede cometerlo quien ostenta la condición de testigo en causa judicial, no existiendo otro delito común que pueda ser cometido por cualquier persona sin esa condición; de propia mano porque solo puede cometerlo el testigo individualmente, con inmediatez, sin intermediarios por lo que, por definición, y siguiendo a Muñoz (2022, p. 930), queda excluida la coautoría y la autoría mediata.

No podemos terminar la referencia al testigo como sujeto activo del delito sin al menos precisar y recordar que determinados sujetos están exentos de la obligación general de declarar prevista, por ejemplo, en el artículo 410 de la Ley de Enjuiciamiento Criminal. En este sentido debemos remitirnos a las excepciones y exenciones del artículo 411 y a las dispensas de los artículos 416 a 418 de la ley rituaria criminal, así como a las previsiones de los artículos 360 y 371 de la Ley de Enjuiciamiento Civil dedicadas a la idoneidad de los testigos y al deber de guardar secreto, respectivamente. Unas u otras, desde un punto de vista jurídico penal, podrán ser consideradas como causas de justificación basadas en el cumplimiento de un deber, cuando no verdaderas causas de atipicidad (Muñoz, 2022, p. 929).

Por causa judicial, cuya existencia por otra parte es presupuesto típico necesario del falso testimonio de testigo, entendemos todo proceso judicial ya sea del orden penal, civil, contencioso administrativo o laboral, incluyéndose también la jurisdicción militar (Marín, 2022, p. 606) y excluyéndose, sin duda, los procedimientos administrativos y también la jurisdicción voluntaria (Orts, 2022, p. 757).

En aquellas jurisdicciones en las que el testigo normalmente declarará sobre los mismos hechos en dos fases diferentes, como es el caso de la jurisdicción penal, es de interés preguntarse ¿cuál es la declaración a la que atiende el delito de falso testimonio: la prestada en fase de instrucción o la prestada en el juicio oral? Pues bien, creemos que la respuesta viene dada por el artículo 715 de la Ley de Enjuiciamiento Criminal[3] del que, tras su lectura, podemos claramente derivar las siguientes conclusiones:

- si en fase sumarial se prestó declaración veraz y en juicio oral no, se podrá proceder por delito de falso testimonio (715 párrafo 1°).

[3] Establece el mencionado precepto que "Siempre que los testigos que hayan declarado en el sumario comparezcan a declarar también sobre los mismos hechos en el juicio oral, sólo habrá lugar a mandar proceder contra ellos como presuntos autores del delito de falso testimonio y cuando éste sea dado en dicho juicio. Fuera del caso previsto en el párrafo anterior, en los demás podrá exigirse a los testigos la responsabilidad en que incurran, con arreglo a las disposiciones del Código Penal".

- Si en fase sumarial se prestó declaración falsa y en juicio oral no, no se podrá proceder por falso testimonio (715 párrafo 1°)
- Cuando los testigos hayan declarado solo en fase sumarial y allí dieran falso testimonio, también ha lugar a proceder por delito de falso testimonio (715 párrafo 2°).

El comportamiento típico consiste en faltar a la verdad. Ello significa "mentir, pero también añadir, en un relato cierto, elementos falsos u omitir datos ciertos" (Mestre, 2016b, p. 901), posibilidad de comisión por omisión que también es contemplada por Muñoz (2022, p. 927). No obstante, el objeto sobre el que recae la falsedad ha de ser, como unánimemente destaca nuestra mejor doctrina, "aspectos esenciales a efectos del enjuiciamiento, y no sobre cuestiones intrascendentes, debiendo referirse a hechos y no a opiniones o simples juicios de valor" (Morillas, 2019).

Parece evidente, y así lo confirma también la unanimidad doctrinal, que estamos ante un delito de mera actividad que se consuma con la mera emisión del testimonio mendaz sobre hechos relevantes y trascendentales. Pudiéramos pensar, sin embargo, que la referencia del segundo inciso del 458.2 a que "a consecuencia del testimonio hubiera recaído sentencia condenatoria", exige la consecución de un resultado separado de la acción. No obstante, teniendo en cuenta que el dictado de sentencia condenatoria en el precepto mencionado se considera como una condición objetiva de punibilidad (Marín, 2022, p. 606) y, por tanto, por definición, no es un resultado típico abarcable por el dolo y separable de la acción, nos sumamos a la consideración de este delito como delito de mera actividad.

En este contexto del comportamiento típico es importante hacer mención a cuál ha de ser el criterio para determinar la falta de verdad. En este punto, siguiendo a Muñoz (2022, p. 928) parece razonable la aplicación de la teoría objetiva de la falsedad, de forma que habrá que comparar lo declarado por el sujeto y la realidad para concluir la veracidad o falsedad del testimonio prestado. En esta línea, se ha afirmado en algún trabajo específico de la literatura internacional que "el concepto de falsedad designa siempre una relación de este tipo. En el caso de los delitos de falsedad proposicional, la discordancia se constituye entre declaración [...] y realidad; esto puede ser designado falsedad en sentido estricto" (Wilenmann, 2014, p. 86).

Junto al criterio objetivo acabado de referir, algunos autores, como nos explica Orts (2022, p. 757), aluden a un criterio subjetivo de forma que habrá falsedad cuando el testigo no declara lo que él cree sino algo distinto. No obstante, el propio autor citado rechaza esta opción pues, explica, se podría condenar por falso testimonio cuando se declara la verdad, aunque esta no sea la que cree el declarante; también rechaza la teoría objetiva de la falsedad pues considera que con ella puede condenarse por falso testimonio al que no declara la verdad, pero creía firmemente que lo declarado era lo cierto. Por ello, el autor citado postula una teoría mixta conforme a la cual se debe "considerar falso el testimonio cuando se da una discordancia entre lo declarado y la realidad, y, además, con los conocimientos subjetivos del testigo" (Orts, 2022, p. 757).

En nuestra opinión, creemos que no es necesario añadir nuevas teorías o criterios a la teoría objetiva pues la propia estructura de la teoría general del delito nos brinda la oportunidad, en sede de tipicidad objetiva, de contrastar la falta de verdad (o discordancia entre lo declarado y la realidad como elemento del tipo objetivo) siendo posteriormente, en sede de tipicidad subjetiva, donde se podrá evitar la condena del acusado si el mismo no era consciente, problemas de prueba aparte, de la falsedad de su declaración. En parecido sentido la Sentencia del Tribunal Supremo 189/2015 de 7 de abril (TOL: 4.839.192) ha señalado con contundente claridad que

> El delito de falso testimonio consiste pues, en la consciente y deliberada falsedad o mentira de la declaración del testigo o en una falta de la verdad maliciosa en el informe pericial. Pero se requiere, no solo la objetiva falta de verdad en la declaración o en el dictamen sino, además, el dolo directo, consistente en conocer la falsedad y querer así expresarla (F.J, 4º).

Y más recientemente la Sentencia del Tribunal Supremo 107/2021 de 10 de febrero (TOL: 8.324.084) de forma meridiana ha explicado que

> La falsedad de lo declarado es un dato objetivo, que se constata contrastando eso que se declare con la realidad. Ahora bien, junto a este juicio sobre la veracidad, que se asienta en un criterio objetivo, ha de concurrir un elemento subjetivo, concretándose el tipo subjetivo en ser el testigo consciente de la falsedad de lo que declara, de manera que en caso de que la declaración, aunque sea objetivamente falsa, si no se tiene conciencia de ello, incluso si emite de manera negligente, al no tener cobertura en la norma penal, la conducta no será punible (F.J 2º.2)

Analizada la tipicidad objetiva del delito de falso testimonio de testigo y afirmando, con lo acabado de exponer, que la tipicidad subjetiva del mismo requiere sin lugar a la duda un dolo directo consistente en conocer la falsedad y querer expresarla, es momento de abordar las posibles cuestiones de antijuridicidad que plantea el precepto que comentamos.

Y es que en fase de antijuridicidad podría al menos teóricamente plantearse la existencia de estado de necesidad cuando el declarante miente por estar bajo la amenaza de un tercero (en cuyo caso éste respondería como autor de un delito del artículo 464 y no como inductor del 458) o lo hace para eludir su propia incriminación en un delito. No obstante, en cuanto a esta segunda situación, autores como Muñoz (2022, p. 929) ponen en duda la aplicación del estado de necesidad por cuanto faltaría el requisito de que "la situación de necesidad no haya sido provocada intencionadamente por el sujeto" (art. 20.5,

2º del Código Penal). Coincido con esta conclusión, pero no precisamente por la razón esgrimida pues entiendo que va a ser difícil establecer la relación, hasta el punto de considerarla como provocación intencionada, entre la comisión dolosa del delito que se oculta y la situación de necesidad creada. Más factible me parece rechazar la aplicación de esta eximente en la situación expuesta en base a que el mal que se pretende evitar no es inminente o a que sea esa la única forma al alcance del declarante de impedir su incriminación y condena pues, cuanto menos, será necesario para ello el desarrollo del correspondiente proceso judicial y, por supuesto, contará con la posibilidad de ejercer su defensa en el mismo.

En este sentido, y aún en fase de antijuridicidad, me parece más factible para la segunda situación expuesta, siguiendo a Orts (2022, p. 758) la posible aplicación de la causa de justificación de cumplimiento de un deber o ejercicio legítimo de un derecho, oficio o cargo (artículo 20.7 del Código penal) en tanto en cuanto, en mi opinión, podría estar ejerciendo su derecho fundamental a no declarar contra sí mismo y a no confesarse culpable previstos en el artículo 24.2 de la Constitución.

En sede de imputabilidad no es destacable ninguna cuestión, si bien podría plantearse la eximente de miedo insuperable, subsidiariamente al estado de necesidad, en los casos mencionados en los que el testigo declara bajo violencia o intimidación. En cuanto a la fase de punibilidad nos remitimos a lo que diremos *infra* en cuanto al artículo 462 como posible excusa absolutoria.

Por lo que respecta a las formas imperfectas de ejecución, hemos mencionado *supra* que es unánimemente admitida, con la salvedad que ya hicimos en relación al 458.2, la naturaleza de delito de mera actividad que se consuma "con la sola declaración sin necesidad de ulteriores efectos" (Quintero y García, 2011, p. 1.375) por lo que, en consecuencia y por definición, no cabe la tentativa acabada. En este sentido, coincidimos con

Muñoz (2022, p. 930) al considerar tentativa el supuesto en el que el testigo declara lo que considera falso, resultando después que es cierto.

En sede de autoría y participación, considerando que, como ya dijimos, nos encontramos ante un delito especial y de propia mano no será posible, por definición y como también expusimos, la coautoría y la autoría mediata. En cuanto a la participación, teóricamente no puede excluirse ninguna de sus formas, es decir, la inducción, cooperación necesaria y complicidad, en tanto en cuanto consideramos posible la participación del *extraneus* en delitos especiales propios pues, entre otras razones, implícitamente se deriva del artículo 65.3 del Código penal (García y Muñoz, 2022, p. 416-417).

No obstante, parece compleja en la práctica la posibilidad de aplicación de la cooperación necesaria tal y como pone de manifiesto la Sentencia del Tribunal Supremo 327/2014 de 24 de abril (TOL 4.264.720) al señalar que "los "extranei" pueden participar mediante un acto de inducción, pero difícilmente mediante cooperación necesaria" (F.J, 7º). Por otra parte, supuestos factibles de inducción como pudieran ser el de la presentación del testigo falso por abogado, procurador u otro operador jurídico o el encontrarse el testigo bajo amenaza o intimidación, creemos que son comportamientos elevados a la categoría de delitos autónomos en los artículos 461 y 464.1, respectivamente, y subsumibles en ellos.

Por lo que respecta a las siempre complejas cuestiones concursales no lo son menos las que se plantean en el ámbito del delito que nos ocupa. Así, es posible que se acuse o denuncie falsamente a otro y, posteriormente, se declare mendazmente contra él en la consecuente causa judicial dando así lugar a una relación concursal entre el correspondiente delito de denuncia o acusación falsa (art. 456) y el de falso testimonio de testigo. Tal relación ha sido resuelta por la doctrina más autorizada (Muñoz, 2022, p. 931) aplicando la pena del delito más grave. La misma solución es adoptada por la Sentencia del Tribunal Supremo 252/2018 de 24 de mayo (TOL: 6.621.662) que, en un supuesto que se ajusta perfectamente a la cuestión concursal que tratamos, señala, con cita además de otras sentencias de la sala, que:

> Quien presenta una denuncia *falsa* que da lugar a la apertura del procedimiento penal y después comparece al acto del juicio oral, declarando *falsamente* como testigo no hace sino progresar en la lesión o puesta en peligro de los mismos o semejantes bienes jurídicos ya iniciada, completando o agravando la intensidad del ataque, circunstancias por las cuales únicamente debe ser penado como autor de un delito de *falso testimonio* en causa penal contra el reo, sin perjuicio de que a la hora de individualizar la pena puede tenerse en cuenta la denuncia *falsa* inicialmente presentada. Criterio este recogido en la más reciente jurisprudencia de esta Sala SSTS 901/2016 de 30 noviembre y 279/2017 de 19 de abril, que en supuestos de concurrir sucesivamente un primer delito de acusación o denuncia *falsa* y posteriormente otro de *falso testimonio,* considera que "en realidad se trata de un caso de progresión delictiva, presidido por el mismo dolo del sujeto que debe dar lugar a la calificación conforme al delito que sanciona más gravemente la conducta desplegada por el mismo, el *falso testimonio* previsto en el artículo 458.2 CP, primer inciso, darse en contra del reo en causa criminal por delito. La solución es equivalente a la de un concurso de normas. Por lo tanto, tampoco tiene razón el recurrente cuando pretende la aplicación del delito más benigno, acusación y denuncia *falsa*. En todo caso la propia progresión delictiva significa que ambos tipos penales son homogéneos" (F.J 8º).

Por tanto, la solución parece que discurre más bien por la senda de la progresión delictiva y no tanto por la del concurso de normas propiamente. Además, en nuestra opinión, no sería correcto solucionarlo vía concurso de normas ya que nos encontramos ante *dos* acciones diferentes que impedirían la aplicación de la figura del concurso de leyes por cuanto creemos que el mismo exige que "*una* acción u omisión esté comprendida en varios tipos delictivos" (Cerezo, 2001, p.316) o, en otras palabras, el concurso de leyes tiene lugar cuando ante "*un* mismo supuesto de hecho aparentemente son varios los preceptos que vienen en consideración" (García y Muñoz, 2022, p.438).

Siguiendo en el ámbito de las relaciones concursales es también factible que un testigo emita varias declaraciones falsas en un mismo proceso. Según Muñoz (2022, p. 931), sin mayor especificación, deberá considerarse un único delito de falso testimonio. No obstante, creo que es necesario profundizar algo más pues:

1º. ¿Qué ocurre si se declara falsamente en fase sumarial y en fase de juicio oral? Si atendemos al artículo 715 de la Ley de Enjuiciamiento Criminal, como ya dijimos *supra*, observamos que el mismo solo autoriza proceder por un único delito de falso testimonio cuando se declaró verazmente en fase de instrucción pero falsamente en fase de juicio oral, "salvo aquellos casos en que el testigo que haya declarado falsamente no comparezca a este acto" (Asencio, 2003, p. 153) es decir, que en aquellos casos en los que se declaró falsamente en fase sumarial y no se depuso en el juicio oral también se procederá por falso testimonio. Sin embargo, no sería posible proceder por falso testimonio si se declaró falsamente en fase de instrucción, pero verazmente en el plenario, pues no habrá falso testimonio "dado en dicho juicio" como expresamente exige el primer párrafo, *in fine*, del 715.

Más complejo es admitir que tal precepto aluda también al caso por el que nos preguntábamos, en el que se declara falsamente en fase sumarial y en fase de plenario, por lo que, salvo que se entienda que el 715 párrafo primero también es aplicable a este supuesto y en consecuencia solo cabría proceder por lo declarado en el plenario, nada impide aplicar un concurso delictivo por, al menos, 2 delitos de falso testimonio o incluso aplicar las reglas del delito continuado, conclusión que sería factible también cuando ha habido varias declaraciones mendaces en fase sumarial. No obstante, si tenemos en cuenta la función hermenéutica del bien jurídico protegido parece que la afectación al mismo se produce desde la primera declaración falsa y no se incrementa el injusto por sucesivas deposiciones mendaces, lo que nos llevaría a suscribir la opinión de un único delito de falso testimonio. La existencia normalmente de un dolo unitario consistente en perjudicar a una parte y favorecer a otra, avalan también la consideración de un único delito de falso testimonio en estos casos.

2º. ¿Qué ocurre si las declaraciones falsas afectan a diferentes personas? En coherencia con lo acabado de exponer, la afectación al bien jurídico protegido en este delito no se ve incrementada por el número de personas a las que afecta la declaración o declaraciones falsas, por lo que parece adecuado considerar un único delito de falso testimonio, sin perjuicio de las eventuales responsabilidades civiles que los afectados pudieran reclamar.

Por último, en el caso de que la declaración falsa pueda ser constitutiva de injurias o calumnias, estaríamos ante un concurso de delitos, seguramente ideal, pues nos encontramos ante dos bienes jurídicos distintos (honor y buen funcionamiento de la Administración de justicia), lo que impediría considerar un concurso de leyes que dejaría sin desvalorar la afectación a alguno de dichos bienes jurídicos.

Por lo que respecta a la penalidad prevista en el artículo 458.1 nos encontramos ante una pena de prisión menos grave (seis meses a dos años) y una multa que, por su extensión, pudiera ser leve (3 meses) y menos grave (6 meses) y que, por aplicación de lo previsto en el artículo 13.4 *in fine*, debemos reputarla como leve. Así las cosas, tenemos una pena menos grave (la de prisión) y otra leve (la de multa) de forma que debemos verificar ante qué tipo de delito nos encontramos pues el 13.4 se aplica solo cuando existe una sola pena que por su extensión puede ser leve o menos grave, pero no cuando hay penas alternativas o acumulativas que puedan ser leves o menos graves, como es el caso. En este sentido, la disposición adicional 5ª de la Ley de Enjuiciamiento Criminal nos arroja algo de luz al señalar que debe seguirse el procedimiento abreviado, y por tanto no el juicio por delitos leves, para los delitos que alternativa o conjuntamente estén castigados con una pena leve y otra menos grave. Del mismo modo, la Fiscalía General del Estado (2015) en su Circular 1/2015 señala expresamente que "en definitiva, en caso de coexistir penas leves y menos graves en un mismo tipo penal el delito será considerado menos grave" (FGE, Circular 1/2015, p.5), mencionando expresamente a título de ejemplo, junto a otros, al delito de falso testimonio del 458.1.

En consecuencia, nos encontramos ante un delito menos grave cuyo enjuiciamiento debe seguir los trámites del procedimiento abreviado y del que, a pesar de la idea que pueda tenerse, no es precisa declaración previa del Tribunal para poder proceder (Muñoz, 2022, p. 932).

4.1. Falso testimonio en causa criminal y ante Tribunales Internacionales (arts. 458.2 y 3)

Completan el artículo 458 dos apartados[4]. El primero de ellos, recogido en el 458.2, eleva en su primer inciso la pena de prisión a una horquilla de 1 a 3 años (frente a los 6 meses a

---

4 Señalan los preceptos mencionados que "2. Si el falso testimonio se diera en contra del reo en causa criminal por delito, las penas serán de prisión de uno a tres años y multa de seis a doce meses. Si a consecuencia del testimonio hubiera recaído sentencia condenatoria, se impondrán las penas superiores en grado. 3. Las mismas penas se impondrán si el falso testimonio tuviera lugar ante Tribunales Internacionales que, en virtud de Tratados debidamente ratificados conforme a la Constitución Española, ejerzan competencias derivadas de ella, o se realizara en España al declarar en virtud de comisión rogatoria remitida por un Tribunal extranjero".

2 años del tipo básico) y multa de 6 a 12 meses (frente a los 3 a 6 meses del 458.1) cuando el falso testimonio lo es en contra del reo en causa criminal. En el segundo inciso se prevén penas superiores en grado (3 años y un día de prisión a 4 años y medio y 12 meses y un día a 18 meses de multa) cuando como consecuencia de dicho testimonio falso hubiera recaído sentencia condenatoria.

La justificación de la agravación estriba, a nuestro entender, en las más graves consecuencias que un falso testimonio puede tener cuando es emitido en causa criminal, por cuanto puede afectar, y de hecho afecta según prevé el segundo inciso al contemplar el dictado de sentencia condenatoria, a la privación de derechos en general y de derechos fundamentales en particular. Por otro lado, la referencia a "delito" que aún recoge el primer inciso del 458.2 debe ser eliminada pues, como es de sobra conocido, toda "causa criminal" lo es ya por delito, tras la desaparición de las faltas con la reforma de 2015.

Algunos autores como Morillas (2019) entienden que la sentencia condenatoria no tiene que ser firme y que tal agravación es también aplicable al 458.1 es decir, cuando haya recaído sentencia condenatoria en cualquier otro procedimiento judicial, no solo penal. Reconociendo la autoridad de tal afirmación discrepamos de la misma, pues en base a una interpretación sistemática derivada de la ubicación de tal inciso parece evidente que el legislador la relaciona con la causa criminal del primer inciso del 458.2. Es más, si fuera aplicable al 458.1, llegaríamos al absurdo de que la agravación por sentencia condenatoria en relación a la multa quedaría en 6 meses y 1 día a 9 meses (superior en grado a la multa del 458.1) resultando inferior a la multa por el falso testimonio en causa criminal sin sentencia condenatoria (multa de 6 a 12 meses). Por otro lado, entendemos que la sentencia ha de ser firme pues normalmente solo esta es ejecutable en causa criminal (arts. 985 y 988 de la LECrim) y por tanto susceptible de generar los efectos penales que el legislador trata de evitar, coherente en términos de proporcionalidad con el incremento penológico al que nos conduce el segundo inciso del 458.2.

Destacar igualmente que el requisito de pronunciamiento de sentencia condenatoria se configura como una condición objetiva de punibilidad tal y como declaró la Sentencia del Tribunal Supremo 327/2014 de 24 de abril (TOL 4.264.720) al señalar que

> El tipo agravado, a su vez, figura en el apartado 2 del citado artículo acompañado de un subtipo aún más grave definido por la concurrencia de una condición objetiva de *punibilidad:* la de que, como consecuencia del testimonio, hubiera recaído sentencia condenatoria (F.J, 7º).

Tal consideración, como ya advertimos *supra*, supone aseverar que la consecución de una sentencia condenatoria no es un resultado típico abarcable por el dolo y separable de la acción, lo que incide en la consideración del falso testimonio como un delito de mera actividad.

Para terminar, destacar como un importante sector doctrinal, encabezado por Muñoz (2022, p. 931) u Orts (2022, p. 758), contemplan la posibilidad de un concurso de delitos entre el precepto que comentamos y el de detención ilegal en autoría mediata si como consecuencia de la sentencia condenatoria se produjera la privación de libertad del reo.

El apartado tercero del artículo 458 no plantea excesivas dudas, aparte de posibles problemas competenciales de jurisdicción internacional que exceden con mucho el objeto de este trabajo, y extiende las previsiones y consecuencias de los apartados anteriores cuando el falso testimonio tuviera lugar ante Tribunales Internacionales derivados de instrumentos internacionales ratificados por España o en comisiones rogatorias remitidas por un tribunal extranjero siendo tomadas las declaraciones en España. La posible coincidencia con el delito previsto en el artículo 471.bis por testimonios prestados ante la Corte Penal Internacional, deberá ser resuelto en base a un concurso de leyes a resolver por el artículo 8.1 en base al criterio de la especialidad.

5. EL FALSO TESTIMONIO DE PERITO E INTÉRPRETE (ART. 459) Y EL FALSO TESTIMONIO NO ESENCIAL (ART 460)

Dedicadas las páginas precedentes a analizar con cierto detalle el delito de falso testimonio de testigo al ser sobre el que, de alguna forma, gravitan el resto de preceptos del Capítulo VI del Título XX no podemos finalizar este trabajo sin hacer mención, siquiera sea brevemente, al resto de normas contenidas en dicho capítulo. Por tanto, dedicaremos este epígrafe a las principales cuestiones que pueden plantear los delitos previstos en los artículos 459 y 460 del Código penal, dejando para el siguiente el delito de presentación de testigos, peritos o intérpretes falsos (art. 461) y la retractación prevista en el artículo 462.

Pues bien, el delito de falso testimonio de perito o intérprete (art. 459)[5], que se configura indudablemente como un delito especial propio, establece las penas del delito de falso testimonio de testigos en la mitad superior, en sus respectivos casos, entendiendo que se trata de una especie de "testigos cualificados" (Muñoz, 2022, p. 926) que lleva al legislador a un mayor reproche de sus intervenciones mendaces.

---

5 Artículo 459. Las penas de los artículos precedentes se impondrán en su mitad superior a los peritos o intérpretes que faltaren a la verdad maliciosamente en su dictamen o traducción, los cuales serán, además, castigados con la pena de inhabilitación especial para profesión u oficio, empleo o cargo público, por tiempo de seis a doce años.

En cuanto a lo que deba entenderse por testigo e intérprete debemos derivarlo de las normas procesales. Así, principalmente, de los artículos 456 y 457 de la Ley de Enjuiciamiento Criminal y de los artículos 335.1 y 2 de la Ley de Enjuiciamiento Civil en cuanto a los peritos y de los artículos 440 y 441 de la Ley de Enjuiciamiento Criminal y 143 de la Ley de Enjuiciamiento Civil en cuanto a los intérpretes.

La acción típica en este delito consiste en faltar a la verdad maliciosamente en el correspondiente dictamen o traducción. Al igual que en el delito de falso testimonio de testigo, nos encontramos aquí también con un delito de mera actividad, en cuanto no se exige ningún resultado separado de la acción típica. En nuestra opinión, el adverbio maliciosamente requiere un dolo directo de primer grado que elimina toda posibilidad de considerar punible el dolo eventual. En este sentido, señala la Sentencia del Tribunal Supremo 265/2005 de 1 de marzo (TOL: 619.681) que

> el elemento básico de la acción delictiva recogida en dicho precepto consiste en faltar maliciosamente a la verdad en el dictamen pericial prestado en causa judicial, de tal forma que la falsedad debe resultar *evidente* o puesta de manifiesto por el resto de las pruebas practicadas (F.J, 4º)

Derivado de todo lo anterior, no se colma la acción típica cuando las divergencias con la verdad detectadas en los correspondientes dictámenes deriven de la aplicación de un método científico adecuado o se sustenten en posiciones minoritarias del campo científico o técnico en cuestión. Así, de nuevo la Sentencia del Tribunal Supremo 265/2005 de 1 de marzo (TOL: 619.681) acabada de mencionar señala con meridiana claridad que:

> Cuando las divergentes conclusiones de los peritos se funden en distintas concepciones técnicas o teóricas, la mera discrepancia científica o el desacierto, desde el punto de vista técnico, de un informe no será suficiente, como regla general, para estimar cometido un delito de falso testimonio. De este

> modo, la STS de 28 mayo 1992, no consideró falsedad penal una desacertada opinión científica, sino la censurable e intencionada falta de verdad en la constatación de las bases fácticas sobre las que la opinión científica se emite (F.J, 5º).

Más cercana en el tiempo y en parecido sentido la Sentencia de la Audiencia Provincial de Guipúzcoa 202/2022 de 16 de junio (TOL: 9.099.143) nos recuerda que "ya que no puedan ser constitutivos de dicho delito los supuestos en los que el dictamen pericial se deba simplemente a negligencia, o falta de capacidad del perito, sino solo los supuestos de dictámenes conscientemente falsos" (F.J genérico 4º).

Por lo que respecta a las traducciones, no serán constitutivas del delito de falso testimonio cuando son fieles al contenido del documento en cuestión o a lo manifestado por el testigo, sea falsa o verdadera esta declaración, sino cuando sean contrarias a lo manifestado por el testigo o por el documento y, además, falten a la verdad real que es lo que exige literalmente el precepto, siendo válidas al respecto todas las consideraciones, criterios, etc., que en relación a la falta de verdad hicimos al analizar el artículo 458.1.

Por último, creemos conveniente pronunciarnos sobre una cuestión que se suscita con la lectura del precepto: ¿solo puede perseguirse el falso testimonio de perito o intérprete en sus intervenciones en el juicio oral? Algún sector doctrinal que se ha ocupado de esta cuestión responde afirmativamente a la misma pues "es en ese momento cuando cobra virtualidad plena el informe del perito" (Marín, 2022, p. 607).

No obstante, no estamos de acuerdo con tal aseveración por las siguientes razones: en *primer lugar*, aunque lo habitual en la práctica es que se llame al perito a ratificar su informe en el juicio oral (ya sea este civil o penal) no necesariamente tiene que considerarse su informe solo si es ratificado en la vista oral: en este sentido los artículos 346 y 347 de la Ley de Enjuiciamiento Civil así lo avalan y permitirían valorarlo por el juzgador, y por tanto tener virtualidad, aunque no se haya ratificado en juicio oral. En *segundo lugar*, la ya mencionada Sentencia del Tribunal Supremo 265/2005 de 1 de marzo (TOL: 619.681) consideraba un asunto en el que, precisamente, los dictámenes sospechosos de falso testimonio se habían realizado todos en fase de instrucción y aunque finalmente se absolvió al acusado no lo fue por el hecho de que estos se hubieran solo emitido en fase de instrucción. *Por último*, no encontramos razón que permita justificar que los dictámenes de peritos susceptibles de falso testimonio solo lo sean si son emitidos o ratificados en el juicio oral y que, sin embargo, en relación a los testigos, sean susceptibles de falso testimonio, también, las declaraciones falsas cuando el testigo depuso solo en fase sumarial, como ya vimos supra en relación a lo previsto en el artículo 715 de la Ley de Enjuiciamiento Criminal.

Tras esta aproximación al delito de falso testimonio de perito e intérprete corresponde ahora, para finalizar el presente epígrafe, aludir al denominado falso testimonio no esencial o falso testimonio parcial, regulado en el artículo 460 del Código penal[6]. Pueden ser sujetos activos de este delito los mismos de los artículos precedentes, es decir, testigos, peritos o intérpretes si bien en este caso no faltan a la verdad en el sentido exigido en los artículos precedentes, sino que la alteran, ya sea con reticencias, inexactitudes o silenciando hechos o datos relevantes. Es por ello, porque no se falta sustancialmente a la verdad, sino que únicamente se altera, que nos encontramos ante un tipo atenuado castigado con una pena de multa de 6

---

6 Art. 460. Cuando el testigo, perito o intérprete, sin faltar sustancialmente a la verdad, la alterare con reticencias, inexactitudes o silenciando hechos o datos relevantes que le fueran conocidos, será castigado con la pena de multa de seis a doce meses y, en su caso, de suspensión de empleo o cargo público, profesión u oficio, de seis meses a tres años.

a 12 meses y no de prisión y con una pena de inhabilitación inferior a la prevista para peritos e intérpretes en el 459.

La distinción teórica entre el delito que comentamos y los previstos en los artículos 458 y 459 parece clara en cuanto estriba en la alteración sustancial o no de la verdad, pero en la práctica puede ser complejo fijar la frontera entre lo que es sustancial y lo que no lo es. La similitud entre el 460 y los artículos precedentes se pone de manifiesto en la Sentencia del Tribunal Supremo de 6 de marzo de 2006 (TOL: 871.902) al considerarlo expresamente homogéneo con el 458 (F.J, 4º in fine). En cualquier caso, puede resultar útil la explicación de Orts (2022) cuando señala que son alteraciones no sustanciales de la verdad:

> Aquellas que sin llegar a ofrecer de modo terminante una imagen falsa del objeto del proceso representen, no obstante, un obstáculo para que éste pueda alcanzar sus fines. Las alteraciones de la verdad han de tener lugar mediante reticencias o inexactitudes; esto es, no ha de tratarse de la afirmación contundente de algo falso sino de su simple insinuación o de la vaguedad intencionada de las declaraciones (p. 758).

6. LA PRESENTACIÓN DE TESTIGOS, PERITOS O INTÉRPRETES FALSOS (ART. 461) Y LA RETRACTACIÓN DEL ARTÍCULO 462

Castiga el artículo 461 a aquellos que presentan a testigos, peritos o intérpretes falsos, sabiendo que lo son (a sabiendas, señala expresamente el precepto)[7]. Y lo hace con la misma

[7] Artículo 461. 1. El que presentare a sabiendas testigos falsos o peritos o intérpretes mendaces, será castigado con las mismas penas que para ellos se establecen en los artículos anteriores. 2. Si el responsable de este delito fuese abogado, procurador, graduado so-

pena que corresponda a testigos, peritos o intérpretes en el correlativo artículo precedente, es decir 458, 459 o 460. El apartado segundo del precepto que comentamos agrava la pena a la mitad superior y le añade una pena de inhabilitación de 2 a 4 años que, curiosamente, es inferior a la que le correspondería si no ostentara ninguna de las profesiones del 461.2 y presentara peritos o intérpretes falsos cuya pena (461.1 en relación con el 458) sería de inhabilitación de 6 a 12 años. Desde aquí proponemos una modificación de dicha pena.

En cualquier caso, la pretendida agravación se justifica por la especial relación que con la Administración de Justicia tienen los profesionales recogidos en el artículo 461.2.

Ciertamente, si no existiera este delito tal comportamiento podría ser considerado como una forma de participación e, incluso, aunque creemos que no sería muy probable en la práctica, un supuesto de autoría mediata si el testigo no sabe que su testimonio es falso (Muñoz, 2022, pp. 930-931). Hemos de tener en cuenta que el testigo falso o el perito o intérprete mendaz no lo es la persona en sí, sino su declaración, informe o traducción (Morillas, 2019), de forma que tanto puede serlo el denominado testigo directo o indirecto como el que no ha sido ni una ni otra cosa.

En este acercamiento al delito de presentación de testigos falsos o peritos o intérpretes mendaces no podemos dejar de referirnos y tomar postura acerca de tres cuestiones con interés práctico. Así ¿es necesario que los testigos lleguen a declarar o los peritos e intérpretes a emitir sus informes o basta con la mera proposición de los mismos en los escritos correspondien-

---

cial o representante del Ministerio Fiscal, en actuación profesional o ejercicio de su función, se impondrá en cada caso la pena en su mitad superior y la de inhabilitación especial para empleo o cargo público, profesión u oficio, por tiempo de dos a cuatro años.

tes a sabiendas de su falsedad?; en materia concursal ¿cuál es su relación con la estafa procesal?, ¿hay un delito por cada testigo, perito o intérprete falso que se presente?

En cuanto a la primera cuestión encontramos posturas doctrinales en ambos sentidos: así, Benéytez (2013) considera que no es necesario que se llegue a declarar o a emitir el informe o traducción falsa; de la opinión contraria González (2011) u Orts (2022). Mayor unanimidad presenta sin embargo la jurisprudencia: así, hace ya algunos años, la Sentencia del Tribunal Supremo 1378/2003 de 17 de octubre (TOL: 1.945.796) señaló con absoluta claridad que "la consumación de esta figura delictiva se produce cuando los testigos propuestos deponen el testimonio falso" (F.J, 1º), manifestación que se reproduce literalmente en el fundamento jurídico 4º de la posterior Sentencia del Tribunal Supremo 1516/2005 de 13 de diciembre (TOL: 795.471) y se reitera en el fundamento jurídico segundo de la más reciente Sentencia de la Audiencia Provincial de Santander 211/2022 de 6 de julio (TOL: 9.160.636)

Así las cosas, parece, por tanto, que es necesario que los testigos lleguen a declarar, los peritos a emitir su informe y los traductores a realizar su traducción, postura a la que nos sumamos aportando, además, el argumento según el cual no tendría sentido que tuviera la misma pena un testigo que depone falsamente (como hemos visto que requiere el 458) y aquel sujeto que, simplemente, propone un testigo falso el cual no es admitido o no llega a declarar.

En cuanto a las relaciones concursales y, en particular, con el delito de estafa procesal (art. 250.1.7ª) encontramos diversas posturas en el ámbito forense. Así, el Auto del Tribunal Supremo 1294/2013 de 13 de junio (TOL: 4.942.032) señala claramente que:

> No cabe estimar que entre ambos delitos exista un concurso de normas que deba regularse a tenor del artículo 8 del Código Penal. Aunque ambas actuaciones estén dirigidas a conseguir,

espuriamente, una resolución favorable de los Tribunales, obedecen a conductas distintas (F.J, 3º).

En la misma línea, la Sentencia del Tribunal Supremo 214/2007 de 26 de febrero (TOL: 1.080.416) había señalado que "lo propio ocurre con el delito definido en el art. 461.1 (presentar a sabiendas testigos falsos), puesto que esta conducta no puede estar implícita en la estafa procesal, que puede conseguirse mediante documentos falsos" (F.J, 5º).

A pesar de las referencias trascritas no estamos de acuerdo con la aplicación del concurso real en este caso. Cierto que la estafa procesal puede también conseguirse con documentos falsos, pero es indiscutible que también puede hacerse presentando testigos falsos, de forma que un mismo comportamiento encajaría en dos preceptos diferentes, base habitual del concurso de normas. Es más, creemos que la estafa procesal lleva implícito el ataque al bien jurídico Administración de Justicia (que es el bien protegido, como vimos, en los delitos de falso testimonio), de forma que castigando por ambos delitos se estaría quebrando el principio de prohibición del bis in ídem.

Esta consideración del ataque al bien jurídico Administración de Justicia ha sido destacada por algún sector doctrinal (Mestre, 2016a) al señalar en relación a la estafa procesal que "la cualificación de esta conducta radica en la afectación, para la realización de la estafa, de la Administración de Justicia" (p. 385). También encontramos en el ámbito forense alguna referencia en este mismo sentido. Así, entre otras, la Sentencia del Tribunal Supremo 1455/2003 de 8 de noviembre (TOL: 352.267) advirtió que "El delito de estafa procesal se compone de una serie de elementos que, debidamente fraccionados o aislados, constituirían, por sí solos, diversas modalidades delictivas en cuanto que lesiona diferentes bienes jurídicos" (F.J, 2º.3) o que "es indudable que [...] este delito va más allá de lo simplemente patrimonial" (F.J, 2º.5). Más claramente, la Sentencia del Tribunal Supremo 214/2007 de 26 de febrero

(TOL: 1.080.416) enseñó que en este delito se "conculcan otros bienes jurídicos, como la rectitud de la Administración de Justicia" (F.J, 4°). Y meridianamente clara es la más reciente aún Sentencia del Tribunal Supremo 720/2014 de 22 de octubre (TOL: 4.561.614) al señalar que:

> El fundamento de este subtipo agravado se encuentra en que en esta modalidad de estafa no solo se daña el patrimonio privado, sino también el buen funcionamiento de la Administración de Justicia al utilizar como mecanismo de la estafa el engaño al Juez. Es un delito pluriofensivo, lo que justifica su agravación penológica respecto del tipo básico de la estafa (F.J, 9° in fine)[8].

Por todo ello, creemos que el concurso entre el delito previsto en el artículo 461 y la estafa procesal del 250.1.7ª debe discurrir por la senda del concurso de normas.

Y en cuanto al segundo problema concursal por el que nos preguntábamos, a saber, si hay un delito por cada testigo, perito o intérprete falso que se presente, entendemos que la respuesta es negativa. La propia redacción de la conducta típica en plural (testigos, peritos o intérpretes) al igual que ocurre, por ejemplo, en el delito previsto en el artículo 325 del Código penal o en el 368 (actos de...)[9] así como la simple observación de nuestra jurisprudencia[10], nos permiten concluir que solo habrá un delito del 461 y no varios.

---

8 La misma afirmación se contiene en la reciente Sentencia de la Audiencia Provincial de Vizcaya 76/2019 de 15 de noviembre (TOL: 7.804.231)

9 Así, la Sentencia del Tribunal Supremo 956/2017 de 22 de marzo, considera que solo hay un delito contra la salud pública independientemente de los actos de cultivo salvo que haya una ruptura jurídica clara como, por ejemplo, una detención o una privación de libertad.

10 Así la Sentencia del Tribunal Supremo 999/2016 de 17 de enero de 2017 o Sentencia del Tribunal Supremo 1378/2003 de 17 de octubre.

Y, para terminar, como adelantábamos en el título del presente epígrafe, la regulación que venimos analizando se cierra con la denominada retractación prevista en el artículo 462[11]. Considerada por algunos (Mestre, 2016b, p. 903) como una excusa absolutoria y por otros como una "causa de levantamiento de la punibilidad" (Luzón, 2002, p. 844) lo que parece claro es su incidencia en sede de punibilidad.

La justificación de la exención y atenuación de pena prevista en este precepto estriba en razones de política criminal en tanto en cuanto se pretende "evitar los efectos procesales de la declaración falsa, favoreciendo el descubrimiento de la verdad y conjurando el peligro de que se dicten sentencias injustas" (Carrasco, 2013b, p. 43) y el que se circunscriba únicamente al proceso penal parece sustentarse en la mayor importancia de los bienes jurídicos en juego (Domínguez, 2006, p. 80).

Son muchas las preguntas y dudas que surgen tras la lectura del precepto y que, por cuestiones de espacio, no podemos tratar con profundidad aquí. Algún sector doctrinal[12] se ha ocupado con detenimiento de las mismas, limitándonos en los siguientes párrafos a posicionarnos justificadamente al respecto.

---

11 Artículo 462: Quedará exento de pena el que, habiendo prestado un falso testimonio en causa criminal, se retracte en tiempo y forma, manifestando la verdad para que surta efecto antes de que se dicte sentencia en el proceso de que se trate. Si a consecuencia del falso testimonio, se hubiese producido la privación de libertad, se impondrán las penas correspondientes inferiores en grado

12 Véase el notable trabajo de Carrasco (2013b), *La falsedad en el dictamen pericial o en la traducción del intérprete en causa judicial*, en el que muestra el estado de la cuestión a nivel doctrinal y jurisprudencial observándose que, en casi todas las preguntas y cuestiones formuladas en el texto, hay opiniones doctrinales de todas las posturas posibles.

Surgen así las siguientes cuestiones: ¿la retractación solo puede hacerse antes de la sentencia que se dicte en 1ª instancia o puede hacerse después?; ¿debe realizarse necesariamente en el momento de práctica de prueba que permite la Ley de Enjuiciamiento Criminal?; ¿es válida después de un sobreseimiento?; ¿ante quién debe hacerse y en qué forma?; ¿es aplicable a testigos o también a peritos e intérpretes?

Pues bien, considero que la retractación, que por cierto puede recaer sobre un testimonio falso a favor o en contra del reo, puede llevarse a cabo también antes de que se dicte la sentencia derivada de un recurso de apelación e incluso de casación, pues el precepto no distingue y si de lo que se trata es evitar el dictado de sentencias injustas ello se ve favorecido por una interpretación amplia en el sentido acabado de exponer. Lo anterior, sin perjuicio de que sea necesario arbitrar los mecanismos procesales oportunos (por ejemplo, una vistilla de retractación) para someter el nuevo testimonio a contradicción e inmediación, pues solo así podrá tenerse en cuenta el nuevo testimonio en sentencia y, por tanto, "surtir efectos" como exige el propio artículo 462.

El mismo argumento nos sirve para concluir que debe permitirse realizar la retractación en cualquier momento procesal más allá del de la práctica de la prueba que, además, será en el que normalmente se realiza la manifestación falsa. Del mismo modo ha de ser válida después de un sobreseimiento, libre o provisional, pues el precepto solo se refiere a sentencia. No obstante, es lo más habitual que se realice en el juicio oral en relación a declaraciones realizadas en fase de instrucción, como ocurre en los asuntos tratados en las recientes Sentencia de la Audiencia Provincial de Segovia 17/2021 de 8 de junio (TOL: 8.579.395) o Sentencia de la Audiencia Provincial de Madrid 410/2021 de 8 de septiembre (TOL: 8.650.848).

Tampoco señala el precepto, al requerir únicamente que se haga en tiempo y forma, ante qué autoridad (judicial, fiscal, policial) debe presentarse y si debe hacerse por escrito u oralmente. En mi opinión, lo importante es que se haga de forma que quede constancia fehaciente de la misma y en un medio posible para llegar al juez encargado de dictar sentencia, en aras del mencionado fin político criminal perseguido con la retractación.

Por último, entendemos que la retractación es aplicable también a peritos e intérpretes pues el precepto se refiere a falso testimonio y una interpretación sistemática que ha de tener en cuenta la rúbrica bajo la que se albergan todos los preceptos (del falso testimonio) y el *nomen iuris* del artículo 459 (falso testimonio de perito e intérprete) avala, por coherencia, la aplicación de la retractación a dichos profesionales. Por supuesto, no es aplicable a los proponentes a los que se refiere el 461.1 y 2, pues ellos no prestan falso testimonio, que es lo que requiere el 462.

7. A MODO DE CONCLUSIÓN

I

El testimonio falso aparece sancionado en distintos preceptos de nuestro texto punitivo más allá, evidentemente, de los delitos que precisamente se encuentran bajo la rúbrica "Del falso testimonio" en los artículos 458 a 462. Así, el testimonio, la declaración o la manifestación mendaz encuentra respuesta penal en delitos clásicos como la injuria (artículo 208 del Código penal), la calumnia (artículo 205 del mismo cuerpo legal), la acusación o denuncia falsa (artículo 456), la simulación de delito (artículo 457) o en otros como el previsto en el artículo 502.3 en el seno de comisiones parlamentarias o el 471.bis relativo al testimonio falso en sede de la Corte Penal Internacional.

II

A la vista de los datos estadísticos relativos a incoaciones, calificaciones y condenas de delitos de falso testimonio, podemos concluir que la tendencia de los años comprendidos entre 2017 y 2021, ambos incluidos, es claramente descendente, lo que autoriza a la Fiscalía General del Estado a afirmar que la relevancia de los mismos es muy escasa en relación al grave daño que causan a la Administración de Justicia.

III

El bien jurídico protegido en estos delitos, siguiendo la unanimidad doctrinal, lo es el buen funcionamiento de la Administración de Justicia que, efectivamente, no será correcta si, como ocurre en los delitos objeto de estudio, se corrompe una fase esencial y clave en todo proceso judicial como es la fase probatoria. Es necesaria una respuesta penal frente a tales comportamientos de falso testimonio, dada la importancia del buen funcionamiento de la Administración de Justicia para una sociedad propia de un Estado social y democrático de derecho.

IV

El primero de los delitos de falso testimonio, previsto en el artículo 458, es el delito de falso testimonio de testigo (si estamos ante el testigo/víctima del proceso penal, habrá en su caso acusación falsa y no falso testimonio) el cual se configura como un delito especial propio y de propia mano descartándose, por ello, la coautoría y la autoría mediata. Deben considerarse las excepciones, exoneraciones y dispensas que de la obligación general de declarar establecen las leyes procesales, y que jurídico penalmente entendemos que deben ser tratadas como causas de justificación (normalmente basadas en el cumplimiento de un deber) cuando no causas de atipicidad. La causa judicial a la que se refiere el precepto puede serlo de cualquier orden jurisdiccional, excluyéndose evidentemente los procedimientos administrativos y de jurisdicción voluntaria.

V

En la jurisdicción penal, en la que el testigo puede intervenir en distintas fases procesales (sumarial y juicio oral) solo habrá lugar al delito de falso testimonio si este se produce en fase de juicio oral. De manera que no cabrá si la declaración falsa lo fue en fase sumarial y no en el juicio oral. Igualmente, cabe proceder por falso testimonio si solo se declaró en fase sumarial y falsamente.

VI

El delito de falso testimonio de testigo admite la modalidad omisiva (omitiendo datos veraces) pero en cualquier caso debe referirse a hechos trascendentales y relevantes del procedimiento y no suponer, únicamente, meras opiniones o juicios de valor. Se configura como un delito de mera actividad, y aunque podría dudarse de tal configuración por cuanto el segundo inciso del artículo 458.2 exige un determinado resultado, cual es el dictado de una sentencia condenatoria como consecuencia de ese testimonio falso, la consideración de tal extremo como condición objetiva de punibilidad nos permite adherirnos a la consideración de este delito como de mera actividad.

VII

En cuanto a cuál sea el criterio para determinar la falsedad del testimonio en cuestión, se han propuesto por la doctrina teorías subjetivas o teorías mixtas más allá de la teoría objetiva de la falsedad consistente ésta en contrastar lo declarado con la realidad. Creemos que tales propuestas contribuyen a la confusión y son en cierto modo innecesarias, pues la estructura de la propia teoría general del delito sirve para resolver la cuestión en sede de tipicidad objetiva y subjetiva de forma que se incurrirá en falso testimonio si tras contrastar la falta de verdad (o discordancia entre lo declarado y la realidad como elemento del tipo objetivo) posteriormente, en sede de tipicidad subjetiva, se comprueba si el acusado era consciente de la falsedad de su declaración.

VIII

En sede de antijuridicidad parece factible la aplicación del estado de necesidad cuando el testigo se encuentra bajo amenaza, o del miedo insuperable en sede de imputabilidad, pero no cuando declara falsamente para evitar la incriminación en otro delito, en cuyo caso entendemos más probable la aplicación del ejercicio legítimo de un derecho, en este caso, a no declarar contra sí mismo o a no declararse culpable.

IX

En materia de autoría en el delito de falso testimonio de testigo es descartable tanto la autoría mediata como la coautoría, dado su carácter de delito especial y de propia mano. En cuanto a la participación, si bien teóricamente son admisibles la inducción, cooperación necesaria y complicidad, la segunda es según el propio Tribunal Supremo de difícil apreciación y en cuanto a la primera, supuestos factibles de inducción pueden sin embargo ser subsumibles en el artículo 461 o 464.

X

En relación a las siempre complejas relaciones concursales, a la luz de la doctrina más autorizada y de la jurisprudencia reciente, cuando se ha denunciado o acusado falsamente y después se declara mendazmente en el consecuente proceso judicial, debe aplicarse únicamente el delito de falso testimonio al considerar la situación como de progresión delictiva más que, propiamente, un concurso de leyes. Por otro lado, consideramos la existencia de un concurso de delitos, por afectar a diferentes bienes jurídicos, cuando con la declaración falsa se incurre en injurias o calumnias. Mayor problema plantea la situación en la que se han llevado a cabo varios testimonios falsos de un testigo en un mismo proceso judicial o cuando las declaraciones falsas afectan a diversas personas, si bien nos decantamos por considerar la existencia de un solo delito de falso testimonio por las razones expuestas en el texto.

XI

De la pena prevista en el artículo 458.1 podemos derivar que estamos ante un delito menos grave cuyo enjuiciamiento debe seguir los trámites del procedimiento abreviado y para lo que no es necesario declaración expresa del órgano judicial ante el que se produjo el falso testimonio, excluyéndose por tanto cualquier requisito de procedibilidad.

XII

En cuanto al apartado segundo del artículo 458 entendemos, frente a alguna autorizada opinión doctrinal, que la sentencia condenatoria ha de ser firme y que la agravación solo es posible en relación a causas penales.

XIV

En relación al delito de falso testimonio de peritos o intérpretes considero que las traducciones serán constitutivas del delito de falso testimonio cuando sean contrarias a lo manifestado por el testigo o por el documento y, además, falten a la verdad real. Por otro lado, considero, por las razones expuesta en el texto, que no solo puede ser objeto de falso testimonio de perito su intervención en el juicio oral sino también los dictámenes elaborados o aportados en fase de instrucción de un proceso penal o en el correspondiente momento procesal de un procedimiento civil.

XV

El denominado delito de falso testimonio parcial o no esencial (art. 460), a pesar de su clara distinción teórica con el tipo básico y que estriba en la no sustancialidad de la falta de verdad, puede plantear sin embargo importantes problemas de delimitación en la práctica con dicho tipo básico. Como ya ha manifestado algún autor, la clave pueda estar en que no estamos ante la afirmación contundente de algo falso.

XVI

El delito de presentación de testigos falsos o peritos e intérpretes mendaces (art. 461) requiere falsedad en la declaración o intervención y no en la persona. Igualmente, a la luz de la doctrina y jurisprudencia y con algún argumento propio, podemos concluir que es necesaria la declaración del testigo, la emisión del informe del perito o de la traducción del intérprete, no bastando la mera proposición de los mismos en el momento procesal oportuno. En cuanto al concurso con estafa procesal y en contra de lo apreciado por la jurisprudencia, consideramos que ambos delitos se encuentran en una relación de concurso de normas y no de delitos. Por otro lado, solo nos encontraremos ante un delito del 461 independientemente del número de deponentes falsos propuestos. En cuanto a la penalidad de la inhabilitación del apartado segundo del 461, proponemos la necesidad de modificación por incongruencia.

XVII

Se cierra la regulación del falso testimonio con la retractación prevista en el artículo 462. Entendemos que la misma puede realizarse en cualquier momento antes de que se dicte sentencia firme y también posteriormente a un eventual sobreseimiento, de manera oral o escrita siempre que conste su fehaciencia y llegue al juez encargado de dictar la sentencia, siendo aplicable no solo a testigos sino también a peritos e intérpretes.

REFERENCIAS BIBLIOGRÁFICAS

Aencio, J. M. (2003). *Derecho procesal penal* (2.ª ed.). Tirant lo Blanch.

Benéytez, L. (2013). Falso testimonio. En C. Conde-Pumpido (dir.), *Código Penal Comentado* (3.ª ed.). Bosch.

Carrasco, M. M. (2013a). Falso testimonio. En F. J. Álvarez (coord.), *Tratado de Derecho Penal Español. Parte Especial. Tomo III. Delitos contra las Administración Pública y de Justicia.* Tirant lo Blanch.

Carrasco, M. M. (2013b). La falsedad en el dictamen pericial o en la traducción del intérprete en causa judicial. *Cuadernos de política criminal, 110*(2), 5-51.

Cerezo, J. (2001). *Curso de Derecho penal español, parte general.* Tecnos.

Domínguez, E. M. (2006). La retractación en el delito de falso testimonio: cuestiones procesales y sustantivas. *Cuadernos de Política Criminal, 88,* 79-118.

Faraldo, P., Catalina, M. A. y Clemente, M. (2016). *El falso testimonio de testigos, peritos e intérpretes.* Tirant lo Blanch.

Fiscalía General del Estado (2015). *Circular de la Fiscalía General del Estado.* https://www.boe.es/buscar/abrir_fiscalia.php?id=FIS-C-2015-00001.pdf

Fiscalía General del Estado (2021). *Memoria de la Fiscalía General del Estado*. https://www.fiscal.es/memorias/memoria2021/FISCALIA_SITE/index.html

García, M. y Muñoz, F. (2022). *Derecho penal. Parte general.* Tirant lo Blanch.

González, J. J. (2011). Delitos contra la Administración de Justicia (II). Falso testimonio. Obstrucción a la justicia y deslealtad profesional. Quebrantamiento de condena. En L. Morillas (coord.), *Sistema de Derecho Penal Español. Parte Especial* (1.ª ed.). Dykinson

Luzón, D. M. (2002). La punibilidad. En J. L. Díez, C. M. Romeo, L. Gracia y J. F. Higuera (eds.), *La Ciencia del Derecho Penal ante el Nuevo Siglo. Libro homenaje al profesor doctor D. José Cerezo Mir.* Editorial Tecnos.

Marín, E .B. (2022). Delitos contra la Administración de Justicia (II). En E. B. Marín, (dir.), *Lecciones de Derecho penal. Parte especial* (4.ª ed.). Tirant lo Blanch.

Mestre, E. (2016a). Delitos contra el patrimonio y el orden socioeconómico. En C. Lamarca (coord), *Delitos. La parte especial del Derecho penal.* Dykinson S.L.

Mestre, E. (2016b). Delitos contra la Administración de Justicia. En C. Lamarca (coord.), *Delitos. La parte especial del Derecho penal.* Dykinson S.L.

Moreno, V. y Cortés, V. (2021). *Derecho procesal penal* (10.ª ed.). Tirant lo Blanch.

Morillas, L. (2019). Delitos contra la Administración de Justicia (II). En L. Morillas (dir.), *Sistema de Derecho penal. Parte especial.* Dykinson S.L.

Muñoz, F. (2022). *Derecho penal. Parte especial.* Tirant lo Blanch.

Orts, E. (2022). Delitos contra la Administración de Justicia. En J. L. González (coord.), *Derecho penal parte especial* (7.ª ed.). Tirant lo Blanch.

Quintero, G. y García, R. (2011). *Delitos contra la Administración de Justicia.* En G. Quintero (dir.), *Comentarios al Código penal español.* Aranzadi.

Rey, P., Benlloch, G. y Agustina, J. (2019). La escasa persecución del delito de falso testimonio: una constatación paradójica. *Política Criminal, 14*(27), 65-97.

Wilenmann, J. (2014). El concepto de falsedad en el falso testimonio. Una introducción a la dogmática general de los delitos de falsedad. *Revista Chilena de Derecho, 41*(1), 59-88.

La armonización entre la publicidad procesal y el derecho a la información en los medios de comunicación

MARÍA SÁEZ DE PROPIOS
Universidad Católica de Ávila

1. INTRODUCCIÓN

La coexistencia de estos dos pilares fundamentales exige la búsqueda constante de una ponderación que garantice tanto un proceso legal justo como la debida información al público. Esta armonización implica considerar cuidadosamente las regulaciones pertinentes para evitar cualquier vulneración de la publicidad procesal.

Con el fin de salvaguardar la transparencia y la objetividad en la divulgación de información que emana del poder judicial, es preciso que, por un lado, los canales de comunicación entre este poder estatal y los medios de comunicación sean gestionados de manera profesional, en el momento adecuado, y sin interferencias indebidas ni filtraciones; y, por su otro, los medios de comunicación deben comprometerse a preservar la integridad del proceso y de toda la información proporcionada con el propósito de garantizar que la información fluya de manera imparcial y llegue a la sociedad de forma neutral, clara, objetiva, responsable y rápida para que ésta tenga las herramientas necesarias para la formación de una opinión pública libre.

En el contexto mediático actual, la relación entre los medios de comunicación y la justicia se ha vuelto más compleja que nunca. Por un lado, se encuentra el derecho fundamental a la información, un pilar esencial de las sociedades democráticas que garantiza el acceso a datos relevantes y la transparencia en asuntos de interés público. Por otro lado, está la publicidad procesal, una herramienta que busca garantizar un proceso legal justo y equitativo al respetar la confidencialidad de ciertos aspectos judiciales.

En esta dinámica, surge la necesidad de encontrar un equilibrio delicado entre estos dos principios: el derecho a la información y la preservación de la integridad de los procesos judiciales. Es necesario, por tanto, identificar los desafíos y las consideraciones éticas que enfrentan los medios de comunicación al abordar casos legales y cómo este equilibrio es fundamental para mantener una sociedad informada y garantizar la justicia. Los medios pueden cumplir con su papel de informadores responsables mientras respetan las normativas legales y éticas que rodean la publicidad procesal en el ámbito judicial. Para ello, se establecen unos límites éticos y legales de la publicación de información en este contexto, y se identifican errores comunes y malas prácticas que deben evitarse para mantener la integridad y la ética en el periodismo jurídico.

2. LA IMPORTANCIA DE LA ESPECIALIZACIÓN DEL PERIODISMO EN EL ÁMBITO JURÍDICO

En el ámbito jurídico, el Derecho, en su más amplio sentido conceptual, forma parte de la vida del ciudadano. Según el Diccionario de la Real Academia Española de la Lengua (DRAE), en su 23ª edición, Derecho es el "conjunto de principios y normas, expresivos de una idea de justicia y de orden, que regulan las relaciones humanas en toda sociedad y cuya observancia puede ser impuesta de manera coercitiva (Real Academia Española, s.f.). Este conjunto de principios y normas no solo establece las bases para una convivencia justa y ordenada, sino que también sirve como cimiento para otros derechos fundamentales, como el Derecho a la Información. "El Derecho a la Información reclama la existencia de espacios tecnológicos y sociales abiertos para el intercambio de ideas, el debate y el diálogo democráticos, que faciliten la construcción de consensos e imaginarios colectivos, materialicen la participación y fortalezcan la ciudadanía" (Saffon, 2007, p. 1).

El periodismo relacionado con el ámbito judicial es fundamental en cualquier medio de comunicación. A menudo, se ha asociado esta especialización con el periodismo de sucesos y de investigación, a veces relegándola, pero es una disciplina con identidad propia. En consecuencia, el periodismo de tribunales ha ganado un interés cada vez mayor en tiempos recientes, no solo en España, sino en la mayoría de los contextos culturales a nivel global. El desarrollo de los Estados democráticos ha llevado a una mayor relevancia de la función desempeñada por los Tribunales de Justicia, en los que se encuentran implicados miembros de las finanzas, personalidades políticas y dignatarios internacionales. Esto ha generado un creciente interés en los casos judiciales debido a la notoriedad de las personas involucradas. La sección dedicada a Tribunales, que suele estar próxima a la sección de sucesos, se ha convertido en una fuente de noticias cada vez más relevante que se extiende a otras secciones como la nacional, política, sociedad e incluso deportes (Ronda, 2001).

No cabe duda de que los medios de comunicación requieren de periodistas altamente especializados, dado que la opinión pública está experimentando un aumento en su nivel educativo y cultural. Esta audiencia no puede ser considerada como una masa pasiva receptora de información. La creciente complejidad tanto de los eventos actuales como de la sociedad en general ha impulsado una evolución en la prensa y en la labor periodística hacia niveles cada vez más especializados.

La necesidad de esta especialización en el periodismo surge en respuesta al declive del modelo informativo tradicional a principios del siglo XX, cuando la prensa enfrentó una crisis debido a la competencia de los medios audiovisuales. En busca de mantener su relevancia y enfoque comercial, las grandes empresas periodísticas reaccionaron y renovaron sus contenidos y adoptaron un nuevo enfoque periodístico interpretativo. La evolución del periodismo ha llevado a una mayor especialización, ya que la audiencia, con un nivel cultural más alto, demanda calidad y precisión en las noticias. En este contexto, el periodista generalista que cubría diversas áreas está siendo reemplazado por profesionales especializados en diferentes campos, lo que garantiza una cobertura más precisa y profunda.

En contraposición a la figura del periodista poco especializado, emergieron expertos altamente capacitados en diversas áreas, más allá de las categorías convencionales como deportes, política o cultura. La especialización de los profesionales de la información es un hecho en diferentes ámbitos. Igualmente, tiene que materializarse en el periodismo jurídico y de Tribunales (Oliva, 2014, p. 219). Esto ha ocurrido ante la necesidad de que exista un periodismo especializado que permita profundizar documentalmente en los hechos noticiosos y contextualizar con un determinado rigor los acontecimientos de un determinado ámbito temático como es el caso que nos ocupa, el de los procedimientos judiciales. Por tanto, el dominio de las fuentes y de los documentos jurídicos es fundamental para un profesional de la información.

El periodismo judicial o de tribunales parte del rigor y la investigación como premisas esenciales para su ejecución, pero también de la ética y la honestidad que deben presidir las actuaciones del periodista. El fin del profesional de la información no es señalar ni juzgar, pero sí colaborar en el conocimiento de la verdad. Antes que eso, el llamado periodismo de sucesos se convierte en el origen del proceso.

La importancia de la especialización del sector jurídico del periodista no se relaciona con la elaboración de informaciones para medios de comunicación especializados, sino en la información de los medios generalistas debido a su gran interés social y la importancia que los hechos procesales tienen en la creación de la opinión pública.

Para informar en profundidad, es necesario relacionar los hechos con antecedentes o con otros temas transversales que pueden ampliar la profundidad de la información. Pero principalmente, el gran papel que deben desempeñar los profesionales de la información especializados son la traducción de mensajes complejos para adaptar el lenguaje judicial a un lenguaje sencillo y directo que pueda ser entendido por la sociedad sin necesidad de contar con conocimientos jurídicos. Es habitual la utilización de un lenguaje específico que debe ser comprensible para la sociedad en general. Sin esta labor de intermediación entre el conocimiento experto y el público general se pierde la función socializadora del periodista especializado.

Por su parte, el periodista especializado debe tener un conocimiento sólido del ámbito jurídico, pero a su vez tener las competencias y habilidades comunicativas más elementales del periodismo para poder comunicarlas y transmitir el mensaje de manera eficaz. Su labor estará bien realizada cuando el receptor comprenda el mensaje que le ha transmitido.

Además, el periodismo de sucesos se enfoca principalmente en eventos tales como homicidios, fallecimientos en circunstancias inusuales, accidentes y diversos tipos de incidentes delictivos. La cobertura de sucesos representa un componente esencial en cualquier medio de comunicación, y resulta imprescindible contar en cada redacción con al menos un periodista que mantenga contacto con las autoridades policiales, ya sea la Policía Nacional, la Guardia Civil o la Policía Local (Ronda & Calero, 2000, p.20).

El periodismo judicial, a menudo subestimado, es esencial en los medios de comunicación, aunque a veces se le relega en comparación con otras especialidades como el periodismo deportivo, político, sanitario o cultural. A pesar de su importancia, rara vez se enseñaba como una asignatura específica en las facultades de periodismo. Aunque algunas instituciones educativas han comenzado a abordar este tipo de periodismo, las nociones básicas a menudo resultan insuficientes, lo que lleva a errores en la cobertura de noticias judiciales, que se corrigen con la experiencia.

Cabe señalar que el periodismo judicial tiene un papel fundamental en la redacción de cualquier medio de comunicación. Mientras que los crímenes son cubiertos por periodistas de sucesos o de tribunales, cuando figuras públicas como políticos, cantantes, banqueros o toreros enfrentan juicios, es el periodista de tribunales quien se encarga de la cobertura. Esta especialización es crucial debido a la necesidad de comprender los aspectos legales y judiciales de los casos.

En definitiva, el periodismo judicial es un componente fundamental en los medios de comunicación, a pesar de su relativa falta de promoción. Su papel se extiende más allá de los casos criminales y es fundamental para una cobertura precisa y contextualizada de eventos judiciales, especialmente cuando están involucradas figuras públicas. La especialización en periodismo, impulsada por la demanda de calidad de la audiencia, ha llevado a un enfoque más específico en las diversas áreas de la información.

A medida que los grupos y personas involucradas en las noticias se vuelven más sensibles, cualquier error en la narrativa se percibe como una amenaza para su reputación, lo que lleva a demandas por difamación y solicitudes de corrección. Por lo tanto, los periodistas necesitan un conocimiento profundo o experiencia en el tema tratado para evitar estas situaciones.

En el ámbito de la información sobre procedimientos judiciales, es esencial considerar no solo las razones previamente mencionadas, sino otras también importantes. Primordialmente, destaca la dimensión social del derecho como campo del conocimiento humano. A pesar de su complejidad técnica, el derecho se orienta a resolver conflictos entre personas o grupos. Por esta razón, tanto las leyes diseñadas para ser seguidas por todos como las labores de los tribunales encargados de aplicarlas, deben ser comprensibles para su público objetivo. De lo contrario, se desmejorarían los fundamentos mismos de este sistema.

Es esencial considerar que, en el territorio de España, cualquier individuo ostenta la facultad de asumir la función de juzgador respecto a otro coetáneo a través del sistema del tribunal del jurado. En este contexto, el profesional del periodismo cumple la función de intermediario entre el ciudadano común y el experto en jurisprudencia, lo que propicia una comunicación esencial entre ambas partes.

En segundo lugar, la especialización adquiere un carácter aún más apremiante en el ámbito del periodismo jurídico, derivado de la ampliación de la democratización en la sociedad, que intensifica la implicación de la ciudadanía en la supervisión y ejercicio de las facultades gubernamentales, incluyendo la jurisdicción.

En tercer lugar, la información judicial, específicamente en el ámbito penal, atrapa una atención notablemente superior por parte de la población en comparación con otras áreas. Por consiguiente, se torna esencial una aproximación rigurosa en la exposición de datos, ya que las imprecisiones en este contexto pueden generar perjuicios de consideración superior a los presentes en otros dominios.

Finalmente, es crucial resaltar que el rigor informativo se convierte en una necesidad indispensable en el ámbito de los tribunales debido a los perjuicios que los errores pueden ocasionar. Si bien un error en la designación del material utilizado en la construcción de un puente puede molestar al ingeniero a cargo, el daño personal es considerablemente mayor si se comete un error al atribuir a alguien la comisión de un delito o se le involucra en un acto reprochable y esta información se difunde a través de los medios. Es indiscutible que, en el contexto de los tribunales, el periodista trabaja con información altamente delicada, lo que enfatiza la necesidad y el requisito de mantener la precisión, la exactitud y la profesionalidad en su labor (Ronda & Alcaide, 2010, p. 155).

El periodismo de tribunales ha experimentado un aumento de interés en nuestro país debido al fortalecimiento de los sistemas democráticos, lo que ha ampliado el papel de los tribunales de justicia. Esto ha hecho que surgieran figuras financieras, políticos destacados y personalidades internacionales en los procedimientos judiciales. Consecuentemente, el interés en casos penales se ha elevado debido a la notoriedad de los involucrados. La sección de tribunales, que solía estar relacionada con noticias de sucesos, se ha extendido hacia otras áreas como política, sociedad e incluso deportes.

El periodismo de tribunales o periodismo judicial, que se ha consolidado en España con la democracia y la Constitución de 1978, implica la cobertura de juicios y procesos judiciales por parte de los medios de comunicación. Los periodistas siguen cada fase, desde la denuncia hasta la sentencia, incluyendo autos de prisión, testimonios de testigos y veredictos de tribunales del jurado. Esta práctica se ha expandido para abarcar instancias judiciales como las audiencias provinciales, tribunales superiores de justicia autonómicos, Tribunal Supremo y Tribunal Constitucional.

El periodismo de tribunales es la rama informativa encargada de comunicar al público los sucesos más relevantes socialmente que ocurren en los órganos de administración de justicia. Incluso desde una perspectiva jurisprudencial, este concepto ha sido establecido. La sentencia del Tribunal Supremo en 1998 establece que la información difundida en la sección de tribunales está protegida por el principio de publicidad de las actuaciones judiciales según el artículo 120.1 de la

Constitución. Esta categoría de periodismo abarca las noticias relacionadas con el proceso penal, que incluye delitos denunciados ante los tribunales de justicia, y cubre todas las etapas que pueden culminar en un juicio con su correspondiente sentencia de culpabilidad o inocencia.

Dentro del ámbito legal, es posible categorizar la publicidad en dos tipos: inmediata y mediata. La publicidad inmediata se vincula con la presencia física o personal del público en las actuaciones judiciales, a diferencia de la publicidad mediata, que se alcanza mediante el empleo de medios de comunicación social, como la televisión, la radio, la prensa, entre otros, que actúan como intermediarios entre el proceso judicial y la audiencia.

La información judicial engloba una amplia gama de campos, como narcotráfico, ecologismo, contrabando, corrupción, prevaricación, sectas, terrorismo, economía, espionaje, ejército, estafa, política, y aspectos sociales que involucran a violadores, ladrones, estafadores, atracadores, asesinos, etc. La función informativa se convierte en una opinión sobre el proceso judicial, lo que genera impacto en la sociedad, especialmente debido a la naturaleza delictiva y al comportamiento antisocial, cívico y moral del acusado. Aquí se produce una disrupción entre la justicia y los medios de comunicación; ingresa en el terreno en el terreno de la interpretación, aunque el periodista debe evitar expresiones como "injusticia", "sentencia politizada", o cuestionar las leyes para los delincuentes.

En los procesos penales, se debe considerar tanto la alarma social como la falta de claridad en la motivación de una sentencia no comprendida por la sociedad. Esto también se aplica a personalidades públicas como actores o estrellas de la ópera que enfrentan crisis matrimoniales o situaciones legales. Incluso, si un caso judicial adquiere relevancia política, la decisión de un juez de encarcelar o liberar a una figura política o sindical relevante puede ser motivo de atención mediática. Aunque la ubicación en el medio pueda variar, no cambia la naturaleza ni la categoría periodística de la información judicial.

Así, la información judicial puede vincularse con la crónica social, política, económica, cultural o deportiva, dependiendo de la importancia en cada uno de esos ámbitos de las decisiones judiciales. Además del concepto genérico de *periodismo de tribunales*, existen categorías afines que a veces se entrelazan, como el periodismo de sucesos, el periodismo de investigación y el periodismo de los tribunales. En esta última especialidad, las fuentes informativas son limitadas a abogados, víctimas y algunos fiscales, quienes informan de los escritos de acusación como representantes del ministerio público.

En última instancia, los miembros de la familia judicial, como magistrados, jueces, fiscales, secretarios, agentes judiciales, oficiales, forenses, peritos y abogados, forman parte integral del proceso. Los periodistas no deben ser meros añadidos en el sistema judicial de un estado moderno y democrático. Cuanto más estrecho sea el vínculo entre el profesional del periodismo y el ámbito judicial, mejor será la comprensión del sistema judicial por parte de los ciudadano. De esta forma, se asegura una mayor divulgación de la imagen de la justicia entre el público, ya que los medios de comunicación desempeñan un papel de servicio público y difusión de los acontecimientos (Ronda & Alcaide, 2010, p. 156).

3. PUBLICIDAD PROCESAL Y DERECHO A LA INFORMACIÓN FRENTE A ASUNTOS JUDICIALES. ACCESO DE LOS MEDIOS DE COMUNICACIÓN A LOS JUICIOS. LOS LÍMITES DE LA PUBLICACIÓN INFORMATIVA

Los medios de comunicación desempeñan un papel esencial, aunque al mismo tiempo peligroso al tener la función de informar sobre el progreso de los procedimientos legales. Según Roxin, la necesidad de que los medios de comunicación participen en el proceso penal se basa en el principio de publicidad. Este principio sostiene que "la publicidad, y por ende la sociedad en su calidad de titular del poder estatal, debe tener la capacidad de supervisar la corrección tanto procesal como sustantiva de las decisiones judiciales y, en caso necesario, criticarlas". Esto evita los posibles perjuicios que podría ocasionar un proceso secreto, el cual no podría ser sometido a examen o, al menos, podría percibirse como tal, lo que afectaría negativamente la confianza en el sistema de justicia (Roxin, 1999, p. 73).

El reconocido "cuarto poder" no opera únicamente como un mero canal de información, sino que, debido a sus características distintivas, como la capacidad de moldear la opinión pública, se convierte en un auténtico instrumento o pilar dentro del Estado, que asegura la promoción del pluralismo político y la sostenibilidad de la democracia en la sociedad. Esta distinción y su papel social atribuido a los medios de comunicación conlleva la responsabilidad y la seriedad necesarias en el ejercicio del periodismo, tanto en la cobertura de noticias como, quizás lo más crucial, en su divulgación.

Dentro del contexto procesal, las expectativas impuestas a los medios de comunicación deben ser consideradas como un acto de respeto hacia los derechos y principios legales fundamentales, tales como la independencia judicial, la confidencialidad sumarial, el derecho al honor y a la intimidad, entre otros. Esto no implica, de ninguna manera, que se limite la función crítica de los medios. Acorde a esta premisa, la tarea de la doctrina consiste en establecer fronteras claras entre las responsabilidades del periodismo y las del sistema judicial. Por un lado, es esencial que los medios de comunicación no puedan, amparándose en el ejercicio del derecho a la información, tanto en su faceta de divulgación (derecho a informar) como en su faceta de recepción (derecho a ser informado), infringir los derechos de aquellos individuos que están siendo objeto de investigación o acusación. Estos derechos incluyen el derecho a ser juzgado por un tribunal imparcial y el derecho a ser considerado inocente hasta que se demuestre lo contrario, entre otros. Y, por otro lado, los órganos judiciales tampoco deben restringir de manera absoluta el ejercicio de los derechos a la información y a la expresión en nombre de su independencia. Es esencial encontrar un equilibrio que garantice tanto la labor periodística como la integridad del sistema judicial.

A lo largo de la historia, las relaciones entre los medios de comunicación y el Poder Judicial se han caracterizado por tensiones persistentes. Los medios tienden a acusar a los miembros del Poder Judicial de la falta de transparencia, y de tener una postura reticente a proporcionar información por ser excesivamente protectoras de la confidencialidad del proceso, entre otras críticas. Por otro lado, las críticas del Poder Judicial hacia la prensa se deben a su excesivo enfoque en los aspectos más llamativos de los procedimientos judiciales, su falta de respeto por las fases procesales o su escaso respeto por la confidencialidad del sumario. Desde una perspectiva constitucional, observamos que tanto el Poder Judicial como los medios de comunicación desempeñan roles esenciales en el marco constitucional de España, basado en su identidad como un Estado democrático de Derecho (Abad, 2021, p. 10).

Las informaciones periodísticas sobre litigios pendientes parecen estar amparadas doblemente por el principio de publicidad de las actuaciones judiciales y por las libertades informativas –libertad de expresión y libertad de información– reconocidas en el artículo 20 de la Constitución Española. Se trata de un derecho fundamental en cuanto a dos libertades de idéntico rango, pero contenido diverso. Por un lado, la libertad de expresión y; por otro, la libertad de información: bajo la primera cubre la libre emisión de valoraciones o de opiniones, mientras que la segunda abarca la transmisión de datos y hechos ciertos que sean noticiables (Fernández-Figares, 2012, pp. 3-4).

Cabe recordar que "el derecho a la información ha sido reconocido por la Constitución como un derecho doble: el derecho a comunicar y el derecho a recibir información" (Pérez, 1999, p. 20). Conviene aclarar que las libertades de expresión e información, tal como se establecen en la Constitución Española en el artículo 20, párrafo 1, apartados a) y d) respectivamente, son dos libertades que no siempre resultan claramente distinguibles, pero es necesario delimitarlas para garantizar plenamente el cumplimiento de los preceptos constitucionales. De esta manera, la libertad de expresión se refiere a la facultad de comunicar pensamientos, ideas y opiniones a través de cualquier medio de difusión, ya sea de alcance general o más limitado, aunque se concede una protección especial en el primer caso. Por otro lado, la libertad de información se refiere a la comunicación de hechos a través de cualquier medio de difusión de carácter general, es decir, la libertad de expresión involucra una perspectiva subjetiva, mientras que la libertad de información busca un enfoque más objetivo. Es importante destacar que, en la práctica, expresión e información a menudo se entrelazan, ya que es común que en las noticias se incluyan opiniones propias del informador. En consecuencia, se determina si estamos ante un ejercicio de la libertad de expresión o, por el contrario, de la libertad de información, según prevalezca el carácter predominante del mensaje, tal como se ha establecido en sentencias judiciales relevantes (STC160/2003, 9/2007, 29/2009).

Los derechos a la libertad de expresión y a la libertad de información están íntimamente ligados hasta el punto de que los tratados internacionales conceptúan la libertad de información como una parte del concepto más amplio de la libertad de expresión (de Carreras, 2003, p. 43). En España, las libertades informativas se distinguen en libertad de expresión y libertad de información, así lo diferenció el Alto Tribunal en la STC 6/1988, de 21 de enero.

En el ámbito procesal, ambas libertades podrían parecer referirse al mismo objeto y, en ocasiones, pueden ser similares. Sin embargo, la distinción y el tratamiento diferenciado de estos dos derechos siguen siendo importantes y necesarios. Esto se debe a que uno tiene como objetivo principal preservar la integridad del proceso legal, mientras que el otro se enfoca en contribuir a la formación de la opinión pública sobre temas de interés general. Estas diferencias en objetivos pueden llevar a consecuencias diversas. Por lo tanto, es relevante considerar esta distinción al momento de establecer restricciones o regulaciones y al ponderar las situaciones desde una u otra perspectiva (Leturia, 2018, p. 647).

La diferencia terminológica entre el derecho de la información –en cuanto estatus propio del informador– y el derecho a la información –en cuanto régimen propio del ciudadano receptor de los mensajes–, también implica una diversidad tanto de contenido como de tratamiento jurídico. Así, mientras el primero constituye un derecho fundamental del informador, el segundo se sitúa en el nivel de principio rector del ordenamiento jurídico. El derecho de la información supone el auténtico respaldo del informador de cara a la difusión de noticias, informaciones y valoraciones de hechos conectados con cualquier debate judicial en curso. De ahí la importancia de reconocer este derecho en el análisis de la publicidad procesal y el derecho a la información frente a asuntos judiciales.

3.1. La doctrina establecida por el Tribunal Constitucional

La doctrina fijada al respecto por el TC en sus sentencias 56/2004 y 57/2004, según la cual el derecho a comunicar información veraz "por cualquier medio" lo tienen tanto los medios escritos como la televisión, es decir, reconoce que tanto los medios impresos como los medios audiovisuales tienen el derecho fundamental de transmitir información veraz y precisa a la sociedad a través de sus respectivos canales de comunicación. Esta doctrina subraya la importancia de garantizar la libertad de expresión y el acceso a información veraz en todos los medios de comunicación, sin discriminación entre ellos. Los medios de comunicación pueden considerar las audiencias judiciales públicas como una fuente de información accesible al público en general. Sin embargo, es importante destacar que la información transmitida por medios televisivos puede tener un impacto más significativo en los derechos de terceros, como el derecho a la propia imagen. Por esta razón, las leyes de procedimiento, siempre en consonancia con los principios de proporcionalidad y ponderación, pueden establecer excepciones a la publicidad que involucran a estos medios audiovisuales (según lo establecido en el artículo 232 de la Ley Orgánica del Poder Judicial, el artículo 680 de la Ley de Enjuiciamiento Criminal y el artículo 138 de la Ley de Enjuiciamiento Civil, esta última norma de carácter supletorio para todos los procesos legales).

En este contexto, corresponde a los órganos judiciales la facultad de tomar medidas intermedias entre la celebración a puerta cerrada y la audiencia pública. Estas medidas pueden incluir, por ejemplo, la restricción de la entrada de ciertos medios técnicos de captación o difusión de información, como cámaras fotográficas, cámaras de video o equipos de televisión.

Los argumentos que sugieren que la presencia de medios audiovisuales puede vulnerar el derecho a la propia imagen o la presunción de inocencia de terceros ajenos al proceso mediático que puedan ser fugazmente captados carecen de una base sólida. Es evidente que estas personas, en caso de ser reconocibles en las imágenes, tienen un papel secundario en relación con la información principal, y en tales casos, se debe aplicar lo establecido en la Ley Orgánica 1/1982. La responsabilidad de garantizar un ejercicio de periodismo responsable recae en el medio de comunicación, el cual debe tener en cuenta tanto las normas legales como las éticas al cubrir eventos judiciales. Por supuesto, el derecho a la propia imagen de las personas involucradas directamente en un juicio de interés general cede ante el derecho a la información, tal como ha sido confirmado por la Sentencia del Tribunal Constitucional 56/2004. Sin embargo, existen excepciones a esta regla, como limitaciones o prohibiciones aplicables en el caso de menores, víctimas de ciertos delitos, testigos protegidos, policías, entre otros, en los cuales el medio busca llevar a cabo su legítimo trabajo y debe restringirse a la sala de prensa. Si el trabajo del medio de comunicación audiovisual en los pasillos y zonas de tránsito del edificio judicial es compatible con las actividades allí desarrolladas y no interfiere indebidamente, no existen razones sustanciales para imponer limitaciones desproporcionadas (Navarro, 2017, pp. 75-76).

3.2. La Instrucción de la Fiscalía General del Estado n.º 3/2005

La Instrucción de la Fiscalía General del Estado n.º 3/2005, "Sobre las relaciones del Ministerio Fiscal con los medios de comunicación", aborda las relaciones del Ministerio Fiscal con los medios de comunicación desde los diferentes aspectos contemplados en los diez apartados en los que está estructurada y proporciona gran parte de los principios que marcan el derecho a recibir información veraz, los criterios generales sobre la extensión y límites de la información a facilitar a los medios, las pautas generales sobre información respecto de causas en fase de investigación preliminar y en fase de instrucción, así como el procedimiento al que se deben someter los medios de comunicación durante el juicio oral y las pautas para las grabaciones audiovisuales. También engloba la posición del Ministerio Fiscal, el derecho a la intimidad y propia imagen de las partes asistentes al acto del juicio oral; la publicidad en el proceso de menores; el papel de los medios de comunicación; y los cauces de transmisión de la información.

En su apartado I.1, pone en valor la información como "elemento nuclear para la configuración del Estado Social y Democrático de Derecho", basándose en la jurisprudencia (SSTC 54/2004, de 15 de abril, 158/2003 de 15 de septiembre y 21/2000, de 31 de enero, entre otras). Sin la libertad de información no puede fundamentarse una libertad de opinión, ni existir una plena y racional libertad de expresión", añade. "El derecho a la información cumple así la función de proveer los soportes necesarios para el ejercicio de otras libertades, siendo presupuesto del funcionamiento limpio de las instituciones democráticas. Por su parte, el aspecto pasivo de la libertad de información, la libertad para recibirla se constituye en elemento básico para el logro del libre desarrollo de la persona". Y destaca la importancia de los medios de comunicación en la democracia apoyándose en la jurisprudencia del Tribunal Europeo de Derechos Humanos (TEDH). Destaca la publicidad del proceso como derecho fundamental en su punto I.2, así lo recoge también la CE en su artículo 120.1, en el que expresa que "las actuaciones judiciales serán públicas con las excepciones que prevean las leyes de procedimiento", así como en el art. 120.3 CE, que expresa que las sentencias se pronunciarán en audiencia pública, y en el art. 24.2 que refleja que todos tienen derecho a un proceso público. Justifica que la "existencia de un proceso penal interesa a la opinión pública", por lo que "la información sobre tales hechos queda comprendida en el ámbito del artículo 20.1.d) CE".

Esta Instrucción establece pautas generales sobre la cantidad de información que se puede divulgar durante el proceso penal. Prohíbe la publicidad externa durante la fase de instrucción y permite una divulgación general después de que comience el juicio oral. Estas reglas se aplican tanto a la divulgación inmediata como a la mediata. Sin embargo, estas directrices generales pueden ser flexibles, ya que se permite cierta divulgación durante la fase de instrucción, dentro de límites específicos. Del mismo modo, durante el juicio oral, se pueden imponer restricciones informativas. Estas restricciones, prohibiciones y autorizaciones también se aplican al Ministerio Fiscal en sus relaciones con los medios de comunicación. El principio fundamental es proporcionar información imparcial y objetiva, con el objetivo de evitar cualquier disputa con los tribunales, las partes involucradas o los medios de comunicación (Pujol, 2011).

No es posible establecer directrices genéricas acerca del contenido de la información que debe proporcionar el Fiscal. En la determinación de estos contenidos, es esencial encontrar un equilibrio justo al considerar el principio de proporcionalidad entre los diversos intereses en juego: por un lado, la obligación de mantener la confidencialidad del sumario o de llevar a cabo juicios a puertas cerradas, junto con el deber de confidencialidad que se impone al Fiscal, así como el interés del individuo en que se respete su reputación, intimidad y dignidad; por otro lado, el interés público en recibir información y el derecho de los ciudadanos a formar su propia opinión, que depende del interés informativo del caso sometido a proceso.

Cuando se comparte información con los medios de comunicación, resulta fundamentall mantener un equilibrio entre los principios constitucionales fundamentales, tales como la justicia, la garantía de un proceso judicial efectivo y la imparcialidad del tribunal. Es imperativo evitar la difusión de datos que puedan influir en el desarrollo del caso, especialmente en situaciones que involucren jurados o jueces no especializados en derecho. La Fiscalía debe entregar documentación generada, como informes o acusaciones por escrito, cuando sea pertinente, respetar en todo momento la confidencialidad de la investigación, el derecho a un juicio justo y los derechos de todas las partes involucradas. La protección de la privacidad de las víctimas y los testigos es un aspecto esencial, y en algunos casos, se debe mantener en reserva la identidad del acusado. También, la presentación de documentos debe llevarse a cabo únicamente después de haberlos presentado oficialmente ante el tribunal. Además, la información proporcionada debe ser precisa y estar en consonancia con la misión constitucional y las salvaguardias del proceso.

El punto IV.4. de la Instrucción hace referencia a las informaciones que afectan a menores relacionados con los hechos objeto de juicio, las cuales deben tratarse con un cuidado especial para proteger su intimidad y el desarrollo de su personalidad. Por ello, no se aportarán datos que permitan su identificación, excepto en el caso en que hubiesen sido víctimas de un homicidio o un asesinato. Los Fiscales se opondrán por tanto a la captación y difusión de datos que permitan la identificación de los menores cuando aparecen como víctimas o testigos.

Y también, determina la información sobre delitos contra la libertad sexual en el apartado IV.5. de la Instrucción. Indica que debe ponerse en primer plano la necesidad de evitar cualquier efecto de victimización secundaria. La sentencia STS 1646/1994, del 16 de septiembre, subrayó que en casos de delitos que afectan a la dignidad y privacidad de la víctima, como la violación, puede ser recomendable llevar a cabo el juicio a puertas cerradas para proteger sus derechos. Además, destacó la importancia de que los fiscales eviten difundir detalles de un crimen o delito cuando esto afecte negativamente a la dignidad de la víctima. En ello insiste Serra Cristóbal, pues cuando los medios de comunicación divulgan detalles específicos sobre un delito de naturaleza sexual o de violencia de género están exponiendo públicamente un aspecto muy profundo de la esfera de intimidad personal y familiar de la víctima. Además, esto puede afectar su honor. En muchas ocasiones, puede llevar a la sociedad a emitir juicios injustos sobre la víctima. Los contenidos difundidos por los medios acerca de la vida de la víctima, sus hábitos, relaciones sentimentales y otros aspectos similares causan un daño significativo a su privacidad e intimidad (Serra, 2015, p. 215).

Debe evitarse a toda costa que la publicidad, en principio garantía de control, derive en manipulación y que surjan los denominados juicios paralelos, es decir el efecto generalizado en la ciudadanía tendente a generar conclusiones sobre el nivel de repudio o aceptación que merecen ciertas conductas de sujetos sometidos, imputados o parte en un proceso judicial simultáneo, en virtud de las informaciones vertidas por los medios de comunicación según los datos procedentes de diversas fuentes. Así, pueden barajarse fuentes procedentes de algunas filtraciones dimanantes de los propios autos en cuestión o datos obtenidos directamente de los elementos personales llamados al juicio (las partes o el imputado, testigos, peritos, etc.) o de la observación directa de los lugares y efectos de los hechos o la supuesta comisión del delito. En algunas ocasiones se montan auténticos dispositivos de investigación paralela, con mayor o menor rigor periodístico, de los que se obtienen ciertos resultados. Otras, se trata de meras conjeturas, incluso de bulos (Fernández-Figares, 2012).

La doctrina constitucional ha adoptado una posición clara en lo que respecta a los juicios paralelos. En el Auto del Tribunal Constitucional (ATC) 195/1991, se advierte sobre el peligro de que la administración regular de justicia pueda perder respeto y que la función de los tribunales pueda ser usurpada si se incita al público a formarse una opinión sobre un caso pendiente de sentencia o si las partes se someten a un juicio mediático no oficial. Estas consideraciones se reafirman en la Sentencia del Tribunal Constitucional (STC) 136/1999, emitida el 20 de julio, que establece que la Constitución ofrece cierta protección contra los juicios paralelos en los medios de comunicación. Esta posición se basa en la doctrina del Tribunal Europeo de Derechos Humanos (TEDH), tal como se ha ejemplificado en sentencias como la de 26 de abril de 1979, caso Sunday Times contra el Reino Unido, y la de 29 de agosto de 1997, caso Worm contra Austria. Estos principios también se reflejan en la Instrucción n.º 3/2005, emitida el 7 de abril, sobre las relaciones entre el Ministerio Fiscal y los medios de comunicación.

En el principio 12 de la Recomendación (2003) 13 del Comité de Ministros del Consejo de Europa sobre divulgación de información a través de los medios de comunicación con respecto a procedimientos penales, se establece que se debe permitir la entrada de periodistas, sin discriminación alguna, a las vistas públicas, sin que puedan ser excluidos a menos que el público también lo sea.

La Instrucción ordena una serie de criterios que requieren la ponderación de los miembros del Ministerio Fiscal al abordar esta cuestión. Dichos criterios pueden condensarse en la necesidad de salvaguardar otros derechos o intereses legales susceptibles de protección. En este contexto, la Instrucción hace referencia expresa a los siguientes elementos que deben ser objeto de consideración: derecho al honor, a la intimidad y propia imagen de las personas que intervienen en el proceso, derecho a la vida e integridad física, necesidad de garantizar un correcto y ordenado desarrollo del proceso, la presencia de personas en el proceso dignas de especial protección como menores o disminuidos psíquicos, la preservación del orden público, el interés informativo y trascendencia pública del caso, el carácter público o privado de la persona enjuiciada, la naturaleza del delito enjuiciado, la conveniencia de evitar el desarrollo de los denominados juicios paralelos y las opiniones emitidas por las propias partes del proceso.

Es esencial que, respetando las competencias jurisdiccionales de cada juez, el legislador establezca normativas que regulen mínimamente diversas cuestiones relacionadas con el acceso de los medios de comunicación, especialmente los medios audiovisuales, a las salas de juicio. Algunas de ellas son el procedimiento a seguir para resolver sobre las limitaciones o restricciones de acceso, el régimen de intervención del Ministerio Fiscal y el resto de partes del proceso, la cuestión de las acreditaciones, la reserva de espacios a los medios de comunicación, las modalidades de acceso, la posibilidad de obtener una imagen o señal institucional que después se facilite a los medios de comunicación, la transmisión en directo de los juicios, la existencia de canales destinados exclusivamente a tal fin, la posibilidad de que los medios de comunicación a los que, eventualmente, se les prohíba el acceso puedan interponer algún tipo de recurso, así como las concretas funciones a desempeñar por los Gabinetes de Comunicación (Orenes, 2008, p. 230).

3.3. Protocolo de Comunicación de la Justicia 2020

La gran importancia de la doctrina establecida por estas sentencias se evidencia, en primer lugar, en el Protocolo de Comunicación de la Justicia (Orenes, 2008, p. 221). El Protocolo de Comunicación de la Justicia 2020, presentado por el presidente del Tribunal Supremo y del Consejo General del Poder Judicial en mayo de 2020, tiene como objetivo principal establecer métodos efectivos y responsables para que la información judicial llegue al ciudadano de manera transparente y veraz. Este protocolo se diseñó considerando la particular situación de los órganos judiciales como fuentes de información de interés periodístico, las necesidades de los periodistas especializados en tribunales, la experiencia de las Oficinas de Comunicación, y protocolos previos adoptados en diferentes órganos judiciales como el Tribunal Supremo, la Audiencia Nacional, el Tribunal Superior de Justicia de Murcia y el de Cataluña. Su propósito principal es asegurar que la información generada por la actividad de los Juzgados y Tribunales sea comunicada de manera eficaz y precisa al público, y se respeten los derechos y deberes de todas las partes involucradas en los procedimientos judiciales.

La reforma de la Ley Orgánica 4/2013, de 28 de junio, establece en su artículo 598.8ª que le corresponde al presidente del Tribunal Supremo y del Consejo General del Poder Judicial dirigir la comunicación institucional. En el artículo 620 se contempla la institución de una la creación de una Oficina de Comunicación del CGPJ, la cual asumirá dichas responsabilidades. Además, en el artículo 598.10ª se establece la autoridad para designar y destituir al director/a de la Oficina de Comunicación.

En este contexto, el presidente del Tribunal Supremo y del Consejo General del Poder Judicial asume la dirección de la comunicación institucional a través de una Oficina de Comunicación, cuyo director o directora es designado por él y puede ser destituido de acuerdo con su criterio. Las Oficinas de Comunicación del Tribunal Supremo, la Audiencia Nacional y los Tribunales Superiores de Justicia de todas las comunidades autónomas operan bajo la supervisión de la Oficina de Comunicación del CGPJ, que establece las directrices a seguir en la política de comunicación.

El principio de publicidad de la Justicia es una garantía esencial del funcionamiento del Poder Judicial en una sociedad democrática que permite, por un lado, someter al conocimiento público la actuación de los jueces y, por otro, mantener la confianza de la sociedad en los Tribunales, lo que constituye de este modo una de las bases del proceso debido y uno de los pilares del Estado de Derecho. El fortalecimiento de este principio procesal puede lograrse mediante la implementación de una estrategia de comunicación institucional. Dicha estrategia debería presentar de manera coherente, identificable y veraz la realidad del sistema judicial español. Esta comunicación debe transcurrir a través de canales profesionales, estables y adecuados, con el objetivo de transmitir de manera efectiva a los ciudadanos, quienes son los últimos receptores de la actividad jurisdiccional, las decisiones y resoluciones de mayor relevancia y significado social.

Las Oficinas de Comunicación tienen el deber de facilitar información a los periodistas y, de manera directa, a los ciudadanos a través de la página web del Poder Judicial y de las plataformas de redes sociales. Esta información abordará tanto los temas que hayan captado la atención pública como aquellos que las propias Oficinas o los responsables de Juzgados y Tribunales consideren relevante compartir con la opinión pública debido a su significativa importancia social o legal.

Un tema se considerará de interés cuando atraiga la cobertura de los medios de comunicación debido a las personas involucradas, la naturaleza del caso, la relevancia del hecho en cuestión, la significancia legal de las decisiones emitidas y/o las leyes aplicadas. También se considerará relevante si ya se han divulgado informaciones periodísticas previas sobre el asunto, incluso en etapas preliminares como la fase policial, o si se juzga que es de importancia para la comunidad en general.

La mayor atención por parte de los medios de comunicación se concentra en la información relacionada con la jurisdicción penal, la cual se puede dividir en dos momentos procesales muy específicos: la fase de instrucción y la fase del juicio oral. Estos dos momentos son de particular interés para los periodistas y su cobertura se realiza de manera diferenciada en función de la etapa en la que se encuentra el proceso judicial.

3.4 Los medios de comunicación en la fase de instrucción

El artículo 301 de la Ley de Enjuiciamiento Criminal establece que las diligencias del sumario deben mantenerse en secreto hasta que se inicie el juicio oral. Esta disposición se aplica para garantizar el adecuado desarrollo de la investigación. La Instrucción n.º 3/2005, de 7 de abril, aclara que los artículos 301 y 302 de la Ley de Enjuiciamiento Criminal establecen dos tipos de secreto: el externo (automático y general, aplicable a quienes no son parte en el procedimiento) y el interno (excepcional, temporal y sujeto a una resolución expresa, destinado a reservar ciertas actuaciones únicamente al conocimiento del Juez y del Ministerio Fiscal). La naturaleza general del secreto según el artículo 301 es inherente a la fase de instrucción, sin necesidad de una declaración o resolución específica. Estos preceptos también son aplicables al nuevo procedimiento abreviado, según lo establecido en el artículo 774 de la LECrim. Sin embargo, es esencial conciliar estas restricciones derivadas del secreto externo con la necesidad de proporcionar información durante la fase de instrucción, especialmente en casos en los que los hechos son de gran relevancia pública durante este período.

El principio de limitación de la publicidad durante la fase de instrucción también se refleja en otros artículos de la LECrim, como el artículo 520, que establece que la detención y la prisión provisional deben llevarse a cabo de manera que cause el menor perjuicio posible al detenido o preso en su persona, reputación y patrimonio. Asimismo, el artículo 552 de la misma ley establece que al realizar registros, se deben evitar inspecciones innecesarias y se debe procurar no perjudicar ni importunar al interesado más de lo necesario. Se deben tomar precauciones para no comprometer su reputación y respetar sus secretos, a menos que estos sean relevantes para la investigación. Estas disposiciones buscan equilibrar la necesidad de mantener la confidencialidad en la instrucción con la protección de los derechos y la reputación de las personas involucradas en el proceso (Instrucción n.º 3/2005, de 7 de abril, V.1)

Los medios de comunicación deben respetar los principios básicos de la instrucción y han de tener acceso a una información suficiente de los asuntos noticiosos en las fases embrionarias. El secreto externo sumarial no viene impuesto o exigido directamente por ningún precepto constitucional y, por ello,requiere en su aplicación concreta una interpretación estricta "no siendo su mera alegación fundamento bastante para limitar más derechos ni en mayor medida de lo necesario que los estrictamente afectados por la norma entronizadora del secreto" (STC 13/85, de 31 de enero).

La Sentencia 83/2019 del Tribunal Constitucional, emitida el 17 de junio de 2019 en el Recurso de Amparo 365-2018, marca un importante precedente al abordar una práctica común entre los jueces de instrucción, que consistía en no permitir que los ciudadanos investigados y detenidos tuvieran acceso al conocimiento de las actuaciones al declarar secreto el sumario y proporcionar únicamente información verbal y genérica. El fallo, redactado por el presidente del Tribunal Constitucional, Juan José González Rivas, y suscrito por otros magistrados, incluyendo a Andrés Ollero Tassara, Santiago Martínez-Vares, Alfredo Montoya Melgar, Cándido Conde-Pumpido Tourón y María Luisa Balaguer Callejón, establece que la declaración de secreto de sumario no otorga al instructor la autoridad para omitir la protección de los derechos fundamentales de los sujetos afectados. El dictamen enfatiza que, de acuerdo con esta interpretación, el secreto del sumario permite al juez no incluir cierta información en las resoluciones que deben notificarse a las partes, pero no le concede la autorización para ocultar completamente los fundamentos fácticos y jurídicos de dichas resoluciones. La sentencia del Constitucional subraya que no es suficiente con proporcionar información verbal y genérica en este contexto.

El art. 18 LECrim reconoce el derecho que asiste al investigado y el art. 520 LECrim, al detenido o preso. En concreto, el art. 18.1 reconoce que podrá ejercitar el ejercicio del derecho de defensa toda persona a quien se atribuya un hecho punible, desde que se le comunique su existencia, haya sido objeto de detención o de cualquier otra medida cautelar o se haya acordado de su procesamiento. Mientras que el art. 520.2 LECrim dispone así, en su actual redacción, que "toda persona detenida o presa será informada por escrito, en un lenguaje sencillo y accesible, en una lengua que comprenda y de forma inmediata, de los hechos que se le atribuyan y las razones motivadoras de su privación de libertad, así como de los derechos que le asisten".

El Tribunal Constitucional recalca que la declaración de una causa como secreta debe ser limitada al "mínimo indispensable" necesario para cumplir sus objetivos, y que, con el paso del tiempo, los intereses del investigado en conocer el contenido completo de las actuaciones deben prevalecer sobre el interés en mantener el secreto. Por lo tanto, es posible proporcionar información sobre asuntos relevantes incluso durante la fase de instrucción, siempre que esta información no aborde las "diligencias del sumario", como se describe en el artículo 301 de la LECrim. Estas diligencias sumariales involucran la participación de las partes personadas en el caso y su divulgación podría perjudicar la finalidad del secreto sumarial que, según el propio Tribunal Constitucional, es garantizar "una segura represión del delito".

Por lo tanto, las Oficinas de Comunicación pueden facilitar, con la autorización previa del juez de instrucción, las resoluciones procesales emitidas por este último que no estén relacionadas con las diligencias sumariales. Esto incluye decisiones como los autos de admisión o inadmisión a trámite, los que ordenan la prisión provisional u otras medidas cautelares, las resoluciones que aprueban pruebas, los autos de procesamiento o la transformación en procedimiento abreviado, así como las resoluciones relacionadas con recusaciones y recursos, entre otros ejemplos.

Además de las resoluciones procesales, durante esta fase se podrá facilitar y actualizar regularmente información referida a:

- Número e identidad de los investigados y/o detenidos que han prestado declaración ante el juez y los motivos de su imputación y/o detención, con una breve descripción de los hechos o de los indicios de delito apreciados.
- Situación procesal acordada tras la toma de declaración.

- Presuntos delitos por los que se sigue el procedimiento.
- Número de testigos que han declarado, pero nunca sus nombres (Instrucción de la Fiscalía General del Estado 3/1993, de 16 de marzo).
- Pruebas periciales realizadas, pero nunca las fuentes de prueba (Instrucción de la Fiscalía General del Estado 3/1993, de 16 de marzo).
- Diligencias de investigación practicadas (número de entradas y registros, de comisiones rogatorias cursadas, etc.).

Una vez concluida la fase de instrucción, se facilitará el auto de apertura de juicio oral y los autos relevantes dictados en "filtraciones" y se desarrollen los llamados "juicios paralelos". Para prevenir interpretaciones sesgadas o malentendidos por parte de los involucrados en el proceso o de terceros ajenos al mismo, es crucial establecer una política de transparencia mediante la comunicación de información precisa, veraz, imparcial y cuidadosa. De esta manera, se ofrece una visión completa del desarrollo del procedimiento judicial y se evitan lecturas tendenciosas o evaluaciones incorrectas.

La Oficina de Comunicación solicitará al Letrado de la Administración de Justicia, de acuerdo con las funciones establecidas en el artículo 454.4 de la Ley Orgánica del Poder Judicial (LOPJ), que comunique a la Oficina de Comunicación, tan pronto como sea posible después de la firma y notificación a las partes, las resoluciones emitidas, así como cualquier otra información relevante. Será suficiente con brindar a las partes la oportunidad de tener conocimiento oficial de esta información a través de la notificación electrónica.

Se informará a la Oficina de Comunicación acerca de la fecha estimada para la notificación de la resolución. Se buscará que estas notificaciones se realicen de manera simultánea para todas las partes involucradas, con el fin de evitar filtraciones tendenciosas y malentendidos. En casos de gran repercusión mediática, se proporcionará la información a la Oficina de Comunicación al mismo tiempo que se notifique a las partes. En tales circunstancias, es aconsejable coordinarse con anticipación con el responsable de la Oficina de Comunicación para definir los detalles de la información que se transmitirá, especialmente en los momentos iniciales. La primera noticia que se divulgue será la que prevalezca y orientará las informaciones subsiguientes. Hay que tener en cuenta que llegar tarde o transmitir información confusa, lo cual ocurre si se permite que las distintas partes involucradas actúen como fuentes informativas, disminuirá el impacto del mensaje y socavará la credibilidad de todas las partes, entre las que se incluyen las Oficinas de Comunicación, los jueces y, en última instancia, la confianza en el sistema de justicia.

El poder de la imagen siempre va a llegar más a la audiencia y, por consiguiente, a la conformación de la opinión pública. De ahí la importancia de tomar imágenes. Por el contrario, esto supone a veces una desventaja con respecto a la prensa o la radio, que no necesitan de imágenes como la televisión para la emisión de una noticia. Los periodistas de medios visuales también se enfrentan a dos momentos clave en la cobertura de asuntos judiciales: la fase de instrucción y el juicio oral.

La sentencia del Tribunal Constitucional 56/2004 de 19 de abril de 2004 reiterada en STC 57/2004 estableció que "los pasillos u otras dependencias de ese edificio no son fuentes de información de acceso general, pues más allá de los locales en los que se desarrollan las actuaciones públicas, el derecho de acceso tiene un carácter instrumental, es decir, paso para llegar a aquellos locales".

Los medios de comunicación deben contar con la posibilidad de acceder a las imágenes que se generan en las áreas exteriores de los tribunales, ya sea de personas bajo investigación o de testigos, siempre dentro de los límites establecidos por la ley. Es esencial que se facilite la labor de los medios de comunicación audiovisuales en los espacios exteriores, priorizando la garantía del funcionamiento de la Administración de Justicia y sin interferir en la actividad normal de las instalaciones judiciales. En este sentido, los responsables de prensa de los distintos tribunales, en coordinación con las fuerzas de seguridad, deben establecer un perímetro adecuado donde los periodistas puedan capturar imágenes sin enfrentar dificultades ni obstáculos que obstaculicen su capacidad de grabación. Además, deben proporcionar un espacio destinado a la realización de entrevistas con las partes involucradas y delimitar un área donde los periodistas puedan llevar a cabo sus transmisiones en directo.

3.5. Los medios de comunicación en la fase del juicio oral

La Instrucción, en su apartado I.2, destaca que la publicidad del proceso se considera un derecho fundamental y, por lo tanto, ocupa una posición preferente en el ordenamiento jurídico. Esto conlleva una interpretación restrictiva de las excepciones al principio general de publicidad, de acuerdo con lo establecido en la Sentencia del Tribunal Supremo 168/1995, de 14 de febrero. La justificación detrás de esto es que, dado que la justicia emana del pueblo, como se establece en el artículo 117.1 de la Constitución Española, su administración por parte de jueces y magistrados debe llevarse a cabo en presencia directa del público, especialmente durante la vista oral. Además, aquellos que ejercen el derecho a comunicar libremente información veraz por cualquier medio de difusión, como se establece en el artículo 20.1.d) de la Constitución, transmiten a todos los ciudadanos lo que sucede en el proceso. Este derecho se corresponde con el derecho de los ciudadanos a recibir información veraz, y ambos se basan en la naturaleza democrática del sistema constitucional español. La Sentencia del Tribunal Constitucional 30/82, emitida el 1 de junio, asigna a los medios de comunicación el papel de intermediarios naturales entre la noticia y aquellos que no tienen la capacidad de acceder a ella directamente.

En virtud de los avances tecnológicos aplicados a los medios de comunicación, resulta evidente que actualmente es rara la información periodística que se conciba sin el respaldo de elementos fotográficos, sonoros o audiovisuales. Así lo evidencian las SSTC 56/2004 y 57/2004, de 19 de abril: "la imagen enriquece notablemente el contenido del mensaje que se dirige a la formación de una opinión pública libre".

La cobertura audiovisual de actos judiciales tiene efectos tanto positivos como negativos en el principio de publicidad de las actuaciones procesales. Entre las ventajas se encuentra el alcance masivo de la televisión, lo que aumenta la supervisión ciudadana sobre la Administración de Justicia. Sin embargo, existen reticencias entre los juristas respecto al tratamiento televisivo de los procesos criminales. De hecho, el periodista del Val Velilla aboga por una grabación y emisión del juicio del principio al fin, lo que evitaría manipulaciones y aportaría los siguientes ventajas: veracidad absoluta, las partes serán mucho más escrupulosas ante la presencia de las cámaras; las cámaras acercan la Justicia a la sociedad y fortalecen el respeto al sistema, las cámaras son garantes de un juicio objetivo e imparcial y aseguran que el juicio se desarrolle con la necesaria dignidad (del Val, 1999, pp. 239-240).

El problema de la presencia de los medios audiovisuales viene determinado por el modo en el que se utilizan las imágenes obtenidas, particularmente por el formato del programa en el que se emiten. No produce los mismos efectos la emisión de determinadas imágenes obtenidas en la sala de vistas, en un programa informativo que en un programa de variedades (López, 2006, pp. 120-122).

La falta de regulaciones legales sobre el acceso de los medios audiovisuales hizo que, en un principio, fueran los Jueces o Tribunales responsables de los casos quienes, en el ejercicio de sus funciones relacionadas con el control de la sala, tomaran decisiones al respecto. Según el artículo 190.1 de la LOPJ, corresponde al Presidente del Tribunal o al Juez mantener el orden en la Sala y tomar las medidas necesarias a tal efecto. En realidad, se formó una opinión favorable a permitir la presencia de los medios de comunicación audiovisuales en las audiencias penales debido a la falta de prohibiciones legales. Ante esta carencia de regulación legal, fueron los órganos de gobierno de los Tribunales los que, a través de las Salas de Gobierno, tomaron la iniciativa de establecer normativas para el acceso de los medios de comunicación a las salas de juicios, basándose en las facultades de gestión administrativa que les otorga la LOPJ (Orenes, 2008, p. 213).

La Instrucción nº 3/2005, en su punto VII, refleja que la sentencia STC 57/2004, emitida el 19 de abril, y que claramente se perfila como un caso de referencia en este ámbito, ha reforzado la posición a favor de permitir la grabación audiovisual de juicios por parte de los medios de comunicación. De hecho, después de afirmar que "las audiencias públicas judiciales son... una fuente pública de información y, por lo tanto... este Tribunal ha declarado, en relación con los profesionales de la prensa escrita, que forma parte de su derecho a comunicar información la obtención de noticias en las vistas públicas en las que se generan", el Tribunal Constitucional extiende estas afirmaciones a los datos obtenidos y difundidos a través de medios técnicos de captación óptica y transmisión visual.

En la fase de juicio oral, no existen restricciones de acceso a la vista y a la información, excepto aquellas que establece la ley, como en el caso de menores o víctimas de violencia de género. El procedimiento judicial se convierte en público desde el momento en que el juez determina que la investigación ha concluido. Esto se deriva del artículo 301 de la LECrim y se establece en el artículo 680 de la misma norma, que establece que "los debates del juicio oral serán públicos, bajo pena de nulidad". En esta etapa, la transparencia y el acceso a la información son la norma, de forma que se garantiza así el derecho a un juicio público y abierto a la sociedad.

Respecto a la regulación de la publicidad en el orden penal y a sus excepciones, los artículos 301 y 302 de la LECrim establecen la regulación. Por su parte, el artículo 301 dispone que las diligencias del sumario serán secretas hasta que se abra el juicio oral, con las excepciones determinadas en la presente ley. Mientras el artículo 302 establece que, si bien las partes podrán tomar conocimiento de las actuaciones e intervenir en todas las diligencias del procedimiento, sin embargo, en caso de tratarse de un delito público, podrá el juez declarar el secreto total o parcial para todas las partes, bien a instancia del Fiscal o de cualquiera de las partes.

La sentencia 56/2004 adquiere una importancia particular, (Protocolo de Comunicación de la Justicia 2020). Esta sentencia establece el derecho de los periodistas a asistir a las vistas orales al afirmar que "es parte integral de su derecho a comunicar información la obtención de noticias en la audiencia pública en la que esta se produce". No obstante, existe una excepción a esta norma general, que se encuentra regulada en el artículo 680 de la LECrim, que dispone que "el presidente puede ordenar que las sesiones se celebren a puerta cerrada cuando razones de moralidad o de orden público lo requieran, o en consideración al respeto debido a la víctima del delito o a su familia". Además, se establece que esta decisión debe registrarse en un "auto motivado" (Consejo General del Poder Judicial, 2020).

El artículo 232 de la Ley Orgánica del Poder Judicial (LOPJ) establece que, de manera excepcional, los jueces y tribunales pueden limitar el ámbito de la publicidad y decretar el carácter secreto total o parcial de las actuaciones por razones de orden público y protección de los derechos y libertades. Esta decisión debe ser tomada mediante una resolución debidamente fundamentada. Además, el artículo 6 del Reglamento 1/2005, que aborda los aspectos accesorios de las actuaciones judiciales y fue aprobado por el Pleno del Consejo General del Poder Judicial el 15 de septiembre de 2005, establece que, en general, se permite el acceso de los medios de comunicación acreditados a los actos procesales celebrados en audiencia pública. No obstante, en casos donde puedan verse afectados valores y derechos constitucionales, el juez o, según lo estipula el Protocolo de Comunicación de la Justicia, el Presidente del Tribunal, pueden negar dicho acceso mediante una resolución debidamente fundamentada.

En este contexto, las Oficinas de Comunicación deben estar al tanto de la existencia o ausencia de resoluciones dictadas por el juez o el presidente del Tribunal conforme al artículo 6 del Reglamento 1/2005 en todas las vistas orales de relevancia pública. Deben encargarse de comunicar estas resoluciones a los periodistas. Si en algún caso se decide llevar a cabo una vista a puerta cerrada sin que se haya emitido una resolución motivada al respecto, la Oficina de Comunicación solicitará al juez o presidente del Tribunal que emita dicha resolución y la transmitirá a los periodistas. Esto garantiza la transparencia y el acceso a la información de manera adecuada y fundamentada.

3.5.1. Los medios de comunicación audiovisuales en el juicio oral

En España, no existe una ley que regule específicamente el acceso de los medios de comunicación audiovisuales a las salas de vistas. Es esencial destacar aquí los argumentos presentados en la Sentencia del Tribunal Constitucional 56/2004, la cual recoge y refuerza los razonamientos previamente establecidos en la STC 30/1982 del 1 de junio. Esta sentencia establece que el principio de publicidad de los juicios, respaldado por la Constitución (artículo 120.1), implica que los procedimientos judiciales sean conocidos más allá de los asistentes presentes en la sala, lo que permite una proyección general. Esta proyección general solo se puede lograr mediante la participación de los medios de comunicación social, ya que su presencia les brinda la oportunidad de obtener información directamente de la fuente y transmitirla a aquellos que, debido a limitaciones de espacio, tiempo, distancia u otras razones prácticas, no pueden hacerlo por sí mismos. Los medios de comunicación social desempeñan un papel fundamental como intermediarios naturales entre los eventos judiciales y aquellos que no pueden acceder directamente a la información, lo que se vuelve aún más relevante en el caso de acontecimientos que, debido a su importancia, pueden afectar a toda la sociedad y, por lo tanto, tienen un impacto significativo en la opinión pública (STC 30/1982, de 1 de junio, FJ 4).

El Protocolo de Comunicación de la Justicia 2020, para armonizar el derecho a la información con el derecho al honor, la intimidad y la propia imagen de las partes involucradas en el proceso, indica que se seguirán unas pautas para la grabación de imágenes. Entre ellas la colocación de las cámaras que tendrá que ser en un lugar que no moleste y respete las indicaciones del presidente del tribunal; los jefes de prensa explicarán las limitaciones de grabación, principalmente cuando haya testigos protegidos y/o víctimas; los periodistas tendrán que apagar la cámara durante los recesos y cuando el juicio haya quedad visto para sentencia. Salvo que expresen su consentimiento, las cámaras no podrán grabar imágenes de las víctimas que permitan su identificación. Sólo se podrá grabar planos que permitan identificar al acusado si existe un interés público relevante por la gravedad de los hechos que se enjuician y la repercusión que tenga en la opinión pública, y si es un personaje público o con notoriedad pública. El Protocolo también contempla la posibilidad de que se cuente con un sistema de grabación propio de calidad suficiente, que se compartirán con los medios que lo requieran. La Oficina de Comunicación deberá proporcionar los recursos técnicos necesarios para que los medios de comunicación puedan acceder a esta señal. Las imágenes proporcionadas por las Oficinas de Comunicación siempre serán de carácter institucional, esto quiere decir que la cámara enfocará en un plano medio a la persona que esté interviniendo en ese momento y se evitarán tomas que puedan contribuir al sensacionalismo o que ofrezcan una visión parcial de la audiencia oral. Es habitual que las salas de vistas sean pequeñas siendo imposible la colocación de varias cámaras de televisión. Para estos casos, y si no existe imagen institucional, se recomienda organizar un sistema de pool (un medio graba y distribuye a los demás) (Consejo General del Poder Judicial, 2020, pp. 16-17).

4. ERRORES FRECUENTES Y MALA PRAXIS DE LOS PROFESIONALES DE LA COMUNICACIÓN

El periodista encargado de cubrir noticias de sucesos debe mantener un alto nivel de rigor al comunicar este tipo de información especializada a la sociedad. Es esencial evitar el uso de un lenguaje que intente captar la atención del lector o espectador y se base en aspectos escandalosos y, en su lugar, seguir los principios éticos y deontológicos de la profesión. El periodismo de sucesos, en su esencia, no se centra en lo sensacionalista, pero es innegable que ciertos comportamientos humanos pueden despertar interés y atracción en muchas personas. Por lo tanto, es fundamental abordar estos temas de manera seria y responsable.

No obstante, no se puede atribuir exclusivamente al periodista la totalidad de la responsabilidad, ya que éste desempeña un papel dentro del complejo sistema de las grandes entidades mediáticas. En última instancia, son estos conglomerados, según sus normas de estilo, quienes determinan qué información desean comunicar al público y cómo desean difundirla.

La utilización del morbo se convierte, desde el punto de vista empresarial, en un elemento altamente rentable (Rodríguez, 2015, pp. 146-147), aunque en ocasiones vulnere la intimidad de las víctimas y sus familiares.

4.1. Uso del término "Presunto"

Entre los errores más comunes en el lenguaje periodístico relacionado con el ámbito judicial se encuentra el uso incorrecto del término "presunto". Históricamente, se ha empleado la expresión "presunto autor" para referirse a una persona que ha sido acusada de cometer un delito o que está bajo investigación. Sin embargo, esta utilización es inapropiada, ya que sugiere que la persona es realmente el autor del delito, a menos que se demuestre lo contrario. Esto va en contra del principio de presunción de inocencia. Para evitar este error, se sugiere utilizar expresiones como "aparente autor", "sospechoso de ser autor" o "inculpado del delito de homicidio" en lugar de "presunto autor".

Además, otro error común es aplicar el adjetivo "presunto" al delito en lugar de a su autor. Por ejemplo, decir "Pedro ha sido acusado del presunto delito de homicidio de Juan" es incorrecto. La acusación debe centrarse en la persona, no en el delito. En resumen, es esencial utilizar un lenguaje preciso y respetuoso con los principios legales, como el de presunción de inocencia, al informar sobre casos judiciales. Evitar el uso incorrecto del término "presunto" es fundamental para garantizar una cobertura periodística adecuada en este ámbito (Ronda & Calero, 2000, p. 147).

De acuerdo con Bayo (1996), la expresión "presunto autor" se refiere en realidad a un "sospechoso" o a un "aparente autor". Sin embargo, en el lenguaje técnico del ámbito jurídico, la palabra presunción y su verbo "presumir" denotan una "cosa que por ministerio de la ley se tiene como verdad", y esto se aplica de manera destacada en el caso de la presunción de inocencia. Al emplear el término "presunto" para describir al autor de un delito, estamos, paradójicamente, expresando lo opuesto a lo que pretendemos transmitir: no estamos hablando de homicidas sospechosos, sino de homicidas aparentes, o de individuos considerados inocentes hasta que se emita una sentencia firme. A pesar del éxito que ha tenido la expresión en el ámbito periodístico, al ser adoptada directamente de la presunción de inocencia establecida en la Constitución, debemos ser conscientes de que, en virtud del artículo 24.2 de la Constitución Española, debemos evitar cualquier tipo de presunción que no sea la de inocencia, y en su lugar, utilizar términos como "aparente homicida", "inculpado de homicidio" o "sospechoso de homicidio", entre otros (Bayo, 1996).

En la STS 456/2018, 18 de Julio de 2018, el Tribunal Supremo (TS) concluye que el simple uso del término "agresor" en el subtítulo de una noticia que se publicó en la portada, sin ninguna advertencia que indique que se trata de una acusación supuesta o presunta, no constituye una justificación para restringir el derecho a la libertad de información. El tribunal argumenta que esto no representa una afirmación categórica sobre la veracidad de los hechos y la participación del demandante, y que no guarda una relación lógica con los datos disponibles en las fuentes al momento de la publicación de la noticia. El deber de veracidad debe entenderse como el resultado de una diligencia razonable por parte del informador al contrastar la noticia de acuerdo con estándares profesionales y adaptándose a las circunstancias del caso. Como resultado de esta interpretación, se resuelve a favor del recurrente en el recurso de casación.

La sentencia, emitida el 18 de julio de 2018, explica que no se transmitió en el subtítulo ni a los lectores una afirmación categórica sobre la veracidad de los hechos y la participación del demandante que careciera de una conexión lógica con la información obtenida de las fuentes disponibles para el medio en el momento de la publicación de la noticia (Fundamento Jurídico 4). Además, el fallo agrega que los antecedentes del demandante en delitos violentos, su afiliación a grupos que regularmente empleaban la violencia, el hallazgo de material relacionado con la violencia en su residencia, el hecho de que inicialmente fuera identificado por la propia víctima y su condición de único detenido e investigado hasta ese momento como posible autor, no hacían desproporcionado mencionarlo con dicho calificativo en el contexto de la brevedad propia de los titulares y en ejercicio de la libertad de prensa para elegir la técnica o forma de presentación de la información. Este argumento se sustenta en la jurisprudencia establecida en la sentencia del Tribunal de Derechos Humanos del 1 de junio de 2010.

Cabe señalar aquí que Ley Orgánica 13/2015, que implementó cambios en la Ley de Enjuiciamiento Criminal en España, introdujo una nueva terminología en el ámbito legal, que también están obligados a utilizar en la redacción periodística los medios de comunicación. Antes de esta reforma, se usaba el término "imputado" para identificar a una persona sospechosa de un delito durante la fase de instrucción. Sin embargo, este término fue objeto de críticas y confusiones, ya que podía generar suposiciones prematuras sobre la culpabilidad de la persona antes de que se demostrara su implicación en el delito. Así, con la entrada en vigor de la Ley Orgánica 13/2015, se presentaron dos nuevos términos: "investigado" y "encausado". El primero de ellos reemplaza a "imputado" y se aplica a la persona que está bajo investigación por su posible relación con un delito durante la fase de instrucción. El segundo, se utiliza después de la fase de instrucción, cuando la autoridad judicial atribuye formalmente a la persona la comisión de un delito específico. Estos cambios en la terminología buscaban proporcionar mayor precisión y justicia en el lenguaje legal con el fin de evitar así prejuicios innecesarios.

4.2. Medidas cautelares penales

Comúnmente se piensa que cuando se establecen medidas cautelares, se ve como un anticipo de pena y esto influye en la opinión pública. Existe un desconocimiento de lo que realmente es una medida cautelar. Según el Diccionario del Español Jurídico, una medida cautelar es un instrumento procesal de carácter precautorio que adopta el órgano jurisdiccional, de oficio o a solicitud de las partes, con el fin de garantizar la efectividad de la decisión judicial mediante la conservación, prevención o aseguramiento de los derechos e intereses que corresponde dilucidar en el proceso. Están reguladas del art. 721 a 729 de la Ley de Enjuiciamiento Civil (LEC).

El artículo 503 de la Ley de Enjuiciamiento Criminal hace referencia a los requisitos para decretar la prisión provisional, entre los que destaca el riesgo de fuga, el riesgo de alteración o destrucción de pruebas, y el riesgo de reiteración delictiva.

La Ley 27/2003, del 31 de julio, que establece las disposiciones para la Orden de Protección de las víctimas de violencia doméstica, tiene como objetivo principal proporcionar un proceso judicial rápido y sencillo a través del Juzgado de Instrucción. Este proceso busca garantizar una protección integral a las víctimas de violencia doméstica, que abarca medidas civiles, penales, asistenciales y de protección social. La Orden de Protección, en situaciones en las que existen pruebas sólidas de delitos o faltas de violencia doméstica y se constata un riesgo objetivo para la víctima, emite una resolución judicial que ordena su protección. Esto se logra mediante la aplicación de medidas cautelares civiles y/o penales, además de activar las medidas necesarias de asistencia y protección social. Estas medidas se implementan a través de la colaboración con los Puntos de Coordinación de las Comunidades Autónomas, a los cuales se remite la Orden de Protección.

4.3. Demanda, denuncia y querella

Los términos "demanda" y "denuncia" a menudo se utilizan de manera intercambiable, pero en realidad, tienen significados distintos. La demanda inicia un procedimiento civil, mientras que la denuncia da inicio a uno penal. Es incorrecto decir, por ejemplo, que "Juan ha sido demandado por violación" o que "Juan ha sido denunciado porque quiere separarse de su esposa". Es importante distinguir también entre "denuncia" y "querella". Ambas acciones inician un procedimiento penal, pero mientras que la denuncia implica simplemente informar al juez sobre un presunto delito, la querella implica convertirse en parte acusadora en el procedimiento. Por lo tanto, la querella tiene requisitos adicionales, como la necesidad de contar con un abogado y un procurador, identificar a la persona contra la que se dirige, especificar el delito y los hechos concretos, y presentarla ante el juez competente, entre otros.

La querella es un documento escrito presentado por una persona que solicita la apertura de un procedimiento penal en el que el querellante se convierte en parte acusadora. A través de la querella, se informa al juez acerca de la presunta comisión de ciertos hechos que podrían constituir un delito. La persona que presenta la querella se conoce como querellante, y la persona contra la que se presenta la querella es el querellado.

La regulación de la querella se encuentra en los artículos 270 a 281 de la LECrim. Este acto legal implica comunicar al órgano judicial la existencia de hechos presuntamente delictivos y expresar la voluntad de convertirse en parte en el proceso que se solicita que se inicie. A diferencia de la denuncia, la querella no se presenta ante la Policía o la Guardia Civil, sino que se interpone directamente en el juzgado competente para ello.

4.4. La función del juez de instrucción

Resulta frecuente, en las crónicas de tribunales, atribuir al juez de instrucción funciones que no le son propias. Así, se dice: "el juez acusa a Juan de un delito de homicidio". La función del juez de instrucción no es la de formular la acusación, sino la de instruir. Durante la fase de instrucción, es posible que el juez llame a alguien para que declare como imputado. Por lo tanto, lo correcto es decir que el juez imputa a una persona de homicidio o decir que el juez ha ordenado la detención, en lugar de ha detenido, ya que la detención la llevan a cabo las Fuerzas de Seguridad.

También hay que tener en cuenta que el juez de instrucción no realiza un juicio en el sentido propio de la palabra. En su lugar, recopila pruebas, investiga hipótesis, cita a testigos y recopila todos los datos posibles durante la instrucción. Sin embargo, en ocasiones se ha utilizado la expresión "el juez considera a Juan autor del asesinato de Luis", lo cual puede llevar a la confusión de que se ha llevado a cabo un juicio y el juez ha determinado la culpabilidad de Pedro. Esto es incorrecto, ya que durante la fase de instrucción no se ha realizado aún un juicio. Por lo tanto, es más preciso decir: "el juez imputa a Juan el delito de asesinato en relación con la persona de Luis" (Ronda & Calero, 2000, p. 147).

4.5. El secreto de las actuaciones

Con frecuencia se piensa que solo cuando el juez declara el secreto de las actuaciones judiciales, éstas son secretas. Lo que se desconoce es que, en la fase de instrucción, las actuaciones judiciales son siempre secretas para el público en general cuando el juez dicta un auto declarando el secreto de las actuaciones, significa que ni siquiera pueden ser conocidas por quienes son parte en las mismas, de ahí que la mayoría de los investigados se nieguen a declarar en la fase de instrucción cuando está secreta al desconocer el contenido de las actuaciones hasta que no se levanta el secreto de las mismas. En la práctica, los jueces tienden a declarar el secreto de sumario para garantizar la seguridad de la investigación (Ronda & Calero, 2000, p. 148).

Es importante tener en cuenta que el ámbito del secreto de sumario no abarca los hechos que son objeto del sumario, sino más bien se limita al contenido específico del mismo. Siguiendo la jurisprudencia establecida en la STS 1020/1995, de 19 de octubre, al determinar la extensión de la información que se puede proporcionar, es esencial recordar que el secreto sumarial externo (como se establece en el artículo 301), se refiere principalmente al contenido de las declaraciones de los imputados y testigos, así como a los documentos, como dictámenes periciales, que se adjuntan al caso. Sin embargo, no debe abarcar resoluciones interlocutorias o de fondo que aborden cuestiones relacionadas con la situación personal de los imputados o con las responsabilidades civiles. Además, no se considera sumarial a los autos de inhibición, informes o exposiciones presentados a una autoridad superior para abordar recursos pertinentes. Fuera de este marco, el secreto de sumario, considerado como regla general o de primer grado, no debe aplicarse a menos que el tribunal competente haya declarado expresamente como secretas ciertas partes de las actuaciones.

La vulneración del secreto sumarial constituye delito, tal y como recoge el artículo 466 del Código Penal. Lo que el tipo prohíbe es revelar o proporcionar datos o documentos del sumario declarados secretos, donde entra en la órbita de imputabilidad tanto los funcionarios, los fiscales, los jueces, los abogados o cualquiera que tenga acceso a las diligencias y, sin embargo, no respeten la declaración de secreto. Si ha intervenido un periodista en dicha recogida ilícita también encuentra su participación en los hechos. El secreto profesional de los profesionales de la información no se ha regulado todavía por lo cual se plantean dudas en torno a su alcance, lo que ha conducido, por ejemplo, a que no se considerara suficientemente contrastada una información de la que no se quiso revelar la fuente (STC 21/2000, de 31 de enero).

Sin embargo, una cosa es la sanción teórica y otra su perseguibilidad real; el avatar o mecánica de las cosas evidencia que, habitualmente, el periodista que revela el contenido de una determinada información se ampara en el secreto profesional para omitir la fuente de la cual procede la información suministrada, lo que rompe la cadena de imputación y prueba de cargo del delito a los implicados e impide la confirmación de todos los elementos del tipo delictivo, salvo la existencia de evidencias u otras pruebas inculpatorias (Fernández-Figares, 2012, p. 6).

Aunque en la etapa actual no se esté llevando a cabo un juicio, es fundamental que aquellos que estén involucrados en los hechos bajo investigación sean informados de esta situación y tengan el derecho de participar desde el inicio, y colaboren con todo lo que contribuya a su defensa. Este proceso se conoce como "imputación", que es el acto judicial mediante el cual el Juez Instructor notifica a una persona su decisión de investigar su posible relación con los hechos que se pretenden esclarecer.

El imputado goza del derecho de estar presente y supervisar el proceso de instrucción. Puede asegurarse de que se recopilen de manera completa e imparcial todos los materiales, datos e información relevantes. Conocer tempranamente que se le investiga en un proceso penal es una garantía esencial. Sin embargo, en ocasiones, este beneficio puede convertirse en un inconveniente, ya que la imputación, al hacerse pública, puede llevar a que se asocie a la persona con cierto estigma de culpabilidad, lo cual es prematuro y aún no ha sido confirmado, generando situaciones injustas.

La imputación puede conllevar una especie de condena pública anticipada e infundada. Lo que dentro del proceso judicial puede considerarse una ventaja, fuera de él puede no serlo tanto. Este fenómeno no deseado puede ser exacerbado por el uso inadecuado del término "presunto", que es común en el ámbito periodístico. En ocasiones, esta condena pública anticipada puede influir en el propio desarrollo del proceso, ya que la presión de la opinión pública sobre quienes lo dirigen puede generar una dinámica perjudicial que los lleva a investigar con el objetivo de confirmar una supuesta culpabilidad preexistente (inducida desde fuera). En este contexto, la instrucción se desvía de su propósito inicial de esclarecer hechos que suelen ser inicialmente confusos y, en lugar de ello, se centra en corroborar una hipótesis preestablecida. Un ejemplo de esta dinámica se puede observar en la institución de la prisión provisional.

En algunas situaciones, la decisión de privar de libertad al investigado se justifica en base a lo que se conoce como "alarma social", que se refiere a la presión pública que surge debido a una creencia previa en la culpabilidad de alguien que aún no ha sido juzgado. Posteriormente, el simple hecho de reconocer que esta alarma social existió ("estuvo bajo custodia preventiva durante varios meses...") ejerce una influencia indirecta en el momento del juicio.

Un ejemplo es el que exponen Nogales-Bocio y Torres en el análisis de un suceso que generó un impacto significativo en la sociedad española: el fallecimiento de la niña Asunta Basterra Porto, de 12 años, quien desapareció el 20 de septiembre de 2013. Examinan tanto la dimensión jurídica como la cobertura mediática de este caso, y revelan la presencia de juicios paralelos y la vulneración de principios fundamentales, como la presunción de inocencia. Este estudio cuestiona la calidad y rigurosidad de los medios de comunicación en relación con la presentación de noticias vinculadas a sucesos de relevancia (Nogales-Bocio & Torres, 2018, pp. 107-122).

CONCLUSIONES

Se ha podido constatar la importancia de la regulación constitucional que aborda la publicidad procesal y el derecho a la información como garantes de un estado democrático de derecho. La adecuada relación entre ambas es de suma relevancia, especialmente en las sociedades contemporáneas, donde los medios de comunicación desempeñan un papel esencial al transmitir las acciones del Poder Judicial a la ciudadanía. De aquí se deriva la necesidad imperante de considerar y mantener un balance adecuado entre estos dos componentes, para lo que es importante establecer el equilibro entre el derecho a la información y la preservación de la integridad judicial. La coexistencia de estos dos pilares fundamentales exige la búsqueda constante de una ponderación que garantice tanto un proceso legal justo como la debida información al público. Esta armonización implica considerar cuidadosamente las regulaciones pertinentes para evitar cualquier vulneración de la publicidad procesal.

En este sentido, es imperativo revisar y actualizar los protocolos de comunicación con el objetivo de mantener la integridad y eficacia del sistema judicial. La adaptación a las nuevas dinámicas comunicativas es esencial para preservar la percepción pública de la justicia en las democracias contemporáneas y garantizar que esta sea percibida como transparente, imparcial y eficiente.

Es conveniente contemplar y establecer unos canales de comunicación más fluidos entre los órganos judiciales y los medios de comunicación con el objetivo de preservar la transparencia, garantizar la objetividad de la información y favorecer la información llegue a la sociedad para la creación de una opinión pública sin manipulaciones en la información. Con el fin de salvaguardar la transparencia y la objetividad en la divulgación de información que emana del poder judicial, es preciso que, por un lado, los canales de comunicación entre este poder estatal y los medios de comunicación sean gestionados de manera profesional, en el momento adecuado, y sin interferencias indebidas ni filtraciones; y, por otro, los medios de comunicación deben comprometerse a preservar la integridad del proceso y de toda la información proporcionada con el propósito de garantizar que la información fluya de manera imparcial y llegue a la sociedad de forma neutral, clara, objetiva, responsable y rápida para que ésta tenga las herramientas necesarias para la formación de una opinión pública libre.

REFERENCIAS BIBLIOGRÁFICAS

Abad, L. (2021). El principio constitucional de publicidad procesal y el derecho a la información. *Cuadernos Constitucionales,* (2), 9-30. 10.7203/cc.2.21527

Bayo, J. (1996). La formación básica del ciudadano y el mundo del derecho. *Revista De Llengua i Dret,* (25). https://vlex.es/vid/formacion-basica-ciudadano-mundo-lenguaje-76844519

Consejo General del Poder Judicial. (2020). *Protocolo de Comunicación de la Justicia.* https://www.poderjudicial.es/cgpj/es/Poder-Judicial/Tribunal-Supremo/Oficina-de-Comunicacion/Protocolo-de-Comunicacion-de-la-Justicia/

de Carreras, L. (2003). *Derecho español de la información.* Editorial UOC.

del Val, L. (1999). El tratamiento televisivo de las noticias criminales. *Revista del poder judicial,* (17), 237-240.

Fernández-Figares, M. J. (2012). Los juicios paralelos y la toma de decisiones del juzgador. Zonas de influencia de convicción y persuasión. *Revista Aranzadi Doctrinal,* (1)

Leturia, F. J. (2018). La publicidad procesal y el derecho a la información frente a los asuntos judiciales. Análisis general realizado desde la doctrina y jurisprudencia española. *Revista Chilena De Derecho, 45*(3), 647-673.

López, J. J. (2006). Información y Justicia la dimensión constitucional del principio de publicidad judicial y sus limitaciones. *Cuadernos De Derecho Judicial,* (16), 93-136.

Navarro, V. J. (2017). Periodismo televisivo en los edificios judiciales (a propósito de la STS de 16 de abril de 2016). *Derecom,* (22), 61-80.

Nogales-Bocio, A. I., & Torres, P. (2018). Calidad informativa y Periodismo de sucesos. Aproximación a la cobertura del caso Asunta. In A. I. Nogales-Bocio, M. A. Solans, & C. M. Lazo (eds.), *Estándares e indicadores para la calidad informativa en los medios digitales* (pp. 107-124). Egregius.

Oliva, C. (2014). La formación jurídica del periodista en España: una necesidad para satisfacer el Derecho de la Información y el Derecho a la Información. *Revista De Docencia Universitaria (REDU), 12*(3), 201.

Orenes, J. C. (2008). El acceso de los medios audiovisuales a las salas de vistas en los procesos penales. *Revista De Derecho UNED,* (3), 201-232.

Pérez, J. (1999). Derecho a la información. *Boletín De La ANABAD, 49*(3-4), 19-34.

Pujol, P. (2011). Acceso de los medios de comunicación a los juicios. *El Notario Del Siglo XXI: Revista Del Colegio Notarial De Madrid,* (39) https://www.elnotario.es/hemeroteca/revista-39?id=702:acceso-de-los-medios-de-comunicacion-a-los-juicios-0-9775838674768655

Real Academia Española. (s.f.). Derecho. En *Diccionario de la lengua española.* Recuperado en 10 de septiembre de 2023, de https://dle.rae.es/derecho

Rodríguez, R. (2015). *Manual de Periodismo de Sucesos.* Fénix Editora.

Ronda, J. (2001). La especialización del periodismo judicial. *Revista Latina De Comunicación Social,* (39) http://www. revistalatinacs.org/2001/latina39mar/116ronda.htm

Ronda, J., & Alcaide, J. L. (2010). El periodismo especializado: el gran reto del periodista. In R. Reig (ed.), *La dinámica periodística: perspectiva, contexto, métodos y técnicas* (pp. 147-159). Asociación Universitaria Comunicación y Cultura.

Ronda, J., & Calero, J. M. (2000). *Manual de periodismo judicial.* Universidad de Sevilla. Grupo de Investigación en Estructura, Historia y Contenidos de la Comunicación, Universidad de Sevilla: Asociación Universitaria Comunicación y Cultura.

Roxin, C. (1999). El proceso penal y los medios de comunicación. *Revista Del Poder Judicial,* (55), 73-94.

Saffon, M. P. (2007). *El derecho a la comunicación: un derecho emergente.* Centro de Competencias en Comunicación para América Latina. Friedrich Evert S. Textos experiencias y procesos en comunicación. http://bit.ly/1Eomlec, 1-31.

Serra, R. (2015). Los derechos de la víctima en el proceso penal vs. medios de comunicación. Especial referencia a las víctimas de violencia por motivos de género . *Revista Española De Derecho Constitucional, 35*(103), 199-230.